Transformando la Educación Teológica

Serie ICETE

Transformando la Educación Teológica

Una guía práctica para el aprendizaje integrado

Perry Shaw

© 2018 Perry Shaw

Publicado en 2018 por Langham Global Library
Un sello editorial de Langham Publishing
www.langhampublishing.org

Langham Publishing son un ministerio de Langham Partnership

Langham Partnership
PO Box 296, Carlisle, Cumbria, CA3 9WZ, UK
www.langham.org

ISBNs:
978-1-78368-541-7 Print
978-1-78368-552-3 ePub
978-1-78368-554-7 PDF

Perry Shaw ha afirmado su derecho de ser identificados como los autor de esta obra bajo la Ley de propiedad intelectual, diseños y patentes de 1988 (Reino Unido).

Todos los derechos reservados. Ninguna parte de esta publicación puede ser reproducida, almacenada o transmitida de manera alguna ni por ningún medio, sea electrónico, mecánico, de grabación o de fotocopia, sin el permiso previo de la editorial o de la agencia de gestión de licencias (Copyright Licensing Agency, RU).

Las citas bíblicas indicadas con nvi han sido tomadas de la Santa Biblia, Nueva Version Internacional ®, NVI ®, ©1999 por Bíblica, Inc.™ Usado con permiso de Zondervan. Todos los derechos reservados mundialmente. www.zondervan.com.

Datos de catalogación en publicación de la Biblioteca Británica
Un registro de catálogo de este libro se encuentra disponible en la Biblioteca Británica

ISBN: 978-1-78368-541-7

Traducido del inglés por Eric Hernandez y Josue Fernandez
Cover & Book Design: projectluz.com

Langham Partnership apoya activamente el diálogo teológico y el derecho del autor a publicar, pero no necesariamente respalda las opiniones y puntos de vista expuestos y las obras referenciadas, ni garantiza su corrección técnica y gramatical. Langham Partnership no acepta ninguna responsabilidad u obligación a personas o propiedad como consecuencia de la lectura, el uso o la interpretación del contenido aquí publicado.

Contents

Prefacio vii

Introducción 1

Primera Parte: Intencionalidad en el lenguaje y la cultura institucional 15

1 Realizando las preguntas adecuadas (1) 17
    Anexo 1.1 Características de la iglesia efectiva ideal 26
    Anexo 1.2 Retos internos y externos para la iglesia 28
    Anexo 1.3 Perfil ideal del graduado en el ABTS 31

2 Hacer las preguntas adecuadas (2) 35
    Anexo 2.1 Saïd y Mariam 47
    Anexo 2.2 Las preguntas adecuadas 49

3 Implementación y evaluación del currículo 51
    Anexo 3.1 Evaluación recíproca de los estudiantes acerca de sí mismos
    y de la facultad en el ABTS 62

4 Aprendizaje multidimensional en la educación teológica 67

5 El currículo oculto y el currículo nulo 79

6 Más allá de la fragmentación en el currículo 93
    Anexo 6.1 Proyecto integrador para capacitar a líderes siervos 2065 106

7 Elementos curriculares fuera del aula 109
    Anexo 7.1 Oratoria pública en la capilla del ABTS: Sílabo 123
    Anexo 7.2 Reflexión teológica del ABTS sobre la vida y el ministerio 125
    Anexo 7.3 Plan de aprendizaje independiente 129

8 Aprendizaje profundo 131

Segunda Parte: Intencionalidad en la instrucción dentro de la clase 145

9 Diseño del curso para el aprendizaje multidimensional 147
    Anexo 9.1 Muestra de sílabo 1: TS 201 Introducción a la
    teología sistemática 159

      Anexo 9.2 Muestra de sílabo 2: TS 201 Introducción a la }
         teología sistemática 166
      Anexo 9.3 Verbos a tener en cuenta para redactar los objetivos. 168

10   Planificación de la lección para el aprendizaje multidimensional. 171

11   Confrontando los métodos de instrucción tradicionales
      con los no tradicionales. 187

12   Diseño de preguntas para el aprendizaje profundo. 209

13   Estudios de caso en la educación teológica. 227

14   Enseñanza, estilos de aprendizaje y contexto cultural 241

15   La calificación y evaluación de los estudiantes 253
      Anexo 15.1 Descripción de las calificaciones para la Licenciatura en
         Teología en el ABTS 265
      Anexo 15.2 Rúbricas para evaluar la presentación oral 267
      Anexo 15.3 Rúbricas para la evaluación de proyectos integradores 270

16   Excelencia en la enseñanza. 273

      Epílogo. 285

      Obras citadas. 287

Prefacio

Crisis, oportunidad y agradecimiento

En 2006 mi mundo se partió en pedazos y tuve una completa crisis emocional. Aunque fueron varios los factores que contribuyeron a esta crisis personal y a la ansiedad depresiva que trajo consigo, hubo un elemento en especial que fue mi desilusión con el mundo de la educación teológica al cual había dedicado gran parte de las energías de mi vida.

Por la gracia de Dios y con la ayuda de mis amistades y la profesión médica, recuperé mi salud en menos de un año, pero permanecieron muchas preguntas. Mi lectura apuntaba hacia la fragmentación e irrelevancia contextual de la mayoría de los programas de entrenamiento ministerial. Mi propia experiencia consistió en ver estudiante tras estudiante entrando a la institución apasionados por el ministerio y saliendo apasionados por la academia, con pocas ideas de cómo fortalecer la iglesia y a menudo sin un deseo genuino de hacerlo. Consideré seriamente desistir por completo de la educación teológica institucional, viendo a las escuelas teológicas como contra-productivas al preparar efectivamente al liderazgo para la iglesia. Sin embargo, pronto se hizo evidente que, para bien o para mal, las iglesias aún continuaban confiando en las instituciones teológicas para la preparación de sus líderes, por lo tanto la solución no debía ser el rechazo, sino la búsqueda de un cambio desde dentro.

Los años posteriores a la crisis me han ofrecido la oportunidad de estar involucrado en esa obra creativa. El punto de partida fue cuando me uní a la facultad del Seminario Teológico Bautista Árabe (ABTS)[1] a finales del 2007, poco después del arribo de Elie Haddad como el nuevo rector (posteriormente presidente). Elie proviene del mundo de los negocios pero es también un gran pensador teológico, cuya visión para el cambio me brindó un contexto para trabajar con la joven y calificada facultad en un experimento curricular. El resultado ha sido un proceso curricular dinámico que continúa hasta el día de hoy. La mayoría de las ideas que se presentan en este libro no son mera teoría, sino que han sido probadas en el campo, en el ABTS. Hemos aprendido mucho de nuestros éxitos así como de nuestras luchas. No tengo palabras para expresar mi agradecimiento a Elie y a otros líderes clave en el ABTS, como Paul Sanders, Martin Accad, Hikmat Kashouh y Bassem Melki, así como a los profesores del ABTS por su gran entrega, quienes han apoyado y promovido estos cambios. También debo reconocer el papel crucial de Rana Wazir y Patricia Hazem, secretaria general y administradora académica en el ABTS, quienes llevaron parte de la carga de poner en práctica los cambios diariamente.

La segunda serie de oportunidades también comenzó en 2007 cuando me invitaron por primera vez a dirigir eventos de entrenamiento para la facultad, inicialmente en el sur

---

1. Por sus siglas en inglés: Arab Baptist Theological Seminary.

de Asia, pero se incrementó en años posteriores en otros contextos globales. Prácticamente todo el material que se presenta en este libro comenzó en talleres de entrenamiento para la facultad, y a través de las preguntas y retos que presentaron los participantes es que he podido desarrollar y aumentar los enfoques que he tomado. Expreso mi especial gratitud al liderazgo y facultad del Seminario Teológico Kottayam de la Iglesia Pentecostal India y al Colegio Bíblico y Seminario Lanka, quienes en 2007 trabajaron conmigo por primera vez y quienes me ayudaron a moldear mi propio pensamiento, así como a muchos otros colegios que desde entonces me han recibido y contribuido al aprendizaje mutuo.

Además del liderazgo y la facultad del ABTS y de las numerosas escuelas que he visitado, hay muchas personas cuyo apoyo e interés han ayudado en la realización de este libro. Nunca hubiera comenzado a escribir sin el ánimo recibido por Tim Stafford, y su experiencia en la industria de las publicaciones ha sido un recurso muy valioso. Manfred Kohl me abrió por primera vez las puertas a la consultoría internacional y ha constituido un apoyo consistente por mucho tiempo. Debbie Kramlich y Bob Heaton leyeron el manuscrito y proveyeron gran cantidad de sugerencias importantes. Muchas de las ideas en el libro fueron primeramente desarrolladas como parte de un programa de posgrado online para la Escuela de Teología de Londres, y estoy agradecido a Marvin Oxenham, quien me ayudó a conformar el material en un tipo de estructura sistemática y me dio una razón para escribir. Luke Lewis y Vivian Doub, de Langham Partnership han caminado conmigo a través del proceso de edición y publicación. Mis hijos Christopher y Phoebe han enfrentado años de conversaciones a la hora de la cena, con respecto a los asuntos que se tratan en este libro. Y el apoyo y las ideas de Karen, mi compañera en la vida y ministerio, le dan color a cada página de lo que se ha escrito. Sin su inigualable paciencia, este proyecto nunca se hubiera podido completar.

Formato general del libro

La intencionalidad genuina en la preparación para el liderazgo incluye múltiples niveles de planeamiento e implementación tanto institucionales como educacionales. La primera sección de este texto está dirigida hacia los principios filosóficos y educacionales generales y cómo estos funcionan en ambientes institucionales más amplios. Resulta crucial que toda la facultad desarrolle una apreciación amplia de estos elementos para que una escuela se mueva hacia el cumplimiento de su mandato: el de preparar y equipar a hombres y mujeres para guiar a la iglesia a tener un impacto más efectivo en la sociedad que le rodea.

Robert Ferris (2006) afirmó que "la facultad es el currículo:" el aprendizaje más formativo que ocurre en cualquier programa de estudio es aquel que los instructores moldean y facilitan en el aula. Tristemente, es aquí donde muchas escuelas no pueden alcanzar su potencial, porque los miembros de la facultad están atados enfoques tradicionales que generalmente son inefectivos. La segunda sección de este libro busca expandir la "caja de herramientas" de los maestros, de tal manera que la instrucción tome en serio el mandato misionero de la iglesia y que se enfoque más en el aprendizaje que en la enseñanza.

Introducción

El peregrinaje del Seminario Teológico Bautista Árabe

En este libro estaré haciendo referencia a varios modelos y programas. El punto de referencia dominante será el laboratorio que se me ha provisto como miembro de la facultad, ingeniero educacional y decano académico en funciones: el Seminario Teológico Bautista Árabe. Por tanto, considero importante describir desde el principio algunas cosas del peregrinaje en el que hemos andado juntos en el ABTS.

El ABTS fue fundado en el Líbano en 1960. Durante la mayor parte del largo período de la Guerra Civil Libanesa (1975-1990), el seminario continuó funcionando mayormente por los singulares esfuerzos del entonces presidente Ghassan Khalaf. Sin embargo, el daño causado al Líbano en general y al seminario en particular fue tal, que la viabilidad estructural y financiera a largo plazo del ABTS permaneció en un estado cuestionable durante gran parte de la década de 1990. Con el arribo de Paul Sanders, primeramente como decano académico y luego como rector, el ABTS pasó por un período de recuperación y consolidación desde el año 2000 hasta el 2005. El seminario alcanzó un nivel de estabilidad financiera y se contrató a muchos de los miembros clave de la facultad".

En marzo del 2004 fui invitado a dirigir una serie de talleres en los que presenté a la facultad una noción acerca del aprendizaje cognitivo, afectivo y de la conducta, así como el proceso de establecimiento de resultados en el aprendizaje como la fuerza motora del programa de estudio de una asignatura. En los meses siguientes, estos elementos curriculares se incorporaron al lenguaje de la facultad del ABTS. En 2006 el Consejo Extranjero anual del Instituto para la Excelencia en el Desarrollo del Liderazgo, se enfocó en el currículo y me invitaron para presentar sesiones plenarias sobre el aprendizaje multidimensional y el currículo oculto. Después de esta conferencia y conociendo mi disposición, un grupo de tres escuelas libanesas (incluyendo el ABTS) me invitaron para desarrollar una serie de talleres conjuntos. El énfasis de estos talleres consistió en una investigación profunda de cómo la preparación ministerial para el liderazgo cristiano podría tomar en serio los cambios contextuales. Los talleres incluyeron a los miembros de la facultad, estudiantes de último año, graduados, pastores locales y líderes laicos destacados en las iglesias. Para el ABTS trajo como resultado una amplia revisión de sus postulados acerca de la visión y misión, así como la formulación de un perfil para un graduado ideal. Al año siguiente, el seminario también adoptó una serie de valores educacionales como lentes para evaluar las decisiones tomadas con respecto al currículo. Todo esto fue de carácter formativo para la estructuración del currículo integrado que se desarrolló e implementó subsecuentemente.

> ### Visión, misión y valores del ABTS
>
> - Nuestra visión es ver a Dios glorificado, a las personas reconciliadas y a las comunidades restauradas a través de la iglesia en el mundo árabe.
> - Nuestra misión es servir a la iglesia en nuestra región al comprender su misión bíblica de reconocer a Cristo como Señor, ofreciendo recursos especializados de aprendizaje y equipando a hombres y mujeres fieles para un servicio efectivo.
> - Nuestros siete valores educacionales fundamentales son: una adoración auténtica, una iglesia misionera, un liderazgo a la manera de Cristo, capacitación, práctica reflexiva, relación comunitaria y desarrollo personal y espiritual.

A principios del año 2008, el ABTS tenía una facultad fuerte con un buen nivel participativo en su comprensión pedagógica. También había formulado su declaración sobre la visión, misión y valores, así como un perfil sólido del graduado ideal, formulado en diálogo con los participantes significativos y aprobado por la junta directiva del ABTS. Se planificó un retiro para febrero del 2008, dirigido hacia una completa renovación del currículo. Como preparación para el retiro, el entonces decano académico del seminario, Martin Accad, realizó un cuestionario que distribuyó entre un tercio del cuerpo de estudiantes aproximadamente, adquiriendo información valiosa sobre su lugar de procedencia y a dónde tenían planificado servir después de graduarse. También preparamos una encuesta estadística a los graduados. Esta información tuvo un papel significativo en las discusiones del retiro, y también llevó a un giro de lo que había sido un programa tradicional de formación pastoral de un nivel, a la incorporación de tres niveles especializados en el nuevo currículo.

Fue cerca de la conclusión del primer día cuando surgió un enfoque integrado de cuatro lentes (fig. I.1), y el resto del retiro se dirigió hacia cómo podía ser implementado. Rápidamente se hizo evidente que era necesario un año básico y para el final del retiro se había organizado una estructura de dos niveles –Año 1 de fundamentos, Años 2/3 de educación teológica integrada. A partir de lo acordado en 2008, se organizó detalladamente

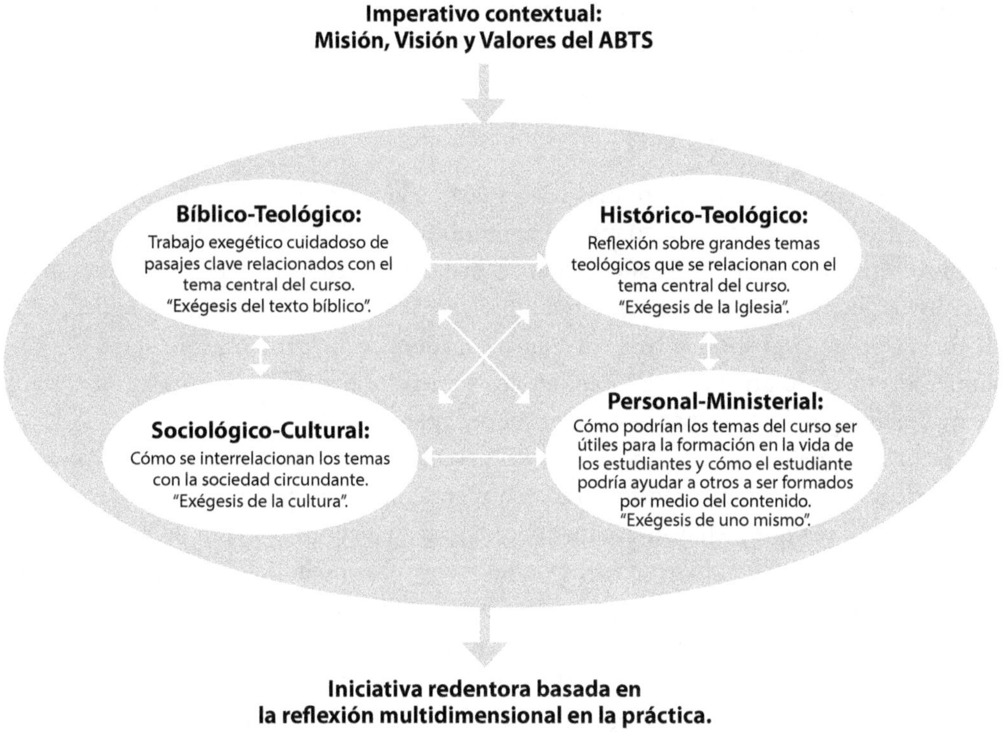

Imperativo contextual:
Misión, Visión y Valores del ABTS

Bíblico-Teológico:
Trabajo exegético cuidadoso de pasajes clave relacionados con el tema central del curso. "Exégesis del texto bíblico".

Histórico-Teológico:
Reflexión sobre grandes temas teológicos que se relacionan con el tema central del curso. "Exégesis de la Iglesia".

Sociológico-Cultural:
Cómo se interrelacionan los temas con la sociedad circundante. "Exégesis de la cultura".

Personal-Ministerial:
Cómo podrían los temas del curso ser útiles para la formación en la vida de los estudiantes y cómo el estudiante podría ayudar a otros a ser formados por medio del contenido. "Exégesis de uno mismo".

Iniciativa redentora basada en la reflexión multidimensional en la práctica.

Figura I.1 Lentes curriculares del Seminario Teológico Bautista Árabe.

el diseño curricular. Se recibió la afirmación de principios por parte de la junta directiva y se consultó a otros participantes claves para evaluar la respuesta comunitaria. También se tomó la decisión de cambiar del sistema de un semestre al de módulos de cinco semanas. Esto ha probado ser educacionalmente significativo al promover el pensamiento integrado (los estudiantes se enfocan en un solo tema en cada módulo), y logísticamente al facilitar en gran manera el proceso de planificación.

El retiro de la facultad en febrero de 2009 estuvo dedicado a la preparación de sílabos para cada módulo del primer año. Los miembros de la facultad trabajaron en equipos y esbozaron los sílabos para cada uno de los módulos y los cursos dentro de estos módulos (a lo que llamamos "unidades"). Durante la primavera del 2009, algunos equipos desarrollaron estos más a fondo. Las versiones finales del sílabo emergieron en la primera ronda de implementación del currículo de primer año durante el año académico 2009-2010. En el retiro de la facultad del 2010 se adoptó un proceso similar para los módulos integrados del año A y de los tres niveles especializados, y en el retiro de la facultad del 2011, para los módulos integrados del año B. El primer grupo de graduados de Licenciatura en Teología (BTh) y Maestría en Divinidades (MDiv) completó sus estudios en junio del 2012. El consenso general es que el proceso de cambio de un enfoque tradicional "fragmentado" a un enfoque integrado que sea sensible al contexto ha sido más sencillo de lo esperado, y tanto entre los estudiantes como entre la facultad, ha traído como resultado un alto nivel de satisfacción hacia el desarrollo de habilidades académicas, ministeriales y de formación.

La forma general del currículo

El currículo comenzó con la premisa básica de que la formación genuina de hombres y mujeres fieles tiene lugar solo cuando el aprendizaje multidimensional está intencionalmente diseñado e incorporado, adoptando de forma balanceada los campos de aprendizaje cognitivo, afectivo y conductual. Por lo tanto, el currículo ha tomado en serio la necesidad de realizar una integración entre la excelencia académica, la formación personal y el crecimiento, con el desarrollo de las habilidades y cualidades del liderazgo. Hemos tratado de que tal integración sea más que "tinta sobre el papel".

En el enfoque tradicional de la educación teológica se capacita a los estudiantes con un currículo relativamente fragmentado, asumiendo que es responsabilidad de estos unir las piezas una vez que se hayan graduado. Mientras que algunos tratan de hacerlo así, la mayoría no lo hace. Cuando se ven confrontados con retos y conflictos, muchos graduados responden de la única manera que conocen: con la aplicación acrítica de la norma en los patrones culturales. En lugar de actuar como agentes del reino de Dios por medio de una cuidadosa "contextualización crítica" (Hiebert 1994, 75-92), los graduados se convierten simplemente en un reflejo de las sociedades en las que viven. Con el propósito de buscar cómo dirigirse hacia la necesidad de una práctica reflexiva genuina que reconozca la amplia herencia teológica de la iglesia, la facultad del ABTS conceptualizó módulos centrales que podrían unir una variedad de lentes en diálogo con el contexto (fig. I.1).

Creemos que la visión, misión y valores del ABTS son teológicamente sanos y contextualmente relevantes, por lo que buscamos en estas afirmaciones el tema básico para cada uno de los módulos integrados de segundo/tercer año. El tema se estudia a través de cada uno de los cuatro lentes básicos: bíblico-teológico, histórico-teológico, sociológico-cultural y personal-ministerial. Esta división no es estrictamente 25% / 25% / 25% / 25%. Los énfasis varían de acuerdo a los asuntos específicos de interés. Sin embargo, teniendo en cuenta que el propósito consiste en la formación de líderes que reflexionen en el ministerio a través de múltiples lentes, cada lente está concebido para que tenga el mayor alcance posible. Cada módulo integrado culmina con un trabajo integrador, diseñado de acuerdo al aprendizaje basado en la solución de problemas: los estudiantes comienzan describiendo realidades del contexto de sus ministerios y después se les pide que reflexionen en estos contextos a través del material que han estudiado en cada uno de los lentes curriculares, permitiendo que estas reflexiones lleven a recomendaciones críticas contextuales y (donde sea posible) a la acción.

Al conformar los temas modulares, se reconoció que la visión, misión y valores de la escuela se dirigían hacia la centralidad de la *Missio Dei* y al papel tanto de la iglesia como de los individuos al servir a Dios en la región. Por tanto, cada año los estudiantes participan de un enfoque en Dios, en la iglesia y en el individuo. En un año, los módulos comienzan con la naturaleza esencial de Dios, la comunidad y el individuo, pasando hacia una comprensión de cómo esa naturaleza pudiera ser expresada en la vida y el ministerio. En el otro año, los estudiantes examinan la manifestación de cada naturaleza, pasando a una reflexión de cómo esa manifestación habla de la naturaleza esencial de cada uno. El contenido de estos módulos no es exclusivo: el tema es un asunto de énfasis, y siempre que sea posible, todos los elementos de la visión, misión y valores del ABTS se presentan en cada módulo que el seminario ofrece.

La meta de la integración curricular depende de las bases sólidas que se establezcan. Por tanto, se ha desarrollado un primer año de estudios en el que se construyen los fundamentos para la reflexión teológica, pasando del conocimiento esencial para la comprensión, a los enfoques analíticos básicos. Este formato se realizó a partir del reconocimiento planteado en la taxonomía de Bloom (Bloom et al. 1956) de que el conocimiento básico es esencial para la comprensión, y la comprensión es necesaria para el pensamiento complejo asociado con el análisis, síntesis y evaluación. A los estudiantes de nuevo ingreso se les presenta un estudio exploratorio sobre Biblia, historia y doctrina para asegurar un nivel básico de conocimiento previo. Esto va seguido por los módulos que proveen a los estudiantes de herramientas para la comprensión. La meta es llevar a los estudiantes hacia un alto nivel del pensamiento analítico y sintético durante el segundo y tercer año. Aun en estos módulos básicos hemos buscado un nivel de integración, con cada módulo girando en torno a un tema y culminando con un trabajo integrador.

Como preparación para el retiro de la facultad de febrero del 2008, una encuesta a los graduados reveló que aproximadamente solo el 35 por ciento estaban vinculados al ministerio pastoral, con gran número de los restantes graduados vinculados en iniciativas de plantación de iglesias o en una variedad de ministerios de niños, jóvenes y de familia. Como respuesta, desarrollamos tres niveles especializados que los estudiantes podían seleccionar en su segundo y tercer año de estudio: ministerios pastorales, plantación contextualizada de iglesias y ministerios de jóvenes y de familias. Reconociendo la variedad de intereses y necesidades de los estudiantes, el ABTS también preservó una sección del currículo para cursos electivos. En el 2013 nuestro cuerpo de estudiantes se había diversificado de tal manera que los tres niveles especializados originales no servían más a las necesidades de muchos de ellos. Debido a la madurez de nuestro cuerpo estudiantil y de la capacidad limitada de la facultad en el ABTS, disolvimos el componente de niveles especializados, haciendo electivos todos los cursos en este componente del currículo, con cursos recomendados en relación con ministerios específicos. Este cambio simplificó grandemente nuestro proceso administrativo.

Por más de una década, el Instituto para Estudios del Medio Oriente en el ABTS ha conducido con mucho éxito la Conferencia Anual del Medio Oriente. Conferencistas y participantes vienen de todas partes del mundo, y se exponen temas contemporáneos significativos. Debido a la relevancia contextual y a la calidad excepcional de los conferencistas, nuestro nuevo currículo incluyó la participación anual en esta conferencia como un elemento obligatorio.

El idioma que se emplea en el ABTS es el árabe. Dado que los recursos teológicos en árabe son muy limitados, hemos puesto gran énfasis en el inglés como el idioma más necesario para los estudiantes. Debido a esto, y reconociendo el número creciente de recursos de calidad en idiomas bíblicos que se ofrecen en internet, hemos decidido que no se requiera un estudio extenso del griego y el hebreo. En su lugar, los estudiantes reciben una introducción a los idiomas bíblicos como parte del módulo de interpretación del primer año. En este curso se les proveen los materiales lingüísticos básicos en griego y hebreo, al igual que un entrenamiento completo sobre el uso de internet y herramientas en CD/DVD. El griego y el hebreo se les ofrecen como parte del componente electivo del currículo, y se anima a los estudiantes destacados para que tomen cursos avanzados en idiomas bíblicos.

Debido a nuestro deseo de contar con una educación abarcadora, cambiamos de nuestro antiguo uso del sistema de créditos *American Carnegie*, al *European Credit Transfer* (créditos ECTS). Bajo el sistema europeo se requiere un gran número de créditos para completar un programa de estudios, pero la expectativa es que gran parte de los créditos adicionales se asignará a las actividades de aprendizaje extra clase. Para ofrecer los créditos por este tipo de experiencias en el aprendizaje, el enfoque europeo comunica a los estudiantes la importancia de estos elementos para su educación y formación general. Algunas de las actividades de aprendizaje de carácter obligatorio para las que se ofrecen créditos en ABTS son las siguientes:

- Se ha puesto gran énfasis en la "Reflexión teológica sobre la vida y el ministerio". Muchas actividades diferentes requieren que los estudiantes reflexionen en su vinculación con el ministerio en la iglesia local y en elementos de la vida como son: la relación con su cónyuge, con sus hijos y sus semejantes; experiencia de trabajo dentro o fuera del seminario, así como la influencia de los filmes, los medios de difusión y la tecnología.

- Los estudiantes deben estar involucrados activamente en el tiempo diario en la capilla. Varios días a la semana los estudiantes dirigen tiempos de adoración y/o un devocional en la capilla. Dos veces a la semana, el líder de los estudiantes los vincula en la actividad de aprendizaje que consiste en evaluar a quienes dirigen el devocional y predican.

- Todos los estudiantes tienen su mentor, y deben reunirse con el mentor al menos siete veces durante el año.

- Una vez a la semana los estudiantes, la facultad y demás trabajadores se reúnen en pequeños grupos para estudiar juntos las Escrituras.

- En su primer mes en el ABTS, los estudiantes deben tomar un curso introductorio de estudios teológicos. Se les presenta a la facultad y demás trabajadores, y se les ofrece una guía por todo el seminario y la comunidad. Los trabajadores de la biblioteca les presentan los recursos disponibles.

Los demás estudiantes les explican la visión y la filosofía educacional del ABTS y les llevan al manual del estudiante para asegurar un buen nivel de entendimiento mutuo. También se les piden varias tareas introductorias por escrito y se les explica el significado de la integridad académica. También se les pide a los estudiantes que completen un examen de conocimiento bíblico, evaluaciones sobre personalidad y dones espirituales, así como una auto-evaluación basada en el perfil del graduado ideal del ABTS.

- Al inicio del segundo y tercer año, los estudiantes deben realizar un "diagnóstico", en el cual se les pide que repitan la auto-evaluación basada en el perfil del graduado ideal y que escriban una reflexión sobre su peregrinaje durante los pasados doce meses. También continúan desarrollando habilidades en la investigación y la redacción.

- En el segundo y tercer año, también se les pide a los estudiantes que preparen un contrato de aprendizaje independiente para el año académico siguiente. Se les brinda un alto grado de libertad en la realización del contrato, y hasta el momento se han incluido actividades tan diversas como el estudio de la historia de las iglesias protestantes en el Líbano, aprender a tocar guitarra y el desarrollo de una mejor auto-disciplina.

- Para los estudiantes que han completado un programa de estudio en tres años, existe un curso culminante de carácter obligatorio durante el último mes de sus estudios. El propósito de este curso es que reflexionen en su estancia en el ABTS y miren juntos hacia el futuro. Se les enfatiza principalmente en la necesidad de que continúen un aprendizaje de por vida y también en las vías por las que pueden acceder a oportunidades relevantes de aprendizaje en el lugar donde ejercen su ministerio.

El diagrama del currículo aparece en las figuras I.2 y I.3.

Preguntas frecuentes

Aunque creemos que el diseño y la metodología que hemos escogido son educacional y teológicamente sanos, también reconocemos que difieren significativamente del modelo tradicional, y quienes han sido educados en el modelo tradicional a veces presentan dificultades para entender lo que estamos haciendo. Por tanto, es necesario que exista un diálogo entre lo antiguo y lo nuevo, y responder a algunas de las preguntas frecuentes.

Sin embargo, antes de realizar cualquier tipo de comparación, es importante enfatizar que comparar un currículo tradicional con el nuevo currículo del ABTS es como comparar manzanas y peces. Esto sucede porque las raíces filosóficas difieren, y también los dos tipos de currículo son esencialmente diferentes por su misma naturaleza. Como en cualquier programa de estudio efectivo, el interés no debe estar en la correspondencia de lo que

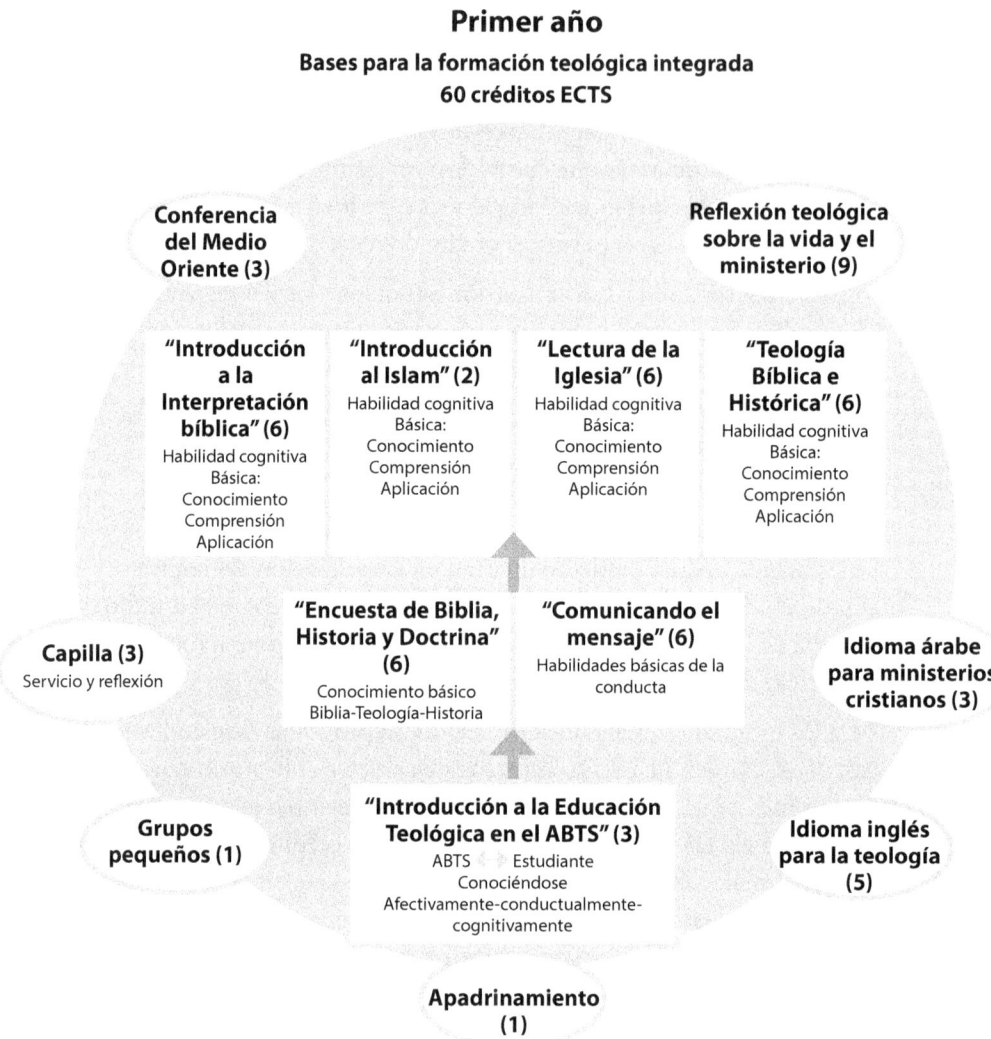

Figura I.2 Currículo del año 1 en el ABTS

se recibe, sino en que el resultado sea servir de acuerdo a la visión, misión y valores de la escuela.

Además, ningún currículo puede incluirlo todo, y siempre existe un currículo "nulo" –lo que enseñamos a través de lo que excluimos. El mayor error de la formación curricular es tratar de complacer a todas las personas y por consiguiente, añadir más y más; el resultado es un currículo que tiene mucho tiempo para el contenido y poco tiempo para la reflexión en la vida y el ministerio. Al examinar el currículo, no solo invitamos al estudio de lo que falta en nuestro nuevo currículo que pudiera ser común en los tradicionales, sino también lo opuesto: lo que se ha incluido en el nuevo currículo que no aparecía en el tradicional. Hacerlo de otra manera sería no dar el crédito debido al trabajo realizado para el nuevo currículo.

El peregrinaje del Seminario Teológico Bautista Árabe   9

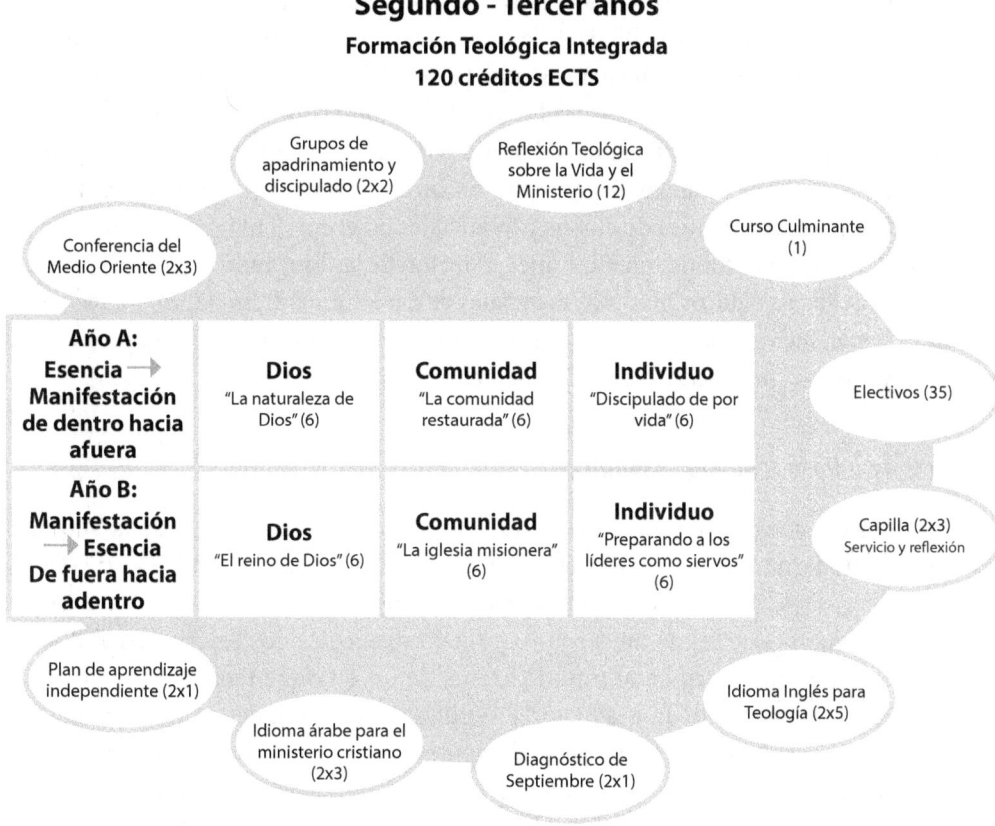

Figura I.3 Currículo de los años 2-3 en el ABTS

¿Hay suficiente Biblia en el nuevo currículo?

Para responder a esta pregunta, primeramente necesitamos decir que cada miembro de la facultad del ABTS tiene un amor apasionado por las Escrituras. Por tanto, existe un fuerte componente bíblico en todo el currículo –aunque no siempre sea visible. Por ejemplo, casi la mitad de la unidad sobre Evangelismo en el módulo de Comunicación del primer año, está dedicado a estudiar los modelos bíblicos del evangelismo; la unidad sobre la Antropología Cultural en el módulo de Iglesia y Sociedad incluye un diálogo con el modelo de Jesús y la vida de la iglesia primitiva; la unidad sobre la Adoración en el módulo integrado de la Naturaleza y el Carácter de Dios constituye un diálogo extendido entre las prácticas de adoración que aparecen en la Biblia y las prácticas de adoración contemporáneas; y cada ejercicio de Reflexión Teológica sobre la Vida y Ministerio incluye una amplia reflexión acerca de cómo la Biblia instruye la experiencia de la vida del estudiante. Por consiguiente, la proporción del contenido que enseña sobre la Biblia dentro del currículo es mayor de lo que aparenta en las cifras que aparecen a continuación.

En relación con los cursos específicos que se centran en la Biblia, el programa del primer año académico incluye la Biblia de la siguiente forma: (a) dos tercios del módulo exploratorio de 6 créditos lo constituye un estudio básico del Antiguo y el Nuevo Testamento; (b) el módulo de interpretación de 6 créditos está dedicado completamente a la interpretación de las Escrituras; (c) dos tercios del módulo de Teología de 6 créditos se centran en la teología del Antiguo y Nuevo Testamento. En otras palabras, aproximadamente el 40 por ciento de los componentes de cursos presenciales en el currículo del primer año está dedicado únicamente al conocimiento e interpretación de las Escrituras. En el currículo del segundo año, cada uno de los módulos esenciales de 6 créditos enfatiza (aproximadamente un tercio) específicamente en cómo se trata el tema en las Escrituras. Una proporción significativa de los cursos electivos se basa en temas de la Biblia.

¿Cómo se estudia la Teología Sistemática?

Es importante reconocer primeramente que la forma y la metodología de la Teología Sistemática moderna tiene sus raíces en el auge de la filosofía griega en la era medieval, no en las Escrituras. Además, toda la teología es contextual (Bevans 2002), y a la luz de la visión misionero-eclesial de nuestro programa, nos mostramos reservados al ofrecer una presentación no crítica en el mundo árabe, de un enfoque teológico que ha sido profundamente influenciado por la historia, la cultura y la visión del mundo occidental.

Quiere decir, que nos preocupa grandemente que las creencias fundamentales de la iglesia cristiana se comuniquen fielmente a nuestros estudiantes, y un examen de cerca a nuestro currículo revela que los principales temas de la Teología Sistemática se han afirmado y expandido. En el primer año, se da un panorama general en el curso introductorio breve: Estudio sobre la Doctrina Cristiana. Estos panoramas generales se extienden en el módulo de teología al final del primer año. En los módulos centrales del segundo-tercer año vemos a la teología propiamente en los módulos integrados sobre la Naturaleza y el Carácter de Dios y el Reino de Dios, Soteriología y Eclesiología en la Comunidad Restaurada y los módulos de la Iglesia Misionera, los módulos de Neumatología en la Capacitación del Liderazgo y el Discipulado de toda la Vida, Teología de las Escrituras en el módulo de Interpretación del primer año, y la Cristología permeando cada uno de los módulos.

¿Y los idiomas bíblicos?

En el ABTS afirmamos que cada generación necesita eruditos bíblicos y traductores que hayan adquirido un alto nivel de competencia en los idiomas bíblicos. Sin embargo, nuestra investigación ha revelado que pocos de nuestros graduados, a la mayoría de los cuales se les exigió que tomaran un año de griego y hebreo, son capaces de usar estos idiomas de manera significativa cinco años después de graduarse, y después de diez años, muy pocos pueden si quiera escribir el alfabeto. Muchos de nuestros graduados mencionaron los idiomas bíblicos entre los cursos más rechazados o de menos utilidad de los que recibieron en el seminario. La evaluación de nuestros graduados se tomó muy en serio para el desarrollo de nuestro nuevo currículo.

Solamente, que hay mucho que se puede hacer en un currículo, y es difícil el aprendizaje de múltiples idiomas al mismo tiempo. También reconocemos la subordinación de la educación teológica no-occidental que tiende a estar arraigada en la universalización del idioma inglés para el discurso teológico (Kang 2010). Por experiencia hemos encontrado el valor esencial del idioma inglés para nuestros estudiantes, ya sea para acceder a los recursos disponibles así como para insertarse en la comunidad cristiana internacional. Por tanto, nuestro énfasis está dirigido hacia la enseñanza del idioma inglés.

Con respecto al griego y al hebreo, durante los pasados veinte años se han desarrollado importantes recursos electrónicos en idiomas bíblicos. En lugar de cargar a los estudiantes con horas de memorización de vocabulario (lo que hace la mayoría de los cursos de idiomas bíblicos), hemos decidido incluir una unidad obligatoria en el primer año de Introducción a los Idiomas Bíblicos, en el módulo de Interpretación, para enseñar a los estudiantes el alfabeto y gramática básica, para luego enfocarlos en el uso de las herramientas electrónicas disponibles. Durante el resto de sus estudios, deben acceder y utilizar estos recursos idiomáticos computarizados. Sin embargo, reconociendo la necesidad de alentar a quienes desean continuar el estudio de idiomas bíblicos en niveles más avanzados, ofrecemos el estudio del griego y del hebreo en cursos electivos. De forma general, aproximadamente un tercio de nuestros estudiantes continúan los idiomas bíblicos. Al principio, los profesores de idiomas se mostraban indecisos en cuanto a hacer opcional el estudio avanzado del griego y del hebreo, pero en la práctica lo encontraron altamente ventajoso. Los grupos son menos numerosos y los estudiantes que deciden realizar el estudio avanzado de los idiomas son generalmente más aptos académicamente y más motivados en las disciplinas del estudio de los idiomas. Como resultado, se puede impartir mayor cantidad de contenido de lo que previamente ocurría cuando la mitad del grupo o más no podían (o no deseaban) alcanzar el nivel requerido en los idiomas bíblicos.

¿Cómo funciona la reflexión teológica?

Un componente importante de nuestro nuevo currículo consiste en la Reflexión Teológica sobre la Vida y el Ministerio. Los estudiantes deben completar 21 créditos ECTS de Reflexión Teológica antes de graduarse; cada crédito incluye de quince a veinte horas de experiencia y de cinco a diez horas de reflexión sobre la experiencia. Durante los tres años se aplica una variedad de enfoques: el primer año se enfoca en preparar a los estudiantes en la reflexión teológica, y el segundo y tercer año se enfocan en la práctica. En cada caso, la reflexión se encuentra en el nivel de la experiencia, la actitud y la teología. Un componente significativo de la reflexión consiste en el debate de los estudiantes basado en dónde han visto a Dios obrar en su experiencia y lo que han aprendido sobre su carácter y obra, así como una reflexión teológica a través de los lentes de la creación, la caída, la redención y la consumación. Se enfatiza en la experiencia del ministerio eclesial, pero también se alienta a los estudiantes a realizar una reflexión teológica sobre las experiencias relacionales, experiencias en el trabajo, el servicio en la comunidad que rodea al ABTS y en los medios de comunicación.

El énfasis en la reflexión teológica se construye sobre la presuposición de que el Espíritu Santo obra en la vida de los estudiantes y es su principal maestro. A través de la reflexión teológica buscamos cooperar con el currículo del Espíritu Santo para nuestros estudiantes, en lugar de esperar simplemente que el Espíritu Santo se ajuste dentro del programa y bendiga nuestra agenda.

Todos nuestros graduados estarán ejerciendo su ministerio entre personas comunes como son: amas de casa, hombres y mujeres de negocio, obreros manuales, maestros, jóvenes y niños. Una parte esencial en el ministerio cristiano efectivo consiste en la habilidad para ayudar a todos estos diversos tipos de personas a permear sus vidas con el conocimiento de Dios y que vean la importancia de la fe para cada aspecto de sus vidas. Pero como dice un proverbio árabe, "no puedes dar lo que no tienes", y la múltiple experiencia de la reflexión teológica pide a los estudiantes que establezcan estos vínculos para que cada uno pueda guiar a otras personas en el proceso. Solamente por medio de una práctica repetida los estudiantes pueden adquirir el hábito de ver toda la vida y el ministerio a través de los lentes de las Escrituras y de la sana teología, y por consiguiente, prepararse para un futuro ministerio que conecte la Escritura con la experiencia diaria de las personas comunes.

Lo que hemos aprendido

Como mencionamos anteriormente, la implementación del currículo integrado ha sido más sencilla de lo que cualquiera de nosotros hubiera anticipado, y el patrón de la educación integrada se ha convertido ahora en una rutina para la facultad. Sin embargo, de este proceso hemos aprendido varias lecciones importantes.

Sobre todo, hemos aprendido la importancia de la provisión para la facultad. Se ha logrado que los profesores se apropien del currículo primeramente siendo capacitados en las bases de la educación integrada y el aprendizaje multidimensional. Un compromiso mutuo a la visión, misión y valores, y al perfil ideal de los graduados ha sido fundamental. A través del proceso de diseño e implementación ha habido un retorno frecuente a la meta general de preparar hombres y mujeres efectivos para que la iglesia pueda estar mejor equipada para cumplir con su llamado misionero. La conceptualización y el diseño de la estructura general del currículo y de los módulos individuales surgieron en los retiros de la facultad, en los que los miembros de la facultad desarrollaron este trabajo por equipos.

También hemos aprendido que es esencial reconocer y enfrentar los temores justificables. Durante el retiro de febrero del 2008 tuvimos dos participantes vinculados de cerca a la acreditación internacional, y su afirmación de nuestro enfoque alivió nuestras preocupaciones sobre la manera en que los cambios pudieran afectar la acreditación.

Se realizó un considerable esfuerzo para ganar a los miembros más conservadores de la facultad. También resultó importante dar a conocer a la facultad que quizás algunas cuestiones pudieran salir mal y que esto no nos debía detener. Al mirar atrás, hubo menos errores de lo que originalmente habíamos previsto.

El apoyo y la defensa del presidente del seminario fueron cruciales. Hemos sido afortunados al tener un presidente que no solo nos ha apoyado, sino que ha hecho todo lo que ha estado a su alcance para promover el proceso de la educación integrada y ser nuestro defensor ante la junta directiva y la comunidad.

Hubiera sido imposible completar la tarea sin una persona en la facultad con un sólido trasfondo en la teoría y la práctica educacional, alguien que pudiera capacitarles y apoyarles en el proceso de implementación. El líder del desarrollo del currículo debe ser una persona que crea en el valor de lo que se está tratando de lograr y que se atreva a arriesgarse.

Descubrimos que no siempre se puede tener todo listo antes de comenzar. Nadie en la facultad llegó con experiencia en este tipo de currículo integrado, y pronto descubrimos que la mejor forma de seguir adelante era esbozar primeramente la estructura general de los módulos, pero dejando los detalles a los instructores durante la implementación. Sin embargo, el esbozo necesitaba proporcionar suficiente "carne" para que fuera significativo, tanto en las afirmaciones sobre el propósito de los módulos y de las unidades, como en los resultados deseados en el aprendizaje. También consideramos importante que los equipos que trabajaron en los módulos se reunieran antes de entregarlos, para asegurar un nivel de entendimiento mutuo, y después que entregaran los módulos para analizar su implementación.

Sobre todo, hemos aprendido que el proceso demanda paciencia y comunicación. El desarrollo e implementación del currículo fue el producto de varios años de preparación e interacción, donde las reuniones semanales y los retiros anuales de la facultad jugaron un papel fundamental. El camino nunca se hubiera podido completar si existieran rivalidades sin resolver entre los miembros de la facultad. Aunque hubo tensiones debido a las diferencias de perspectivas, estas se han resuelto por medio de la comunicación y el compromiso.

Nuestra experiencia con el cambio curricular ha sido positiva y emocionante. Aunque el proceso ha sido demandante y a veces lleno de temor, nos ha unido como un equipo y estamos orgullosos del resultado, que puede apreciarse en los estudiantes que se han graduado. Mientras que no todas las escuelas cuentan con la libertad de desarrollar el nivel de cambio curricular que ha ocurrido en el ABTS, la facultad y los estudiantes de nuestro seminario serían ciertamente nuestros defensores en el intento de hacer posible cualquier integración.

Este libro fue escrito para quienes se encuentren vinculados al terreno de la educación teológica, para alentar la transformación comparable en los currículos de sus propias escuelas, así como para proporcionar herramientas prácticas para el cumplimiento de esa meta. Si se han dado solo algunos pasos, las implicaciones para continuar adelante con la misión global de Dios son inmensas.

PRIMERA PARTE

Intencionalidad en el lenguaje y la cultura institucional

La cultura organizativa determina cada aspecto del aprendizaje que tiene lugar en un programa de educación teológica. Por tanto, el primer paso al promover la intencionalidad en la preparación para el liderazgo lo constituye el desarrollo de un lenguaje y una cultura comunes. La primera parte de este libro está dedicada a investigar las áreas claves al respecto. La educación teológica transformadora solo puede ocurrir cuando la facultad y la junta directiva aceptan estos temas y cuando el equipo de trabajo los comprende y aplica, de modo que una cultura saludable pueda permear cada grieta de la organización.

Paul Sanders, antiguo Director Ejecutivo del Consejo Internacional para la Educación Teológica Evangélica, ha señalado que "el problema en gran parte de la educación teológica consiste en que no es ni teológica ni educacional" (Sanders 2009). Una visión misionera-eclesial para la educación teológica genera una serie de preguntas educacionales que se investigan en el capítulo 1. Sin embargo, la realidad comprueba nuestra capacidad, y una comprensión del papel limitado que estamos jugando en el peregrinaje de los líderes que van surgiendo pone un balance a la gran visión, llevándonos a otra serie de preguntas fundamentales que se tratan en el segundo capítulo. La responsabilidad constituye un elemento esencial en la intencionalidad, y aporta el tema para nuestro tercer capítulo.

Los capítulos siguientes tratan dos conceptos educacionales claves que son esenciales para desarrollar una integración abarcadora en la capacitación del liderazgo. Primeramente, la educación teológica tradicional ha tenido la tendencia de enfocarse en el desarrollo de la mente como la regla principal del aprendizaje institucional. Este énfasis tiene sus raíces en la filosofía griega y en el período de la ilustración. Una comprensión de la pedagogía más afirmada en la teología reconoce la naturaleza integradora del aprendizaje, incluyendo no solo el campo cognitivo, sino también el afectivo y el conductual. La capacitación integral del liderazgo en las iglesias en transformación exige una cultura y un lenguaje institucional común que abarque estos llamados "ABC" del aprendizaje.

En segundo lugar, una intencionalidad profunda al formar líderes para la iglesia de Jesucristo exige contar con una sensibilización por parte de toda la comunidad –junta directiva, administración, profesores, estudiantes y demás trabajadores; para las formas ocultas o implícitas en que el aprendizaje se desarrolla. Una reflexión sobre el currículo oculto muestra hasta qué punto aprenden los estudiantes sobre el liderazgo cristiano a través de la forma en que se desarrolla la enseñanza, el modelo de vida de sus profesores y su experiencia con la directiva de la escuela. Del mismo modo, raramente se reconoce el hecho de que aquello que excluimos de nuestro currículo en contenido y metodología (el currículo nulo), comunica valores profundos a todas las personas en la comunidad. El lenguaje del currículo oculto y del currículo nulo constituye un elemento muy valioso en los programas transformadores de la educación teológica.

Después de haber logrado la comprensión con respecto al currículo y al lenguaje común, es posible comenzar a desarrollar un currículo integrado y abarcador. En los capítulos 6 y 7 aparecen algunas sugerencias específicas. La sección concluye observando algunas investigaciones realizadas sobre el aprendizaje profundo, el que permanece cinco o diez años después de completar los estudios y que moldea los valores y la práctica a largo plazo.

1

Realizando las preguntas adecuadas (1)

Un estudio reciente aplicado a 1000 iglesias en treinta y dos países (Schwarz 2000, 23) descubrió que existe una correlación inversamente proporcional entre el crecimiento denominacional y las expectativas educacionales: mientras más educación espera una denominación de sus pastores y educadores, es mayor el decrecimiento que esa denominación experimenta. Más específicamente, la investigación del grupo de Desarrollo Natural de la Iglesia (NCD)[1] encontró que solo el 42 por ciento de los pastores en iglesias de alta calidad y alto nivel de crecimiento habían estudiado en un seminario, mientras que en las iglesias de baja calidad y bajo nivel de crecimiento, el 85 por ciento se había graduado del seminario. Algunas personas (Hunter 2004; Van Engen 2004, 138-40) han cuestionado la metodología de investigación del NCD, pero la amplia insatisfacción con el producto de nuestros colegios teológicos no se puede ignorar.

La estructura clásica de la educación teológica, con sus "depósitos" de estudios bíblicos, teológicos, históricos y (más adelante) estudios ministeriales o teología aplicada, surgieron en un contexto donde la relación entre la iglesia y la sociedad se establecía mayormente en un paradigma de "cristiandad" –o sea, se suponía que la iglesia podía y debía tener un nivel de poder e influencia en la sociedad. Es por tal razón que los elementos de contenido y metodología con respecto a la misión son apenas perceptibles en el enfoque clásico de la teología educacional, y el énfasis ha recaído sobre el estudio de textos del pasado (Guder 2010). El paradigma de "cristiandad" nunca ha sido relevante en el mundo no-occidental y ha dejado de serlo en gran parte del occidental. Por tanto, educadores teológicos como Robert Banks (1999) y Linda Cannell (2006) hacen un llamado para establecer un fundamento misionero en la educación teológica. Como lo expresa Cannell (2006, 306): "Una estructura formalizada en el período medieval, modificada para ajustarse a los cambios teológicos de la reforma, influenciada por la metodología científica del período de la ilustración, moldeada por la universidad alemana de investigación, profundamente afectada por la modernidad, y llamada a definir la verdadera educación teológica para hoy, no es la más adecuada para los retos de la cultura contemporánea y la educación de las personas cristianas que han sido moldeadas por esa cultura".

---

1. Por sus siglas en inglés: Natural Church Development.

Para mantener el statu quo en la educación teológica, estamos sosteniendo implícitamente un compromiso con el paradigma de la cristiandad. La reforma curricular es una de las necesidades más apremiantes que la educación teológica está enfrentando en el siglo veintiuno, y este libro se enfoca en proporcionar herramientas para la revisión curricular y la excelencia en la instrucción. En esta primera sección, examinamos algunas de las preguntas curriculares básicas y sus implicaciones para el diseño curricular en general y el desarrollo de cursos, adaptando el material de Jane Vella: *Teaching and Learning (Enseñando y aprendiendo)* (2008, 32-47) y el enfoque de Grant Wiggins (1998) al "diseño curricular en retrospectiva". En la segunda sección del libro vamos a analizar cómo pudiera desarrollarse una visión misionera-eclesial en el aula.

El desarrollo de un currículo integrado y abarcador con énfasis en la misión de Dios para la iglesia, es el ideal. Sin embargo, aun cuando se prepara un currículo más clásico, realizar las preguntas adecuadas llevará inevitablemente hacia cambios de perspectiva que pueden mostrar algunas de las principales deficiencias que se perciben en el enfoque actual de la educación teológica.

El reto de la reforma curricular

Catorce años después de escribir su obra germinal *Theologia* (1983), Edward Farley escribió las siguientes palabras desesperanzado: "¿Llegaremos entonces a la conclusión de que los seminarios no pueden reformarse a sí mismos? No estoy seguro de que incluso una amenaza a la supervivencia institucional sea lo suficientemente poderosa para contrarrestar la resistencia estructural de una escuela a la reforma. Dada la forma en que las instituciones educacionales se conservan, una reforma rápida y auto-crítica realizada dentro y por la facultad, en cooperación con los estudiantes y la directiva, no parece ser posible" (Farley 1997).

El cambio siempre es difícil, pero el cambio curricular es particularmente difícil, debido a los factores internos y externos que son confrontados por quienes reconocen y anhelan un nuevo modelo de excelencia en el desarrollo curricular. Como el presidente de la universidad Princeton, Woodrow Wilson resumió su experiencia: "Es más fácil cambiar un cementerio de lugar que cambiar el currículo de una escuela" (Bailey 2001).

Externamente, tenemos que negociar la estructura de la educación secular, y tenemos que responder a las agencias de acreditación –aunque estas generalmente están más preocupadas por el estatus y el salto de vallas, que por el aprendizaje genuino. Pero Dios nos libre de que nuestra principal consideración sea la reputación externa y la credibilidad de nuestra institución. En lugar de esto, nuestro principal interés debe ser el mandato a preparar hombres y mujeres que puedan guiar a la iglesia a cumplir con la Gran Comisión para que Cristo sea reconocido como Señor por toda la tierra.

Pero también hay problemas internamente. La mayoría de los miembros de la facultad en la educación superior han realizado muy poco estudio serio en teoría educacional, si es que lo han hecho. Con frecuencia, las voces dominantes en nuestras escuelas teológicas son los miembros de la facultad que se sienten más cómodos en la academia que en la iglesia local, y que son dados a la teoría más que a la práctica. Como dice el viejo proverbio: "Quienes pueden, hacen. Quienes no pueden, enseñan". Muchos académicos le temen a los enfoques que les exigen moverse fuera de sus áreas especializadas o que les reten a enfatizar en la práctica del ministerio al mismo tiempo que en la excelencia académica. Además, los miembros de la facultad de teología son generalmente quienes han tenido éxito en el sistema y son por consiguiente muy reacios a cuestionar el sistema al cual le han dedicado una gran parte de sus vidas. Por tanto, es difícil para una facultad establecida iniciar una reforma curricular.

Resulta crucial involucrar a todos los participantes del programa en cualquier sendero creativo que se vaya a seguir, particularmente en la fase de la visión inicial y de conceptualización. En 1994 John Woodyard declaró:

> En el presente paradigma los profesores – la facultad – tienen el control de sus cursos, sus clases, el currículo, la contratación de profesores y las decisiones sobre profesores titulares. La tradición, las asociaciones de acreditación y las estructuras burocráticas gubernamentales refuerzan esta estructura. Los fiduciarios, las denominaciones, los administradores y los donantes no la pueden cambiar. Sin embargo, en muchos casos lo que se necesita es que las juntas directivas de los seminarios, la administración y la facultad se den cuenta de que no van a sobrevivir si continúan con la mirada puesta en los éxitos del pasado y en las estructuras antiguas en vez de tratar de forma realista con los cambios necesarios para asegurar que sus graduados sean los líderes en la iglesia del próximo siglo (Woodyard 1994, 3).

Otra gran barrera para la reforma curricular lo constituye la falta de modelos significativos. Es difícil que rompamos con patrones tradicionales que nos resultan familiares, pues todos somos propensos a enseñar de la forma en que hemos aprendido y desarrollar escuelas a partir de los modelos de las escuelas en las que estudiamos. Por consiguiente, una plétora de pequeñas Trinity, Fuller, Dallas, Princeton, y ocasionalmente Oxford, Edinburgh y Tübingen se encuentran dispersas por todo el mundo, a pesar de que estos modelos ya no son relevantes en los contextos contemporáneos del mundo occidental.

La base de la reforma curricular consiste en realizar las preguntas adecuadas. Las primeras preguntas que la mayoría de los programas de capacitación ministerial realizan cuando están diseñando o revisando un currículo son: "¿Qué?" y "¿Cómo?" Entonces, los debates curriculares generalmente se convierten en discusiones sobre los puntos delicados en relación con las fronteras territoriales, cada miembro de la facultad defiende con vehemencia lo referente a su disciplina, en lugar de observar el cuadro completo todos juntos y trabajar hacia el cumplimiento del divino propósito al cual hemos sido llamados. Mientras que las preguntas "¿Qué?" y "¿Cómo?" son importantes y a la larga deben responderse, no son en realidad el comienzo sino el final de la planificación del currículo.

¿Qué estamos tratando de hacer?

Antes de comenzar la planificación del currículo necesitamos preguntarnos: exactamente ¿por qué existimos y qué estamos tratando de lograr? El proceso de Bolonia para la educación superior acuñó las frases "Aptitud de propósito" y "Aptitud para el propósito" (ENQA 2009). Cualquier programa educacional efectivo debe establecer primeramente una auto-comprensión adecuada del por qué existe –en otras palabras, un propósito adecuado. Cuando este asunto haya quedado claro, la institución y su currículo deben ajustarse para cumplir con ese propósito de la mejor manera.

Para la educación teológica debemos buscar una respuesta teológica a la pregunta sobre el propósito: la buena teología debe guiar nuestra pedagogía. Las Escrituras dejan claro que la meta final de todo lo que somos como individuos y como iglesia es participar en la *Missio Dei*: más específicamente, trabajar y servir para la extensión del reino de Dios y proclamar a Cristo como Señor en palabra y hecho. La misión de Dios viene primero y en ella participamos (Gibson 2012). Además, a través de la narración bíblica se enfatiza fuertemente en el pueblo de Dios con respecto a la declaración de los hechos poderosos de Dios (1 Pedro 2:9), y por esta razón, los debates recientes van más allá del de Kelsey (1993) "Berlín-Atenas", una dicotomía en defensa del fundamento misionero-eclesial como base integradora para la educación teológica (Banks 1999; Cannel 2006; Cronshaw 2012; De Gruchy 2010; Harkness 2013; Hewlett 2010; Kirk 2005; Ott 2011; Penner 2009). Como se establece en el Pacto de Ciudad del Cabo, del Movimiento de Lausana (2011, II.F.4), "La misión de la iglesia en la tierra consiste en servir a la misión de Dios, y la misión de la educación teológica consiste en fortalecer y acompañar la misión de la iglesia".

En realidad, la iglesia en todo el mundo lucha por cumplir este mandato. Los retos externos e internos que enfrenta la iglesia opacan su visión y sofocan su efectividad. La iglesia se encuentra en una necesidad desesperada de hombres y mujeres fieles que guíen al pueblo de Dios a confrontar y vencer los retos que enfrentan, y valientemente cumplir con su mandato misionero.

Es aquí donde nuestras instituciones juegan su papel. ¿Por qué existen las escuelas teológicas y los programas de capacitación ministerial? Un fundamento misionero-eclesial para la educación teológica sugiere que nuestras escuelas existen para *preparar hombres y mujeres que sean capaces de guiar a la iglesia para que sea efectiva al cumplir con la misión de que Cristo sea reconocido como Señor por toda la tierra*. Observen que la preparación de hombres y mujeres no constituye la meta final, sino un medio significativo hacia el cumplimiento de la meta principal de ver iglesias fortalecidas que impacten a sus comunidades, de manera que las marcas del reino de Dios se hagan evidentes en el mundo (Fernández 2012).

Aun sin un precedente bíblico directo, la educación contemporánea generalmente expresa la meta general como una afirmación de "visión y misión" o de "propósito". La "visión" es una afirmación de la escuela acerca de lo que esta cree que Dios desea lograr en la región específica en la que se desarrolla el ministerio. La "misión" consiste en una

El peregrinaje de hombres y mujeres fieles

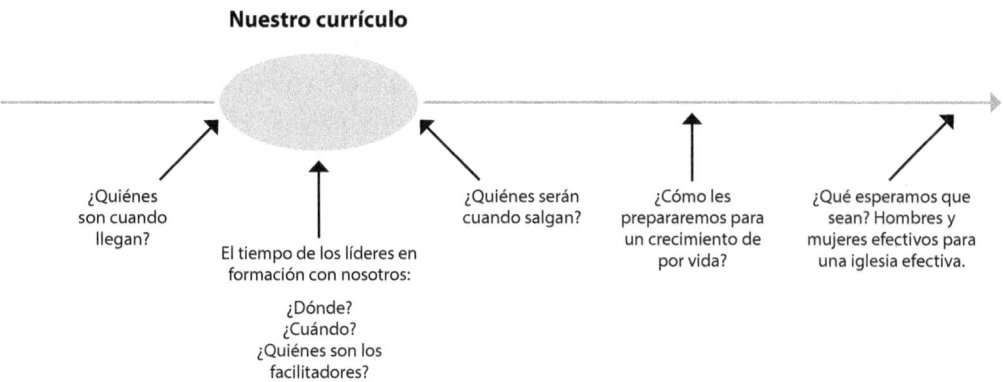

Figura 1.1 El peregrinaje de un líder cristiano

descripción del papel que desempeña el programa educacional específico dentro de la obra de Dios en general –las formas específicas en las cuales el programa de la escuela contribuirá a la *Missio Dei*. Una declaración claramente articulada de la visión-misión o del propósito puede constituir un fundamento valioso por medio del cual se pueden medir y evaluar las decisiones curriculares de la institución.

Nuestro papel como proveedores de programas de estudio es importante al preparar hombres y mujeres para el servicio cristiano, pero en realidad nuestro tiempo con los estudiantes es extremadamente limitado, y hacemos bien al reconocer nuestras limitaciones. Pocos de nuestros programas de estudio tienen acceso a los líderes en formación por más de unos años, pero la obra divina de capacitación para el liderazgo continúa por toda la vida. El proceso completo se puede representar en un diagrama como lo muestra la figura 1.1.

Existe una tendencia en muchas escuelas de incluir en tres años todo lo que un líder en formación pudiera necesitar para el resto de su vida. Como mencioné en la introducción, el resultado final es un currículo denso y exigente que se enfoca en el contenido, con poco tiempo disponible para capacitar a los estudiantes en la reflexión y la práctica y prepararles para un aprendizaje de por vida. Las implicaciones curriculares del papel del aprendizaje fuera del aula, la necesidad de un aprendizaje de por vida y los medios para sustentar un aprendizaje profundo serán tratados en los siguientes capítulos de este libro. Por ahora, es suficiente enfatizar la importancia de ver la estancia de un estudiante con nosotros, simplemente como parte de un peregrinaje de por vida en su crecimiento hacia la madurez en el servicio por medio del liderazgo.

Luego de establecer el fundamento misionero-eclesial de la educación teológica, y reconocer que el tiempo de un estudiante con nosotros es limitado, una serie de preguntas curriculares importantes surgen de forma natural.

Pregunta 1: ¿Cuál es la iglesia ideal en nuestro contexto?

Si la razón de nuestra existencia es el mandato misionero de la iglesia, la primera pregunta que necesitamos hacer es cómo debe ser una iglesia ideal, una iglesia que sirva de manera fiel y efectiva a la *Missio Dei* en el contexto local, particularmente en el tipo de contexto donde nuestros estudiantes saldrán a servir. Desde el inicio, debemos reconocer que vivimos entre el "ya" y el "todavía no"–o sea, hasta que la obra redentora de Cristo no esté completa, no habremos alcanzado todavía la gloria consumada.

Por tanto, siempre debemos esperar una mezcla de pecaminosidad y redención en nuestras vidas personales y en nuestras comunidades de fe cristiana. Sin embargo, como hombres y mujeres fieles, el mandato a vivir como el cuerpo de Cristo exige mostrar un cuadro del ideal por el que podemos esforzarnos en el poder del Espíritu Santo.

Para que esta pregunta adquiera significado en el desarrollo curricular, debe tener respuestas claras y específicas. Declaraciones como "es una iglesia amorosa", son teológicamente sanas, pero al mismo tiempo son muy generales para que tengan sentido. Es importante brindar respuestas bien fundadas y perceptibles, preferiblemente con ejemplos específicos de cómo la comprensión teológica de la iglesia ideal puede desarrollarse en la práctica. Un buen comienzo es describir cada aspecto positivo de las iglesias locales específicas a las que la escuela teológica ha servido; esto se convierte fácilmente en un trampolín para otras posibilidades. En el anexo 1.1 que aparece en la conclusión de este capítulo, puedes ver cómo respondieron a esta pregunta los participantes de un taller ofrecido en el Líbano.

Una de las mayores preocupaciones en la educación lo constituye el papel de los participantes del programa, y generalmente son esas personas quienes están mejor capacitadas para responder esta y las siguientes preguntas del "cuadro completo". Por tanto, el desarrollo curricular estratégico involucra a los pastores, miembros de las iglesias y líderes de las comunidades, así como a los miembros de la junta directiva, la facultad y los estudiantes, en las fases iniciales de la conceptualización del currículo.

Pregunta 2: ¿Cuáles son los retos contextuales?

Cada iglesia, en menor o mayor medida refleja algo del ideal de lo que significa ser el cuerpo de Cristo. Sin embargo, también es cierto que todas nuestras comunidades de fe carecen del ideal consumado debido a los retos internos y externos que les impiden ser agencias efectivas para la proclamación de Cristo. La segunda pregunta busca describir y evaluar estos retos. Es solo cuando tenemos una clara articulación de lo que constituyen retos internos y externos para la iglesia, que estamos en una posición de realizar un currículo que capacite a nuestros estudiantes para ayudar a la iglesia a que se dirija hacia esos retos.

En cada parte del mundo existen múltiples retos sociales. En el occidente, los principales problemas a los que se enfrenta la iglesia incluyen el secularismo creciente, el relativismo posmoderno, la fragmentación familiar y el descenso en la economía, así como una nueva forma ecléctica de espiritualidad que ofrece poco lugar para la religión organizada. En el medio oriente y en toda Asia, existe un auge en el fundamentalismo religioso y en la realidad de ser una minoría, frecuentemente oprimida. En África, existe una pobreza intensificada y la crisis del SIDA. Conflictos raciales, étnicos o tribales se encuentran en muchas partes del mundo. La violencia y la corrupción constituyen retos sociales endémicos en gran parte del mundo, y con todo esto, un creciente número de refugiados. La urbanización ha traído consigo la proliferación de chozas como viviendas, tráfico de personas, abuso de drogas y una creciente laguna entre ricos y pobres. A no ser que estos retos se comprendan claramente y de alguna manera se incluyan dentro de las consideraciones de nuestro currículo, no podremos declarar que tenemos una educación teológica significativa.

De igual manera, nuestras iglesias luchan con cambios internos como son: conflictos interpersonales, tradicionalismo, individualismo, superficialidad teológica, falta de visión o tiempo prudencial inadecuado. Resulta esencial tomar estos retos en serio para una visión misionera-eclesial en el desarrollo del currículo.

Al tratar el tema de los retos contextuales existe una tendencia a dedicar un espacio enorme para atacar abiertamente a la iglesia local. Con tal ataque se logra poco. Un reconocimiento sano de las fortalezas, así como de las debilidades de nuestras iglesias locales, junto a una evaluación realista de los retos sociales locales, proporciona el fundamento para el desarrollo de un currículo efectivo.

Es posible que la pregunta de los retos externos e internos sea la más importante para promover la intencionalidad en la capacitación de hombres y mujeres efectivos. Por consiguiente, se debe disponer de espacio y tiempo para llegar a comprender los retos sociales, y sería útil revisar la lista de forma regular. Según mi propia experiencia, el desarrollo inicial de las percepciones contextuales requiere la mejor parte de todo un día de trabajo en grupo. En el anexo 1.2 se ofrece una muestra de cómo pudiera verse el resultado.

Como en el caso de la definición de la iglesia ideal, el proceso de explicación de los retos contextuales para el desarrollo curricular efectivo necesita involucrar a los participantes del programa (líderes de la iglesia y de la comunidad, estudiantes y facultad).

Pregunta 3: ¿Cómo debería ser un líder cristiano ideal?

La tercera pregunta curricular tiene el propósito de considerar las características necesarias en los líderes para que puedan guiar a la iglesia a través de sus retos contextuales (pregunta 2) hacia el cumplimiento de su mandato misionero (pregunta 1). No quiere decir que esperamos ver en cualquier individuo todas estas características. La meta es tener una imagen hacia la cual queremos que crezcan nuestros estudiantes, una serie de rasgos del carácter, habilidades y conocimientos que pudieran ser necesarios para lograr el cumplimiento de la tarea del liderazgo cristiano en nuestro contexto. Para ser más específicos, necesitamos considerar los siguientes aspectos:

- ¿Cuáles son las habilidades necesarias en las áreas del conocimiento y del pensamiento para que el cristiano fiel relacione el texto con el contexto y el contexto con el texto, y continúe creciendo y aprendiendo a través de los años por venir?
- ¿Cuáles son los rasgos del carácter y la actitud necesarios en el líder para que otros le sigan?
- ¿Cuáles son las habilidades necesarias para que el mensaje eterno pueda encarnarse en palabra y hecho en el líder y en sus seguidores?

Las respuestas a estas preguntas nos guían naturalmente a establecer una serie de descriptores que sirven como base para analizar el crecimiento de los estudiantes durante su tiempo en nuestra institución. Algunas escuelas describen esta lista de resultados como el "perfil ideal del graduado". En el anexo 1.3 se muestra el "perfil ideal del graduado" en el ABTS como un posible modelo para tu propia escuela.

En muchas escuelas, estos descriptores son solo "tinta sobre el papel" para satisfacer los requisitos de las agencias de acreditación y de los participantes del programa. Para que el "perfil ideal del graduado" posea una importancia subsecuente, debe haber medios por los cuales los estudiantes sean pre-evaluados y post-evaluados a través de los lentes de los descriptores. En el ABTS hemos desarrollado un documento de auto-evaluación basado en este perfil y se les pide a los estudiantes que lo completen al entrar a la escuela; después, al inicio de cada año académico, escriben una reflexión sobre sus propias percepciones acerca del cambio que ha tenido lugar en ellos. Esto se convierte en la base para un apadrinamiento guiado en la senda de crecimiento del estudiante. Un beneficio secundario de este proceso ha sido que los estudiantes han adquirido habilidades básicas para el aprendizaje de por vida, y han llegado a ver el documento de auto-evaluación como una herramienta para un crecimiento continuo después de la graduación.

Conclusión

Un fundamento misionero-eclesial para la educación teológica exige una consideración cuidadosa de las preguntas curriculares que definen a la iglesia ideal, a los retos contextuales y a las características de hombres y mujeres fieles que sean capaces de guiar a la iglesia a través de los retos contextuales hacia el cumplimiento de su mandato misionero. Una reflexión minuciosa sobre estas preguntas ofrece a la institución teológica una imagen más clara de su propósito a largo plazo, y esto puede convertirse en la base para diseñar un currículo que sea contextualmente relevante. En el capítulo siguiente, se analizarán preguntas prácticas acerca de la naturaleza de nuestros estudiantes y las realidades de la capacidad institucional, limitaciones que deben tomarse en serio al contemplar lo que se puede y lo que no se puede lograr de forma viable en el camino hacia la excelencia curricular.

Ejercicios

1. Considere un programa teológico que usted quisiera mejorar o desarrollar. Si es un programa establecido, analice la base teológica y filosófica de la declaración sobre la "visión y misión". Si es un programa que quisiera iniciar, formule una declaración de la "visión y misión" y analice las bases teológicas y filosóficas de dicha declaración.

2. Reúnase con al menos dos personas cristianas vinculadas al ministerio en su contexto local y en un trabajo conjunto, desarrollen respuestas para las primeras tres preguntas curriculares principales utilizando la guía siguiente:

- Haga una lista de las características de la iglesia local "ideal". Comience describiendo todas las características *positivas* de su iglesia local y de otras iglesias que conozca en su región. Debe ser lo más específico que pueda, presentando ejemplos. Organice su lista final en categorías que puedan entenderse bien.

- ¿Cuáles son algunos de los retos que enfrenta la iglesia en su región, que constituyen obstáculos para ser una agencia efectiva en la proclamación de Cristo? Considere tanto los retos externos (cómo el contexto social entorpece la proclamación) como los internos (debilidades crónicas particulares dentro de la comunidad de fe cristiana). Su respuesta puede ser por puntos o en forma narrativa.

- Para su contexto local específico, ¿cuáles son las principales características del líder cristiano ideal, la persona que sería capaz de guiar a la iglesia a través de sus retos contextuales hacia el cumplimiento de su mandato misionero? Tome en consideración los rasgos del carácter, las habilidades y el conocimiento. Explique brevemente por qué usted cree que estas características son importantes. Organice su lista de características en forma de "perfil ideal del graduado", algo similar al ejemplo presentado en el anexo 1.3.

Anexo 1.1

Características de la iglesia efectiva ideal

(Adaptado de los talleres ofrecidos en el Consorcio Inter-escolar de Beirut, en mayo del 2006.)

- **Espiritualmente orientada**
  - Las personas aman a Cristo; le aceptan de todo corazón.
  - Una comunidad Cristo-céntrica de amor y cuidado –suple las necesidades de sus miembros de manera práctica.
  - Caracterizada por el amor y la unidad.
  - La oración y la adoración a Dios constituyen prioridades.
  - Los miembros ven a la iglesia como un organismo dinámico dirigido por el Espíritu, no como una institución.
  - Obediente a Cristo, demostrando el fruto del Espíritu.
  - Busca una vida de compañerismo balanceado, testimonio y servicio.
  - Inclusiva, cooperativa, con mentalidad del reino.
  - El discipulado constituye una prioridad.
  - Una predicación bíblica que sea relevante para la sociedad contemporánea.
  - Predica y enseña la verdad de las Escrituras como el fundamento para la vida.
  - Busca conocer y vivir la práctica de las Escrituras, tomando en serio las fuertes enseñanzas de las Escrituras (el Sermón del Monte, Mateo 25).
  - Valora la oración y la adoración a Dios como un estilo de vida:
    i. Disfruta estar en la presencia de Dios.
    ii. Tiene un sentido de profunda reverencia en la presencia de Dios.
    iii. Romanos 12:1-2 → sacrificio vivo.
  - El discipulado es efectivo.
  - La renovación como un valor primordial.
  - Escucha cuidadosamente y responde al Espíritu Santo.
  - Confía en Dios para sus provisiones (fe).
- **Caracterizada por el amor**
  - Generosa, se entrega a sí misma, sacrificial.
  - Amor y unidad entre los creyentes; amor por las personas que aún no son creyentes.

- Acepta y sirve incondicionalmente a quienes llegan.
- Comprometidos unos con otros (vive y sirve unida).
- Caracterizada por el perdón.
- Acepta las diferencias.
- Llora con los que lloran.
- Aplica Mateo 18 y otros principios bíblicos para la resolución de conflictos.

- **Misionera: individualmente y corporativamente se ve como enviada**
  - Mira hacia afuera –enfocada en la meta bíblica de alcanzar a otros; cada persona conoce y se vincula con la misión de la iglesia hacia la sociedad y al mundo.
  - Culturalmente relevante.
  - Impacta a la sociedad.
  - Alcanza a toda la comunidad –diferentes grupos étnicos, edades, etc.
  - Relevancia (personas enfocadas, comunidad enfocada, flexible en forma y lenguaje).
  - Intencionalmente se dirige al contexto inmediato y toca al vecindario inmediato de manera significativa.
  - Auto-evaluativa con respecto a su relevancia y efectividad.
  - Enfocada en el ministerio abarcador (todas las necesidades).
  - Preocupada por el bienestar social (social, político, económico).
  - Testifica en palabra y hecho –por medio de relaciones y estilo de vida.
  - Testimonio de transformación (hacia la estatura de Cristo).
  - Alentadora, reconociendo múltiples esferas.
  - Preocupada por el ministerio hacia afuera.
  - Luchando por ser "tal como Jesús".
  - Relevante y en crecimiento –un organismo más que una organización.

- **Liderazgo múltiple basado en los dones espirituales**
  - Guiado por líderes que sean siervos.
  - Sacerdocio de todos los creyentes.
  - Nadie es excluido del ministerio.
  - Iglesia sacrificial.
  - Alentadora, reconociendo múltiples esferas.
  - Pluralidad del liderazgo.
  - Auto-administrativa, auto-respaldada, auto-propagadora.

- **Creativa**
  - Abierta y sensible al cambio.
  - Reproductora, multiplicadora.
  - Agente de transformación.

- **Maneja bien los recursos (finanzas, tiempo, personas, etc.)**

Anexo 1.2

Retos internos y externos para la iglesia

(Adaptado de los talleres ofrecidos en el Consorcio Inter-escolar de Beirut, en mayo del 2006)

Internos:

- Espirituales:
  - Decrecimiento en la vida espiritual/ las disciplinas (oración, ayuno, …)
  - Gracia barata.
  - Presión por agradar a las personas más que a Dios.
  - Hermenéutica pobre e inadecuada.
  - Concepto erróneo de iglesia.
  - Abuso espiritual.
  - Corrupción –falta de integridad.
- Actitud:
  - Arrogancia –lo sabemos todo.
  - Exclusividad (doctrinalmente).
  - Posesividad/protección.
  - Legalismo.
  - Pobre auto-imagen.
  - Espectadora.
  - Socialmente inadecuada.
  - Falta de compromiso.
  - Egoísmo.
  - Las personas están demasiado ocupadas.
- Relaciones:
  - Falta de confianza.
  - Falta de transparencia.
  - Individualismo –más competencia que cooperación.
  - Estatus social y jerarquías dentro de la iglesia.
  - Procesos pobres para la solución de conflictos.
  - Falta de unidad, generalmente llevando a divisiones en la iglesia y nuevas denominaciones –denominacionalismo.

- Misiones:
    - Resistencia al cambio –atada a las tradiciones– satisfecha con el estancamiento.
    - Liderazgo tradicionalista (no se dejan enseñar, no quieren desarrollar nuevos enfoques para el ministerio, etc.)
    - Ceguera ante los cambios rápidos en el mundo.
    - Falta de sensibilidad ante los problemas sociales.
    - Inmadurez; iglesia/liderazgo dependiente del mundo occidental.
    - Predicación/enseñanza irrelevante, sin vinculación con la práctica.
    - Falta de obediencia al evangelismo por temor, falta de confianza, enemistad y odio.
    - Carencia de una estructura/sistema para la preparación y nutrición espiritual de los cristianos para que sean testigos de Cristo.
    - Carencia de una enseñanza apropiada que transforme las vidas de los miembros de la iglesia.
    - La iglesia se mueve hacia el desarrollo, pero por razones incorrectas: para atraer la ayuda financiera.
- Organización:
    - Forma de gobierno que no es culturalmente auténtica.
    - Necesidad de control.
    - Líderes inseguros que se sienten amenazados por los nuevos líderes más jóvenes y mejor educados; los pastores son demasiado ambiciosos o sobreprotectores.
    - No existe un proceso de apadrinamiento entre los líderes y las demás personas.
    - Falta de modelos.
    - Tradicional, jerárquica y dictatorial –carencia de relaciones igualitarias.
    - Conflicto entre los líderes debido a la comprensión errónea del "éxito" y la "efectividad".
    - Liderazgo machista.
    - Liderazgo tribal (líderes ofendidos porque no se les ha honrado debidamente).
    - Enfoque en la imagen.

Externos:

- Presión económica.
- Limitaciones de tiempo por estar muy ocupada.
- Problemas políticos y sociológicos –inestabilidad política.
- Problemas de emigración –"escape de cerebros".

- Percepciones de otras personas acerca de la "iglesia evangélica" – fanatismo, importación del occidente, sionista, "¿No son Testigos de Jehová todos los protestantes?"
- Estatus y jerarquía social.
- Oposición a la misión cristiana y al evangelismo.
- Opresión social y gubernamental que inhibe la habilidad de la iglesia para llevar adelante la misión.
- Activa oposición a la libertad religiosa.
- Avivamiento de otras religiones.
- Secularización de la sociedad.
- Aumento del materialismo y el consumismo.
- Evangelio de sanidad y prosperidad.
- Pobreza.
- Guerra, conflicto.
- Nuevos retos como el VIH/SIDA.

Anexo 1.3

Perfil ideal del graduado en el ABTS

El Seminario Teológico Bautista Árabe existe para ver a Dios glorificado, a las personas reconciliadas y a las comunidades restauradas por medio de la iglesia en el mundo árabe.

> *Por lo tanto, procuramos equipar a hombres y mujeres fieles para el servicio efectivo que se caractericen por…*

Cognitivamente, una mente comprometida con la práctica reflexiva

> *Capaces de interpretar la vida y el ministerio cristiano a través de los múltiples lentes de la Escritura, la teología, la historia y la comunidad.*

Con esta finalidad, los graduados del ABTS deben tener:

- Un conocimiento sano del contenido de las Escrituras y de la forma en que varias piezas acoplen en la mega-narración de la obra redentora de Dios y el reconocimiento de su reino.
- Una clara comprensión de las doctrinas centrales del cristianismo y de cómo la reflexión teológica ha vinculado estas doctrinas a través de la historia. Los estudiantes deben ser capaces de ver cómo la teología emerge del contexto y ha dado pasos hacia el desarrollo de su propia teología contextual.
- Una comprensión de la historia del cristianismo, con énfasis particular en las iglesias orientales, así como la historia, doctrina y prácticas distintivas de las principales denominaciones protestantes, a la luz de los eventos generales en la historia mundial y del medio oriente.
- Una comprensión de la naturaleza y el impacto de la cultura, y la habilidad para evaluar la cultura a la luz de una genuina visión del mundo. En particular, los estudiantes deben tener un conocimiento exhaustivo de la historia, la doctrina y las prácticas del Islam y la habilidad para evaluar tanto positiva como negativamente la influencia del Islam en la sociedad del medio oriente.

- Una comprensión básica de las ciencias sociales (psicología, sociología, antropología cultural, política) y de cómo estas impactan a la reflexión teológica y a la práctica del ministerio.
- Una comprensión crítica de los procesos psicológicos y espirituales por medio de los cuales las personas crecen en ambientes personales y colectivos.
- La habilidad de interpretar asuntos ministeriales clave a través de los lentes múltiples de Biblia, historia, teología y contexto: liderazgo cristiano, plantación de iglesias y crecimiento de iglesias, el ministerio educativo de la iglesia, discipulado y seguimiento cristiano, consejería cristiana, predicación.

Afectivamente, un corazón lleno de amor a Dios y a las demás personas

Capaces de ser ejemplo de una fe madura en su relación con Dios, y en su compromiso a la reconciliación de las relaciones y la restauración de las comunidades.

Con esta finalidad, los graduados del ABTS deben comprometerse a:

- Trabajar personalmente y colectivamente para los propósitos del reino mundial de Dios a través de la iglesia universal y local. Esto implica un amor profundo hacia el pueblo de Dios y un deseo de ver a la iglesia de Jesucristo vivir su llamado misionero.
- Tener una relación vital y diaria con Jesucristo, que se muestre en la disciplina de las prácticas regulares de adoración, renovación espiritual y crecimiento personal, y que se refleje en la evidencia creciente del fruto del Espíritu.
- Cultivar una habilidad profunda de escuchar la palabra de Dios en quietud y soledad.
- Honrar a todas las personas como creadas en la imagen de Dios al agradecer la diversidad de culturas, etnias y tradiciones dentro de la iglesia.
- Conocer y desarrollar sus dones, pasiones y llamado al ministerio.
- Tener un sentido de liderazgo de servicio que incluya la humildad y la confianza sobria en cuanto al llamado y la dirección de Dios, incluyendo la voluntad y habilidad para evaluar su propio desarrollo y prácticas espirituales, señalando las áreas fuertes y las débiles, y continuando de por vida con el aprendizaje y el crecimiento en la vida personal y el liderazgo cristiano (un espíritu receptivo a la enseñanza).
- Relaciones responsables que se enfoquen en el crecimiento espiritual.
- Mayordomía del tiempo, del cuerpo físico y de las finanzas para un ministerio efectivo, incluyendo orden, disciplina, fidelidad, integridad en las

responsabilidades ministeriales y un balance sabio en las relaciones con Dios, la familia, la iglesia y la sociedad.

En la conducta, manos de líder-siervo para la preparación del pueblo de Dios

Capaces de equipar a hombres y mujeres fieles en la iglesia para un servicio efectivo.

Con esta finalidad, los graduados del ABTS deben tener la habilidad para:

- Crear un ambiente de liderazgo que se caracterice por una visión y dirección misionera estratégica, liderazgo en equipos, acción redentora y capacitación.
- Reunirse y evaluar la información demográfica, social, económica y cultural para comunicar un proceso de planificación y desarrollo en un contexto ministerial específico.
- Nutrir, apadrinar y preparar a otras personas a nivel individual y grupal por medio del discipulado, ministerio de grupos pequeños, y/o educación formal y contextos de predicación.
- Estudiar y enseñar las Escrituras de forma inductiva y sintética, como una fase para responder a las preguntas de la vida contemporánea.
- Preparar a otras personas que puedan a su vez preparar a otras en un crecimiento cristiano abarcador (2 Tim 2:2).
- Brindar un testimonio personal claro de Jesucristo y del mensaje del evangelio a diferentes tipos de personas que le escuchen, estando preparado para defender nuestra fe con gentileza y respeto.
- Aconsejar a otras personas en la solución de problemas de la vida y a discernir cuándo referirlas a profesionales de la salud para recibir tratamiento físico o psicológico.
- Hablar, leer y escribir claramente en el idioma árabe, y tener un nivel apropiado del idioma inglés para acceder a los recursos teológicos globales y continuar su educación.

2

Hacer las preguntas adecuadas (2)

En el capítulo anterior presentamos algunas de las preguntas curriculares básicas que surgen a partir de un fundamento misionero-eclesial para la educación teológica: (1) las características de la iglesia ideal; (2) los retos contextuales que entorpecen el mandato misionero dado a la iglesia; y (3) las características de hombres y mujeres fieles que sean capaces de guiar a la iglesia a través de los retos contextuales para el cumplimiento del mandato misionero. Estas preguntas nos sirven de guía para comenzar el diseño curricular.

Resulta crucial que nos mantengamos enfocados en la meta de preparar hombres y mujeres para el servicio. Sin embargo, la capacidad humana y material limitan lo que de manera razonable esperamos alcanzar durante el tiempo que un estudiante permanezca en nuestro programa. Las preguntas curriculares que les presentamos a continuación nos ayudan a reconocer y definir estas limitaciones como un paso hacia el desarrollo de un currículo que refleje una mayordomía de calidad.

Pregunta 4: ¿Quiénes son los estudiantes?

Básicamente, el propósito de un currículo sólido consiste en guiar a los estudiantes desde donde se encuentran al comenzar el programa, hacia la meta final de prepararles para un liderazgo cristiano efectivo. Si no conocemos a los nuevos estudiantes, no será posible elaborar un currículo saludable por medio del cual se desarrolle un aprendizaje transformador. Vella (2008, 33) señala: "Cuando no se realiza esta pregunta vital, pueden seleccionarse tareas y materiales para el aprendizaje que resultan inapropiadas para los alumnos, el tiempo establecido quizás no funcione para el grupo, generalmente el contenido no es cercano a los estudiantes o no es atractivo, y puede suceder que los objetivos le sirvan al profesor, pero no a los alumnos. Debe tenerse en cuenta principalmente los estudiantes –sus necesidades y expectativas".

Se debe considerar seriamente el nivel de diversidad o los aspectos comunes en los estudiantes. Si el cuerpo de estudiantes es diverso de acuerdo a su trasfondo y aspiraciones, un currículo de calidad les proporcionará opciones diversas. En el caso de que provengan de contextos socio-culturales comparables y/o esperen compartir situaciones ministeriales similares, se puede aceptar un currículo fijo.

Algunas áreas a las que se debe dirigir la atención son: la socio-económica y el trasfondo educacional; el tipo de comunidad de donde proceden (urbana, suburbana o rural, mono-cultural o multicultural); el nivel y tipo de religiosidad durante su crianza; el tipo de iglesia de la que provienen; entre otras. Puede ser útil establecer una descripción de los estudiantes típicos de nuevo ingreso. Consideremos las siguientes preguntas:

- ¿Cómo eran las casas en las que crecieron los estudiantes? ¿Cuántas personas vivían con ellos? ¿De qué tamaño eran las casas? ¿Los padres y las madres eran estrictos o condescendientes? ¿Qué tipos de aspiraciones tenían los padres para sus hijos? ¿En qué sentido sus familias eran semejantes a otras en la comunidad?

- ¿En qué tipos de comunidades crecieron los estudiantes? ¿Eran urbanas o cosmopolitas, entre las ciudades secundarias de la nación, o pueblos grandes o pequeños? ¿En qué grado el Budismo, Hinduismo, Islam y/o el Cristianismo ejercen influencia en la comunidad? ¿En qué grado el posmodernismo y/o el secularismo ejercen influencia en la visión del mundo de los estudiantes?

- ¿Qué nivel de educación promedio tienen los estudiantes al entrar en el programa? ¿Hasta qué punto tuvieron oportunidades para desarrollar habilidades de pensamiento crítico durante su educación, y hasta qué punto esa educación estuvo enfocada en la memorización de la información? ¿Cómo eran las escuelas de enseñanza media? ¿Cuántos estudiantes había en las aulas? ¿Cuáles eran las características físicas de las aulas?

Una forma excelente de evaluar la capacidad de pre-aprendizaje, comprensión y necesidades de los estudiantes de nuevo ingreso puede consistir en la implementación de cuestionarios y entrevistas a una muestra representativa de la población de los estudiantes, por medio de preguntas como las que les mostramos anteriormente. En un mundo que cambia rápidamente, la re-evaluación periódica ayuda a asegurar que el programa curricular responda a las necesidades en el aprendizaje de los estudiantes.

Más allá de estos asuntos contextuales, necesitamos tener una idea general de nuestros alumnos de nuevo ingreso en tres áreas abarcadoras: (a) ¿Qué saben hasta el momento –y no solo sobre Biblia y teología? (b) ¿Cuáles son las habilidades y destrezas que poseen? (c) ¿Qué tipo de personas son? ¿Qué conocen acerca de su propia madurez y carácter? Las respuestas a estas tres preguntas nos ofrecen un punto de partida desde donde podemos desarrollar un plan curricular (Hardy 2007, 134). Uno de los ejercicios más valiosos que hemos desarrollado en el ABTS consiste en pedir a los estudiantes de nuevo ingreso que escriban una breve descripción de su peregrinaje hasta el momento. Al leer estas reflexiones hemos obtenido una mejor idea acerca del medio del cual provienen.

También puede resultar valioso crear un retrato hipotético de "estudiantes" de nuevo ingreso que refleje algunos de los "tipos" clave de estudiantes que generalmente encontramos en el programa de estudios. Al surgir preguntas curriculares en los debates de la facultad, estas "personalidades" pueden llegar a ser lentes que mantienen nuestros programas basados en la realidad. Por ejemplo, en un proyecto importante para desarrollar cursos en internet para la preparación de líderes de la joven y creciente iglesia en el norte de África, nuestro equipo de desarrollo de currículo comenzó observando asuntos clave que probablemente serían confrontados por un hombre norte-africano hipotético al que llamamos Saïd. Comenzamos con la descripción de Saïd como cristiano proveniente de un trasfondo musulmán y que dirige una pequeña casa-culto. Es casado, bi-ocupacional[1], de casi treinta años, y culminó su enseñanza media. Se tabularon algunos de los asuntos clave que un líder como este puede enfrentar. También nos dimos cuenta de que las mujeres en el contexto del norte de África enfrentan situaciones únicas. Por consiguiente, establecimos una descripción de una mujer hipotética del norte de África a la que llamamos Mariam. Ella es una cristiana casada que proviene de un trasfondo musulmán, cuyo esposo aún no ha decidido seguir a Cristo. Es ama de casa y tiene poco más de treinta años, es graduada universitaria con hijos pequeños. Mariam tiene una libertad limitada, pero desea vivir su fe abiertamente de manera significativa en medio de los retos de su contexto. ¿Qué dificultades adicionales pudiera enfrentar? Los resultados de nuestra evaluación se ofrecen en el anexo 2.1. Al analizar y discutir sobre el contenido y enfoque de nuestro currículo, continuamente regresábamos a Saïd y a Mariam. Estos retratos representativos de "estudiantes" nos hacían sentir comprometidos, asegurándonos de que nuestro trabajo era sustancial y contextualmente relevante.

Las matrículas constituyen otro asunto de gran importancia. Debido a la necesidad financiera, muchas escuelas aceptan virtualmente a cualquiera que pueda demostrar un trasfondo académico adecuado, sin tener en cuenta su aptitud para el liderazgo en la iglesia. En muchas partes del mundo existe una expectativa cultural de que los niños que demuestren una excelencia académica y social deben tener profesiones "respetables" como medicina, leyes o ingeniería. Solo a los hijos que no son aptos para nada más, sus familias les permiten prepararse para el ministerio cristiano. Si el propósito y la estructura de la escuela son diseñados para la evangelización y el discipulado de jóvenes inmaduros, sería razonable aceptar tales estudiantes. Sin embargo, donde el currículo sea diseñado para desarrollar líderes efectivos, debe existir un proceso mucho más riguroso para aceptarles.

Pregunta 5: ¿A dónde van los estudiantes?

Como se muestra en la figura 1.1 del capítulo anterior, un currículo efectivo marcha junto a los estudiantes desde su condición al entrar al seminario, hacia la meta a largo plazo de una vida y un ministerio efectivos. Por tanto, debemos tener una idea clara no solo de quiénes son los estudiantes cuando ingresan en nuestro programa, sino también hacia dónde van cuando salgan.

---

[1]. El término proviene del inglés "bi-vocational" y se refiere a los líderes cristianos que mantienen su profesión o su trabajo mientras que sirven en algún ministerio de la iglesia sin recibir salario por ello. (Nota del traductor)

Un simple punto de partida consiste en preguntar a una muestra representativa del cuerpo de estudiantes en qué clase de contextos ministeriales van a servir en el futuro o a cuáles aspiran. Preguntas como las siguientes pueden ser muy reveladoras:

- Al mirar al futuro después de su graduación, ¿a qué ministerios piensan vincularse los estudiantes?

- ¿A qué personas esperan servir? ¿Ricas, de clase media o pobres? ¿Qué nivel educacional tienen esas personas? ¿Han recibido educación, son analfabetos o son funcionalmente analfabetos (saben leer pero prefieren no leer)? Si leen, ¿qué clase de materiales leen? ¿Poseen televisor, computadora, reproductor de DVD u otras formas de tecnología? ¿De dónde reciben la información acerca del mundo y acerca de la vida de fe? ¿Cuánto tiempo dedican a visitarse unos a otros? ¿Qué consideran útil para crecer espiritualmente? ¿En qué sentido es importante la fe para ellos?

- ¿Cuáles serán los mayores retos que los estudiantes esperan enfrentar en sus futuros ministerios –tanto dentro de los ministerios como en la sociedad? ¿Cuáles son sus temores?

Aunque las respuestas de los alumnos a estas preguntas son valiosas y significativas, serían inadecuadas si no se aplicara una encuesta a los graduados. Mientras que los estudiantes tienen aspiraciones, la realidad después de la graduación generalmente es muy diferente. Si bien los estudiantes en curso no siempre siguen los pasos de quienes estuvieron antes que ellos, aún existe al menos algún nivel de comparación. Una encuesta acerca de los diferentes ministerios que los graduados se encuentran ejerciendo nos dirige hacia las necesidades de aprendizaje que los nuevos estudiantes deberán tener para ejercer sus futuros ministerios.

Puede ser útil una estadística preliminar que dé como resultado el promedio de los graduados que se encuentran desarrollando actualmente los siguientes ministerios: ministerio pastoral en una iglesia local; ministerio de niños o de jóvenes; ministerio de familia; ministerio en el mercado; plantación de iglesias; consejería; desarrollo comunitario y/o abogacía; medios de comunicación; ministerio universitario; misión transcultural (si es el caso, dónde); ministerio académico; entre otros. Si se colocan en un orden comenzando por los más comunes, se obtendrán indicadores de énfasis o áreas especializadas que pudieran reflejar las necesidades del cuerpo de estudiantes en su diversidad.

Como parte del proceso de re-conceptualización curricular en el ABTS, nuestro Director de Relaciones Exteriores que también tenía la responsabilidad de las relaciones con los graduados, reportó a la facultad que solo alrededor de un 35 por ciento de los graduados se encontraban vinculados en el liderazgo tradicional como pastores de iglesias locales. Alrededor del 15 por ciento estaban vinculados en un esfuerzo creativo de plantación de iglesias, a menudo en contextos complejos en los que el ministerio cristiano tenía que ser "encubierto". Aproximadamente un 30 por ciento estaban vinculados a los ministerios de niños, de jóvenes y de familias. Cuando el ABTS fue fundado en 1960 tenía el mandato específico de preparar pastores para las iglesias Bautistas del Medio Oriente, y hasta el año 2008 la estructura del programa reflejaba el paradigma estándar de los programas para la capacitación de pastores en el Occidente. Resultaba claro que un programa así contaba con componentes irrelevantes para los estudiantes en el ABTS y para los graduados que servirían en el contexto del siglo veintiuno.

Por tanto, un elemento importante en la revisión de nuestro currículo consistió en la incorporación de tres áreas especializadas: ministerio pastoral, plantación contextualizada de iglesias y ministerio de niños-jóvenes-familia (CYF)[2]. En el año 2013 ya nuestro cuerpo de estudiantes se había diversificado de tal manera que las tres áreas especializadas originales ya no servían a las necesidades de muchos de nuestros estudiantes. Debido al número limitado de profesores, no podíamos desarrollar más áreas; en su lugar, desarticulamos el componente de áreas especializadas, haciendo electivos todos los cursos en este componente del currículo, cambiando a cursos recomendados que se relacionaran con ministerios específicos. Detrás de todo este proceso ha existido un deseo de ocupar lo mejor posible el tiempo limitado con el que cuentan los estudiantes, proporcionándoles los cursos más apropiados de acuerdo a nuestras limitaciones.

Si el contacto con los graduados se mantiene vital, una pieza valiosa en la preparación del currículo sería preguntarles cuáles han sido los mayores retos que han enfrentado o que continúan enfrentando. Las respuestas de los graduados a estas preguntas necesitan tomarse en serio en el material dirigido a los alumnos actuales y a los que vendrán en el futuro.

Es sorprendente la poca cantidad de escuelas que se toman el tiempo para realizar preguntas adecuadas con respecto a los alumnos de nuevo ingreso y a los que se gradúan. La mayoría de los programas se dirigen hacia la pequeña minoría que termina en carreras académicas, quizás porque son las personas que han seguido este tipo de carrera quienes generalmente tienen el control sobre el diseño de los programas. Sin embargo, una visión misionera-eclesial para la educación teológica exige una investigación cuidadosa de los estudiantes y los graduados para que nuestros recursos limitados se utilicen de manera apropiada en el servicio a la misión de Dios en el mundo.

Pregunta 6: ¿Cuándo? El marco de tiempo

Necesitamos tener la humildad suficiente para reconocer que nuestro papel en el peregrinaje de por vida de los líderes en preparación es muy limitada. Un problema endémico en el diseño del currículo consiste en colocar muchos "¿qué?" en lugar de "¿cuándo?", trayendo como resultado final una tendencia a impartir grandes cantidades de información con bajos niveles de aprendizaje. La investigación educacional (O´Brien, Millis y Cohen 2008, 12) está descubriendo gradualmente que "menos es más": cuando a los estudiantes se les pide vincularse con una fracción del contenido que normalmente se imparte en el

---

[2]. Por sus siglas en inglés: Children-Youth-Family.

aula –pero tienen tiempo para profundizar; la *cantidad* real que se recuerda, se valora y se aplica cinco años después, es mucho más que cuando se les pide que escuchen, lean y digieran grandes cantidades de material.

La facultad presenta grandes dificultades para aceptar las implicaciones de la investigación con respecto al aprendizaje profundo (presentada con más detalles en el capítulo 8). Estas personas han invertido gran parte de sus vidas para dominar un campo de estudio –y "todo es tan importante". Sin embargo, si la educación se trata de aprender y no de enseñar, entonces se hace necesaria una re-evaluación de aquellos contenidos que son *tan* importantes. La tendencia de la mayoría de las facultades que están dispuestas a realizar las primeras cinco preguntas (analizadas en este capítulo y en el anterior) consiste en reconocer las áreas principales que se han omitido en el currículo y simplemente tratan de añadir más y más a un programa que ya estaba sobrecargado. Una consideración seria y humilde del "¿cuándo?" seguramente nos lleva a quitar los estudios tradicionalmente "sagrados" para poder dar el debido énfasis a una mayor cantidad de elementos indispensables.

Una práctica común en los programas de preparación ministerial consiste en tratar de "cubrir" todo lo que un líder en preparación pudiera "necesitar" durante los treinta o cuarenta años después de su graduación. De la extensa cantidad de información que inevitablemente resulta, los estudiantes en realidad recuerdan muy poco. Pero lo peor es que este enfoque enseña a los estudiantes en un sistema de aprendizaje dependiente: los graduados son incapaces de descubrir las preguntas adecuadas –y los medios para responder dichas preguntas– después de su graduación, a no ser que tengan un instructor que les diga qué hacer y cómo hacerlo. Un elemento esencial para desarrollar la intencionalidad en un programa de capacitación ministerial consiste en enseñar a los estudiantes cómo auto-educarse, de modo que tengan las herramientas para continuar aprendiendo y creciendo continuamente durante los veinte, treinta o más años después de culminar su breve tiempo de preparación por tres o cuatro años. La educación en estos procesos de "mega-aprendizaje" (Meyer y Shanahan 2004; Novek y Gowin 1984) consume gran cantidad de tiempo, pero los estudiantes generalmente la consideran un regalo más preciado que la mayoría de la información que tradicionalmente hemos pensado que necesitamos transmitir.

La esencia del currículo nulo consiste en seleccionar entre lo bueno y lo mejor (Eisner 1994), lo cual analizaremos en más detalle en el capítulo 5. No podemos enseñarlo todo, y el material que incluimos o excluimos comunica a los estudiantes nuestra comprensión de lo que es o no es valioso. La educación de calidad presta tanta atención a lo que se excluye como a lo que se incluye, y selecciona estratégicamente lo que sirve mejor al propósito dentro del límite de tiempo disponible.

Una apreciación clara y realista del "¿Cuándo?" puede ayudarnos a administrar mejor el precioso tiempo limitado que tenemos disponible para el aprendizaje. El "¿Cuándo?" incluye todos los contextos potenciales de aprendizaje en clase y extra-clase, incluyendo actividades tan significativas como el apadrinamiento, grupos de discipulado y prácticas ministeriales, así como momentos informales como el tiempo que comparten después de las comidas, viajes con el grupo, encuentros casuales, entre otros.

Pregunta 7: ¿Dónde? El entorno del aprendizaje

Seymour (1993, 145) señala: "Resulta virtualmente imposible crear y sostener condiciones de tiempo extra para el aprendizaje productivo en los estudiantes, cuando este no existe para los profesores". Tanto los profesores como los estudiantes son profundamente influenciados por el entorno del aprendizaje. Jensen (2008, 17) sugiere que los siguientes factores ambientales impactan la calidad del aprendizaje: la temperatura del aula, plantas y flores, calidad acústica y del sonido, los colores y la decoración de las paredes, la luz (natural vs. artificial), el tamaño del aula y la cantidad de personas en ella, materiales del piso, cortinas, muebles en general, humedad, vista hacia afuera (escénico vs. distracción), el nivel y el tipo de ruidos externos, y la existencia de aromas agradables u olores tóxicos. Los contextos formales y estériles llevan a la distancia emocional entre los profesores y los alumnos, y entre los mismos alumnos. Las habitaciones cerradas sin luz natural impactan negativamente al cerebro y pueden entorpecer el aprendizaje. El desorden y los ruidos externos distraen a los estudiantes provocando falta de concentración.

No siempre podemos cambiar los locales, pero elementos simples como la iluminación, la calidad de las mesas y las sillas, las decoraciones, etc., impactan la calidad del currículo. Algunos profesores se van a sensibilizar mucho con elementos como la comodidad de los alumnos, la iluminación, y la disposición del aula. Tanto los alumnos altos como los pequeños son particularmente susceptibles a sentir incomodidad con los muebles estandarizados. De manera general, los hombres pueden ver mejor con una iluminación intensa mientras que las mujeres prefieren la iluminación más tenue. El entorno constituye un factor esencial en el aprendizaje.

Otra consideración importante consiste en el grado en el cual el entorno sirve o dificulta la meta misionera-eclesial de la educación teológica. La educación más efectiva ocurre cuando el medio en el que se aprende refleja el medio en el que se desarrollará el futuro ministerio de los estudiantes.

Pregunta 8: ¿Quién facilitará el aprendizaje?

Esta pregunta se dirige a nuestros recursos humanos. ¿Cuántas personas se encuentran vinculadas con la facilitación del aprendizaje? ¿Qué tipo de preparación tienen? ¿Cuánto saben acerca de la enseñanza? La capacidad constituye un elemento altamente significativo en el diseño de un currículo. Mientras mayor preparación tenga el facilitador, mayor será el potencial para el diseño de un currículo creativo.

Al considerar los recursos humanos, será evidente el tipo de preparación para el servicio que será necesario desarrollar en la implementación de un currículo efectivo. En la mayoría de los programas de educación teológica, los profesores están bien preparados en su área de especialización, pero han recibido poco entrenamiento con respecto a la enseñanza o a la orientación relacionada con las sanas teorías y prácticas educacionales. A veces, también se necesita una preparación para el liderazgo y la administración. Por medio de un proceso intencional de preparación, se puede fortalecer la capacidad humana y aumentar la posibilidad para un diseño curricular creativo e intencional que sirva mejor a la visión y misión de la escuela.

Pregunta 9: ¿Qué y cómo?

Solo cuando todas las preguntas anteriores hayan sido contestadas, estaremos en una posición segura para elaborar el currículo. Necesitamos ser diligentes al dejar el "¿Qué?" y el "¿Cómo?" para el final, pues el currículo siempre debe servir al cumplimiento de nuestro propósito en lugar de controlar el proceso de toma de decisiones. Nuestra meta consiste en conducir a hombres y mujeres por el camino hacia un servicio efectivo en una iglesia que impacte, y los cursos que impartimos son simplemente uno entre varios medios para lograr este fin.

Resulta valioso en esta etapa comenzar tratando de echar a un lado todo pensamiento relacionado con los modelos tradicionales y conceptualizar un currículo ideal. Imaginen que su programa sería el primero jamás realizado para impartir educación teológica. ¿Cómo podrían diseñar un currículo para servir en su contexto? ¿Cuáles serían los elementos absolutamente cruciales?

El trabajo realizado en las preguntas 1 a la 5 debe jugar un papel importante en la conceptualización. Deben tenerse en cuenta los principales retos contextuales, y la formación del conocimiento, del carácter y las habilidades debe encontrar su lugar. Debe considerarse no solo aquello que queremos que aprendan los estudiantes mientras estén con nosotros, sino también lo que necesitan aprender después que se gradúen y cómo pueden continuar un aprendizaje de por vida. Solo después de haber dedicado tiempo a soñar y a conceptualizar, se considerarán las limitaciones de capacidad en el diseño curricular.

La forma curricular clásica consiste en una serie de bloques para construcción. Cada "ladrillo" constituye un elemento discreto, y ponemos un "ladrillo" sobre otro hasta que tenemos (o eso creemos) un "edificio", como lo ilustra la figura 2.1. Sin embargo, el aprendizaje no tiene lugar de esta manera, y un modelo de "bloques de construcción" refleja un énfasis en la enseñanza y no en el aprendizaje. Otros modelos responden mejor a las necesidades del aprendizaje.

	Estudios Bíblicos	Estudios Históricos	Estudios Teológicos	Estudios Ministeriales
Año 3				
Año 2				
Año 1				

Figura 2.1 Modelo curricular "bloques de construcción"

El modelo del "currículo en capas" (fig. 2.2) comienza determinando los elementos absolutamente esenciales que cada estudiante debe dominar; estos se convierten en los elementos centrales de carácter obligatorio en el currículo. Algunos de estos elementos forman el fundamento de todo lo demás en el currículo. El contexto de los diversos futuros ministerios se refleja en la estructura de las áreas del currículo, y se respeta el carácter único de cada estudiante al proveer un componente electivo. La trampa en la que caen muchas escuelas al aplicar este modelo consiste en tomar los cursos actuales y tratar de "ajustarlos" al modelo, en lugar de comenzar con la investigación desarrollada en las preguntas 1 a la 5 para determinar los elementos esenciales de un currículo.

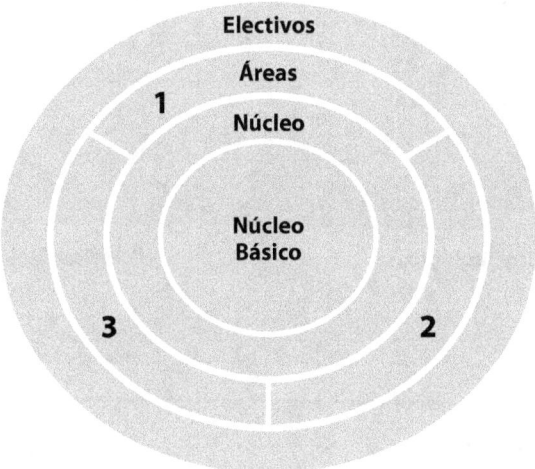

Figura 2.2 "Currículo en capas"

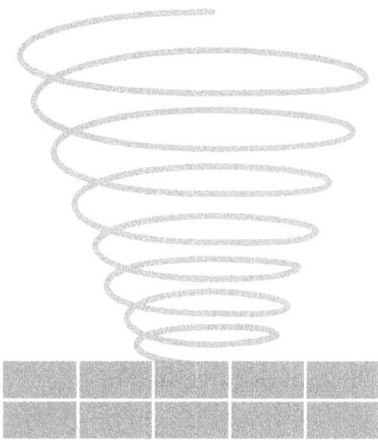

Figura 2.3 Modelo curricular "fundamentos centrales – espiral de aprendizaje"

Un segundo modelo, el de "fundamentos centrales – espiral de aprendizaje" (fig. 2.3) se elabora reconociendo que el aprendizaje tiene lugar al relacionar lo desconocido con lo conocido, y esa consecutiva exploración y desarrollo llevan a un aprendizaje profundo. En este modelo una serie de materiales centrales comienza el currículo, entonces se guía a los estudiantes en un peregrinaje hacia un conocimiento profundo por medio de un proceso de continua exploración y desarrollo. Mucho de lo que sucede en programas de aprendizaje menos formales sigue este patrón.

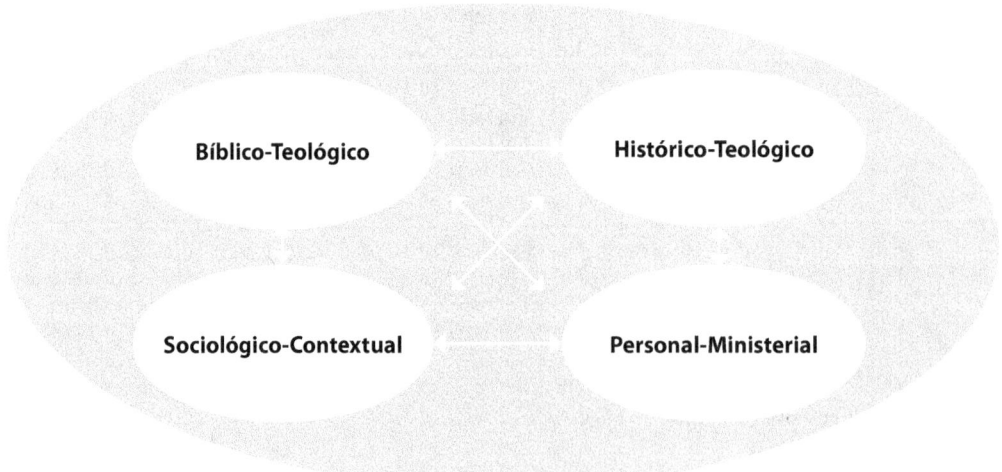

Figura 2.4 Modelo curricular de "módulos integrados"

El modelo de "módulos integrados" (fig. 2.4) desarrolla el currículo central por medio de bloques modulares (de cuatro a ocho semanas) en los cuales se imparte un tema central a través de múltiples lentes de reflexión teológica.

Existen muchos otros modelos y tipos de formación curricular. Fundamentalmente, la forma que adquiera el currículo debe servir al propósito del programa, no simplemente imitar lo que otros hayan hecho.

En todo el mundo, el enfoque actual de la agencias acreditadoras está en los resultados y en la necesidad de que los programas estén "ajustados al propósito", donde lo nuevo sea siervo de lo que se quiere como resultado. Como consecuencia, la preservación de los modelos tradicionales en contextos para los que no habían sido diseñados se está haciendo cada vez más insostenible. Pero el futuro de la educación teológica se encuentra en modelos creativos e integrados que hayan sido elaborados por medio de una cuidadosa atención al contenido y a la capacidad.

Conclusión

Bran Tracy dijo: "Todo hombre y mujer de éxito son grandes soñadores. Se imaginan cómo podría ser su futuro, ideal en cada aspecto, entonces trabajan cada día hacia su visión distante, esa meta o propósito". Así sucede con la educación teológica: a no ser que soñemos, y después trabajemos hacia ese sueño, nunca podremos esperar a ver en nuestros programas la reforma necesaria para el servicio a Dios y a su misión en el mundo. Al realizar las preguntas básicas acerca de nuestra visión y misión, los retos contextuales, la naturaleza de nuestros estudiantes y la mayordomía fiel de nuestra capacidad institucional, seremos capaces de trabajar hacia la excelencia curricular en la educación teológica. Para ayudarles a andar por esta senda, en el anexo 2.2 les ofrecemos un resumen de las nueve preguntas básicas.

Ejercicios

1. Reúnase con al menos cinco estudiantes de su programa y entrevístelos. ¿Cuál es el trasfondo típico de los estudiantes de nuevo ingreso de acuerdo a su contexto familiar, socio-cultural, económico y religioso, nivel educacional, y así sucesivamente? Mencione al menos seis temas curriculares importantes que surjan de este análisis.

2. Trate de determinar una estadística aproximada que describa los contextos ministeriales de los graduados. ¿Hasta qué punto el programa actual ha preparado adecuada o inadecuadamente a los alumnos para sus ministerios?

3. Describa el tiempo y las limitaciones en el desarrollo de su currículo. ¿De cuánto tiempo dispone usted para relacionarse con los estudiantes y en qué períodos de tiempo? Describa separadamente el tiempo dedicado a la vinculación con los alumnos en el aula, así como en actividades de aprendizaje extra-clase.

4. Describa en detalles el contexto en el cual se desarrolla su currículo, prestando particular atención a la disposición del aula, las sillas y las mesas, la iluminación –tanto natural como artificial– calefacción o aire acondicionado, recursos para los profesores como proyectores y/o pizarras, la calidad de la pintura, entre otros. Si es un contexto institucional, también describa en detalles algunas otras facilidades, como bibliotecas, salas de estar y dormitorios. Dibuje un mapa o diagrama del contexto de aprendizaje típico que usted utiliza en su programa.

5. Analice los contextos de aprendizaje que existen en su programa de estudio. Teniendo en cuenta una comprensión misionera-eclesial de la educación teológica, ¿cuáles son algunas de las fortalezas y debilidades relativas de los diferentes contextos que usted utiliza? Reconociendo las severas limitaciones financieras de su programa de capacitación, ofrezca al menos tres formas específicas en las que usted pudiera mejorar el ambiente de aprendizaje.

6. Si tuviera libertad plena, ¿cómo conceptualizaría el currículo para su programa? Teniendo en cuenta sus respuestas a las preguntas curriculares 1 a la 5, ¿qué elementos consideraría absolutamente cruciales? ¿Cuáles son los principales retos contextuales que necesitan ser considerados? ¿Cómo se sustentaría la formación abarcadora (conocimiento, carácter y habilidades) de los estudiantes? ¿Cómo prepararía usted a los estudiantes para un aprendizaje de por vida? Utilizando uno de los formatos de currículo mostrados anteriormente o sus propias ideas, realice un bosquejo de su currículo ideal.

7. Teniendo en cuenta sus respuestas a las preguntas curriculares 6 a la 8, ¿cuáles serían algunas de las principales limitaciones de capacidad para la implementación de su currículo ideal? ¿Cuáles cambios necesitaría hacerle a su currículo para su posterior implementación? Ofrezca una o dos sugerencias específicas de cómo usted trataría con algunos de los principales retos durante la implementación del currículo ideal.

Anexo 2.1

Saïd y Mariam

Saïd				
Individual	*Familiar*	*Comunidad de fe*	*Sociedad*	*Habilidades*
¿Cómo relacionarse con Dios? Valor personal Autoridad de las Escrituras Guía divina Identidad	Matrimonio y roles Cuidado de los hijos Comunicación en la familia Relaciones con la familia extendida Sexualidad	Adoración Historia/patrimonio de la comunidad Compañerismo/pertenencia Liderazgo Estructuras Apadrinamiento Seleccionar a los líderes/al relevo Desarrollo generacional Responsabilidad para el auto-desarrollo	Pobreza y economía Violencia e inseguridad Política y cristianismo Injusticia Cambio social Corrupción Historia Medio ambiente Cultura	Estudio bíblico inductivo e interpretación de las Escrituras Análisis social y cultural Guiar grupos pequeños Narración de historias Enseñanza: creativa, centrada en el aprendizaje, para toda la vida Facilitar el cambio Apadrinamiento Grupos pequeños Discipulado Dirección y administración

Mariam				
Individual	*Familia*	*Comunidad de fe*	*Sociedad*	*Habilidades*
Auto-valorarse en Dios
Discriminación
Divorcio o segunda esposa	"Sumisión"
Consecuencias del divorcio
Relaciones con la familia de su esposo
Administración del hogar
Relación con otros hombres (no su esposo, hermano, padre)	Sumisión en la iglesia
Apadrinando a otras mujeres
Ejemplos bíblicos/enseñanza	Cambio social para las mujeres
Actitud de la sociedad hacia las mujeres
Abuso físico y sexual
Mutilación genital femenina	

Anexo 2.2

Las preguntas adecuadas

1. *¿Cuál es la iglesia ideal en nuestro contexto?* ¿Cómo sería la iglesia ideal –que sea sensible a la misión de Dios y capaz de preparar a todo el pueblo de Dios para que sean embajadores significativos de Cristo y su evangelio?

2. *¿Cuáles son los retos contextuales?* ¿Cuáles son algunos de los retos que enfrenta la iglesia, que dificulta su acción como agencia efectiva para la proclamación de Cristo? Considera tanto los retos externos (cómo el contexto social dificulta la proclamación) como los retos internos (debilidades particulares crónicas dentro de la comunidad de fe cristiana).

3. *¿Cómo sería un líder cristiano ideal?* Para tu propio contexto local, ¿cuáles son las características principales del líder cristiano ideal, el tipo de persona que sería capaz de guiar a la iglesia a través de sus retos contextuales hacia el cumplimiento de la meta general que te has propuesto? ¿Cuáles rasgos del carácter, habilidades y conocimiento serían necesarios para cumplir mejor con la tarea del liderazgo cristiano en tu contexto? Sobre la base de estas reflexiones, desarrolla un "perfil ideal del graduado".

4. *¿Quiénes son los estudiantes?* ¿Cómo son las comunidades de las que proceden (urbanas, sub-urbanas o rurales; mono-culturales o multiculturales)? ¿Cómo fue el nivel y tipo de religiosidad durante su crianza? ¿De qué tipos de iglesias provienen?

5. *¿A dónde van los estudiantes?* ¿Qué papeles desempeñan los graduados? ¿A quiénes están sirviendo? ¿A personas ricas, de clase media o pobres? ¿Nivel de educación? ¿Urbanos, sub-urbanos, rurales? ¿Individualistas o comunitarios? ¿Religiosos o no-religiosos? ¿Cómo describen los graduados algunos de los mayores retos que han enfrentado? Mientras mayor sea la diversidad de contextos de los graduados, mayor será la necesidad de que exista diversidad en el currículo.

6. *¿Cuándo? El marco de tiempo.* Un problema endémico en el diseño curricular consiste en dedicar demasiado espacio para "¿Qué?" en lugar de "¿Cuándo?" Los "¿Cuándo?" incluyen todo el tiempo formal (en el aula o equivalente), así como el tiempo no formal (estructurado pero no en el aula, por ejemplo: apadrinamiento, grupos de discipulado, prácticas ministeriales). El currículo "nulo".

7. *¿Dónde? El medio del aprendizaje.* ¿Cuáles son tus recursos materiales? ¿Hasta qué punto el contexto físico ayuda o dificulta el aprendizaje? ¿Cómo impactan las limitaciones físicas a las posibilidades educacionales?

8. *¿Quién va a facilitar el aprendizaje?* ¿Quiénes son tus recursos humanos? ¿Cuántas personas facilitan el aprendizaje? ¿Qué tipo de preparación tienen? ¿Cuánto saben acerca de la enseñanza? La capacidad constituye un elemento altamente significativo en el diseño del currículo.

9. *¿Qué y cómo?* Una vez que las ocho preguntas iniciales hayan sido contestadas, estarás en una posición adecuada para considerar cómo va a ser el currículo real.

3

Implementación y evaluación del currículo

El desarrollo e implementación de un currículo demanda y consume mucho tiempo. Se debe contratar instructores, desarrollar los sílabos de los diferentes cursos, enseñar las lecciones y evaluar lo que los estudiantes aprenden. Generalmente las escuelas funcionan con recursos limitados. Por lo tanto, no constituye una sorpresa que pocas escuelas realicen algo más que una evaluación superficial para saber si el programa de estudio está realmente cumpliendo el propósito de su existencia. Esta situación está siendo desafiada cada vez más, pues los gobiernos nacionales y las agencias de acreditación exigen un mayor nivel de responsabilidad.

La comparación de De Gruchy (2010, 45) entre la educación médica y la teológica, constituye un desafío para reflexionar en la necesidad de un proceso continuo de evaluación, análisis y revisión curricular:

> En el primer caso [educación médica], la educación de la próxima generación de profesionales de la salud está motivada por una constante atención a la práctica clínica, pruebas con medicamentos y avances tecnológicos. No tiene sentido, y de hecho pone en peligro a las vidas, preparar estudiantes en procedimientos que están desactualizados. Por el contrario, la educación teológica generalmente prosigue sobre la base de que no hemos aprendido nada nuevo acerca de la fe cristiana en los últimos siglos, y que los estudiantes pueden ser educados solamente sobre la base de la sabiduría de antaño. Sin negar la importancia de la historia y la tradición, lo cierto es que la práctica misionera provee un laboratorio contextual continuo para la reflexión teológica de donde casi a diario surgen nuevos argumentos y nuevas perspectivas sobre argumentos antiguos. Nuestra entrega a la vida y al compromiso de responder ante esta debe ser tan profunda como la de los educadores médicos.

En este capítulo vamos a investigar las diferentes dimensiones de un proceso sólido de evaluación. Se les presentará una variedad de herramientas prácticas, así como algunos de los desafíos para la implementación de la evaluación en los currículos de calidad.

¿Qué estamos haciendo exactamente?

Mi colega en el ABTS, Rupen Das (Haddad y Das 2012) ha intentado adaptar el lenguaje del desarrollo de la comunidad a la educación teológica, sugiriendo que existen cuatro niveles en el proceso y que cada uno debe tenerse en cuenta al evaluar el currículo:

- El primer nivel es el de la *Actividad*: aquello en lo que estamos vinculados a diario. Efectivamente, este es el currículo que desarrollamos, el cual incluye entre otros elementos: instrucción en el aula, el trabajo que los estudiantes realizan fuera del aula, educación en el campo y actividades de formación como el apadrinamiento, adoración comunitaria y grupos de discipulado. La directiva apoya estas actividades que tienen lugar en espacios de aprendizaje como aulas, internet o la capilla.

- Estas actividades están diseñadas para producir un *Rendimiento*: los graduados que al final del programa de estudio evidencian cierto crecimiento cuantitativo y cualitativo como líderes cristianos.

- Sin embargo, el propósito de nuestros esfuerzos no es meramente el crecimiento individual de los estudiantes, sino un *Resultado* de iglesias que sean más efectivas como fruto del ministerio que nuestros graduados llevan a sus comunidades locales de fe. Si no se produce ningún cambio significativo en las iglesias en las que servimos, hemos fallado en nuestra terea como escuelas de formación de ministerios.

- Pero esta no es la última palabra. Existimos para participar en la misión de Dios hacia la restauración mundial a través de la iglesia como el cuerpo de Cristo, por consiguiente tratamos de ver a las iglesias locales produciendo un *impacto* en sus comunidades. Si se produce un pequeño impacto, o peor, si las iglesias son "invisibles" en sus comunidades locales, debemos realizar preguntas relevantes sobre la eficacia de lo que estamos haciendo en nuestros programas teológicos. Por supuesto, es imposible establecer una relación directa de causa-efecto entre nuestros programas de estudio y el impacto en la comunidad, pues múltiples factores contribuyen al impacto de la iglesia en la comunidad local. Sin embargo, necesitamos elaborar herramientas que nos ayuden a evaluar la contribución de nuestros graduados en la transformación de los ministerios de sus iglesias para que sean más efectivas en sus comunidades.

Estos niveles pueden representarse como lo muestra la figura 3.1.

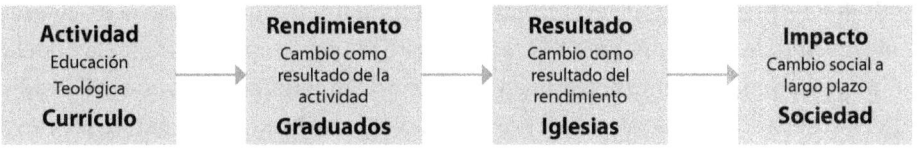

Figura 3.1 Los cuatro niveles para la evaluación de un currículo

Una evaluación de calidad implica estar involucrados en cada nivel, como lo muestra la figura 3.2.

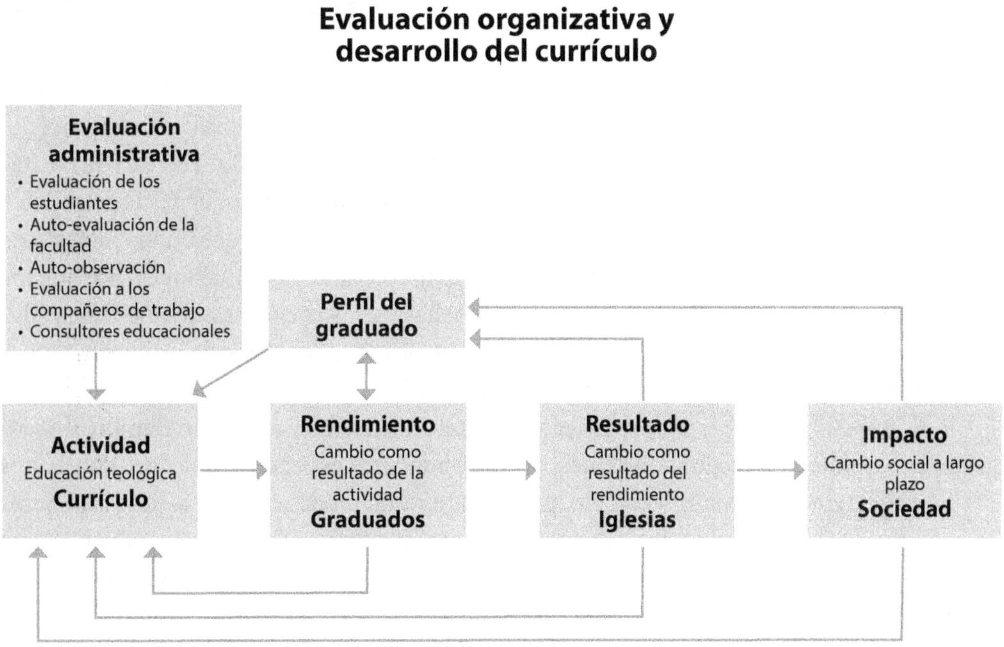

Figura 3.2 Evaluación en los cuatro niveles

En lo que resta de este capítulo trataremos con los diferentes componentes de este proceso de evaluación minuciosa.

Evaluación administrativa

El punto de partida para la evaluación continua es la gestión interna de la calidad. Esta incluye procesos como la evaluación de los cursos por parte de los estudiantes, evaluaciones a los compañeros de trabajo y evaluación administrativa.

La forma más común de evaluación a la gestión interna que se utiliza en las escuelas es la *evaluación de los estudiantes a la facultad* (EEF) que se aplica durante la conclusión de cada curso. Generalmente consiste en una serie de preguntas en las que los estudiantes evalúan la calidad de los contenidos y la metodología utilizada en el curso, la relevancia del material y la claridad y la equidad de las asignaciones y su evaluación. También se ofrece el espacio para un planteamiento libre, principalmente sugerencias acerca de cómo pudiera mejorarse el curso en el futuro. Existe una gran cantidad de literatura acerca de las EEF –algunas positivas, otras muy negativas. Por una parte, las EEF se consideran bastante confiables y consistentes, con un alto nivel de concordancia al evaluar a sus instructores. Ninguna otra forma de evaluación ha producido resultados tan consistentes (Huemer n.d.).

Sin embargo, en numerosos estudios (Rice 1988; Wilson 1998) se ha encontrado una correlación significativa entre las EEF y la tolerancia de los profesores con la inflación de las calificaciones en los exámenes. En otros estudios se ha encontrado que un puntaje alto en las EEF está vinculado más al estilo que a la sustancia: un estilo entusiasta y autoritario tiende a obtener altas evaluaciones aun cuando el contenido es superficial o contradictorio (Naftulin, Ware y Donnelly 1973; Abrami, Levanthal y Perry 1982). Estas evaluaciones altas que se basan en el estilo pueden influenciar actitudes hacia elementos impersonales como los libros de texto (Eilliams y Ceci 1997). Al parecer, una encuesta de dos elementos es generalmente suficiente para la mayoría de las situaciones, porque los estudiantes subconscientemente consideran muchas de las preguntas de una típica EEF como una variante de una de las preguntas siguientes: (a) ¿El profesor/la profesora es una buena persona? Y (b) ¿La clase está bien organizada?

Es imposible que un curso provea un contenido amplio y al mismo tiempo, un alto grado de vinculación creativa. Además, las necesidades y expectativas de los estudiantes varían enormemente. Como resultado, puede haber una tendencia de que los estudiantes se enfoquen en las deficiencias del curso y del instructor, en vez de reconocer lo que aprendieron. Por lo tanto, las EEF pueden ser bastante devastadoras para los instructores diligentes: quienes se esfuerzan en su preparación dentro del tiempo limitado del que disponen, pueden sentirse extremadamente desalentados al recibir numerosas quejas sobre su curso. Por esto es importante que los instructores lean las EEF de manera selectiva y constructiva.

Al reconocer las deficiencias asociadas con las EEF tradicionales, varias escuelas han expandido el enfoque de forma que las evaluaciones de los estudiantes sean más recíprocas en relación con su entrega personal y su cooperación interpersonal. Un ejemplo de una planilla para la evaluación recíproca de los estudiantes se ofrece en el anexo 3.1.

Las evaluaciones de los estudiantes tienen menor validez cuando se realizan voluntariamente. Se ha descubierto que las mujeres son más propensas que los hombres a completar una evaluación. Estos factores producen una notable parcialidad en el proceso (Kherfi 2011). Sería mejor que las evaluaciones de los estudiantes sean de carácter obligatorio o que no se apliquen.

Para que las EEF tengan sentido, debe haber una conclusión con respecto a la retroalimentación. Las escuelas de calidad requieren que los instructores comuniquen los cambios que piensan implementar sobre la base de las evaluaciones, y estos cambios se deben reportar a los estudiantes y a la directiva. Si no se realiza este proceso, las evaluaciones de los estudiantes se convierten en una acción sin sentido.

Además de las EEF hay muchas otras formas de evaluaciones administrativas que se utilizan en mayor o menor escala en las escuelas como un medio de promover la responsabilidad y un mejor ejercicio de la profesión:

- *Auto-evaluación de la facultad.* Generalmente, es preferible que la auto-evaluación de la facultad sea descriptiva en vez de evaluativa. Algunos de los aspectos que los instructores pudieran reportar son la puntualidad a clases, los tipos de metodología que emplean en el aula, la cantidad de temas clave que desarrollan en el curso, los métodos que utilizan para evaluar el aprendizaje en los estudiantes, las horas que dedican a compartir con los estudiantes fuera del aula, el tiempo que demoran en devolver los trabajos, las formas en que dan respuesta a los trabajos de los estudiantes, así como la amplitud y profundidad de las mismas. Estos comentarios pueden servir de referencia cruzada con otras herramientas evaluativas, como las EEF.

- *Auto-observación.* Para muchas escuelas ha sido beneficioso filmar a los instructores de vez en cuando, observar la grabación y escribir un reporte de lo que perciben. La mayoría de los instructores no se dan cuenta de prácticas idiosincráticas que se hacen totalmente evidentes en una grabación.

- *Evaluación a los compañeros de trabajo.* Puede haber un beneficio mutuo en la evaluación a los compañeros de trabajo en el sentido de que la persona que evalúa y la que es evaluada pueden aprender una de la otra. La evaluación a los compañeros de trabajo pudiera desarrollarse a través de la evaluación administrativa –revisando los sílabos de los cursos, los exámenes, el trabajo de los estudiantes, entre otros aspectos; o por medio de la observación a clases, en la cual se puede evaluar la forma de enseñar, la interacción profesor-estudiante y la esencia del curso. Aunque existe un gran beneficio en la evaluación a los compañeros de trabajo, también existen peligros, especialmente donde haya un espíritu de competencia entre los miembros de la facultad o donde esté en juego el puesto de trabajo de los mismos. Hay tipos de sociedades donde resulta culturalmente difícil implementar esta evaluación, pues las personas no desean "avergonzar" a sus colegas. También hay que reconocer que esta evaluación ha tenido poca confiabilidad: los colegas y los observadores externos raramente se ponen de acuerdo al dar una evaluación a los instructores (Marsh y Roche 1997).

- *Consultores educacionales.* Un enfoque más costoso pero potencialmente beneficioso consiste en que un consultor educacional observe a los miembros de la facultad. Sin embargo, muchas de las preocupaciones comunes en la evaluación a los compañeros de trabajo (mencionadas anteriormente) pueden surgir también con los consultores.

Evaluación del currículo por los graduados

Una de las mejores fuentes de información evaluativa sobre el currículo como un todo, puede ser los graduados recientes. Al ser quienes cursaron y completaron el programa de estudio, los graduados están en la mejor posición de señalar la redundancia, así como las áreas que jugaron un papel significativo en su formación.

La evaluación de los graduados a veces puede hacer reflexionar a la facultad institucional, especialmente a quienes se inclinan hacia la enseñanza académica centrada en los libros. Una investigación reciente que se hizo en los Estados Unidos (VerBerkmoes et al. 2011) descubrió que mientras la mayoría de las escuelas enfocan su currículo en la adquisición de conocimiento, los graduados señalaron la "integridad" como el aspecto más importante al que se debe poner atención en el currículo. Mientras que el conocimiento bíblico y teológico, así como la competencia exegética y homilética recibieron una alta puntuación como elementos cruciales; el amor por las personas, la humildad, las habilidades interpersonales y la resiliencia fueron considerados de igual valor. Los idiomas bíblicos recibieron la menor puntuación entre todas las competencias sugeridas.

El "perfil ideal del graduado" debe jugar un papel sustancial en el diseño y evaluación del currículo. Una enorme cantidad de información curricular puede generarse por el simple proceso de pedir a los estudiantes que realicen una auto-evaluación basada en este perfil al entrar al programa de estudio y nuevamente, antes de terminarlo. Es mucho mejor completar la auto-evaluación al inicio de cada año y después antes de la graduación. Este material puede convertirse en la base para un análisis cuantitativo acerca del nivel en el que los estudiantes perciben que están aprendiendo y creciendo a través de su experiencia en el programa de estudio. Como dato interesante, una investigación (Wazir 2013) que siguió las auto-evaluaciones en el ABTS durante tres años, descubrió un descenso dramático en la auto-evaluación entre el comienzo del primer año y el comienzo del segundo año, y después un aumento constante y estadísticamente significativo en la auto-evaluación durante el período restante del programa de estudio.

Los graduados también pueden constituir voces significativas al evaluar el currículo. A veces toma varios años después de la graduación determinar (a) qué material del programa de estudio fue particularmente importante por su efectividad en la vida y ministerio; (b) qué material fue grandemente irrelevante; y (c) qué áreas importantes del conocimiento y qué habilidades necesarias para un ministerio efectivo faltaron en el programa. Realizando entrevistas a los graduados de cinco a diez años después de su graduación, con preguntas apropiadas que estén dirigidas hacia estas tres áreas, se puede obtener información muy valiosa para la reforma curricular

Una nota de precaución: las respuestas de los antiguos alumnos a los aspectos (a) y (b) ya mencionados, generalmente estarán más relacionados con la calidad del instructor que impartió el material que con la misma sustancia del curso. No debe realizarse un cambio curricular importante sobre la base de la evaluación de los antiguos alumnos solamente, sino también con evaluaciones provenientes de otras fuentes.

Involucrando a las iglesias locales en la evaluación

Teniendo en cuenta la visión para la educación teológica, es importante se escuchen las voces de las iglesias locales en la evaluación de nuestro currículo. El rápido cambio en el contexto en el que se desarrolla el ministerio apunta hacia el valor de permitir a las iglesias que hablen a nuestro currículo en una forma sustancial al menos cada tres a cinco años.

Aunque los líderes denominacionales y pastores constituyen una parte importante en la evaluación por parte de las iglesias locales, no siempre constituyen las voces más valiosas. Como la mayoría de estos líderes han pasado por una preparación teológica, generalmente es difícil para ellos considerar alternativas creativas para un currículo efectivo. Además, para muchos de estos líderes, cualquier cambio sustancial al currículo será percibido subconscientemente como una desacreditación a su propia preparación. En algunos casos, los líderes denominacionales y los pastores prefieren una educación más tradicional en lugar de las innovaciones creativas. Las voces más valiosas en la evaluación por parte de la iglesia local generalmente provienen de líderes laicos sin una preparación teológica formal: ancianos, líderes de jóvenes, maestros de niños, líderes de evangelismo, mentores, hombres y mujeres de negocio, maestros cristianos, entre otros. Estas personas son generalmente quienes tienen pasión por la salud y el crecimiento de la iglesia. Por lo general, tienen la habilidad de analizar satisfactoriamente las tendencias contemporáneas en la educación. También han resultado ser quienes más han emitido críticas a los programas tradicionales de preparación ministerial.

Existe una variedad de formas en las que los líderes clave pueden vincularse a la evaluación. Muchas escuelas consideran valioso convocar a eventos frecuentes de un día en los que se les pide a estos líderes que respondan a la segunda y tercera pregunta que aparecen en el capítulo 1 ("¿Cuáles son los retos contextuales?" "¿Cómo debería ser un líder cristiano ideal?"). Las respuestas pueden ser incorporadas al "perfil ideal del graduado" del programa. Con frecuencia, lagunas curriculares específicas emergen durante el debate.

Donde haya cristianos comprometidos que tengan experiencia en liderazgo en el campo de los negocios y en educación superior secular, estos líderes laicos experimentados pueden ayudar a que nuestras escuelas rompan con los paradigmas tradicionales y descubran nuevos patrones de educación que sirvan mejor a la visión misionera-eclesial de nuestros programas de capacitación.

La comunidad y la evaluación

La meta final de nuestro trabajo consiste en ver el impacto misionero en la comunidad. Como lo expresa Vaughn McLaughlin (2003, 26): "Una iglesia local no debería solamente reunirse el domingo, tener una hora y media de predicación y cantos y después marcharse. Si ustedes están en la comunidad, entonces deberían conmover a esa comunidad. Yo le pregunto a otros pastores: 'Si su iglesia se mudara de la comunidad en la que están, ¿qué impacto dejaría? ¿Les extrañarían? ¿Llorarían por ustedes?'" Sin embargo, a pesar de la visión del impacto en la comunidad, es extremadamente inusual que las escuelas busquen en la comunidad alguna información para su currículo.

Involucrar a la comunidad puede constituir un desafío por varias razones. Para comenzar, muchos de los líderes de la comunidad no son cristianos y en algunos casos se oponen abiertamente al evangelio. Aun cuando simpaticen, puede ser difícil saber a quién consultar y cómo consultarle. Los políticos generalmente tienen fuertes intereses asociados con sus voces y la mayoría de los líderes de la comunidad no están particularmente interesados en la preparación de los líderes de la iglesia. El proceso de vinculación con la comunidad por lo general ocurre más fácilmente en sociedades colectivistas que en sociedades individualistas, pues los "patrocinadores" locales constituyen voces significativas para tomar decisiones en la comunidad.

Generalmente el proceso de vinculación con la comunidad ocurre por medio de entrevistas semi-estructuradas que tienen la forma de conversación en lugar de una evaluación formal. Sin embargo, varios elementos evaluativos pueden deducirse a través de estas entrevistas:

- ¿Hasta qué punto es "visible" la iglesia es en la comunidad? No estamos hablando de visibilidad física (el local de la iglesia), sino de la existencia de actividades que fortalezcan la comunidad.

- ¿Cuál es la impresión general que la comunidad tiene de la iglesia, y qué hay detrás de esta impresión? Por supuesto, en muchas partes del mundo, el simple hecho de realizar esta pregunta será invitar a una adulación sin carácter informativo en vez de una evaluación honesta. Se debe realizar preguntas más profundas para ir de la percepción superficial hacia una percepción genuina de la situación.

- ¿Hasta qué punto se ve que la iglesia es "profética" y "sacerdotal" en la comunidad, tanto para manifestar su rechazo al mal como para ayudar a los necesitados? Y ¿cómo pudiera la iglesia servir mejor a la comunidad?

Al recibir las respuestas a las preguntas, los líderes de los programas de capacitación necesitarán consultar con los líderes de las iglesias para determinar las implicaciones de estas respuestas con respecto al currículo.

Los retos de la evaluación

Antes de concluir nuestra discusión sobre la evaluación, es importante reconocer algunos desafíos al confrontar cualquier proceso de evaluación y su implementación.

Uno de los mayores retos de la evaluación consiste en que algunos de los resultados más importantes son intangibles. Como Eisner (1994, 184-85) ha señalado, los resultados de una buena enseñanza son múltiples y no siempre medibles. Hay algo inefable y difícil de definir, más allá de lo medible, cuando ocurre una buena enseñanza (G. Smith 2004). Al buscar elementos medibles, priorizamos con facilidad elementos menos significativos e ignoramos o subvaloramos elementos altamente significativos, simplemente porque no pueden especificarse y categorizarse fácilmente.

La evaluación es emocionalmente difícil para la facultad y la directiva de una escuela. Luego de haber trabajado mucho para organizar el mejor programa de estudio de acuerdo a la experiencia y capacidad de nuestra facultad y directiva, nos damos cuenta de que no es lo suficientemente bueno. Necesitamos reconocer que no existe un enfoque perfecto, y aunque la reevaluación constante y el fortalecimiento del currículo son saludables y apropiados, no debemos buscar un grado de perfección inalcanzable. Nuestra meta debería ser una entrega de lo mejor que podamos hacer dentro de la limitada capacidad que tenemos en nuestras manos.

El sentido de pertenencia de la facultad es crucial (G. Smith 2004). En fin, es la facultad la que aplica el currículo; Por lo tanto, si no aceptan la necesidad de la evaluación y los resultados que surjan, el proceso de evaluación será inefectivo. La facultad generalmente resiste un proceso en el cual tengan poco que decir, especialmente cuando sienten que el proceso de evaluación es simplemente una imposición de arriba (la junta directiva y el presidente) o de afuera (las agencias de acreditación). La vinculación de la facultad en el diseño e implementación de la evaluación tiende a producir un sentido de pertenencia de los resultados.

Un proceso cuidadoso de evaluación inevitablemente resalta las lagunas en el currículo, y podemos fácilmente caer en la trampa de tratar de llenar todas esas lagunas. Particularmente con respecto a los programas de capacitación pastoral, existe la tentación de aceptar la perspectiva de la facultad de que un graduado debe ser un experto en todo lo relacionado a la vida de la iglesia y tratar de impartir treinta años de conocimiento y experiencia en tres años. Un enfoque así generalmente termina en una forma tradicional de impartir el contenido, con poca oportunidad para preparar a los estudiantes en habilidades de razonamiento y procesamiento de la información. También existe el peligro de que los estudiantes vean a la escuela como la única fuente de instrucción, y salen de la escuela mal preparados para vincularse a un aprendizaje de por vida. Otra preocupación en muchos programas de capacitación pastoral es que al tratar de preparar a los estudiantes para que sean expertos en todo, podemos estar reforzando un statu quo que es teológicamente cuestionable. Sería mucho mejor enfocarse en preparar a los líderes potenciales para que sean facilitadores con el objetivo de que todo el pueblo de Dios esté vinculado al ministerio.

Un desarrollo curricular sabio tomará los comentarios y observaciones de participantes clave como indicadores de áreas importantes que faltan en el programa de estudio. Al incorporar estas áreas en el currículo, se debe disminuir el énfasis en otras áreas o quitarlas, de modo que el currículo se mantenga bastante estable en su totalidad. El desafío está en seleccionar entre lo que es bueno e importante y lo que es crucial. Como se mencionó en el capítulo 2, los eruditos en educación describen este proceso como el "currículo nulo" –lo que enseñamos a través de aquello que incluimos o excluimos de nuestro currículo; lo cual será analizado más adelante en el capítulo 5. El desarrollo de la calidad curricular hace que el currículo nulo sea intencional; pero aún mejor es hacer público el currículo nulo. La retroalimentación de los participantes del currículo puede jugar un papel significativo al tomar estas decisiones difíciles.

Sin embargo, un desafío fundamental en la reforma curricular que se basa en la información de los participantes lo constituye el trasfondo de especialización en los miembros de la facultad. Como personas que han dedicado largos años de estudio para hacerse expertos en sus campos particulares, naturalmente van a considerar una gran cantidad de material como crucial para la formación del liderazgo. Como resultado, en muchas escuelas, la revisión curricular se convierte en una batalla territorial en vez de un esfuerzo colegial. Ver un currículo como un sistema de elementos centrales, por áreas, y electivos, puede ser de gran ayuda para aliviar estas tensiones. Aún mejor sería salir del currículo tradicional fragmentado hacia un mayor nivel de integración. Esto lo analizaremos con mayor profundidad en el capítulo 6.

Las personas involucradas en la revisión curricular harían bien en recordar que el propósito de los programas de preparación ministerial consiste en preparar a las personas para el ministerio –no para alcanzar más altos grados. En el clima global contemporáneo de la educación superior, existen muchas oportunidades para que los estudiantes que desean continuar estudios encuentren los cursos que puedan proveer las herramientas que necesitan. No es necesario que todas esas herramientas se ofrezcan en un primer grado teológico.

Finalmente, necesitamos recordar continuamente lo que estamos tratando de hacer en la evaluación de los participantes: identificar la repetición innecesaria en el currículo y darnos cuenta de las áreas importantes que están ausentes del currículo. Debemos tener cuidado de no responder demasiado rápido a "Tenemos que tener más de esto o de aquello". Necesitamos asegurarnos de que los pronunciamientos de insatisfacción no expresen simplemente las preferencias de las personas más insistentes y elocuentes. La evaluación será una herramienta para buscar la excelencia en lo que hacemos solo cuando diferentes voces señalen las lagunas y la necesidad de un cambio.

Conclusión

Teniendo en cuenta a la visión misionera-eclesial de la educación teológica, el cambio curricular no constituye una opción, sino un imperativo. Continuamente surgen nuevos retos que confrontan a la iglesia cuando esta busca tener un impacto relevante en el mundo, y los educadores teológicos serios necesitan ser sensibles y receptivos a estos retos en la realización y revisión de currículos para la preparación ministerial. La evaluación constituye un elemento clave en este proceso. Por medio de una evaluación administrativa en múltiples niveles, y por medio de la contribución de participantes clave como los antiguos alumnos y líderes de la iglesia y de la comunidad, se puede llevar un enfoque informativo a la revisión curricular. De esta manera, nuestro currículo estará en una mejor posición para desarrollar un proceso efectivo en la preparación de líderes para iglesias locales como comunidades de fe que sean sal y luz.

Ejercicios

1. Desarrolle su propia planilla de evaluación del curso utilizando el siguiente proceso: Haga una lista de elementos de instrucción clave que desee evaluar. Las características de la excelencia en el desarrollo de la enseñanza en el capítulo 16 pueden ser un buen punto de partida. (b) Si existe, utilice su propia planilla actual de evaluación del programa, y haga una lista de elementos importantes adicionales. (c) Agregue elementos adicionales presentados en la muestra del ABTS (anexo 3.1). (d) Organice los diferentes elementos entre diez y veinte preguntas. (e) Desarrolle una estructura por medio de la cual se pueda realizar alguna forma de análisis numérico. (f) Organice todo lo anterior en su propia planilla evaluativa.

2. Para cada uno de los siguientes grupos de personas, escriba al menos tres preguntas relevantes que pudieran dirigírseles y por medio de las cuales se pudiera implementar una evaluación significativa del currículo: (a) antiguos alumnos que se graduaron de la escuela entre cinco y diez años atrás; (b) líderes laicos de las iglesias locales; (c) líderes de la comunidad.

Anexo 3.1

Evaluación recíproca de los estudiantes acerca de sí mismos y de la facultad en el ABTS

Es muy importante para nosotros conocer tus reflexiones sobre las clases en el ABTS –tu perspectiva sobre el curso, el instructor/instructora y tu papel en el aprendizaje. Para ayudarnos a encontrar excelencia en la formación del liderazgo, te pedimos que completes el siguiente análisis tan honestamente como sea posible. Sería de mucha ayuda para nosotros si escribes tu nombre en la evaluación, pero no es de carácter obligatorio.

Nombre (opcional): _____

Parte A

Cada uno de los siguientes pares de declaraciones representa un punto opuesto de un espectro. Considera cada uno de los pares y realiza una evaluación marcando en una posición apropiada de la línea del espectro.

Desde el principio se nos comunicó claramente los objetivos y expectativas del curso.	3 2 1 0 1 2 3	Al principio no estaba seguro de cuáles eran los objetivos y expectativas del curso.
Sentí que el curso no alcanzó sus objetivos.	3 2 1 0 1 2 3	Sentí que el curso sí alcanzó sus objetivos.
El curso se enfocó en información básica que debía aprender para repetirla casi de la misma forma en que se impartió.	3 2 1 0 1 2 3	El curso se enfocó en desarrollar habilidades complejas del pensamiento donde debía analizar el material y desarrollar mis propias opiniones y juicios.
La metodología del curso no puso énfasis en las conferencias sino en debates y talleres.	3 2 1 0 1 2 3	La metodología del curso consistió principalmente en conferencias con oportunidades para hacer preguntas y respuestas.

Implementación y evaluación del currículo

Contribuí abundantemente al debate en clases.	3 2 1 0 1 2 3	Casi no hablé en clases.
El profesor se enfocó solo en la comunicación verbal.	3 2 1 0 1 2 3	El profesor utilizó ayudas visuales.
El curso fue principalmente teórico.	3 2 1 0 1 2 3	El curso fue principalmente práctico.
Las sesiones de clases me parecieron bastante caóticas.	3 2 1 0 1 2 3	Las sesiones de clases me parecieron muy bien organizadas.
Me fue fácil entender lo que el profesor estaba explicando.	3 2 1 0 1 2 3	Me fue difícil entender lo que el profesor estaba explicando.
Cuando no entendía, me guardaba mis dudas	3 2 1 0 1 2 3	Cuando no entendía, le preguntaba al profesor.
El ambiente de la clase no alentaba a los estudiantes a contribuir y a participar.	3 2 1 0 1 2 3	El ambiente de la clase alentaba a los estudiantes a contribuir y a participar.
Hubo muy poco trabajo en este curso.	3 2 1 0 1 2 3	Hubo mucho trabajo en este curso.
Personalmente tuve que trabajar mucho en este curso.	3 2 1 0 1 2 3	No tuve que trabajar mucho en este curso.
Los criterios para la evaluación me parecieron arbitrarios.	3 2 1 0 1 2 3	Conocimos y entendimos los criterios para la evaluación.
Preparé bosquejos para las tareas y consulté al profesor para saber si estaba realizando el trabajo correctamente.	3 2 1 0 1 2 3	No tuve necesidad de consultar al profesor para realizar las tareas.
Trabajé solo.	3 2 1 0 1 2 3	Ayudé a otros estudiantes del grupo a entender el material.

Creo que las lecturas y las tareas del curso fueron de ayuda para mi aprendizaje.	3 2 1 0 1 2 3	Creo que las lecturas y las tareas solo fueron obstáculos que había que cruzar para pasar el curso.
No tenía necesidad o deseo de prepararme para las clases.	3 2 1 0 1 2 3	Me preparé arduamente para cada clase.
Recibí comentarios valiosos de mi profesor sobre mi trabajo.	3 2 1 0 1 2 3	No recibí comentarios de mi profesor sobre mi trabajo o los comentarios que recibí no tenían sentido.
No dediqué tiempo para evaluar lo que había o no había aprendido.	3 2 1 0 1 2 3	Dediqué tiempo para evaluar lo que había o no había aprendido para crecer en conocimiento.
El profesor nos dedicó tiempo fuera de clases para discutir preguntas o necesidades específicas.	3 2 1 0 1 2 3	El profesor no nos dedicó tiempo fuera de clases para discutir preguntas o necesidades específicas.
El contenido del curso fue completamente nuevo para mí.	3 2 1 0 1 2 3	El contenido del curso repetía gran parte de lo que habíamos recibido en otros cursos en el ABTS.
El curso fue extremadamente valioso para mi futuro liderazgo.	3 2 1 0 1 2 3	No considero que el curso haya sido de ayuda en lo particular para mi futuro liderazgo.

Parte B

En el espacio que aparece debajo, ofrece una o dos sugerencias constructivas para el curso.
   Por favor, tenga en cuenta que:
   - El propósito de esta sección es ayudar a mejorar el proceso de instrucción, y no criticar al profesor/a. Por lo tanto, se ignorará cualquier comentario

negativo de índole personal. Sin embargo, se agradecerán las sugerencias respetuosas con el propósito de mejorar la metodología de enseñanza.

- El tiempo disponible para ese curso es limitado. Por lo tanto, si sugieres que se extienda, también debes sugerir lo que se podría eliminar del curso.
- Particularmente agradecemos cuando los estudiantes resaltan elementos específicos del curso que se enseñen en otra parte del currículo.

4

Aprendizaje multidimensional en la educación teológica

El aprendizaje consiste en un proceso complejo multidimensional que va más allá de la adquisición cognoscitiva. Varios modelos y taxonomías han intentado describir sistemáticamente la variedad y niveles del aprendizaje. En este capítulo les presentaremos a uno de los más antiguos e influyentes entre estos modelos que fueron desarrollados en las décadas de los 50 y los 60 por equipos dirigidos por Benjamin Bloom y David Krathwohl. La tesis fundamental de este capítulo consiste en que el aprendizaje abarcador para una educación teológica efectiva solo puede lograrse a través de la promoción intencional de:

- *Aprendizaje afectivo* moldeando valores, actitudes, emociones y motivaciones.
- *Aprendizaje conductual* por medio de la acción y la experiencia.
- *Aprendizaje cognitivo* que va más allá de la mera transmisión del conocimiento hacia el desarrollo de habilidades complejas del pensamiento.

El ABCD del aprendizaje

Hace muchos años, Joe Bayly comentó que "la única similitud entre la forma que Jesús tenía para enseñar y la del seminario es que cada una toma tres años" (Richards 1975, 163). Durante mucho tiempo, la educación teológica ha estado atada al modelo universitario que va en contra de los patrones básicos de la formación para el discipulado y el liderazgo empleados por Jesús y los apóstoles. El mandato misionero-eclesial de las escuelas teológicas invita a redescubrir los patrones del liderazgo abarcador que resultan evidentes en las Escrituras. Para lograrlo, debemos romper con nuestra fijación con el aprendizaje cognitivo y movernos más allá de una mera palabrería sobre "cabeza, corazón y manos" hacia una planificación curricular multi-dimensional que incluya una comprensión más amplia acerca del aprendizaje.

La centralidad del pensamiento y el aprendizaje cognitivo en nuestras instituciones teológicas se basan en una comprensión del conocimiento enraizada no en las Escrituras, sino en la filosofía griega y el período de la ilustración (Riebe-Estrella 2009; P. Shaw 2010), de acuerdo a lo cual, el conocimiento constituye algún tipo de objeto que necesita ser adquirido. Parker Palmer (1998, 99-108), recurriendo a la obra de Michael Polanyi (1958, 1966), resume esta interpretación incorrecta de la siguiente manera:

El modelo mítico pero dominante para conocer y decir la verdad contiene cuatro elementos fundamentales:

1. *Objetos* del conocimiento que residen "allá afuera" en alguna parte, en perfecto espacio físico o conceptual, como descritos por los "hechos" en un campo dado.

2. *Expertos,* personas preparadas para conocer estos objetos en su forma perfecta sin permitir que su propia subjetividad eche a perder la pureza de dichos objetos. Esta preparación ocurre en un lugar lejano llamado escuela para graduados, cuyo propósito consiste en eliminar completamente el sentido propio de manera que la persona se convierte en un sacerdote secular, un portador seguro de los objetos puros del conocimiento.

3. *Principiantes,* personas sin preparación y llenos de prejuicios, quienes dependen de los expertos para un conocimiento puro u objetivo de los objetos perfectos en cuestión.

4. *Desconcertados* en cada punto de transmisión –entre los objetos y los expertos, entre los expertos y los principiantes; que permiten que el conocimiento objetivo fluya corriente abajo, previniendo al mismo tiempo que la subjetividad fluya en dirección opuesta.

En el mito objetivista, la verdad fluye de arriba hacia abajo, desde los expertos que están calificados para conocer la verdad… a los principiantes que están calificados solo para recibir la verdad. En este mito, la verdad consiste en una serie de proposiciones sobre los objetos; la educación es un sistema para impartir esas proposiciones a los estudiantes; y una persona educada es la que puede recordar y repetir las proposiciones de los expertos. La imagen es jerárquica, lineal e higiénico-compulsiva, como si la verdad se transportara bajo una cubierta antiséptica para depositarse finalmente como un producto puro.

Existen solo dos problemas con este mito: muestra de manera falsa cómo conocemos, y ha deformado profundamente la forma en que educamos. Conozco mil aulas donde las relaciones del profesor, los estudiantes y la asignatura se ven exactamente como esta imagen. Pero no conozco ningún campo –desde la astronomía a la literatura o desde la ciencia política a la teología; donde la búsqueda continua del conocimiento de la verdad se parezca aun vagamente a este objetivismo mítico.

Una teología de educación teológica persigue un paradigma de aprendizaje con raíces bíblicas. Resulta fundamental en este tipo de paradigma darse cuenta de que cuando la Biblia habla de "conocer", no se refiere a algún tipo de conocimiento objetivo, sino a una relación. "Conocer" en las Escrituras consiste en tener una relación –la relación entre Dios y una persona, entre Dios y la comunidad, entre persona y persona (D. Miller 1987, 271) –una relación basada en el conocimiento que encuentra su fuente en la auto-revelación de Dios a nosotros. La afirmación de nuestra necesidad de la auto-revelación de Dios es fundamental para la educación teológica (Gillespie 1993): no es que nosotros descubramos la verdad, sino que conozcamos *solo de la manera en que somos conocidos* (1 Cor 13:12; ver Palmer 1983). Wright (2008, 239) comenta:

> Tradicionalmente hemos pensado en el conocimiento como sujeto y objeto y hemos luchado para alcanzar la objetividad quitando nuestra subjetividad. Esto no se puede hacer, y uno de los logros de la posmodernidad consiste en demostrarlo. A lo que hemos sido llamados, y para lo que estamos equipados en la resurrección, es para adquirir un conocimiento en el cual estemos involucrados como sujetos que hacen una entrega de sí mismos, no como sujetos que hacen una búsqueda de sí mismos: en otras palabras, un conocimiento que tenga forma de amor.

Resulta significativo que tanto en el Antiguo Testamento en hebreo, como en el Nuevo Testamento en griego, el término "conocer" se usa tanto para el acto sexual como para la relación que el creyente debe tener con Dios –apuntando hacia la naturaleza apasionada, personal y relacional del conocimiento. Así, el llamado que realiza la Escritura para "conocer" a Dios no constituye un llamado para una interpretación teológica objetiva de las características de Dios (aunque este pueda ser de gran valor). Conocer a Dios trae consigo entrar en una "relación íntima, personal e interactiva" (Gorman 2001, 48) como hijos e hijas de un padre celestial, en relación con una comunidad de hermanos y hermanas creyentes –un tipo de conocimiento que habla menos de adquirir un grado de maestría en divinidad que ser graduado por la Divinidad. En resumen, "conocer" en la Biblia habla no solo de lo cognitivo, sino mucho más acerca de una relación de corazón y de un acción de obediencia. Conocer a Dios es ser cambiado por Dios (McGrath 2002, 139).

La mayoría de nuestras instituciones de educación teológica son anacrónicas en su interpretación de la enseñanza y el aprendizaje. Al mismo tiempo que condenan el racionalismo secular, contienen una afirmación implícita de los principios básicos del racionalismo a través del casi exclusivo enfoque en el campo cognoscitivo. Aun cursos que tienen la reputación de ser "desarrolladores de habilidades", y que quizás exijan una o más asignaciones prácticas, son muy teóricos en su naturaleza. Mientras tanto, durante más de cincuenta años los educadores han estado discutiendo y analizando lo que actualmente se conoce como los tres principales campos del conocimiento: afectivo, cognitivo y conductual. Solo cuando estas tres dimensiones coinciden en una colaboración abarcadora, puede tener lugar la transformación fundamental –aprendizaje por disposición. Solo por medio de un enfoque multidimensional de la educación en el seminario y en la iglesia, nuestros estudiantes pueden aumentar su disposición para pensar, sentir y actuar como Jesús –la meta final de toda la enseñanza cristiana (Ef. 4:1-13).

Aunque la frase "cabeza, corazón y manos" se ha hecho popular en las escuelas teológicas, la práctica continúa enfocándose en la mente. En el resto de este capítulo examinaremos cada una de las dimensiones afectiva, cognitiva y conductual como un marco para un enfoque balanceado y abarcador del desarrollo curricular.

Desde el inicio se debe reconocer que cualquier intento de categorizar la enseñanza está condenado a fallar. El aprendizaje es complejo, y los aspectos físico, emocional, relacional, cognitivo, moral y espiritual del ser humano se encuentran mutuamente entrelazados. Por lo tanto, no es de sorprenderse que se hayan sugerido tantos modelos y clasificaciones diferentes del aprendizaje (Anderson y Krathwohl 2001; Fink 2003; Harrow 1972; Marzano y Kendall 2006; Shulman 2002; Simpson 1972). Como se mencionó al inicio de este capítulo, estaremos basándonos en la obra de Bloom (1956) y Krathwohl (1964), no porque su enfoque sea más exacto o completamente adecuado, sino por la relativa simplicidad y fácil comprensión de su modelo, su gran influencia y la posibilidad de aplicarlo a la educación teológica.

Campo afectivo

> Los seres humanos están llenos de emoción, y el maestro que sabe cómo utilizarla tendrá estudiantes entregados. (Leon Lessingner)

> Lo que no nos haga sentir no causa interés; lo que no causa interés, no se entiende. (Simón Rodríquez, maestro de Simón Bolívar)

> La novena parte de la educación consiste en el estímulo. (Anatole France)

Una seria apropiación del campo afectivo constituye un imperativo teológico. Los valores, actitudes, emociones y motivaciones son asuntos de seria consideración para los escritores bíblicos. Las características de una persona cristiana madura como se expresan en los frutos del Espíritu –amor, alegría, paz, paciencia, amabilidad, bondad, fidelidad, humildad y dominio propio (Gál. 5: 22-23) –son todas de actitud por naturaleza. El gran mandamiento (Mr. 12:30) no comienza: "Ama al Señor tu Dios con toda tu mente", sino "con todo tu *corazón*". A través de toda la Escritura, el corazón juega un papel central en el proceso del conocimiento. Según Pablo, con el corazón y no con la mente, se cree para ser justificado (Rom. 10:10). El amplio uso bíblico del término "corazón" para incluir pensamiento, sentimiento y acción apunta a un entendimiento abarcador del crecimiento espiritual y es una afirmación de la importancia de la dimensión afectiva de la personalidad humana. La palabra "emoción" habla de movimiento: las emociones nos mueven (Moreland e Issler 2006, 62). Mientras más entendamos nuestro estado emocional y el de nuestros estudiantes, más capacitados estaremos para desarrollar el aprendizaje por medio de la acción.

Aunque la doctrina correcta es absolutamente importante en las Escrituras, las actitudes y las motivaciones correctas tienen igual o mayor importancia. Como Thomas à Kempis (2003, 1) observó:

> ¿Qué bien te hace hablar como un erudito acerca de la Trinidad si, faltándote humildad, disgustas a la Trinidad? Ciertamente, no es el aprendizaje lo que hace a un hombre santo y justo, es una vida virtuosa la que le hace agradable ante Dios. Yo prefiero sentir el arrepentimiento antes que saber cómo definirlo. ¿De qué nos sirve conocer toda la Biblia de memoria y los principios de todos los filósofos, si vivimos sin la gracia y el amor de Dios?

Karen Shaw (2008, 53), en su estudio de lo afectivo en las Escrituras, señala:

> La Biblia es un libro de gran pasión. Nos presenta a un Dios apasionado que responde e incita a las emociones humanas intensas y discierne las motivaciones más nobles y las más bajas… [Aunque] no sería cierto decir que la Biblia es *solamente* afectiva… [sin embargo] es *totalmente* afectiva… A veces se subestima dramáticamente a las emociones, como en la historia del viaje de Abraham al monte Moria (Gén. 22). En otras ocasiones se resalta lo afectivo, como en la historia de la muerte de Absalón (2 Sam. 18:9)… Si esta es la manera en la que Dios se nos ha revelado, entonces la manera en la que comunicamos su palabra es inadecuada a menos que sea totalmente afectiva de principio a fin.

Aunque el campo afectivo es difícil de medir, juega un papel crítico en el aprendizaje –más de lo que generalmente se reconoce. Hace unos cincuenta años, David Krathwohl (1964) y sus asociados desarrollaron una taxonomía del aprendizaje afectivo que continúa guiando a los maestros comprometidos a comprender el papel que juegan los valores, las emociones, las actitudes y las motivaciones en el aprendizaje, y las etapas hacia un reconocimiento completamente afectivo.

- La primera etapa del aprendizaje afectivo es *recibir* –estar dispuestos a recibir (o participar de) un punto de vista en particular. A no ser que los estudiantes presten atención a lo que el maestro dice, en vez de llevar sus mentes a vagar hasta la película que vieron en la televisión la noche anterior o los últimos resultados deportivos, el efecto del proceso de instrucción es insignificante o no existe.

- Pero recibir pasivamente constituye un tipo de aprendizaje bastante pobre. Queremos que los estudiantes no solo presten atención, sino que continúen hacia el nivel de *respuesta* –que va más allá de quedarse solamente escuchando, hacia la acción de hacer algo con el material, participando en el debate en clase, realizando preguntas inteligentes, e incluso discutiendo puntos clave con el instructor después de la clase.

- Pero los instructores serios no se encuentran satisfechos solo con el nivel de respuesta. Desean ver a sus estudiantes continuar hacia la *valoración* –donde después de lidiar con una perspectiva, llegan a expresar su preferencia por un punto de vista en particular.
- Pero la expresión de preferencia solo llega a ser significativa cuando tiene lugar la *organización* –cuando los estudiantes organizan lo que valoran como prioridades, resolviendo conflictos entre ellos y creando un sistema único de valores.
- La meta final es la *caracterización* –donde los estudiantes construyen sus vidas alrededor del punto de vista en particular y su sistema de valores.

Si fuéramos honestos, creo que deberíamos estar de acuerdo en que el nivel de aprendizaje afectivo que tiene lugar en la mayoría de las clases que se imparten en nuestras instituciones es terriblemente pobre. Donde la meta consiste en la caracterización, los estudiantes apenas sobreviven a lo que consideran fundamentalmente aburrido, y la disposición por alcanzar el nivel de recibir es principalmente producto del temor a fallar en vez de una motivación positiva y genuina de involucrarse con el material.

El corazón del aprendizaje afectivo constituye la calidad de la *relación maestro-estudiante* (Brookfield 1986, 62-64; Cranton 2006, 112-15). A menudo se nos olvida que "Jesús no estaba tan interesado en enseñar a las personas un contenido religioso, sino en atraerles hacia una genuina relación con él y hacia relaciones compasivas unos con otros" (Schultz y Schultz 1999, 59-60). En una amplia variedad de estudios formales (Merriam, Caffarella y Baumgartner 2007, 152, 53) se ha encontrado que ciertas cualidades como un amor apasionado por el sujeto, el conocimiento del material y los estilos de enseñanza creativa constituyen elementos comunes entre los maestros excepcionales, así como la calidez, la preocupación genuina por el aprendizaje de los estudiantes, y aun el amor –todas son características que hablan de relación y de un ambiente de hospitalidad en el aula (P. Shaw 2001).

Se ha demostrado que la defensa racionalista para divorciar lo cognitivo de lo afectivo resulta contraria a la manera en que la mente humana ha sido diseñada para aprender. Investigaciones neurológicas han descubierto que el cerebro no "separa de manera natural lo emotivo de lo cognitivo, ya sea anatómicamente o perceptualmente" (Caine y Caine 1994, vii). Por tanto, no debería sorprendernos que las relaciones en el aula tienen un impacto en la entrega de los estudiantes al aprendizaje (Rogers y Renard 1999).

Construir fuertes relaciones profesor-estudiante constituye un imperativo particular en el seminario. Gibson (2012) señaló: "Dios es fundamentalmente relacional. Por tanto, nuestra educación teológica es cristiana cuando ocurre lo mismo". Una investigación (Banks 1999, 227) descubrió que "lo que desea la mayoría de las personas que vienen a las instituciones teológicas es la oportunidad de conocer a sus profesores personalmente, y aprender de ellos de manera que les ayude a crecer espiritualmente y a ministrar efectivamente… Mientras que como profesores consideramos los asuntos académicos como los más importantes, los estudiantes están igualmente o más interesados en las implicaciones personales y prácticas de lo que están aprendiendo".

Si somos serios en cuanto a alimentar la actitud y el carácter cristiano, esto no va a ocurrir mientras se mantenga una distancia emocional de manera formal en el aula, sino a través de una relación de amor en la que seamos mentores y modelos de una vida de calidad para quienes Dios nos ha llamado a desarrollar como futuros líderes de su iglesia. La relación de calidad es una de las principales características de la excelencia en la instrucción y se analizará con más profundidad en el capítulo 16.

Campo de la conducta

El conocimiento consiste en la experiencia. Todo lo demás es solo información. (Albert Einstein)

Conocer no es suficiente; debemos aplicar. Estar dispuestos no es suficiente; debemos hacer. (Johann Wolfgang von Goethe)

La mayoría de las escuelas teológicas presentan a la Gran Comisión de Jesús (Mt. 28:18-20) como el mandato más significativo para cada creyente. Sin embargo, el mensaje implícito que se imparte a través de los énfasis y metodologías aceptadas por nuestras escuelas es que la Gran Comisión fue dada para "enseñarles todas las cosas" (un mensaje cognitivo), en lugar de la directriz principal "enseñándoles a obedecer todo lo que les he mandado a ustedes" (un mensaje orientado hacia la obediencia).

Durante mucho tiempo, los profesores en nuestros seminarios han enseñado que si pudieran instruir a los alumnos en la sana teología, exégesis griega e historia de la iglesia, estos estudiantes comenzarían a funcionar como líderes cristianos. Hemos asumido que los estudiantes pondrán en práctica lo que aprenden en las clases de homilética, enseñanza y consejería de forma natural. En resumen, hemos asumido que si podemos persuadir a los estudiantes a comprender y creer lo correcto, actuarán de esa manera.

Sin embargo, durante los pasados cincuenta años, los científicos sociales han encontrado mucha evidencia que cuestiona esa idea. En 1964 la investigación de Leon Festinger le llevó a avanzar en la noción radical de que la relación conocimiento-conducta realmente obra de manera contraria –o sea, las personas son más propensas a comportarse de acuerdo a su manera de pensar, que pensar en cómo comportarse. En los años posteriores a la obra influyente de Festinger, se ha continuado acumulando mayor evidencia, para llegar a la conclusión de que las creencias expresadas por un grupo de personas casi no se pueden tomar en cuenta para predecir cómo estas se comportan.

Esto se aplica aun entre los llamados cristianos "activos". Los estudios conducidos por un investigador cristiano a principios de los 90, descubrieron que los estudiantes cristianos conservadores que eran ortodoxos en sus creencias sobre Dios y Jesucristo, y activos en grupos como Campus Crusade y Navigators, eran tan propensos a engañar y a no ofrecerse como voluntarios, como los estudiantes no cristianos y ateos (McNabb y

Mabry 1990, 75). Igualmente inquietante fue la investigación del Grupo Barna (2004) el cual descubrió que el nivel de divorcios entre los norteamericanos que decían ser "nacidos de nuevo" era *mayor* que entre los norteamericanos no cristianos. Otro investigador (Myers 1978) concluyó llanamente: "Con respecto a la conducta moral, [la creencia religiosa] parece tener poco efecto." En las palabras del gran educador del siglo diecinueve, Horace Bushnell (1979 [1861]): "Ninguna verdad se enseña con palabras o se aprende por medios intelectuales… La verdad debe vivirse significativamente antes de que pueda ser verdaderamente conocida."

La clave para este proceso de aprendizaje conductual está en comprender los principios asociados con el arte perdido del aprendizaje. ¿Cómo aprendieron los discípulos acerca de la forma en que la doctrina impacta la vida? Ellos sirvieron como aprendices de Jesús por tres años. Mientras pocas de nuestras escuelas se enfocan en un modelo de aprendizaje, cualquier cosa que podamos hacer para mejorar el campo de la conducta en nuestra enseñanza, tendrá un profundo impacto en la calidad de la educación que ofrecemos. La afirmación del Proceso Europeo de Bolonia acerca de la importancia del aprendizaje que se basa en la enseñanza extra-clase, debería aceptarse y enfatizarse cada vez más en la educación teológica. La preparación de líderes misioneros-eclesiales requiere una experiencia misionera-eclesial.

Campo cognitivo

> Casi todas las personas han mirado atrás a sus días de estudiante y se han preguntado qué sucedió con la información que debían haber acumulado durante sus años en la escuela. (John Dewey)

El campo cognitivo del aprendizaje constituye el enfoque primario de la mayoría de las escuelas –desde el preescolar hasta el postgrado. El aprendizaje cognitivo es atractivo en el sentido de que es fácil de controlar y fácil de medir. Sin embargo, aun en el terreno del aprendizaje cognitivo, nuestro historial es mediocre en el mejor de los casos, debido a que el enfoque en muchas de nuestras instituciones ha consistido en la adquisición de la información –la transmisión de grandes cantidades de información que los estudiantes tienen que aprender y luego repetir en los exámenes.

La adquisición de la información no es suficiente: si queremos ayudar a nuestros estudiantes a realizar un impacto para Cristo en el mundo, necesitamos cultivar habilidades del pensamiento más sofisticadas; necesitamos ayudarles a desarrollar las habilidades para procesar y aplicar los hechos.

De acuerdo a Bloom y sus asociados (1956), existen seis niveles diferentes de sofisticar el campo cognitivo:

- *Conocimiento:* la habilidad para recordar hechos o información.
- *Comprensión:* entender lo que se le comunica, y la habilidad para hacer uso del material en un nivel simple.

- *Aplicación:* la habilidad para utilizar abstracciones en situaciones concretas particulares.
- *Análisis:* la habilidad para dividir el material en sus partes o elementos constituyentes.
- *Síntesis:* la habilidad para construir una estructura
- *Evaluación:* la habilidad para emitir juicios acerca del valor de las ideas o de los materiales.

Una forma simple de entender estos seis niveles pudiera ser analizando una variedad de preguntas relacionadas con la parábola del Buen Samaritano (Lucas 10:25-37):

- *Conocimiento: "¿Quién dejó al hombre casi muerto al lado del camino?"* La respuesta a esta pregunta se encuentra en el texto: si *conoces* el texto, *conoces* la respuesta.
- *Comprensión: "¿Por qué el sacerdote y el levita cruzaron al otro lado?"* La respuesta no aparece en el texto, pero requiere una *comprensión* del trasfondo histórico y cultural del texto.
- *Aplicación: "¿Quiénes son tus enemigos en la escuela o en el vecindario? ¿Qué pudieras hacer para actuar como el buen samaritano con estas personas?"* En esta pregunta se pide que los asuntos y principios sean aplicados a una situación específica.
- *Análisis: "¿Cuál es la relación entre las acciones del buen samaritano y la actitud de Jesús en su vida y ministerio?"* La respuesta a esta pregunta requiere que los elementos de la parábola, así como la vida y ministerio de Jesús se dividan de forma sistemática y *se analicen* por medio de una comparación.
- *Síntesis: "¿Cuál es la relación entre palabra y hecho en el testimonio cristiano? El buen samaritano mostró amor por medio de la acción; pero con toda seguridad, nuestro amor por el mundo nos lleva a hablar del evangelio. ¿Qué piensas al respecto?"* Aquí hay una aparente contradicción que necesita ser resuelta al observar y sintetizar los demás asuntos relacionados con esta situación para comprenderla como un todo.
- *Evaluación: "¿Cuáles son los principales elementos que nos impiden hacer el bien a nuestros enemigos? ¿Por qué crees que Cristo establece 'amen a sus enemigos' como una de las principales marcas del verdadero discipulado? ¿Realmente crees que los tamiles deberían perdonar y mostrar un amor activo hacia los cingaleses y viceversa? Responder en amor solo les traerá más persecución. ¿Qué piensas al respecto?"* Aquí los criterios evaluativos surgen por medio de preguntas sobre la relevancia y aplicación del texto a la vida real.

Taxonomía de Bloom sobre los objetivos educacionales

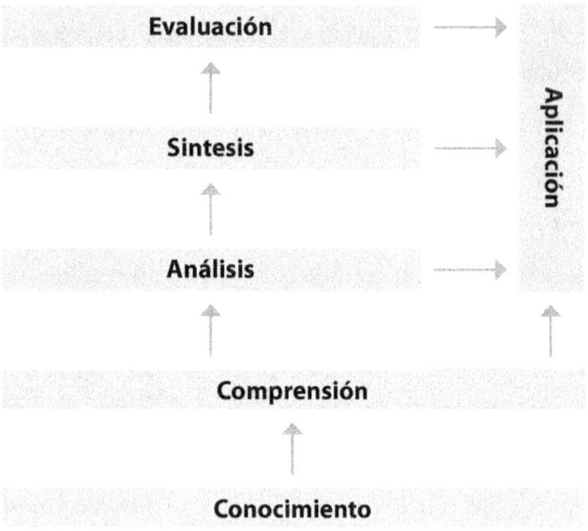

```
                    Evaluación         →
                        ↑
                     Síntesis          →       A
                        ↑                      p
                     Análisis          →       l
                        ↑                      i
                                               c
                   Comprensión                 a
                        ↑                      c
                                               i
                   Conocimiento                ó
                                               n
```

Figura 4.1 Taxonomía de Bloom – una posible jerarquía

Aunque es completamente válida, existe algo de jerarquía en la taxonomía de Bloom (fig. 4.1): el conocimiento precede a la comprensión; la comprensión precede al análisis; el análisis a la síntesis; y la síntesis a la evaluación inteligente. Además, mientras más profunda sea la noción que se tenga de los asuntos relacionados con una idea o una pregunta, más eficaz será la aplicación. Solo cuando retamos a nuestros estudiantes para que piensen con mayor profundidad y tomen la iniciativa de vivir y guiar a otros teológicamente, podremos decir que estamos cumpliendo nuestro llamado santo de desarrollar líderes efectivos para el pueblo de Dios.

Formando la disposición

Las dimensiones del aprendizaje no funcionan aisladas, sino que cada una afecta a la otra (fig. 4.2): las actitudes positivas motivan a los estudiantes a pensar más cuidadosamente y a arriesgarse en la acción; la experiencia cambia sus creencias y actitudes; y un pensamiento correcto provee pautas para evaluar las emociones y la conducta. El concierto del ABC del aprendizaje funciona en unidad para formar la disposición (D) del estudiante.

Un desbalance entre las dimensiones del aprendizaje crea distorsiones en la disposición: un enfoque en el campo afectivo lleva a una religiosidad ignorante; un enfoque en el campo de la conducta lleva a una excelencia técnica vacía; un enfoque en el campo cognitivo lleva al orgullo e irrelevancia que son endémicos entre muchos graduados de teología. La excelencia en la educación teológica reconocerá la necesidad de un balance

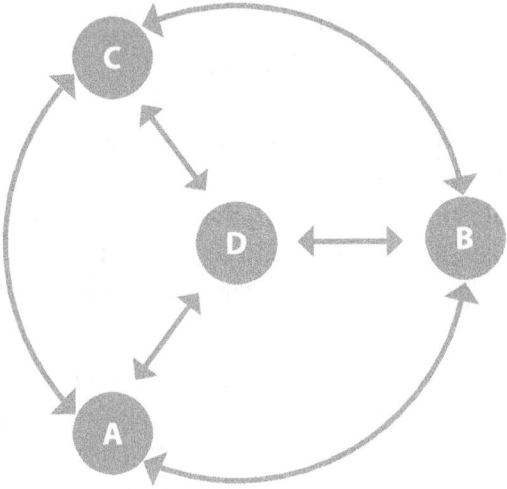

Figura 4.2 El punto de encuentro en las dimensiones del aprendizaje

abarcador que llevará a la formación de una disposición saludable de los futuros líderes que nos han sido confiados para su preparación.

Conclusión:

Como educadores teológicos responsables, no podemos seguir aceptando el statu quo de una educación orientada hacia un desbalance en lo cognitivo, fundada en la epistemología imperfecta del objetivismo modernista. Tenemos delante el reto de lograr un enfoque multidimensional abarcador para el aprendizaje, que por sí mismo nos guíe en la senda hacia la excelencia en el desarrollo curricular.

Ejercicios

1. Describa dos o tres maneras en las cuales usted vea la valoración que hace Palmer (1998, 99-108) sobre el aprendizaje basado en el período de la ilustración, citado al inicio de este capítulo, y que funciona en nuestras instituciones teológicas. ¿En qué sentido está usted de acuerdo o en desacuerdo con la valoración negativa que realiza Palmer a este enfoque del aprendizaje? ¿Por qué?

2. Riebe-Estrella (2009) y Shaw (2010) sugieren que continúe el paradigma dominante racionalista del período de la ilustración en la educación teológica, debido a la hegemonía cultural de los hombres occidentales en la academia, y que debería constituir una gran preocupación para las mujeres y para las personas de otros contextos culturales. ¿En qué sentido está usted de acuerdo o en desacuerdo con esta valoración? ¿Por qué?

3. Piense en un grupo de alumnos que le resulte familiar, teniendo en cuenta las etapas en la taxonomía de Krathwohl sobre el aprendizaje afectivo. ¿En cuál etapa afectiva se encuentra la mayoría de los estudiantes? ¿Cómo pudiera usted medir si los estudiantes han alcanzado la etapa de recibir? ¿La de responder? ¿La de organización o caracterización? ¿En qué sentido el instructor en esta clase provee oportunidad para que los estudiantes expresen la magnitud de su aprendizaje afectivo? Nombre un cambio que el profesor pudiera hacer para mejorar el aprendizaje afectivo en el aula.

4. El ABC del aprendizaje penetra en las Escrituras. Considere al menos dos de los siguientes textos, y en una o dos oraciones explique cómo el texto afirma un punto de encuentro abarcador entre "cabeza, corazón y manos": Deuteronomio 6:5 (Mateo 22:37; Marcos 12:30; Lucas 10:27); Deuteronomio 10:12-13; Deuteronomio 11:1, 22; Salmo 26:1-3; Salmo 139:23-24; Jeremías 17:10; Apocalipsis 2:23.

5. ¿En qué maneras su escuela busca promover un balance saludable entre las dimensiones del ABC? ¿Cuáles son algunas de las barreras principales que limitan la efectividad de su escuela para un aprendizaje abarcador?

5

El currículo oculto y el currículo nulo

El fin de la educación se mide por el aprendizaje total que ocurre en el proceso. El componente de instrucción intencional constituye solo una parte en la experiencia de formación general de los estudiantes. Un buen plan curricular reconoce la importancia del medio y el impacto de la vida de la comunidad en el aprendizaje. En la educación teológica, quiénes somos y qué hacemos como una comunidad de aprendizaje, se encuentran entre los factores de mayor influencia en la formación de futuros líderes que estudian en nuestros programas (Hardy 2007, 130).

Este capítulo intenta señalar las diferencias entre:

- *El currículo explícito:* aquellos eventos educacionales que se conocen, se plantean, se planifican públicamente y todas las personas que tienen participación los entienden.

- *El currículo oculto o implícito:* las fuertes dimensiones sociológicas y psicológicas de la educación que generalmente se reciben sin ser intencionalmente enseñadas.

- *El currículo nulo:* lo que se aprende por medio de lo que no se enseña – procesos intelectuales que se promueven o se omiten, y asignaturas que están presentes o ausentes.

La tesis fundamental es que los estudiantes de teología aprendan sobre el liderazgo cristiano no simplemente a través del contenido que se enseña en el aula, sino también (y con frecuencia más importante) a través de elementos como la forma en que ocurre la enseñanza en el aula, el modelo de vida de los profesores y las experiencias de los estudiantes en relación con la directiva de la escuela. Ignorar el desarrollo del currículo oculto y del currículo nulo en la educación teológica puede resultar en el uso de métodos y estructuras que socavan sutilmente el contenido y la intención de nuestras escuelas. La educación teológica solo puede ser efectiva cuando el currículo oculto y el currículo nulo reciban tanta atención como el currículo explícito, y cuando estos se diseñen intencionalmente en vez de aceptarse involuntariamente.

Gregorio

Esta es una historia real. Solo se ha cambiado el nombre del personaje principal y algunos detalles secundarios.

> Gregorio era un estudiante ejemplar en un instituto teológico, donde obtenía altas calificaciones y todos lo conocían por su intenso pensamiento filosófico. La denominación de Gregorio le había otorgado una beca para el seminario con la condición de que sirviera en dicha denominación durante tres años después de su graduación. Su primer nombramiento fue para servir como pastor de una pequeña iglesia en una ciudad regional. La iglesia había permanecido sin pastor durante más de seis años. Gregorio estaba muy entusiasmado y esperaba poder enseñar todas las ideas maravillosas que había aprendido en el seminario.
>
> Poco después de llegar y establecerse en la ciudad, Gregorio anunció un domingo al final del culto, que el viernes siguiente por la tarde comenzarían un nuevo y emocionante programa de educación para adultos. Deseoso de ver cuántas personas participarían, llamó por teléfono a los principales líderes de la iglesia para invitarles personalmente. Gregorio estaba seguro de que al tratar con la ignorancia teológica de esta congregación dormida, la iba a transformar en una iglesia vibrante con un poderoso impacto en la comunidad.
>
> Durante toda la semana Gregorio estudió y se preparó, y pasó la mayor parte del viernes preparando las aulas: una en la que enseñaría Introducción a la Historia de la Iglesia de 4 a 5 p.m., una para enseñar Introducción al Nuevo Testamento de 5 a 6 p.m., y finalmente el grupo al que le enseñaría su asignatura favorita: Introducción a la Teología Sistemática, de 6 a 7 p.m. A las 4 esperó. . . y esperó. A las 4:30, dos ancianas incondicionales de la iglesia llegaron juntas. Unos veinte minutos más tarde llegó una pareja de ancianos. Los cuatro se quedaron durante una hora aproximadamente y después se fueron. Nadie más llegó.
>
> Para no desalentarse, Gregorio se enfocó en la Introducción al Nuevo Testamento que fue lo que más le interesó a las cuatro personas. Nuevamente animó desde el púlpito y por teléfono, y esperó con gran expectativa a que llegara el viernes siguiente. Esta vez no vino nadie. El entusiasmo de Gregorio se apagó, así como sus sentimientos de esperanza por la iglesia. Con desencanto y pesimismo, Gregorio completó el mínimo de doce meses en la iglesia y después solicitó que lo nombraran para un ministerio de jóvenes en otra localidad. Dos años después, abandonó el ministerio para estudiar un doctorado en teología.

Cuando escribí esta historia, me pregunté si sería un caso extremo en el pequeño mundo de las iglesias evangélicas del Medio Oriente. Tristemente, al presentar la historia en los eventos de entrenamiento para profesores en una variedad de contextos culturales, me he dado cuenta de que se repite en muchos profesores y graduados de los seminarios, así como en laicos participantes. ¿Existe alguna duda del por qué tantas congregaciones se refieren a los seminarios como cementerios y rechazan tanto el producto de nuestra labor? Aunque se pudieran ofrecer muchas razones para los problemas que se ilustran en la historia de Gregorio, yo sugeriría que uno de los principales factores consiste en nuestra ignorancia acerca del profundo impacto del currículo oculto, y nuestro consecuente error al no tratar con su influencia potencialmente negativa. Pero ¿qué es exactamente el "currículo oculto"?

El currículo oculto: Definición

La mayoría de nosotros, al pensar en la palabra "currículo", traemos a la mente las descripciones de los cursos que aparecen en los catálogos de las escuelas y en los sílabos que entregamos a los estudiantes al comenzar cada semestre. Pero esta es solo una forma del currículo, que es técnicamente conocida como el currículo "explícito". La ironía es que mientras dedicamos largas horas a planificar nuestros catálogos y sílabos, estos generalmente ejercen mucha menos influencia en la educación de nuestros estudiantes que las dimensiones sociológicas y psicológicas de la educación. Estos elementos son generalmente recibidos sin ser intencionalmente enseñados.

Basándose en la obra de Emile Durkheim (1956, 1961), Philip Jackson (1968) empleó por primera vez el término "currículo oculto" para describir los elementos sociológicos y psicológicos del aprendizaje. Una fuerte evidencia de las investigaciones acerca de la importancia del currículo oculto fue documentada primeramente por Bowles y Gintis (1976), y posteriores investigaciones han confirmado la poderosa influencia que ejercen en el aprendizaje los elementos ambientales de la educación, como la naturaleza de la conducta que es incitada, el modelo que se ofrece con respecto a los tipos de relaciones y los valores que se enfatizan en la comunidad donde se aprende. Esta historia sencilla les ayudará a ilustrar el significado del currículo oculto:

> María tenía veintiocho años y enseñaba en una clase de niños de diez años en la escuela dominical. María estaba enseñando a los niños acerca de la importancia de amarse unos a otros. Durante la clase, la "buena" Cristina respondió más de la mitad de las preguntas. Cuando llegó el momento de orar, se le pidió a Cristina que lo hiciera; cuando se fue a leer un pasaje de la Biblia, lo leyó Cristina; y encima de todo, Cristina recolectó las ofrendas. Mientras tanto, dos niños muy activos y juguetones, Jorge y Juan, recibieron frecuentes regaños, se les habló fuerte y finalmente fueron enviados al Superintendente de la escuela dominical.
>
> Aunque María supuestamente enseñaba cómo amarse unos a otros, la verdadera lección que enseñó —el currículo oculto de su lección— fue "el amor depende del buen comportamiento", "el amor tiene preferencias", "algunas personas simplemente no pueden ser amadas."

Aquí, como en otras ocasiones, vemos la triste verdad que ha sido bien documentada por sociólogos de la educación pero grandemente ignorada por líderes institucionales de la educación superior: el currículo oculto generalmente sobrepasa al currículo explícito –o sea, que si el currículo explícito y el oculto entran en conflicto, el mensaje que se aprende tiende a ser aquel que encierra el currículo oculto, no el que se enseña en el currículo explícito. Por tanto, ignorar el currículo oculto constituye un peligro.

Como en toda institución educacional, los seminarios y escuelas bíblicas también tienen un currículo oculto. Pero tristemente, este currículo oculto con frecuencia enseña a nuestros estudiantes de una manera exactamente opuesta a la que enseñamos en nuestro currículo explícito y proclamamos en las declaraciones acerca de nuestro propósito. Aunque cada institución enfoca su educación de una manera diferente y por tanto, provee una forma diferente del currículo oculto, este capítulo va a sugerir algunos mensajes ocultos que comúnmente muchas instituciones teológicas comunican a sus estudiantes. Lo que presentamos a continuación es intencionalmente negativo y provocativo. En realidad, la mayoría de las escuelas teológicas presentan fuertes componentes formativos para su vida institucional que producen un balance en la educación de los estudiantes. Sin embargo, una consideración deliberada de posibles aspectos negativos en el currículo oculto de sus escuelas, pudiera fortalecerles para cumplir mejor su llamado misionero-eclesial.

"Instrucción" = "Educación"

> La mente no es una vasija para ser llenada, sino un fuego para ser alimentado. (Plutarco)

Una de las lecciones más comunes que se enseña a través del currículo oculto en nuestros programas de preparación ministerial es esta: La mejor manera de ayudar a las personas a crecer espiritualmente consiste en instruirles en Biblia y teología. Presentándolo de una forma más simple: a los estudiantes se les enseña que "instrucción" = "educación". Virtualmente en cada escuela teológica, las calificaciones y otras formas de aprobación dependen del dominio cognitivo de la información bíblica, teológica e histórica que los estudiantes puedan expresar en los trabajos escritos o en los exámenes. La crítica que hace Illich de la vida en la escuela bien pudiera aplicarse al seminario: "En la escuela se nos enseña que el aprendizaje valioso es el resultado de la asistencia; que el valor del aprendizaje aumenta con la cantidad de información que recibimos; y finalmente, que este valor puede ser medido y documentado por las calificaciones y certificados" (Illich 1970, 56).

Se le concede mucha importancia a la acumulación de información, y esta priorización del conocimiento mental se transfiere subconscientemente al ministerio, de manera que quienes posean información son más propensos a ser seleccionados para el liderazgo en las iglesias locales, que quienes constituyen ejemplos de una vida de santidad (Richards 1975, 159).

El modelo de "instrucción" puede verse fácilmente en la distribución común que se utiliza en las aulas en la mayoría de las instituciones teológicas (fig. 5.1). Al entrar a un aula así, podemos darnos cuenta del papel que ejerce el profesor: instructor, director, autoridad profesional, experto, dominio intelectual en el campo de estudio (Lawson 1998, 67). Existe una distancia emocional creada por la distribución del aula que restringe el sentido de libertad de opinión y debate. Como lo describe Thompson (1995, 134): "el conocimiento" es reconocido como una comodidad externa para ser digerida al igual que el almuerzo, y "el aprendizaje" es frecuentemente algo más que conformarse a las expectativas del profesor. Es el instructor quien establece la agenda, quien determina el sílabo y quien constituye el centro de atención. En aulas más tradicionales, la mayor parte del tiempo de clase consiste en un monólogo del profesor, como si él o ella fuera la única persona que tuviera algo importante que decir y como si los estudiantes solo tuvieran que prestar atención. De esta manera, los futuros líderes son "instruidos" para confundir enseñanza con aprendizaje, buenas calificaciones con educación, y un diploma con aptitud (Illich 1970, 9).

En aulas distribuidas formalmente como estas, se asume que los estudiantes son "receptores abiertos" ignorantes, que aguardan con ansias las respuestas a los asuntos de la vida. Con frecuencia este enfoque refleja lo que Freire (1970) describió como el sistema "bancario" de la educación, o lo que Lindeman (1926) llamó el "proceso aditivo", en el cual el profesor recibe de los estudiantes exactamente lo que les fue impartido del depósito académico del profesor, mientras que retiene el control total sobre las metas, el contenido y el criterio evaluativo de la actividad educacional. Foucault (1977) sugirió que la dinámica tradicional del aula constituye un arreglo extremadamente eficiente para el funcionamiento del "mecanismo disciplinario" que incluye poder y jerarquía, al mismo tiempo que capacita a quienes están sujetos a su funcionamiento. La misma arquitectura funciona para infundir disciplina, relaciones jerárquicas y respeto al poder y la autoridad (Costello 2001, 56).

Figura 5.1 Distribución estandarizada del aula

Durante cuarenta años, la obra de Lev Vygotsky (1962, 1978) sobre la construcción social del aprendizaje ha recibido cada vez más crédito. Como veremos repetidamente en este libro, la mente humana desde el nacimiento no es una *tabula rasa* sobre la cual los instructores escriben, y el conocimiento nuevo no puede ser simplemente transmitido de una persona a otra. Cuando los estudiantes son confrontados con una nueva información, deben procesarla, construyendo sobre conocimientos y experiencias previas, antes de que cobre sentido para ellos, la valoren y la apliquen. Aunque este proceso puede ocurrir aisladamente, las experiencias de aprendizaje más enriquecedoras son socialmente construidas en una comunidad de aprendizaje que reflexione de una manera práctica

(Fernández 2012). Al promover el diálogo y la aplicación en el contexto del seminario teológico, los estudiantes serán más propensos a incluir patrones comparables de aprendizaje significativo en sus futuros ministerios.

Un enfoque académico para el ministerio

> 90% de lo que hacemos en el seminario parece que va marcha atrás. (Manfred Kohl 2010)

El énfasis en la mayoría de las instituciones para la capacitación teológica está en el estudio, análisis y evaluación de los textos. Aunque el beneficio de este tipo de investigación es enorme, cuando se utiliza exclusivamente el enfoque académico en la educación teológica, los futuros líderes pueden ser capacitados creyendo que el conocimiento solo se puede encontrar en los libros y en un enfoque académico para el ministerio. La edad promedio de los estudiantes de teología está aumentando y también aumenta el número de adultos maduros que estamos capacitando, en comparación con los estudiantes que proceden directamente de la enseñanza media. En este caso, nuestras escuelas hacen bien en tomar en serio la investigación sobre la manera en que aprenden los adultos ("andragogía"). Estos estudios apuntan hacia una relevancia contextual como la prioridad en el aprendizaje entre adultos: los adultos son motivados a aprender lo que necesitan para vivir la vida de manera efectiva (Knowles, Holton y Swanson 2005, 58-72). La exposición de textos no es suficiente: el texto debe estar conectado al contexto. Cuando no se realiza esta conexión en la escuela de teología, es difícil que los graduados realicen las conexiones en sus ministerios.

El enfoque académico de muchas escuelas teológicas es poco efectivo al preparar a los estudiantes para su futuro ministerio. Tristemente, el énfasis demasiado frecuente consiste en depositar grandes cantidades de información bíblica y teológica en lugar de modelar la vida cristiana. Como lo describió un pastor (Standish 2005, 12-13): "Salí del seminario conociendo cómo realizar la exégesis de un pasaje bíblico, pero no tenía idea de cómo ayudar a una persona que lucha para hallar un propósito en la vida o para sentir el amor de Dios." Mientras que oralmente enseñamos: "el verbo se hizo carne", con demasiada frecuencia enseñamos psicológicamente y metodológicamente: "el verbo se hizo texto" (Éla 1998, 181).

Este problema no solo es típico en los seminarios. Brookfield (1986, 201) ha observado el mismo fenómeno en los demás campos: "Una de las críticas más frecuentes que los graduados que posteriormente habitan en el 'mundo real' de la práctica realizan a los programas de preparación profesional, consiste en que los programas son fuertes en teoría pero débiles en aplicación práctica. No es extraño escuchar a los practicantes declarar que sus primeros meses de práctica los pasaron desaprendiendo las lecciones de los programas de preparación para graduados."

No existen dudas de que la capacitación de los seminaristas en las disciplinas de pensamiento crítico constituye una preparación importante para el ministerio en un mundo cada vez más complejo. El problema es que con mucha frecuencia, el término "pensamiento crítico" se ha limitado a la comparación y análisis de textos académicos. Una forma de pensamiento crítico más compleja y exigente ocurre cuando pedimos a los estudiantes que se conviertan en "pensadores cristianos prácticos" (Hough 1984, Banks 1999, 34-35) o "practicantes reflexivos" (Schön 1991; Carr 1997, 113-53) al pedirles que analicen, sinteticen y evalúen un material académico teórico a la luz de las situaciones prácticas de la vida, y viceversa.

Jerarquía centrada en el conocimiento

En muchos seminarios existe la tendencia de hacer referencia constante a los idiomas originales y a los libros académicos, menospreciando las interpretaciones directas como simplistas y alabando las interpretaciones complejas como "académicas". Aunque una esmerada erudición debe constituir una prioridad en nuestra preparación, hay un peligro de que el currículo oculto pueda estar desarrollando en los estudiantes una arrogancia centrada en el conocimiento, enseñándoles que solo las personas educadas pueden entender realmente las Escrituras y a mirar con desprecio la fe simple de muchos creyentes.

La deconstrucción en la academia, de Goffman (1959), explica que creamos programas educacionales extensos, no porque hay mucho que aprender, sino para ganar credibilidad y estatus en virtud de los grados académicos y programas de capacitación especializada. Entonces las demás personas creen que debido a que su preparación es tremendamente inadecuada, hay que dejar todos los asuntos en manos de los profesionales. Aunque el análisis de Goffman es sin lugar a dudas muy negativo, ciertamente el currículo oculto en muchas escuelas teológicas enseña que la mayoría de las personas que asisten a la iglesia son incapaces de llegar a una interpretación verdadera de las Escrituras, por lo cual necesitan de nosotros, los académicos, para que les digamos. Mientras se habla de la gran Reforma enseñando acerca del "sacerdocio de todos los creyentes", el currículo oculto enseña que existe una nueva jerarquía sacerdotal, con los académicos en la cima, seguidos de los graduados, y los cristianos promedio necesitando de la obra sacerdotal interpretativa de otras personas.

En realidad, existe a menudo una ambivalencia entre las personas laicas hacia los graduados del seminario. Por una parte, estas personas sienten que los graduados merecen ser puestos en un "pedestal eclesiástico" por su educación teológica. Por otra parte, se preguntan si los mismos graduados no han comprendido las realidades de la vida –como si se graduaran con las respuestas correctas, pero haciendo las preguntas equivocadas (Harkness 2010, 106-8).

Control del líder

La situación se torna aún más grave por la tendencia de los profesores a controlar totalmente el sílabo. Uno de los resultados más insidiosos del control curricular es el grado en el cual obstaculiza la creatividad que es esencial para nosotros al ser creados a la imagen de Dios. Illich señala: "Una vez que los jóvenes permiten que su imaginación sea formada de acuerdo a la instrucción curricular, están condicionados a la planificación institucional de cualquier tipo. La 'instrucción' asfixia el horizonte de su imaginación" (Illich 1970, 56).

Sin embargo, si afirmamos el valor de los individuos como creados a imagen de Dios, debemos proveer la oportunidad para la creatividad al ampliar la variedad de los métodos de instrucción que empleamos, capacitando a nuestros diferentes estudiantes para aprender y aplicar la verdad divina en diferentes maneras que aunque son coherentes con las demandas de Dios, reflejan sus propios estilos individuales de aprendizaje.

Pocos instructores consultan con los estudiantes antes de entregar el sílabo del curso, como si viniera "de lo alto". Con mucha frecuencia, nuestras aulas consisten en un profesor controlando las preguntas que se realizan y determinando la validez de las respuestas dadas por los estudiantes. La descripción de Illich (1970, 28) suena muy familiar cuando dice que en las instituciones educacionales, "la mayor parte de los recursos se invierten en comprar el tiempo y la motivación para que un número limitado de personas se ocupen de problemas predeterminados en un ambiente ritualmente definido". La tragedia consiste en que muchos estudiantes llevan el mismo modelo al ministerio en sus iglesias: en tanto que nuestro currículo no se conecte con las vidas de nuestros estudiantes, la enseñanza que nuestros graduados llevan a sus iglesias es generalmente irrelevante a las vidas de las congregaciones.

Harkness (2013, 7) señala:

> En relación con los procesos para la transformación personal, el modelo clásico maestro/estudiante, con su énfasis en el maestro transmitiendo la información para que los estudiantes traten de aplicarla por ellos mismos, se encontraba disponible en los tiempos de Jesús y en la iglesia primitiva. Pero el Nuevo Testamento se enfoca mucho más en los modelos de enseñanza/aprendizaje que comparten las connotaciones de términos como discipulado, formación espiritual, cuidado y apadrinamiento; para lograr un crecimiento pleno que resulte en un estilo de vida y un ministerio cristiano efectivos.

Samuel Escobar (2004), reflexionando sobre el cambio contemporáneo de la iglesia hacia un mosaico de ministerio global, sugiere que el desarrollo de un "enfoque pedagógico participativo" ya no es opcional. Como una expresión de *koinonia* entre la facultad y los estudiantes al experimentar cambios locales y globales, debe tener lugar un mayor nivel de escuchar y aprender. Si esto se puede modelar en el aula del seminario, hay una mayor posibilidad de que ocurra en los posteriores ministerios de nuestros graduados.

Una talla que no le sirve a nadie

Demasiados seminarios toman el enfoque de "una talla le sirve a todos" para la educación teológica, proveyendo muy poco en cuanto a la flexibilidad y a las opciones de los estudiantes dentro del programa y los requisitos del curso. Y como sucede con la ropa "una talla le sirve a todos", también sucede con la educación teológica: el resultado final es "una talla no le sirve a nadie". En contraste, la teoría de estilos de aprendizaje contemporáneo (examinada en el capítulo 14) apunta hacia la enorme variedad en los procesos de aprendizaje de los estudiantes, y el imperativo de ofrecer variedad en el contenido y la metodología para promover un mayor crecimiento en los estudiantes.

Mientras se enseña sobre los dones del Espíritu Santo, nuestro currículo oculto, al minimizar las opciones de los estudiantes en los cursos disponibles, revela un compromiso de graduar en una uniformidad que simplemente no puede se puede justificar teológicamente. El contraste con el enfoque individualizado e incidental de Jesús para capacitar al liderazgo es dramático.

En el ministerio hay competencia, no cooperación

El ambiente del seminario, como la escuela secular, tiende a lanzar a los individuos a una competencia académica entre ellos, lo cual lleva a una distancia interpersonal, en lugar de acercarles mutuamente. De manera virtual, todas las asignaciones son solitarias e individualistas, y se priorizan las calificaciones a pesar de su valor cuestionable para predecir los futuros logros ocupacionales, así como una enorme evidencia de su naturaleza destructiva (Wlodkowski y Ginsberg 1995) y las actitudes profanas que promueven. Cabría preguntarse ¿por qué una gran cantidad de nuestros estudiantes llegan a considerar al ministerio como un asunto de competencia individual en vez de cooperación en comunidad (Hough y Wheeler 1998, 1), y medir el éxito en la vida y el ministerio sobre bases externas, a veces ocultando su propia pobreza espiritual interna?

De manera interesante, un estudio (Cano-García y Hughes 2000) reveló que los estudiantes que logran las más altas calificaciones académicamente son realmente quienes prefieren trabajar individualmente, quienes muestran una disposición para conformarse a las reglas y procedimientos existentes y quienes no disfrutan crear, formular y planificar la solución de problemas –cualidades que son exactamente lo opuesto a quienes se encuentran en el liderazgo creativo y de visión que tan desesperadamente se necesita hoy. Goleman (1995, 38) comenta: "Saber que una persona [ha tenido éxito en la escuela] es saber solamente que es muy buena en obtener logros medidos por calificaciones. No nos dice nada acerca de cómo reacciona ante las vicisitudes de la vida."

La pregunta no debería ser: "¿Qué calificación merece este trabajo?" sino "¿Qué enfoque de evaluación ayudaría mejor a este estudiante para llegar a ser un líder efectivo para una iglesia misionera?" Existen formas mejores que las de los sistemas tradicionales estrechos de calificaciones para promover un aprendizaje de por vida en el liderazgo cristiano.

La cultura de la escuela

Uno de los elementos más sutiles pero influyentes del currículo oculto es la cultura y estructura de la escuela como un todo. La relación entre la directiva, la facultad, el resto de los trabajadores y los estudiantes comunica poderosos mensajes sobre la naturaleza del liderazgo cristiano y la comunidad. Donde los directivos sean autoritarios y distantes, los estudiantes seguirán ese modelo, ignorando cualquier instrucción en las clases acerca de la importancia del liderazgo en equipo. Si existen conflictos interpersonales sin haber sido resueltos en la escuela, los estudiantes no van a tomar en serio las lecciones centradas en la reconciliación y pacificación en el liderazgo de las comunidades de fe. Donde los miembros "importantes" de la facultad tienen una preparación mínima y enseñan el mismo material año tras año, los estudiantes pronto reciben el mensaje de que una vez que han alcanzado cierto estatus, no necesitan crecer más como líderes (Hardy 2012).

Aun la distribución física de la institución enseña a nuestros estudiantes. Si los directivos principales tienen oficinas lujosas, mientras que los profesores comunes solo tienen un buró y un librero en una oficina repleta, los estudiantes ven rápidamente el privilegio de la jerarquía. Nuestro currículo oculto entorpece todo lo que podamos hablar y enseñar acerca del "liderazgo de servicio". De igual forma, las condiciones de trabajo del personal de servicio constituyen un modelo para los estudiantes con respecto a la manera en que deben ser tratados los obreros de las iglesias.

Los estudiantes rápidamente interpretan el tipo de relaciones en la comunidad teológica y subconscientemente llevan ese modelo a sus ministerios. Los programas que tratan de tener en cuenta los elementos potencialmente negativos del currículo oculto deben tomar en serio las siguientes preguntas, y medir las respuestas de acuerdo a los principios bíblico-teológicos básicos:

- ¿Quién tiene poder? ¿En qué sentido el poder es centralizado o disperso? ¿Cómo se ejerce el poder?
- ¿Cómo tiene lugar la comunicación? ¿Es abierta y bidireccional o existe un nivel significativo de comunicación encubierta o unidireccional?
- ¿Quién toma las decisiones finales y cómo? ¿Las decisiones descienden de arriba o existe un proceso de consulta? ¿Las decisiones se basan en procesos minuciosos de análisis de problemas o tienden a ser arbitrarias e impulsivas?

El diseño y aplicación de una política institucional constituye un elemento de especial importancia en la cultura organizativa que produce un impacto en el aprendizaje implícito de los estudiantes. Las escuelas cuyas políticas son rígidas e impersonales, comunican valores de legalismo y conformidad en lugar de relaciones maduras y pensamiento crítico. Donde las políticas son simplemente "tinta sobre el papel" y los procesos son implementados sobre la base de relaciones cliente-patrón, los estudiantes desarrollarán el modelo de este enfoque en la práctica de su liderazgo cristiano (P. Shaw 2013b). Crear un balance entre orden y relaciones en el diseño de la política y su implementación no constituye un proceso directo, pero las escuelas efectivas reconocen su importancia para moldear la manera en que los estudiantes entiendan el ministerio cristiano.

El currículo nulo

Lo que se enseña a través de lo que no se enseña tiene una importancia profunda en nuestra educación –lo que Eisner (1994) llamó el "currículo nulo". Ninguna escuela puede enseñarlo todo, por tanto, siempre existen tópicos y asignaturas que son excluidas del currículo explícito. Eisner señala que "lo que las escuelas no enseñan puede ser tan importante como lo que enseñan. Yo respaldo esta posición porque la ignorancia no es simplemente un vacío neutro; tiene efectos importantes en los tipos de opciones que una persona es capaz de considerar, las alternativas que puede examinar y las perspectivas desde las cuales puede ver una situación o un problema" (97).

También se aplica a la educación teológica: el material que incluimos o excluimos, los tópicos que enfatizamos o les restamos importancia –todo esto comunica un mensaje poderoso a nuestros estudiantes, como lo que es o no es importante para la vida cristiana y el ministerio. Por ejemplo, en la mayoría de los seminarios se le da prioridad a las asignaturas de Biblia, teología e historia, mientras que los cursos que van dirigidos a la formación espiritual y la oración están ausentes del currículo, o en el mejor de los casos juegan un papel de menor importancia, como si fueran asuntos periféricos que no merecen una reflexión teológica seria y una preparación esmerada. Por tanto, no nos debería sorprender que una amplia encuesta realizada en escuelas teológicas reveló que menos del 40 por ciento de los estudiantes de teología sintieron que su experiencia en el seminario les ayudó a crecer espiritualmente (Banks 1999, 200), y otro estudio mostró que un gran número de graduados se quejan de "sentirse espiritualmente fríos, teológicamente confundidos, bíblicamente inseguros, relacionalmente indiferentes y profesionalmente sin preparación" (Dearborn 1995, 7) como resultado de su educación en el seminario.

De modo similar, un estudio de pastores australianos (Burke 2010) reveló que el 45 por ciento sintió que las deficiencias en su preparación teológica causaron estrés al inicio de sus ministerios, siendo la queja más común, la falta de preparación en habilidades prácticas, interpersonales y de consejería. Y aun pocos de nuestros programas de estudio enfatizan en el desarrollo de habilidades en pacificación y relaciones interpersonales. El currículo nulo pudiera comunicar a los estudiantes que los conflictos en la iglesia y la sociedad son insolubles y que no tenemos nada que hacer al respecto.

Resulta notorio que en la reciente "Encuesta Global sobre la Educación Teológica" (Esterline et al. 2013), las cuatro áreas en las cuales percibimos la necesidad de fortalecer la educación teológica –comunicación transcultural, formación espiritual, habilidades prácticas relacionadas con el ministerio y misiología – se encuentran generalmente ausentes o en el mejor de los casos, débiles en el currículo de nuestras escuelas. Al ignorar o restar importancia a estos elementos, nuestras escuelas quedan fuera de sintonía en cuanto a las necesidades y preocupaciones de los participantes.

Un gran número de nuestros profesores enseñan sin oración y sin reconocer la necesidad de la dirección del Espíritu Santo en la enseñanza teológica. Al hacer esto, corremos el riesgo de comunicar a nuestros estudiantes que a Dios no le interesa lo que estamos enseñando o que Dios no está presente en las clases académicas. ¿Subconscientemente ofrecemos el mensaje de que Dios es el enemigo de la verdad? Ciertamente comunicamos a nuestros estudiantes que la oración tiene una importancia secundaria, y posiblemente reforzamos la creencia común entre muchas personas en nuestra congregación de que la fe constituye un asunto privado y no debe importar otras áreas de la vida –académica, relaciones sociales, uso del dinero, estilo de vida, entre otras. Con tremenda facilidad ofrecemos el mensaje a nuestros estudiantes de que existen aspectos de la vida que son espirituales y otros que no lo son –en lugar de ver todo lo que somos y lo que hacemos íntimamente relacionado a nuestra identidad como seres espirituales.

No podemos enseñarlo todo, y tradicionalmente los énfasis pueden excluir elementos que merecen una mayor prioridad. Un debate abierto e intencional sobre el currículo nulo puede capacitar a nuestras escuelas para preparar mejor a los líderes en el servicio a sus comunidades.

Conclusión

Un gran número de asuntos básicos ha sido mencionado en este capítulo acerca del currículo oculto y del currículo nulo.

- El aprendizaje significativo se encuentra incluido en el currículo oculto de los patrones sociológicos y psicológicos que tienen lugar en una institución teológica. En la educación teológica, los estudiantes son influenciados en su manera de comprender el liderazgo cristiano, por las actitudes y prácticas de la facultad, la directiva y las políticas institucionales.

- Las prácticas institucionales en el aula crean un modelo para que nuestros estudiantes entiendan el ministerio cristiano. El diseño intencional del currículo oculto incluye una seria reflexión sobre la naturaleza del discipulado efectivo, la formación de líderes y la incorporación de estos patrones en el aula.

- Lo que no enseñamos comunica valores. Cuando priorizamos cierto contenido y actividades de aprendizaje por encima de otros, el currículo nulo educa a los estudiantes en cómo deben interpretar la vida y el ministerio. La educación estratégica selecciona intencionalmente esos elementos que tienen una importancia prioritaria para el desarrollo de practicantes misioneros-eclesiales reflexivos.

Ejercicios

1. Analice la historia de Gregorio. ¿En qué sentido un enfoque de "instrucción" pudo haber influenciado su comprensión del ministerio cristiano?

2. ¿Cuáles cree usted que son los principales factores que han causado que la mayoría de los programas de capacitación ministerial adopten un enfoque de "instrucción" en su enseñanza? ¿En qué sentido el modelo de "instrucción" resulta dominante en su institución? Sugiera al menos una forma específica en la cual su escuela pudiera tratar con el impacto potencialmente negativo de los elementos de "instrucción" en el currículo oculto.

3. El currículo oculto tiene una influencia generalizada. Describa dos o tres elementos más del currículo oculto que vea activos en su escuela teológica. Considere tales elementos como la tendencia del currículo de ser fragmentado; el sentido en el cual el currículo es un requisito o una opción para los estudiantes; el sentido en el que los estudios teológicos o históricos son tratados de manera filosófica y/o práctica; la forma y aplicación de la política institucional; la manera en que se toman las decisiones institucionales; las relaciones que existen entre los estudiantes, la facultad y la directiva.

4. Analice cada uno de los aspectos del currículo oculto presentados en este capítulo: (a) la promoción de un enfoque de "instrucción" o académico para el ministerio; (b) la afirmación de una jerarquía centrada en el conocimiento; (c) alentar el control por parte del líder; (d) una comprensión competitiva del ministerio en lugar de cooperativa; (e) la cultura administrativa e institucional de la escuela. Describa al menos tres formas en las cuales usted vea elementos de estos patrones activos en su escuela. ¿En qué sentido está de acuerdo o en desacuerdo en que los patrones son tan destructivos como se describe en este capítulo? Argumente su respuesta.

5. ¿De qué maneras responde su escuela ante los patrones negativos del currículo oculto por medio de la vida comunitaria u otras vías?

6. De acuerdo a lo que analizamos en los capítulos 1 y 2, ¿cuáles son los dos o tres aspectos del currículo nulo que usted cree que necesitan la mayor atención en su escuela? ¿Por qué cree que estos aspectos son de particular importancia? Si tuviera la opción, ¿qué elementos de su currículo explícito actual quitaría para dar espacio al contenido de mayor prioridad? ¿Por qué?

7. Sugiera al menos una forma específica en la cual su escuela pudiera tener en cuenta y organizar el currículo oculto y el currículo nulo por medio de un diseño, en lugar de aceptar una forma accidental de currículo oculto.

6

Más allá de la fragmentación en el currículo

Durante más de cien años ha habido preocupación por la fragmentación curricular en la educación teológica. Sin embargo, es con el paso de la hegemonía modernista de la teoría educacional y el cambio del cristianismo hacia el hemisferio sur, que el llamado a la integración en la educción teológica ha pasado a ser un imperativo urgente. En este capítulo se les presentará un breve bosquejo histórico de cómo la fragmentación curricular ha emergido en la educación teológica, así como algunas de las razones para promover la integración curricular. Concluiremos con una serie de sugerencias prácticas, algunas relativamente sencillas y otras más sustanciales y de mayor alcance.

Las raíces de la fragmentación curricular

Linda Cannel, en su trabajo *Theological Education Matters* (*La educación teológica importa*) (2006, 126-237), ofrece una narración detallada de la historia de la educación teológica occidental y cómo hemos alcanzado el modelo globalizado actual. Las raíces de la fragmentación curricular en la educación teológica se encuentran de forma amplia en la adopción occidental de los esquemas filosóficos griegos, más particularmente en la aplicación que hace Tomás Aquino de la filosofía aristotélica a la reflexión teológica, lo cual constituye el primer intento de sistematizar diferentes categorías dentro de la teología. Con la decadencia del período de la ilustración y el desarrollo del método científico, se percibía cada vez más que la verdad solo podía comprenderse por medio de un proceso de "reflexión racional".

Hay que reconocer que el método científico ha traído grandes beneficios al desarrollo del conocimiento, particularmente en las ciencias físicas. Las disciplinas específicas asociadas con el estudio de elementos del conocimiento han ayudado al mundo científico a pasar de una interpretación especulativa de la realidad hacia enfoques que son cuidadosamente probados con una clara evidencia que les respalda. Debido a los grandes beneficios que la sociedad occidental experimentó a través de esta forma de razonamiento analítico, particularmente durante y después de la Revolución Industrial, el método científico se aplicó a todos los campos de estudio en la era moderna como el único medio para descubrir un conocimiento seguro (Ziolkowski 1990).

Los enfoques racionalistas de la reflexión teológica fueron estandarizados al establecerse el departamento de teología en la Universidad de Berlín (1810). La tendencia en el método científico de enfocarse en las partes como un medio para comprender el todo, contribuyó más adelante a la fragmentación institucionalizada del estudio de la teología, y las tres principales "disciplinas" de los estudios de teología bíblica, histórica y sistemática se fueron separando cada vez más.

Las estructuras europeas de educación superior fueron admiradas al otro lado del Atlántico, y cuando comenzaron a establecerse los seminarios en Norteamérica desde comienzos del siglo diecinueve, estos retuvieron el modelo de los estudios distintivos de teología bíblica, histórica y sistemática, añadiendo una cuarta área de estudios ministeriales o litúrgicos. Irónicamente, dentro de estas disciplinas, los estudios ministeriales o "teología práctica" han sido vistos generalmente como los de menor rango, ocupando los estudios de teología bíblica o sistemática la posición preminente. Aunque supuestamente el currículo del seminario existe con el propósito de capacitar a hombres y mujeres para el ministerio cristiano, por medio del currículo oculto el componente de preparación para los estudios ministeriales se comunica como un elemento de segunda importancia (Madueme y Cannell 2007). La ausencia de cualquier paradigma integrador ha servido para reforzar este sentido de jerarquía.

En cada una de estas áreas, los estudios fueron luego particionados, por ejemplo: Antiguo Testamento y Nuevo Testamento, y después con las disciplinas de Pentateuco, Literatura Sapiencial o Literatura Profética. La expectativa predominante fue y continúa siendo, que los eruditos estén bien enfocados en un pequeño campo, por ejemplo: haciéndose expertos en "Literatura Juanina", "Historia de la iglesia europea de principios de la era medieval" o "Pneumatología pentecostal". Además, durante los últimos cien años, el liderazgo de la capacitación teológica ha sido transferido cada vez más de los pastores-eruditos a los académicos, la mayoría de los cuales poseen estudios avanzados en campos altamente especializados utilizando una forma adaptada del método científico, y culminando en una disertación en la que incluyen una pregunta de investigación muy limitada. Todo este proceso ha llevado a un alto nivel de especialización profesoral, por consiguiente, la fragmentación del currículo se ha convertido en un asunto endémico.

Cuando el movimiento misionero moderno se expandió por el mundo, fueron predominantemente los misioneros norteamericanos quienes establecieron las universidades teológicas, en las que los misioneros europeos y británicos se enfocaban más en los ministerios médicos, de enseñanza y evangelísticos. Por lo tanto, no es una sorpresa que en muchas partes del mundo los currículos teológicos tienen patrones similares a los seminarios Princeton, Dallas o Fuller, más que los patrones de preparación ministerial europeos o británicos. El sistema de créditos American Carnegie predomina en la mayoría de las instituciones que ofrecen de 2 a 3 horas crédito. Las cuatro disciplinas básicas predominan en el currículo, y es normal para los estudiantes tomar al mismo tiempo una serie de diferentes cursos que generalmente tienen poca conexión, pasando sin una aparente razón desde una clase de Éxodo hasta una de Historia de la Reforma, y después hacia una clase de Consejería y Acompañamiento Pastoral. Pocas veces se les pide a los estudiantes que "unan los puntos" y vean cómo concuerdan las piezas.

Hacia la integración

Un conocimiento general de la personalidad humana resulta esencial para la antropología bíblica. Como hemos visto en el capítulo 4, el aprendizaje efectivo requiere una interconexión entre las dimensiones cognitiva, afectiva y conductual. Esta interconexión constituye un elemento esencial en los patrones del pensamiento y del aprendizaje de las mujeres en general y de estudiantes de contextos no occidentales.

Aunque la defensa que se hace en el período de la ilustración acerca de la especulación y declaración de objetividad imparcial ha perdido alguna credibilidad en el mundo postmoderno, todavía existe la tendencia a dominar la *forma* de la educación superior, aun entre quienes hablan del fracaso del modernismo. Sin embargo, los desafíos presentes en las obras de eruditos no occidentales como Paulo Freire (1970) han estado ganando terreno en la educación superior secular, particularmente al promover el aprendizaje en el campo de acción, el énfasis en la transformación profética y el valor de los enfoques *emic* (desde adentro) y de *etic* (desde afuera) para comprender y vincularse con el mundo.

Con respecto a nuestro llamado misionero-eclesial, la educación teológica hace bien en esforzarse por adoptar muchas de estas tendencias. Priest (2000) ha sugerido que pudiera existir una mayor relevancia para la iglesia si el énfasis en la "práctica reflexiva" fuera más en la práctica que en la reflexión, y la base para la evaluación estuviera en la habilidad de los estudiantes para guiar a una iglesia de forma reflexiva en el evangelismo, en la búsqueda de la justicia, en el discipulado y en el crecimiento espiritual, en lugar de sentarse en un aula o en la biblioteca. Andrew Kirk (2005, 33) enfatiza sobre esta idea: "Resulta normal en muchos de los énfasis teológicos de la iglesia del hemisferio sur, que la verificación de la teología genuina sea determinada no tanto por los criterios que se formulan dentro de los parámetros de la comunidad académica, como por su habilidad para liberar a las personas para que tengan una vinculación efectiva con la sociedad. Si no tiene este efecto, se le considera una fuerza alienada y alienante."

La separación tradicional entre teoría y práctica (el fenómeno de la "torre de marfil") muy a menudo ha llevado a una teoría irrelevante o desvinculada de la realidad, y a una práctica más relacionada con la cultura que con la reflexión teológica. En contraste, la "Global Survey on Theological Education" (Encuesta Global sobre Educación Teológica) (Esterline et al. 2013) citó la integración del aprendizaje práctico con los estudios académicos tradicionales como una necesidad clave que se percibe para una educación teológica efectiva. En el cumplimiento de una preparación significativa que conlleve a una práctica ministerial reflexiva, debe tener lugar una mayor integración entre la teoría y la práctica. De manera ideal, debería ser bidireccional: los estudios en el aula conectados con las realidades de la vida, y la experiencia en el campo basada en la reflexión por medio de múltiples lentes de estudios realizados en el aula como son: bíblicos, históricos, teológicos, socio-contextuales, ministeriales, entre otros.

Pablo describe el ministerio cristiano como un "ministerio de reconciliación" (2Cor 5:18-20), lo cual conlleva a la habilidad de trabajar con las personas y para las personas. Por lo tanto, para que tenga lugar una educación teológica efectiva y abarcadora, el currículo debe tener un espacio para promover la dimensión afectiva de la personalidad humana. Esta preocupación no es solo en la educación teológica: la relevante obra de Goleman (1995, 2006) sobre la inteligencia emocional y social sugiere que el coeficiente de inteligencia de una persona (CI) contribuye en el mejor de los casos, en aproximadamente un 20 por ciento del éxito en la vida. De una mayor importancia resulta la inteligencia emocional y social (IE e IS), incluyendo factores como la estabilidad emocional, habilidades sociales, actitudes positivas y la auto-motivación (ver Salovey y Mayer 1990; Banks y Ledbetter 2004, 50). Estos elementos son básicos para el ministerio cristiano efectivo pero son mucho más efectivos cuando se complementan con la reflexión bíblica y teológica.

Algunas sugerencias prácticas

Existen numerosas posibilidades para promover niveles mayores o menores de integración en los programas de capacitación teológica. A continuación les ofrecemos algunas sugerencias:

Adoptar las ciencias sociales y otros campos del conocimiento

Particularmente desde el período de la ilustración, el estudio de la teología se ha interpretado como una disciplina académica aparte, con solo un mínimo de interacción con otros campos del conocimiento. Como resultado, muchos graduados del seminario recurren a los estudios bíblicos, teológicos y eclesiásticos como la fuente principal de información para el ministerio de la iglesia, quizás con poca ayuda proveniente de materiales basados en habilidades como homilética, liderazgo y consejería.

El proceso de preparación para el ministerio cristiano no es único: de la misma forma, la mayor parte de los profesionales cristianos, las personas de negocio, los maestros y de hecho, la mayoría de los miembros de la iglesia recurren solo al conocimiento provisto por el campo en el que se han especializado al confrontar desafíos concretos en la vida. Debido a su experiencia de fragmentación, estos creyentes luchan para conectar las Escrituras con sus propios contextos, y se produce muy poca interacción con el texto bíblico cuando responde a las demandas sociales, profesionales o personales (Fernández 2012).

Las escuelas de teología tienen el potencial para crear un enfoque de aprendizaje más integrador que utilice el conocimiento, las habilidades y las estrategias que se derivan de diferentes disciplinas y campos de investigación. El primer paso es la desmitificación de las ciencias sociales y una integración saludable de la teología y la verdad que se encuentra en otras disciplinas del conocimiento humano (Fernández 2012).

El desarrollo de estudios más allá de las disciplinas tradicionales puede resultar costoso, tanto en términos de tiempo como de finanzas. Sin embargo, para que un currículo sea integrador y esté enfocado en la misión, debe afirmar continuamente la verdad de que Dios obra en un mundo caracterizado por ocupaciones y campos de conocimiento diversos (de Gruchy 2010). Mientras más ayudemos a nuestros estudiantes a ver los puntos de conexión entre los estudios sociales, científicos, estéticos y teológicos, mejor preparados estarán nuestros graduados para ayudar a la iglesia a conectarse con el mundo a su alrededor. El diálogo entre las disciplinas clásicas y las ciencias sociales que van surgiendo contribuye sustancialmente a la práctica misionera.

Ofrecer un énfasis conductual desde el aula

Si somos serios en la preparación de líderes que puedan ser agentes de transformación, debemos ayudarles a relacionar la teoría con la práctica. Muchos profesores ofrecen su material en una manera tan desapasionada y especializada que sin dudas los estudiantes ven el contenido desconectado de las realidades de la vida y el ministerio. Un progreso substancial hacia el aprendizaje integrado puede tener lugar cuando a los profesores se les pide que incluyan un componente práctico en sus cursos, discutiendo las implicaciones del contenido para la vida diaria, y desarrollando asignaciones en las que pidan a los estudiantes que realicen reflexiones críticas acerca de situaciones de la vida real. Si los profesores son incapaces de conectar la teoría con la práctica, es muy poco probable que los estudiantes puedan realizar estas conexiones.

Para que ocurra una integración efectiva entre la teoría y la práctica en el aula, será necesario reducir el contenido y ofrecer más tiempo a la discusión de temas clave que resulten significativos para la vida diaria en la actualidad. Sin embargo, al relacionar el campo de estudio de manera sintetizada con los aspectos prácticos del ministerio y las implicaciones para nuestras vidas diarias, los estudiantes no solo estarán mejor capacitados como practicantes reflexivos, sino que también estarán más aptos para ver la esencia del curso como algo relevante y significativo. Las implicaciones de las percepciones positivas para el aprendizaje profundo o a largo plazo en los estudiantes se analizarán más profundamente en el capítulo 8.

Promover la espiritualidad en el aula

Eventos especiales como retiros, días de oración, o una semana de énfasis espiritual especial, constituyen medios importantes para desarrollar un sentido espiritual de la comunidad, la facultad y los estudiantes. Sin embargo, a no ser que estas actividades tengan un punto de encuentro con experiencias en situaciones formales en el aula, vendrán a ser contraproductivas, promoviendo una perspectiva fragmentada del aprendizaje donde el aula se utiliza para asuntos académicos y la capilla para promover la espiritualidad. Pilli (2007) ha señalado que el trabajo académico puede y debería ser un ejercicio espiritual. A través de la historia de la iglesia, la reflexión teológica ha sido más eficaz cuando ha estado conectada con las realidades diarias y culmina en oración. Cuando los instructores enseñan en un espíritu de oración y humildad, se convierten en modelos de enseñanza y aprendizaje bajo la guía del Espíritu Santo, y reconocen que Dios está presente en el aula y le interesa lo que ahí sucede. Banks (1999, 202-3) ha observado que mientras algunas personas puedan percibir este enfoque como "no académico", ciertamente no se puede considerar como "no teológico". En lugar de aislar lo académico de la fe, deberíamos aceptar su interacción saludable, respetando al estudiante como una persona completa y buscando la integración entre la mente y el espíritu.

Cambiar el contexto de aprendizaje

Una de las mejores formas de ayudar a los estudiantes a ver la conexión entre la teoría y la práctica consiste en llevar a los estudiantes al lugar de trabajo, reuniéndose y reflexionando con los practicantes y debatiendo cómo la teoría pudiera aplicarse en la práctica (ver Banks 1999, 177-79). Un proceso así no necesita estar limitado a asignaturas "prácticas": por ejemplo, si se imparte un curso sobre los escritos proféticos del Antiguo Testamento en el distrito central de negocios, esto va a provocar debates sobre asuntos básicos diferentes de los que ocurrirían en los "salones sagrados" de la universidad teológica, simplemente por la intensidad del contexto en el cual está ocurriendo el aprendizaje.

Exigir trabajos integradores

En algunas escuelas ha resultado beneficioso exigir a los estudiantes que realicen uno o más trabajos integradores como piezas culminantes para sus estudios, quizás uno al concluir el segundo año de estudio y otro al final del tercer año. Estos pueden o no aportar créditos pero constituyen un elemento de carácter obligatorio como parte de sus estudios. Estos trabajos desarrollan un tema significativo a través de múltiples lentes, concluyendo con una serie de recomendaciones y respondiendo preguntas como las que les ofrecemos a continuación:

Bíblico-Teológica

- ¿Cómo se trata el tema en las Escrituras? ¿Qué principios pudieran deducirse a través del ejemplo de líderes piadosos en los tiempos bíblicos? De una importancia particular son los elementos de la vida y las enseñanzas de Jesús que se relacionan con el tema.
- ¿Cómo se trata el tema en la Torah? ¿En los escritos de los profetas? ¿En los salmos? ¿En las enseñanzas de Jesús? ¿En las epístolas? Al realizar una minuciosa reflexión exegética de pasajes clave, ¿qué principios bíblicos relevantes aparecen en el tema estudiado?

Histórico-Teológica

- ¿Cómo se resolvió la situación en otros tiempos de la historia de la iglesia?
- ¿Cómo han tratado ese tema a través de la historia los pensadores cristianos importantes –particularmente los de la región en la que el estudiante se encuentra sirviendo?

Ministerial-Contextual

- ¿Qué temas misiológicos están en riesgo en la situación dada? ¿En qué maneras las diferentes respuestas dadas al asunto pudieran ayudar o entorpecer la proclamación del evangelio en palabra y hecho?
- ¿Qué temas educacionales y pastorales necesitan tomarse en cuenta cuando se considera una respuesta al asunto dado?

Como una alternativa, ser más directo pudiera ser beneficioso, guiando a los estudiantes paso a paso a través del proceso de integración. Esto puede ser particularmente útil en contextos culturales en los cuales los estudiantes se encuentran menos relacionados con diseños de investigación. Consideren por ejemplo, el siguiente modelo:

1. Seleccione un grupo específico de creyentes con los cuales usted se encuentra íntimamente relacionado. Puede ser una iglesia local, un grupo ministerial, un grupo de hogar o un grupo de discipulado. Reflexione profundamente en *uno* de los aspectos fundamentales de la naturaleza y el carácter de Dios (p. ej., justicia, amor, bondad, fidelidad, santidad, sabiduría, creador, redentor, sustentador, rey) y explique en qué sentido esta característica se manifiesta o no de manera perceptible en el grupo.

2. Seleccione *dos* pasajes bíblicos clave (*uno* del Antiguo Testamento y *uno* del Nuevo Testamento) que se refieran al aspecto de la naturaleza y el carácter de Dios mencionado anteriormente en el punto 1. Teniendo en cuenta el contexto literario e histórico de cada pasaje, realice una exégesis detallada y cuidadosa, y desarrolle principios clave que resulten evidentes en el pasaje y que sean particularmente aplicables en su propio contexto local. Hable acerca de algunas de las implicaciones prácticas de estos principios para el grupo que ha seleccionado.

3. Seleccione *uno o más* teólogos cristianos de la historia que haya reflexionado seriamente sobre el aspecto de la naturaleza y el carácter de Dios mencionado anteriormente en el punto 1. ¿Qué aspectos teológicos clave aporta este teólogo para la comprensión de este aspecto de la naturaleza y el carácter de Dios? ¿De qué maneras el contexto histórico de este teólogo impacta en el desarrollo de su pensamiento acerca de Dios?

4. Considere el contexto social y cultural local en el cual está sirviendo el grupo que usted seleccionó. Describa en detalles al menos *dos* factores contextuales que contribuyan a las fortalezas o debilidades del grupo al reflexionar en los atributos de Dios que usted ha estado analizando. ¿De qué manera la sociedad más amplia ha comunicado y representado correcta e incorrectamente este aspecto de la naturaleza y el carácter de Dios? Ofrezca al menos *tres* recomendaciones acerca de cómo el grupo pudiera vencer los desafíos culturales locales, de modo que pueda ser "la imagen de Dios" para la comunidad en la que sirve.

5. Para su grupo seleccionado, ofrezca una serie de *tres a seis* pasos estratégicos específicos que le ayuden a manifestar mejor los atributos de Dios en sus vidas. Incluya en su debate elementos que promuevan una correcta adoración a Dios.

6. Describa un paso específico y tangible que usted pudiera dar personalmente antes de la conclusión de este módulo para manifestar mejor en su propia vida el atributo de Dios que ha estado analizando.

En la mayoría de los casos, los trabajos integradores como estos tienen el objetivo de sugerir más que el de abarcar todos los contenidos, pues el tiempo y el espacio son limitados. El propósito no es tanto que los estudiantes desarrollen respuestas definitivas a preguntas complejas, sino ver cómo los diferentes elementos de los estudios teológicos pueden obrar juntos para beneficio de la práctica del ministerio. Aun cuando el volumen del currículo esté fragmentado, una o dos experiencias de este tipo de trabajo integrador pueden ayudar en la transformación de los estudiantes durante su crecimiento como practicantes reflexivos.

Incluir un aprendizaje basado en la solución de problemas

La metodología del aprendizaje basado en la solución de problemas se ha hecho común en casi todos los campos de la educación profesional, debido a que las personas vinculadas a las profesiones necesitan aprender a relacionarse con problemas de la vida real. Howard Barrows (1996, 1), quien ha jugado un papel relevante al observar que el uso de este tipo de aprendizaje se ha convertido en un elemento esencial en muchas escuelas de medicina de Norteamérica, describe el proceso del aprendizaje basado en la solución de problemas de la siguiente manera: "El esquema básico del proceso de aprendizaje basado en la solución de problemas es: encontrar primeramente el problema, solucionar el problema con habilidades clínicas de razonamiento e identificar las necesidades de aprendizaje en un proceso interactivo, estudiar de forma autodidacta, aplicar el conocimiento recién adquirido y resumir lo que se ha aprendido."

El aprendizaje basado en la solución de problemas tiene sus raíces teóricas en la noción de Vygotsky (1978) del constructivismo social: algunos de los aprendizajes más efectivos y duraderos ocurren por medio de la interacción social que gira alrededor de una idea o pregunta central. Por medio de la vinculación de los grupos con retos apropiados, y con asistencia de los profesores o de los estudiantes mejor capacitados, los alumnos continúan hacia nuevas áreas del aprendizaje (Arends 2007, 386). El aprendizaje basado en la solución de problemas incluye un trabajo detallado y extenso de reflexión multidisciplinaria, generalmente en equipos de estudiantes con un supervisor de la facultad. Este tipo de aprendizaje en equipo constituye una experiencia de aprendizaje poderosa al nivel de los currículos implícito y explícito.

La fortaleza del aprendizaje basado en la solución de problemas consiste en su exigencia de que los estudiantes integren material de múltiples disciplinas para tratar con situaciones específicas y de la vida real. Por consiguiente, los estudiantes están mejor capacitados para desarrollar habilidades en la práctica reflexiva. El aprendizaje basado en la solución de problemas también abre la posibilidad para vincular el conocimiento que normalmente "se escapa" de las disciplinas tradicionales. Los problemas y las situaciones de la vida inevitablemente producen preguntas que un currículo tradicional ignora, llevando a los estudiantes a las áreas que son altamente significativas para la práctica efectiva, pero que no caben de manera natural dentro de los límites tradicionales. Por ejemplo, en una actividad reciente sobre el aprendizaje basado en la solución de problemas que se realizó en mi escuela (ver anexo 6.1), los estudiantes se vieron luchando con las dinámicas del liderazgo de la vida de la iglesia local, cómo estas dinámicas surgieron de los patrones culturales más amplios y la pregunta de cómo podríamos evaluar estos patrones a la luz de los principios bíblicos, históricos y teológicos. Esta clase de diálogo difícilmente encuentra un lugar dentro de los currículos teológicos. Con respecto a la visión misionera-eclesial que ya hemos examinado en los capítulos 1 y 2, puede verse claramente la relevancia del aprendizaje basado en la solución de problemas para la educación teológica.

La clave para un aprendizaje efectivo basado en la solución de problemas consiste en la relevancia y la calidad del caso de estudio o el problema en el cual se basa la investigación del grupo. Los problemas bien diseñados tienen las siguientes características (Madueme y Cannell 2007):

- El problema es real y se relaciona con el contexto del futuro ministerio de los estudiantes.

- Existen múltiples perspectivas posibles para el problema, y el potencial para que las diferentes respuestas produzcan resultados diferentes.

- El problema promueve una fuerte respuesta personal en los estudiantes, generando un deseo de trabajar juntos en la investigación del caso a través de múltiples lentes.

- La respuesta al caso necesita investigación por medio de múltiples fuentes primarias y secundarias. Los estudiantes reconocen inmediatamente que el análisis y las respuestas apropiadas necesitan un material teórico de múltiples asignaturas y disciplinas, así como el consejo de una variedad de personas con recursos.

- El problema profundiza en áreas en las cuales el conocimiento previo de los estudiantes puede ser limitado, por lo que la investigación del problema introduce nuevas áreas del conocimiento y el aprendizaje.

Los estudios de casos bien desarrollados constituyen una forma potente de educación; por lo tanto, el capítulo 13 se enfoca específicamente en el desarrollo y la aplicación de estudios de casos en la educación teológica.

Una aceptación institucional del aprendizaje basado en la solución de problemas como un elemento sustancial en el currículo constituye una gran promesa para el crecimiento formativo en los estudiantes. Sin embargo, aun cuando la escuela se abstenga de realizar cambios sustanciales relacionados con el aprendizaje basado en la solución de problemas, muchos de los beneficios integradores de este tipo de aprendizaje pueden continuar a partir de simples ejercicios del aula que utilicen estudios de casos como puentes para debates integradores en seminarios integradores o como base para trabajos integradores.

Incorporar la reflexión teológica acerca de la vida y el ministerio

La mayoría de los programas teológicos incorporan elementos del campo ministerial en sus currículos, incluyendo alguna clase de reporte por parte de los estudiantes y del supervisor. Sin embargo, este tipo de reporte tiende a enfocarse en las lecciones prácticas que se han aprendido por experiencia, en lugar de una reflexión teológica sustancial. Por consiguiente, la fragmentación existente entre la teoría y la práctica se refuerza en vez de reducirse. Para que el campo ministerial sea un medio de integración significativo, el proceso de reporte necesita incorporar elementos de reflexión teológica y no meramente reflexión práctica. Se puede alentar a los estudiantes a que realicen conexiones entre la teoría y la práctica por medio de preguntas relacionadas con aspectos como la evidencia de la presencia de Dios en la experiencia, cómo el contexto ministerial refleja una sana eclesiología, patrones endémicos que se han visto en otras épocas y lugares en la historia, así como la manera en la que el material presentado en los cursos de estudios ministeriales resultó evidente en la experiencia.

Mientras que la reflexión teológica acerca de la experiencia ministerial es importante, de igual forma o más significativos pueden ser los ejercicios en los que se les pide a los alumnos que reflexionen teológicamente en las experiencias de la vida. La fragmentación no es meramente un asunto de la escuela teológica: para muchos cristianos laicos, existe una profunda fragmentación entre el componente espiritual centrado en la iglesia y la rutina diaria de la vida. Después de todo, ¿cómo se relaciona la fe cristiana con el acto de cocinar, limpiar y cambiar pañales sucios? ¿Cuál es la conexión entre la Biblia y el estancamiento en un trabajo rutinario y aburrido? La mayoría de nuestros graduados están mal preparados para responder a estas preguntas. Un paso hacia la integración entre la teología y la vida diaria puede ser pedir a los estudiantes que desarrollen ejercicios de reflexión teológica sobre temas como sus relaciones con otros estudiantes, el trabajo en el comedor o en los jardines de la escuela, o las luchas al criar a sus hijos mientras están vinculados a los estudios teológicos. Al conectar los estudios teológicos con las rutinas de la vida, los estudiantes están mejor preparados para servir en las iglesias, dado que la vida diaria para muchos cristianos es aburrida y tediosa.

La reflexión teológica de calidad incorpora todo lo que Cranton (2006, 34) describe como reflexión de contenido, proceso y premisa. La reflexión en el contenido busca analizar el problema como tal: ¿Qué está sucediendo y cuáles son los asuntos a tratar? La reflexión en el proceso examina el desarrollo de la situación: ¿Cuáles son los factores que han contribuido al estatus presente, qué estrategias de solución de problemas han sido aplicadas, y hacia dónde les llevan estos procesos? La reflexión en la premisa pregunta: ¿Por qué es esto importante? ¿Por qué me tengo que preocupar por este problema? Hasta cierto punto, estos tres niveles son comparables con los elementos cognitivos (reflexión en el contenido), conductuales (reflexión en el proceso) y afectivos (reflexión en la premisa). En el siguiente capítulo vamos a analizar algunas especificidades acerca de cómo fortalecer el proceso de reflexión teológica.

Cursos agrupados

¿Por qué los estudiantes tienen que tomar cinco cursos de tres créditos en un semestre? ¿Qué nos impide hacer tres cursos de cinco créditos integrados y cursos agrupados o incluso proveer un curso de quince créditos que incluya una integración total del material? Este concepto no es nuevo: cuando estudié educación por vez primera hace muchos años en la Universidad de New South Wales (Australia), el programa de un año contenía tres elementos: Teoría de la Educación; Currículo y Práctica; Enseñanza Práctica. La última se evaluaba como aprobado/desaprobado, mientras que los dos primeros "cursos" eran agrupados y multifacéticos; por ejemplo, Teoría de la Educación incluía estudios sobre psicología del desarrollo, psicología educacional, sociología de la educación y filosofía de la educación, pero solo se daba una calificación final integrada. Este tipo de educación en materias agrupadas está siendo cada vez más defendido en la educación superior, y necesita encontrar su lugar en la educación teológica. No hay razón por la cual, en lugar de tener cursos separados de Antiguo Testamento 1 y 2, Nuevo Testamento 1 y 2, Hermenéutica Bíblica, Hebreo, Griego, entre otras; no podamos tener un curso de Biblia en un grupo combinado de 15 a 20 créditos. Este sistema podría implementarse con cambios mínimos en un proceso tradicional de enseñanza. Sin embargo, como parte del currículo oculto, pudieran surgir múltiples lecciones sobre la integración y el ministerio en equipo.

Educación "sándwich"

Siguiendo el patrón común existente en muchos programas de estudio de educación para maestros e ingeniería, algunas escuelas teológicas han restructurado sus programas hacia la enseñanza del tipo "sándwich": después de un año de estudios básicos, se envía al estudiante al campo de trabajo durante seis meses y luego regresa por seis meses, luego vuelve al campo y así sucesivamente. El movimiento repetido de la escuela al campo ministerial y viceversa, ayuda al estudiante a realizar conexiones continuas entre la teoría y la práctica. La educación del tipo sándwich se ajusta más a las escuelas que están íntimamente conectadas con una denominación particular, pues el ministerio y estudio sándwich efectivo requiere una cooperación directa entre la iglesia y el seminario. La educación sándwich es más difícil de implementar en escuelas inter-denominacionales, aunque sería útil que estas instituciones lo consideren como una opción.

Realizar un balance "del texto al contexto" y "del contexto al texto"

El currículo clásico es dominado por el estudio de los textos –ya sea la Biblia, o los libros de texto de historia, teología, ciencia social y ministerio práctico— con la esperanza de que los estudiantes sean capaces de aplicar el material a sus propios contextos. En realidad esto raramente ocurre –porque los mismos instructores raramente han realizado este paso. Un currículo que desarrolle un número significativo de cursos que comiencen con desafíos contextuales (pobreza, discriminación religiosa, cambios tecnológicos) y que luego investiguen cómo los textos tratan estos asuntos, va a preparar mejor a los estudiantes para los desafíos que enfrentarán en el ministerio después de su graduación. Solo al tomar en serio el contexto podemos esperar un desarrollo en el currículo integrado que toque a nuestro mundo cambiante.

Re-conceptualizar la forma del currículo

Hasta cierto punto, todas las sugerencias anteriormente expuestas son de alguna manera superficiales, en el sentido de que asumen una retención de la estructura tradicional fragmentada de la educación teológica. Una aceptación seria de la integración implica una demanda aún mayor. Para que ocurra una integración genuina, se necesita una re-conceptualización minuciosa del currículo como un todo, en la cual la integración constituya una parte inherente de la educación teológica. Algunas escuelas han marchado en esta dirección. La mayoría de ellas han descubierto que mientras la re-conceptualización inicial requiere un alto nivel de confianza y trabajo en equipo, y generalmente necesita a alguien que se sienta cómodo con la teoría educacional y sus implicaciones prácticas, la implementación como tal es menos desafiante de lo que originalmente se temía.

Conclusión

Según la visión misionera-eclesial para la educación teológica, no podemos permanecer satisfechos con el statu quo de la fragmentación curricular que resulta inadecuada para la tarea de preparar practicantes reflexivos que sean efectivos en el ministerio cristiano. Particularmente ante el crecimiento de la iglesia en el hemisferio sur, se hace necesaria la búsqueda de nuevos paradigmas para la educación teológica integrada. Las posibilidades incluyen pasos simples para actividades en el aula, como la promoción de énfasis en la espiritualidad y la conducta, o cambios institucionales básicos como la incorporación al currículo de seminarios integradores y proyectos. Sin embargo, sería mucho mejor moverse hacia una re-conceptualización del paradigma curricular para la educación teológica, en la cual se sitúan múltiples capas de integración en el centro de la misma, y continuamente se reta a los estudiantes hacia una efectividad en la práctica reflexiva bien informada.

Ejercicios

1. Compare el programa de estudio en su escuela con los patrones descritos anteriormente en este capítulo. ¿Cuál sistema de créditos usted utiliza y cómo funciona? ¿Cómo se distribuyen los créditos? ¿De qué manera su programa de estudio emplea las divisiones clásicas de estudios históricos, bíblicos, teológicos y ministeriales? ¿En qué sentido las decisiones curriculares son dirigidas por una "batalla" entre los especialistas en las diferentes disciplinas? ¿Cuáles considera usted como las principales barreras para la integración en su programa de estudio? ¿Qué esfuerzos (si ha habido alguno) ha realizado su escuela para enfatizar en alguna medida la integración entre las disciplinas?

2. De las "sugerencias prácticas" que se ofrecen en este capítulo, mencione dos o tres que ya usted realiza particularmente bien en su institución. ¿Cuáles (dos o tres) usted cree que son las más difíciles para implementar en su institución? ¿Cuáles son las principales barreras para la implementación de estas sugerencias? ¿Ha visto a otras escuelas o individuos implementar estas sugerencias mejor de lo que se ha hecho en su institución? ¿Cómo lo han hecho?

Anexo 6.1

Proyecto integrador para capacitar a líderes siervos 2065

El proyecto se desarrollará por medio de un enfoque de aprendizaje basado en la solución de problemas:

- Los estudiantes trabajarán en equipos de tres a cuatro alumnos.
- Al inicio del módulo se impartirá un taller de tres horas con carácter obligatorio en el que los estudiantes comenzarán a trabajar en el proyecto, esbozando las áreas clave que deseen tratar y delegando las responsabilidades.
- Cada grupo presentará un reporte de 300 a 500 palabras acerca del progreso del trabajo a las 9 a.m. el lunes 18 de noviembre.
- El viernes 29 de noviembre, comenzando en la mañana y continuando por la tarde, a cada grupo se le pedirá que realice una presentación de 20 a 30 minutos frente al resto de los alumnos del aula, acerca de los resultados del proyecto. Cada miembro del grupo debe participar en esta presentación. Los grupos que excedan los 30 minutos serán penalizados.
- El trabajo final del proyecto debe presentarse por escrito antes de las 9 a.m. el lunes 2 de diciembre. El proyecto final debe incluir los elementos que se describen a continuación, así como una página final con los detalles de las contribuciones de cada miembro del grupo.

1. El proyecto se centrará en un grupo seleccionado, que alguno de los miembros del equipo haya liderado o se encuentre liderando (preferentemente). La situación puede ser pastorear una iglesia establecida; dirigir la plantación de una nueva iglesia; liderazgo de un grupo en la iglesia (grupo de jóvenes; de adultos jóvenes; de mujeres; o un equipo de maestros de la escuela dominical); liderazgo de un equipo de evangelismo; liderazgo en una organización para-eclesiástica, etc.

- Describa en detalles los patrones de liderazgo que funcionan en este grupo: cuántos líderes; cómo los líderes se relacionen entre sí; cómo tiene lugar la toma de decisiones; cómo los nuevos líderes son incorporados al liderazgo.
- Visite un grupo similar aquí en el Líbano, y por medio de la observación y el cuestionario, analice los patrones de liderazgo que tienen lugar en este otro grupo y compare sus fortalezas y debilidades con los patrones evidentes en su propio grupo.

2. *Lente bíblico-teológico.* ¿Cómo habla la Biblia a su estudio de caso? Debe realizar una reflexión bíblica extensa que incluya una exégesis detallada de textos específicos o una reflexión sobre temas bíblico-teológicos más amplios. Debe existir vinculación con el material presentado en Ideas para el Liderazgo, del curso de Biblia, pero las presentaciones sobresalientes irán más allá de este curso y profundizarán en los principios bíblicos básicos para el liderazgo, al relacionarse con el estudio de caso específico que usted ha presentado en la sección 1.

3. *Lente histórico-teológico.* ¿Cómo habla nuestra gran herencia a su estudio de caso? Usted puede analizar situaciones similares en la historia, y cómo la iglesia falló o tuvo éxito en esas situaciones. Una presentación sobresaliente examinaría el trabajo de los grandes teólogos en sus contextos históricos al relacionar la situación que usted ha descrito en la sección 1. Debería existir evidencia de la vinculación con el material presentado en el curso Lecciones del Liderazgo Vivo, de Historia de la Iglesia.

4. *Lente socio-contextual.* ¿Cómo las ciencias sociales (psicología, sociología, psicología social, antropología cultural, política, etc.) hablan a la situación que usted está estudiando? Usted puede hacer referencia al material de Iglesia y Sociedad, del módulo del primer año, pero también debe estar relacionado con el curso Líderes Bíblicos Vinculados a la Cultura.

5. *Lente personal-ministerial.* ¿Cómo usted ve su propio papel al ser un agente de transformación en esta situación? En relación con el material ofrecido en Recorridos Personales, en el curso de Liderazgo, ¿qué debe ser y hacer usted como líder en este contexto?

6. *Integración.* ¿Cómo se unen estos lentes? ¿Qué principios compartidos usted observa aquí? ¿Cómo usted puede fomentar múltiples lentes para analizar situaciones como esta?

7. *Recomendaciones.* ¿Qué usted recomendaría en relación con el crecimiento? ¿Cuál sería la mejor manera para que el grupo estudiado sea la imagen de Cristo para sus comunidades? ¿Cómo pudiera fomentarse un impacto genuino para el mundo? Sus recomendaciones deben ser (a) fundamentadas en las Escrituras y la sana teología; (b) específicas, alcanzables y medibles; (c) abarcadoras –considerando a los miembros del grupo como al total de las personas; (d) comprensivas, relacionadas con múltiples aspectos de la situación; (e) personales, explicando cómo usted pensará, se relacionará y actuará de manera diferente en lo personal para facilitar un cambio apropiado.

Un requisito final

Los líderes de calidad tratan de realizar un buen trabajo mientras mantienen un balance en sus vidas. Se espera que ustedes dediquen las 30 horas establecidas para cada miembro del equipo, pero no más. Espero que realicen un trabajo destacado en algunas áreas y solamente aceptable en otras. Espero ver que mientras estén trabajando en este proyecto, también dediquen un tiempo apropiado para el cuerpo, el corazón y las relaciones.

Horas en clase: 6. Horas fuera de clase: 24 = Total de horas: 30

7

Elementos curriculares fuera del aula

No existe duda alguna de que las experiencias en las aulas tradicionalmente estructuradas constituyen un elemento significativo en el aprendizaje formativo de los futuros líderes cristianos. Sin embargo, una preparación integral para el ministerio cristiano también debe incluir elementos curriculares que tienen lugar fuera del aula. En este capítulo usted podrá considerar diferentes formas en las que estos elementos pueden consolidarse mejor institucionalmente. Después se le presentará una variedad de posibles actividades curriculares que pudieran realizarse fuera del aula, y los medios mediante los que el aprendizaje integrado puede diseñarse intencionalmente e implementarse a través de estas actividades.

Definiciones

Cada vez resulta más evidente la eficacia del aprendizaje por medio de actividades como: educación en el campo de trabajo, apadrinamiento y adoración comunitaria. En algunas partes del mundo, estas actividades se clasifican como los componentes no formales o informales del currículo, pero esta terminología es confusa en contextos donde los términos "no formal" e "informal" son utilizados prescriptivamente para denominar paradigmas específicos de aprendizaje no-institucional, más que como una descripción de ciertas formas de aprendizaje que pudiera tener lugar en casi cualquier contexto educacional (Rogers 2004; M. Smith 2012). El término "extra curricular" es aún más problemático, en el sentido de que implica que los únicos elementos curriculares significativos son los que tienen lugar en el aula.

Aunque puede ser muy beneficioso incluir un componente de reflexión en el aula respecto a la educación en el campo de trabajo, el apadrinamiento, entre otros, las actividades asociadas al aprendizaje se realizan primeramente en contextos que son menos formales que el aula tradicional. Por consiguiente, quizás la opción menos insatisfactoria es referirse a estas actividades educacionales como "elementos curriculares fuera del aula" o "elementos curriculares no relacionados con el aula", términos que se utilizarán en este capítulo.

Ofreciendo significado e intención a los elementos curriculares fuera del aula

El sistema de conteo de créditos American Carnegie, que ha dominado la educación teológica en gran parte del mundo, está basado en el número de horas clases dedicadas a diferentes elementos del currículo. Consecuentemente, las formas del aprendizaje que ocurren fuera del aula generalmente reciben poco o ningún crédito, a pesar de la importante naturaleza formativa de esa clase de aprendizaje y las horas que los estudiantes dedican a estos elementos en muchas escuelas. Existen múltiples deficiencias en el sistema Carnegie, especialmente con respecto al currículo oculto. Al dar crédito casi exclusivamente al componente del currículo centrado en el aula, comunicamos a los estudiantes una jerarquía de valores: lo más importante es el aula, y el aprendizaje formativo de los elementos curriculares fuera del aula es de poco o ningún valor. También, al ofrecer créditos basados en las horas en el aula, podemos estar comunicando que la educación se relaciona más con la enseñanza que con el aprendizaje.

El proceso europeo de Bolonia que comenzó a finales de los 90, provee afirmación y espacio sustancial para una mayor variedad de elementos curriculares dentro de su flexible Sistema Europeo de Transferencia de Créditos (ECTS)[1]. Los créditos ECTS no se basan en las horas dentro del aula, sino en el total de horas de la "actividad de aprendizaje", en el primer nivel de grado (Licenciatura en Teología o Maestría en Divinidad) cada crédito comprende un paquete total de veinticinco a treinta horas de actividades de aprendizaje. Puede compararse con lo que generalmente se espera en las escuelas basadas en el sistema Carnegie, pero la diferencia radica en la expectativa anual total en Europa de 60 créditos ECTS con respecto a los 30-40 créditos en las escuelas con el sistema americano. En la educación teológica, la diferencia de 20 créditos se aplica generalmente a los elementos curriculares que se ofrecen fuera del aula. En el enfoque europeo se refiere a "horas de aprendizaje" en lugar de "horas en el aula", y afirma con créditos el valor formativo de los elementos basados en actividades fuera del aula, por lo que sostiene un potencial para dar pasos positivos hacia una educación teológica de calidad.

Por supuesto, la realidad es que las escuelas no necesitan sentirse atadas al sistema americano o al europeo. El sistema de créditos no constituye "la ley de Media y de Persia", sino simplemente una herramienta conveniente para cuidar la responsabilidad y para proporcionar un enfoque comprensible al mundo de la educación superior. Realmente, algunas escuelas han desarrollado un enfoque híbrido en el cual el crédito sustancial se obtiene por los elementos educacionales fuera del aula sin ser forzado por ninguno de los dos sistemas. Lo importante es que los procesos de la escuela sean comprensibles para todos los participantes.

En el sistema europeo, el crédito puede obtenerse siempre que se encuentren presentes los tres elementos siguientes:

---

1. Por sus siglas en inglés: European Credit Transfer System.

- *Resultados de aprendizaje predeterminados.* Estos se analizarán con mayor profundidad en el capítulo 9, cuando analicemos el diseño de los sílabos. Esencialmente, los resultados de aprendizaje constituyen una descripción del tipo de aprendizaje que se busca por medio del curso o la actividad, y comienzan preferiblemente con una declaración del propósito general, que describe por qué el curso o la actividad es importante en el crecimiento del estudiante hacia el "perfil ideal del graduado".

- *Tareas de aprendizaje y actividades predeterminadas.* Este componente describe en detalles qué tipo de tareas y actividades tendrán que completar los estudiantes. En el sistema europeo, estas tareas y actividades deben ser cuidadosamente cuantificadas para que las "veinticinco a treinta horas por crédito" puedan ser explicadas y justificadas.

- *Medios de evaluación predeterminados.* Se necesita una evidencia tangible de que ha tenido lugar un aprendizaje significativo. No tiene que ser extenso, pero sí realista. En muchas actividades educacionales que tienen lugar fuera del aula, la evaluación se realiza sobre la base de aprobado/desaprobado, y se documenta mediante registros del tiempo dedicado, diarios, reportes evaluativos y pequeñas reflexiones escritas.

Al examinar diferentes formas comunes de elementos curriculares fuera del aula en la educación teológica, se ofrecerán algunos ejemplos de cómo este proceso de documentación y asignación de créditos pudiera funcionar en la práctica.

Educación en el campo de trabajo

Las experiencias que los estudiantes deben desempeñar en el campo de trabajo como parte de su curso de estudio, forman quizás el elemento educacional más común en el currículo teológico típico que tiene lugar esencialmente fuera del aula. El valor de estas experiencias ha sido ampliamente reconocido, y la mayoría de las agencias de acreditación teológicas requieren evidencia de la educación en el campo de trabajo como un componente de carácter obligatorio en los cursos de Licenciatura en Teología o de Maestría en Divinidad.

La mayoría de las escuelas han reconocido no solo el valor de la educación en el campo de trabajo en sí mismo, sino también la importancia de la reflexión de los estudiantes a partir de su experiencia. Sin embargo, en la mayor parte de los casos esta reflexión tiende a estar primeramente en el nivel afectivo y conductual, al pedir a los estudiantes que comenten sobre las lecciones prácticas aprendidas y en qué sentido su trabajo de campo constituyó una experiencia positiva o negativa. Para moverse hacia un nivel de reflexión más sustancial es necesario considerar algunos de los beneficios potenciales del aprendizaje que pudieran adquirirse durante y después de la experiencia con la educación en el campo de trabajo. A continuación aparecen algunas posibilidades en cada uno de los niveles afectivo, conductual y cognitivo.

Aprendizaje afectivo

Quizás el mayor potencial afectivo de la educación en el campo de trabajo se encuentra en la posibilidad de que los estudiantes crezcan en su comprensión de sí mismos y en su sentido de vocación. Generalmente los estudiantes llegan a la educación teológica con un deseo de servir a Dios de manera más amplia y eficaz, pero el sentido de vocación es más general que específico. La educación en el campo de trabajo puede ser un contexto ideal en el cual los estudiantes pueden explorar y descubrir sus dones, y llegar a tener una idea más amplia en cuanto a los dones que pudieran usar mejor para el servicio al reino de Dios. La educación en el campo de trabajo también puede destacar áreas de debilidad personal que necesitan atención en el crecimiento hacia el ideal descrito en el "perfil ideal del graduado". Las posibles preguntas que pudieran guiar a los estudiantes en el camino hacia la reflexión en el campo afectivo incluyen:

- ¿Qué sintió usted antes de comenzar la práctica? ¿Temor? ¿Emoción? ¿O algún otro sentimiento? ¿Cuál fue la fuente de estos sentimientos? En retrospectiva, ¿eran esos sentimientos justificados o injustificados? ¿Por qué?
- ¿Qué fue lo más emocionante que sucedió durante su tiempo en la práctica? ¿Por qué resultó emocionante para usted?
- ¿Hubo algo durante la práctica que le desalentó o le preocupó? ¿Qué y por qué?
- ¿Cuál fue la lección más importante que usted aprendió acerca de sí mismo durante esta práctica? ¿Por qué?
- ¿Hasta qué punto su llamado se fortaleció o se debilitó durante la práctica? ¿Por qué?

Aprendizaje conductual

La educación en el campo de trabajo puede ser una oportunidad clave para que los estudiantes prueben en el campo el material teórico que estudiaron en clases. Por supuesto, la forma en que esto puede cumplirse depende del nivel de libertad concedido por el supervisor. Pero cuando sea posible, el diálogo entre la teoría y la práctica puede ser un medio significativo para promover un nivel mayor de integración en el aprendizaje. Considere los siguientes ejemplos de preguntas reflexivas en el campo conductual:

- Reflexione sobre algunos de los cursos que usted haya tomado sobre comunicación, psicología, sociología, predicación, enseñanza, consejería, evangelismo, entre otros. Describa al menos dos maneras en las cuales el material de estos cursos le sirvió de ayuda. ¿Por qué le sirvieron de ayuda estos elementos en particular?

- Describa cualquier situación que usted experimentó y que no esperaba o que fue contraria a lo que se le enseñó en clases.
- Nombre al menos dos áreas en las cuales usted necesita desarrollar mayores habilidades al continuar con sus estudios.

Aprendizaje cognitivo

En casi todos los programas de teología, el mayor énfasis dentro de la educación en el campo de trabajo se sitúa en el aprendizaje conductual y (posiblemente) en el afectivo, y el diálogo entre la teoría y la práctica se enfoca en los cursos de estudios ministeriales que los estudiantes hayan tomado. Raramente se les pide a los estudiantes que desarrollen un diálogo sustancial entre su experiencia en el campo y sus estudios bíblicos, históricos y teológicos. Sin embargo, solo cuando se desarrolla una reflexión entre la experiencia en el campo y todas las áreas de sus estudios, es que verdaderamente se reta a los estudiantes a ver todo el ministerio como un proceso profundamente teológico. Como señala De Gruchy (2010): "La práctica en la misión es precisamente esto: compromiso, hacer, acción. Existe suficiente material escrito que sugiere que la acción sin una reflexión continua está llamada a degenerar en un activismo que pronto pierde su camino. La educación teológica provee una esfera importante en la cual la actividad misionera tiene que responder por el contenido y el proceso de su compromiso, ajustar sus perspectivas y resurgir corregida y más capaz de vincularse al mundo".

Los ejemplos de posibles preguntas reflexivas integradoras incluyen:

- ¿Dónde vio usted a Dios obrar durante su práctica? ¿Cuáles aspectos de su carácter fueron revelados durante el servicio que usted realizó?
- ¿En qué sentido el contexto de su práctica reflejó el corazón misionero de Dios? Explique.
- Reflexione en el contexto de la iglesia donde usted sirvió. Nombre al menos dos maneras en las que la iglesia demostró una sana eclesiología bíblica. ¿Hubo alguna forma en la cual el contexto de la iglesia fue diferente de lo que usted considera como el ideal bíblico de la iglesia? Explique su respuesta.
- Uno de los lentes principales consiste en la historia de la salvación: creación, caída, redención, consumación. Los seres humanos fueron creados a imagen de Dios, pero cayeron y, por consiguiente, esperamos ver algo del carácter de Dios y algo de la caída en las personas a quienes servimos. Sin mencionar nombres, describa una situación donde usted vio esta acción. La obra de Cristo ha abierto el camino para las respuestas redentoras ante las situaciones negativas mientras luchamos por alcanzar el ideal consumado. Considere al menos una situación negativa que usted observó. ¿Cómo se hubiera podido

manejar esta situación de una manera más redentora? ¿Qué pudo hacer usted, en su servicio como practicante para promover la redención?

- Describa al menos un patrón evidente en su lugar de práctica, que también ha observado en la historia de la iglesia. ¿Cómo un diálogo entre los patrones históricos y contemporáneos le guían hacia un ministerio más efectivo?

Para que los estudiantes establezcan un diálogo con preguntas como las anteriores, una parte del ejercicio en la práctica educacional debe consistir en un trabajo escrito a modo de conclusión reflexiva. Por tanto, el cálculo del total de horas en la actividad de aprendizaje debe incluir las horas de vinculación en el ministerio y las horas que los estudiantes dedicarán a la reflexión integradora final. Algunos elementos adicionales que facilitarán más adelante el proceso, incluyen llevar un diario durante la experiencia en el campo de trabajo y/o un informe de dicha experiencia al terminar la práctica.

Antes de concluir esta sección sobre la educación en el campo de trabajo, resulta útil considerar algunas notas de precaución:

- Tristemente, en muchos contextos el nivel de supervisión es pobre o explotador. Los estudiantes pueden hallarse en contextos donde su supervisor es incapaz de brindar un tiempo suficiente para la orientación, guía e información. En algunas situaciones, el supervisor usa al estudiante para que realice el trabajo "sucio" que él o ella no quiere hacer. Las personas responsables de la educación en el campo de trabajo deben ser cuidadosos al seleccionar y monitorear los lugares de práctica y la supervisión.

- En sociedades basadas en la vergüenza, los líderes son reservados en cuanto a plasmar por escrito los comentarios evaluativos. Si son forzados a hacerlo, la tendencia será describir al estudiante como si fuera un "nuevo Billy Graham" o algo similar, o en algunas ocasiones, lo opuesto. Como consecuencia, el requisito estándar occidental de una evaluación escrita por parte del supervisor sería probablemente inapropiada en muchas partes del mundo no occidental. En tales contextos sería necesario que el director institucional de la educación en el campo de trabajo realice un contacto personal con el supervisor y discutan acerca del desempeño del estudiante de manera conversacional.

- Los estudiantes pueden tener altas expectativas irreales con respecto a su práctica. Puede ser que el material de clases en el aula les ha inspirado una nueva visión para un ministerio cristiano efectivo, pero la realidad no concuerda con el ideal. Existe una larga historia de estudiantes que al estar en sus lugares de práctica, se proyectan abiertamente críticos hacia el liderazgo local, provocando resentimiento en ambas partes. En otros casos, los líderes restringen severamente lo que los estudiantes pueden hacer, lo cual puede ser una experiencia muy frustrante para los practicantes. Es importante preparar a los estudiantes para enfrentar las decepciones, y también alentarles para que sean amables y pacientes hacia las personas con las que están sirviendo.

- Aunque las barreras anteriores con respecto a la integración efectiva de la teoría y la práctica son significativas, Argyris y Schön (1974, 187) sugieren que el principal obstáculo es la facultad: "La facultad tiende a resistir la presencia del trabajo de campo dentro del currículo, o en cierto modo, tienden a desarrollar el programa académico paralelo al trabajo de campo como si este último no existiera". Para que la educación en el campo de trabajo se convierta en un elemento efectivo para el desarrollo de la formación integrada, la facultad debe comprometerse con el proceso y sensibilizarse con las experiencias de los estudiantes en el campo de trabajo.

Apadrinamiento

El modo primario de Jesús para la preparación del liderazgo fue servir de mentor a un pequeño grupo de discípulos. Este enfoque de aprendizaje íntimo y personalizado puede estar entre las experiencias más significativas y transformadoras que un estudiante tiene mientras participa de sus estudios teológicos. Sin embargo, si está pobremente diseñado y manejado, puede ser percibido como una pérdida de tiempo. Las definiciones de "apadrinamiento" abundan, pero generalmente en la educación teológica la práctica es una relación personal entre el estudiante y un líder más maduro. La meta es una relación de aliento y dirección en la formación general del estudiante.

El mayor reto en la implementación de un programa de apadrinamiento consiste en la selección y preparación de los mentores, debido a que un apadrinamiento correcto requiere de mucho tiempo. Muchos líderes con agendas ocupadas no están dispuestos a realizar los sacrificios de tiempo necesarios. Otros líderes son mejores habladores que oidores, o pueden tener agendas ocultas que desean imponer a los estudiantes. Donde exista una necesidad de desafiar los estereotipos ministeriales como el enfoque "unipersonal" en el ministerio pastoral, seleccionar pastores locales puede ser contraproducente si estos simplemente refuerzan el modelo tradicional.

En algunas escuelas se ve al proceso de apadrinamiento como una oportunidad para que los estudiantes del último año apadrinen a los de los primeros años. Esta estrategia puede resultar logísticamente más fácil que buscar mentores de otros lugares. Sin embargo, si los estudiantes de último año no han sido probados o son algo inmaduros, el resultado puede ser menos que satisfactorio. También se puede perder la oportunidad de escuchar una voz esencialmente diferente.

Otro reto fundamental es donde el mentor y el estudiante constituyen una mala pareja. Se necesita establecer un proceso para que los estudiantes pidan un cambio de mentor, aunque esto puede ser delicado, pues el primer mentor puede ver la petición como una fragilidad en su carácter o liderazgo. El coordinador de los apadrinamientos en la escuela debe tener una buena relación personal con los mentores, y la sabiduría para saber si la petición de cambio del estudiante está justificada.

Otro reto consiste en la documentación necesaria para considerar el apadrinamiento como un componente acreditado del currículo. Para que el apadrinamiento sea lo más efectivo posible debe haber un alto nivel de confianza entre el mentor y el alumno, lo cual solo puede lograrse al preservar su confidencialidad. En la mayoría de los casos, no es necesario ofrecer un informe detallado de las sesiones de apadrinamiento; es suficiente demostrar que el proceso ha tenido lugar y que se ha desarrollado un aprendizaje apropiado. Una anotación de los encuentros sostenidos, junto a un breve reporte evaluativo del mentor y un trabajo reflexivo final del estudiante constituyen generalmente evidencia suficiente.

En cualquiera que sea el contexto o el enfoque, para que el proceso de apadrinamiento constituya un elemento curricular efectivo, es esencial que los mentores reciban una preparación adecuada. En particular, si se seleccionan mentores que no son parte de la escuela, estos necesitan entender el propósito de la relación y el papel que esta juega dentro de la visión y la misión general del programa de capacitación. Los mentores también necesitan estar sensibilizados con la necesidad de escuchar, así como con los medios por los cuales ellos pudieran facilitar la honestidad y la calidad en la auto-reflexión del alumno. Ofrecer a los mentores muestras de las preguntas y de los métodos resulta generalmente muy apreciado.

Es necesario decir una última palabra con respecto a los desafíos específicos asociados con el apadrinamiento en sociedades basadas en la vergüenza. Aunque la mayoría de estas sociedades tienen una larga herencia de gurús, sabios, rabíes y otros tipos de líderes espirituales, la forma de las relaciones en su apadrinamiento es muy diferente de la concepción que se tiene en el occidente. La cultura también influye en el hecho de que muchos estudiantes no estén dispuestos a ser vulnerables por medio de relaciones de apadrinamiento con otras personas, y a veces no son capacitados en la auto-reflexión. Como consecuencia, el proceso de apadrinamiento en los contextos no occidentales puede necesitar una adaptación apropiada.

Grupos pequeños

El ministerio de grupos pequeños se está convirtiendo en un elemento cada vez más fructífero en muchas iglesias en crecimiento por todo el mundo. Como parte de su preparación, puede ser muy beneficioso que los estudiantes experimenten el valor de formar parte de un grupo pequeño. Los programas residenciales son particularmente propicios para incluir este elemento en el currículo, pero aun en los programas no residenciales, se pueden establecer procesos para permitir o requerir que el ministerio de grupos pequeños sea parte de la experiencia de aprendizaje del estudiante.

Es importante definir claramente los resultados que se esperan en cuanto al propósito y al aprendizaje de las experiencias de los grupos pequeños, pues los resultados deben moldear el proceso. Si el énfasis está en el desarrollo espiritual de los estudiantes, el proceso puede necesitar una dirección concreta de los miembros de la facultad. Si el enfoque está más centrado en las habilidades de preparar y facilitar grupos pequeños de estudio bíblico, los estudiantes generalmente necesitarán jugar un papel más representativo en el proceso.

Adoración comunitaria

Particularmente en programas residenciales, la norma es que exista un tiempo regular de adoración comunitaria. Aunque muchas escuelas prefieren mantener estos tiempos como actividades extra-curriculares, también puede ser beneficioso estructurar elementos de adoración comunitaria como experiencias de aprendizaje intencional para los estudiantes. Se puede realizar de diferentes maneras, incluyendo las siguientes:

- Luego de recibir una preparación en los fundamentos de una correcta oratoria en público, se les pide a los estudiantes que reporten sus reflexiones sobre dos o tres de los mensajes predicados cada semana. Estas evaluaciones incluirán elementos del contenido y la metodología, y la mejor forma de realizarlos es enfocándose en los aspectos positivos en vez de los negativos –lo que el estudiante aprendió de la parte en la que el mensaje estuvo bien desarrollado, en lugar de lo opuesto.

- Cada estudiante debe dirigir la adoración comunitaria y/o predicar un mensaje un número determinado de veces cada año. La dirección y los mensajes se evaluarán como parte del desarrollo de habilidades. En algunas escuelas esta evaluación se hace en privado por un instructor de oratoria o de predicación. En otras escuelas se enfocan más en la evaluación de los compañeros, donde los estudiantes se evalúan unos a otros. En cualquier caso, el énfasis debe ser positivo y alentador en lugar de ser negativo y crítico.

Como con otros elementos curriculares fuera del aula, debe existir una documentación apropiada del proceso, incluyendo una descripción del propósito, resultados de aprendizaje y actividades asociadas con el aprendizaje del estudiante y el tipo de crecimiento que se desea por medio de la adoración comunitaria. En el anexo 7.1 se ofrece un ejemplo de cómo esto puede funcionar en la práctica.

Reflexión teológica sobre la experiencia de la vida

Una capacitación teológica efectiva no debe prepararse para un mero profesionalismo ministerial, sino para servir a Dios de manera inteligente, comprometida, creativa y fiel, y para capacitar a otras personas de modo que piensen en una forma correcta y hagan lo correcto (Hoeckman 1994). Muchos cristianos luchan para relacionar su fe con las rutinas de la vida diaria. Aunque se mantienen fieles al culto del domingo, existe una aplicación mínima de la fe en el puesto de trabajo, en los estudios, en el cuidado de los hijos y en las actividades recreativas. Por consiguiente, un elemento curricular muy valioso fuera del aula puede ser pedir a los estudiantes que se vinculen en actividades que requieran una reflexión teológica sobre las experiencias de la vida.

Empleando preguntas similares a las descritas en la sección "Educación en el campo de trabajo", los estudiantes desarrollan ejercicios de anotación y de reflexión teológica sobre una amplia variedad de experiencias de la vida, como relaciones con sus compañeros, su vida familiar, su trabajo en la escuela o fuera de esta, y hasta actividades deportivas. Al aprender a ver la vida en general como una actividad teológica, los alumnos estarán mejor preparados para ayudar a otras personas a hacer lo mismo. El enfoque general hacia la reflexión teológica que hemos desarrollado en el ABTS se resume en el anexo 7.2.

Contratos independientes de aprendizaje

En repetidas ocasiones en este libro les he instado a reconocer las limitaciones en lo que se puede esperar de un programa de educación teológica. Necesitamos tener la humildad suficiente para reconocer que algunas de las experiencias de aprendizaje más valiosas de los estudiantes no tendrán lugar en el corto período en el que estén bajo nuestro cuidado, sino en los años siguientes a la graduación. Teniendo en cuenta esta visión más amplia hacemos bien en reducir el contenido en nuestros currículos y preparar a los estudiantes en cómo planificar y diseñar su propio aprendizaje. Uno de los métodos más útiles para capacitar a los estudiantes en este proceso consiste en los contratos independientes de aprendizaje.

Como sucede con todos los elementos curriculares fuera del aula, los contratos de aprendizaje de calidad incluyen una planificación cuidadosa en la cual los estudiantes ofrecen detalles de lo que desean aprender, por qué consideran que este aprendizaje es significativo para sus futuros ministerios, en qué actividades piensan vincularse para completar el aprendizaje y cómo pudiera evaluarse su aprendizaje. Como un punto de referencia, el anexo 7.3 presenta el método desarrollado en el ABTS.

Aunque las personas que han recibido una educación teológica tradicional se inclinan a restringir el aprendizaje independiente a los ejercicios cognitivos, a veces la necesidad más sustancial puede estar en el campo afectivo o en el conductual. Para algunos estudiantes, uno de los mejores medios de preparación para el futuro ministerio, tanto en contenido como en proceso, puede ser desarrollar un contrato independiente de aprendizaje que se enfoque en habilidades naturales como el manejo del tiempo o la auto-disciplina, o habilidades prácticas como tocar la guitarra o utilizar la máquina de coser. Guiar a los estudiantes a través de un contrato de aprendizaje en forma de auto-educación que los guíe hacia metas de aprendizaje personalizado puede resultar en una gran contribución para su educación a largo plazo, un proceso que puede constituir el fundamento para un aprendizaje intencional de por vida.

Explorando la intencionalidad en el aprendizaje teológico incidental

Jonathan Bonk (2008) señala que el ministerio de Jesús fue considerablemente "incidental"; o sea, que la mayor parte de su ministerio tanto en palabra como en hecho fue en respuesta a los incidentes que ocurrieron al caminar por la tierra. En muchos casos, las personas que Jesús conocía estaban en crisis, y las formas en las cuales él actuaba y hablaba les llevaban a un cambio de paradigma en el pensamiento y en el comportamiento, tanto para los receptores directos, como para quienes escuchaban y observaban. De la misma manera, el aprendizaje transformador en la educación teológica generalmente ocurre incidentalmente. Los educadores comprometidos con el proceso hacen bien en buscar formas para responder a estos "momentos de aprendizaje" con intencionalidad y posiblemente con alguna clase de estructura.

Aunque el lenguaje utilizado por las voces dominantes en la teoría del aprendizaje transformador (Brookfield 1987; Cranton 2006; Loder 1982, 1998; Mezirow 1991, 2000; Piaget 1970, 1985) varía, la descripción del proceso es bastante consistente. La clave consiste en ver las crisis de la vida y las experiencias del desequilibrio personal como oportunidades potenciales para un crecimiento cualitativo. Brookfield (1987, 26-28) sugiere cinco etapas de aprendizaje transformador:

- *Evento provocador* que causa perplejidad o molestia.
- *Fase de valoración* –aclaración del asunto y auto-examen de lo que está sucediendo.
- *Exploración* de las explicaciones o de nuevas formas de respuesta.
- *Desarrollo de perspectivas alternativas*, por medio de las cuales se prueban nuevas formas.
- *Integración* de lo nuevo con otros aspectos de nuestras vidas.

La mayoría de los estudiantes experimentan múltiples causas de estrés en sus vidas. Aun en el curso normal de la vida, buscar un balance entre las demandas de los estudios, la vinculación con el ministerio, y las relaciones personales con Dios y con otras personas, pueden dejar a una persona sintiéndose sobrecargada. El estrés adicional de las emergencias personales o familiares, o la inestabilidad política pueden causar una crisis mayor. Estas crisis pueden ser muy destructivas para el individuo, o si se maneja con sabiduría, puede convertirse en un catalizador para un crecimiento transformador. Debbie Kramlich (2013) relata el método de su esposo con respecto al liderazgo en el colegio bíblico:

> Surgían tantos conflictos y problemas, y en vez de verlos como contrarios a lo que deseábamos que los estudiantes aprendieran en el aula, estas luchas se convirtieron en oportunidades para confirmar lo que los estudiantes estaban aprendiendo. Mi esposo quemó el libro de las reglas y en su lugar desarrolló principios guías para que los estudiantes cumplieran al aprender a convivir juntos como una comunidad que reflejara múltiples culturas y grupos de

edades. No existían reglas rígidas, sino principios guías para ayudar a los estudiantes a evaluar cómo convivían juntos… Nuestros principios eran fluidos y adaptados a la comunidad. Este proceso trajo como resultado que al graduarse nuestros estudiantes, estuvieran preparados para enfrentar un mundo que no era negro y blanco, habiendo aprendido cómo convivir juntos y respetarse unos a otros.

Las crisis de la vida constituyen las formas más prominentes de "eventos provocadores" y tienen el potencial para los mayores niveles de aprendizaje transformador. Sin embargo, para la mayoría de las personas en crisis, lo último que ellos desean es alguien que les diga qué pensar o qué hacer. Entonces, ¿cómo podemos ser más intencionales en la educación teológica? Estas son algunas sugerencias:

- *Anticiparse.* Algunas crisis son en cierto modo predecibles. Por ejemplo, es común que los estudiantes experimenten crisis personales o familiares, y en ocasiones la muerte de un ser querido. Para los estudiantes casados, el embarazo no debe sorprenderlos. En algunas partes del mundo, las crisis políticas y la violencia son comunes ya sea en el país en el que se encuentra la escuela o en los países de donde proceden los estudiantes. En otras partes del mundo, la persecución de los cristianos es de esperarse. Tratar estos asuntos teológicamente y pastoralmente antes de que ocurran, puede ofrecer a los estudiantes las herramientas que necesitan para desarrollar reflexiones efectivas y positivas durante las fases de "valoración y exploración".

- *Responder a los momentos.* Los instructores dedican largas horas a la preparación de las lecciones y pueden llegar a fijarse tanto en la sustancia de las lecciones que no prestan atención a los momentos de enseñanza. Conocer a sus estudiantes personalmente y estar conscientes de las situaciones de sus vidas puede abrir la puerta para facilitar un aprendizaje que transforme sus vidas. Sin embargo, se necesita sabiduría para asegurarse de no excederse en lo incidental, menospreciando el valor de elementos más estructurados del currículo.

- *Tomar una postura "paraklética" con los estudiantes.* La palabra griega *paraklesis* alude a una relación en la cual una persona más madura se acerca a otra y le guía. Este proceso está bañado en consuelo y aliento, aunque en ocasiones puede también incluir reprimenda y advertencia; pero siempre junto a la persona, nunca desde arriba. Vincularse con los estudiantes en *paraklesis* en sus tiempos de crisis puede tener un impacto positivo en ellos que dura mucho más que el contenido que les enseñamos en clases.

Conclusión

Este capítulo constituye una breve introducción a un número creciente de elementos curriculares utilizados fuera del aula en la formación de estudiantes en programas de educación teológica. Durante muchos años se ha conocido la eficacia que presentan estos elementos educacionales para el aprendizaje. Con la creciente influencia global del método europeo ECTS para los créditos basados en las horas de actividad de aprendizaje, ahora es aceptable no solo incorporar estos elementos al currículo, sino también asignar crédito significativo para el aprendizaje que tiene lugar.

Elementos comunes fuera del aula incluyen educación en el campo de trabajo, apadrinamiento y experiencias en grupos pequeños. Sin embargo, el currículo no necesita estar limitado a estos elementos. Teniendo en cuenta los procesos apropiados, la adoración comunitaria, el aprendizaje independiente, la reflexión teológica sobre las experiencias de la vida, así como otros elementos, estos pueden afirmarse y promoverse como componentes sustanciales del currículo.

Aunque es más difícil de documentar, el aprendizaje incidental es también un elemento significativo en la formación de los estudiantes, y las escuelas hacen bien en estar sensibilizadas en cuanto al potencial que poseen estos "momentos de aprendizaje", y tratar de responder de manera sabia y adecuada.

Ejercicios

1. ¿En cuáles de los diferentes elementos curriculares fuera del aula, descritos en este capítulo, usted siente que su programa es más exitoso? ¿Por qué? Partiendo de su propia experiencia en su programa, o de lo que usted conoce acerca de otros programas en su contexto, ofrezca al menos dos sugerencias de cómo pudieran fortalecerse los elementos del currículo fuera del aula. Su respuesta puede consistir en otras formas creativas de aprendizaje fuera del aula o en procesos específicos para la implementación de estos elementos de manera más efectiva.

2. Lea los siguientes estudios de caso y responda las siguientes preguntas: (a) ¿Cuáles son algunas lecciones que pudieran haber aprendido a través de las crisis y las respuestas a las mismas? (b) Describa al menos dos formas específicas en las cuales los "momentos de aprendizaje" descritos aquí pudieran contribuir a la formación de futuros líderes. (c) Ofrezca al menos una sugerencia de cómo usted cree que uno o más de estos "momentos de aprendizaje" pudieran haberse manejado de una manera mejor. (d) Describa un

"momento de aprendizaje" que usted haya experimentado personalmente o que haya observado. ¿Cuáles fueron algunas de las lecciones significativas que usted aprendió o que hubiera podido aprender a través de esta experiencia?

- Iba a ser una clase de rutina sobre el libro de los Hechos. Al acercarse el momento de comenzar la clase, los estudiantes entraron como de costumbre y buscaron sus asientos. Sin embargo, Kamil se quedó de pie al lado de la puerta inmerso en una conversación con otro de los estudiantes. De pronto, Kamil recogió sus libros y se fue del aula. Estuve tentado a ignorar lo que había sucedido y comenzar la lección, pero la situación fue tan inusual que le pregunté a uno de los estudiantes si sabía lo que le había pasado a Kamil. "Él acaba de saber que su hermano [un líder en una de las iglesias clandestinas en el país de Kamil] fue arrestado por apostasía". En lugar de comenzar la lección, estuvimos diez minutos orando por Kamil y por su hermano, así como por la iglesia en su país. Después comenzamos nuestro estudio sobre los Hechos analizando las experiencias de Pedro en Hechos 12 y las de Pablo en Hechos 21.

- Era una clase de Psicología Social, y para introducir situaciones de conflicto y perspectiva pedí a dos estudiantes que hicieran una dramatización sobre el Dr. Philip, un profesor que había perdido la paciencia por la pobre actitud y el mal trabajo de sus estudiantes, y Miriam, una estudiante que no estaba satisfecha con su calificación y se había acercado al Dr. Philip para reclamar una calificación más alta. En la dramatización, el Dr. Philip le responde a Miriam abruptamente y en un tono degradante. De repente Sarah, la estudiante que hacía el papel de Miriam, comenzó a llorar. Resultó que ella había tenido una experiencia muy similar con un profesor esa misma semana. Nos detuvimos y dedicamos un tiempo para orar por Sarah antes de continuar la lección –que tomó una nueva intensidad como resultado de lo que había sucedido. No estuve en una posición de abogar a su favor, pero después de la clase ella y yo tomamos juntos una taza de té.

- Llegamos al tiempo de devocional matutino y supimos que durante la noche había explotado una bomba en el vecindario de la familia de Michael, en un país inmerso en una guerra civil. Hubo una consulta rápida entre el capellán de la universidad y los estudiantes que iban a dirigir y a predicar. En lugar de cumplir con el programa, el capellán dirigió un devocional corto, y nos dividimos en pequeños grupos para orar por Michael y su país, así como por países vecinos que sufrían conflictos e inestabilidad.

Anexo 7.1

Oratoria pública en la capilla del ABTS: Sílabo

Propósito y descripción

La misión del ABTS es servir a la iglesia en nuestra región al comprender su misión bíblica de que Cristo sea reconocido como el Señor, ofreciendo recursos especializados de aprendizaje y equipando a hombres y mujeres fieles para un servicio efectivo. Parte del proceso de capacitación incluye ofrecer contextos para la formación de los estudiantes, en los cuales se conviertan en comunicadores efectivos de acuerdo a un conjunto de normas. La capilla en el ABTS ofrece un contexto significativo por medio del cual los estudiantes pueden crecer en sus habilidades comunicativas, tanto en la oratoria pública como en la presentación y en la comunicación interpersonal.

Cada estudiante predicará un mensaje a la comunidad del ABTS. Al terminar el tiempo en la capilla habrá sesiones de retroalimentación informal, en la que participarán todos los estudiantes y algunos miembros de la facultad. A los estudiantes también se les pedirá que participen en una auto-evaluación. El proceso de dar y recibir en una retroalimentación constructiva también ayuda a desarrollar habilidades interpersonales, lo cual es crucial para un servicio cristiano efectivo. Este proceso contribuirá a la evaluación total de los estudiantes que la facultad del ABTS completa cada año.

Resultados del aprendizaje

Cognitivos

- Los estudiantes progresarán en su comprensión de los elementos del contenido y la metodología de la comunicación en público en el ministerio cristiano.
- Los estudiantes progresarán en su comprensión de los principios de la evaluación edificante efectiva.

Afectivos

- A través de este proceso, los estudiantes demostrarán vulnerabilidad, transparencia y responsabilidad, en un contexto supervisado.

- Los estudiantes valorarán el proceso de dar y recibir una crítica constructiva en un ambiente de gracia y de amor.
- A través de este proceso se desarrollarán valores fundamentales en el ABTS, como *cohesión en la comunidad, práctica reflexiva* y *liderazgo de servicio*.

Conductuales

- Los estudiantes mejorarán sus habilidades para comunicarse claramente en un ambiente público.
- Los estudiantes mejorarán sus habilidades para ofrecer una retroalimentación constructiva a sus compañeros.

Proceso de evaluación y logística

- Los elementos sobre los cuales los estudiantes serán evaluados se incluyen en un documento adjunto y será utilizado por los estudiantes y los evaluadores como una guía.
- Los estudiantes realizarán una *auto-evaluación* al compartir sus ideas con la facultad o con el cuerpo de estudiantes.
- Recibiendo retroalimentación: los estudiantes de primer año serán evaluados en privado después de la capilla por dos miembros de la facultad. Se les ofrecerán uno o dos elementos solo para que trabajen sobre esa base, además de la ayuda que se les brinda. Después del primer año serán evaluados por el cuerpo de estudiantes guiados por un miembro de la facultad.
- Ofreciendo retroalimentación: los estudiantes de primer semestre serán observadores de este proceso. Solamente después de que hayan tomado los cursos de habilidades en la comunicación, se les permitirá participar.
- Se les dará una calificación de aprobado/desaprobado a los estudiantes basándose en sus habilidades de comunicación en público demostradas por medio de su predicación en la capilla, así como en sus habilidades de retroalimentación interpersonal y las actitudes demostradas durante las reuniones de retroalimentación.
- Cada estudiante será evaluado dos veces por semestre.
- Para mantener un ambiente relajado, no deben evaluarse más de dos capillas en la semana.

Anexo 7.2

Reflexión teológica del ABTS sobre la vida y el ministerio

Certificado de Teología: 9 créditos en total
Licenciatura en Teología y Maestría en Divinidad: 21 créditos en total

Propósito y descripción

El ABTS existe con el propósito de "equipar a hombres y mujeres fieles para un servicio efectivo". Para que esto ocurra, el aprendizaje que tiene lugar en el aula debe aplicarse en el contexto de la vida y el ministerio. El proceso de la reflexión teológica sobre la vida y el ministerio constituye un componente importante en la preparación de los estudiantes para un liderazgo cristiano efectivo.

Teniendo en cuenta que toda la vida es un acto teológico, durante el componente curricular de la reflexión teológica los estudiantes deben meditar acerca de: (a) varias formas de vincularse en ministerios eclesiásticos y para-eclesiásticos; (b) elementos de la vida diaria, tales como relaciones familiares, relaciones con otras personas en la comunidad del ABTS, y trabajo en el área de la escuela; (c) asuntos actuales en la sociedad más amplia.

Resultados del aprendizaje

Afectivos

- Identificar y explorar más adelante el llamado personal y ministerial dentro del contexto de la práctica ministerial y la experiencia de la vida.
- Ampliar el compromiso al ministerio integrado y misionero en el contexto de su futuro ministerio.
- Valorar el papel de la auto-evaluación y de evaluar a otros, en relación con el ministerio.

Conductuales

- Aprender y practicar las habilidades relevantes para el ministerio actual y futuro en el contexto del ministerio.
- Continuar desarrollando habilidades reflexivas y de auto-análisis.

Cognitivas

- Profundizar en el conocimiento del medio social, político, religioso y económico en el cual desarrollarán su ministerio en el futuro, y relacionar estos elementos con sus actividades ministeriales.
- Desarrollar una comprensión teológica del medio en el que desarrollarán la práctica ministerial.

Formato

Fase uno: Primer año (Estudiantes de Cert. Teol., Lic. Teol. y MD)

Formación en reflexión teológica (4 créditos)

Durante el primer año, los estudiantes se prepararán en el diálogo entre teoría y práctica a través de dos trabajos escritos que incluyen una amplia reflexión. Por medio de una espiral ascendente que incluye tanto profundidad como amplitud, los estudiantes tomarán lo que están aprendiendo en clases y aplicarán esos principios a su vida y ministerio antes de llegar al ABTS. [Por tanto, la experiencia de aprendizaje previa constituye un elemento por el que reciben crédito.]

- En la primera semana del Módulo de Interpretación, habrá una sesión en la que se les pedirá a los estudiantes que hablen acerca de su experiencia previa en la vida y el ministerio, teniendo en cuenta cada una de las unidades de los módulos de Análisis y de Comunicación. Estas reflexiones serán documentadas por medio de un trabajo escrito que consiste en una amplia reflexión guiada.
- En la primera semana del Módulo de Teología, habrá una sesión en la que se les pedirá a los estudiantes que hablen acerca de su experiencia previa en la vida y el ministerio, considerando cada una de las unidades de los módulos de Análisis, Comunicación, Interpretación, Introducción al Islam, y los módulos de Iglesia y Sociedad. Estas reflexiones serán documentadas por medio de un trabajo escrito que consiste en una amplia reflexión guiada.

Al completar satisfactoriamente estos dos trabajos, los estudiantes recibirán 4 créditos por Reflexión Teológica sobre la Vida y el Ministerio.

Reflexión teológica independiente (5 x 1 = 5 créditos)

Se han preparado folletos que los estudiantes deben completar – 1 folleto por cada crédito ECTS. Para recibir el crédito, el estudiante debe realizar lo siguiente:

1. Una descripción del carácter de la práctica reflexiva y una explicación del por qué esta actividad es importante en la preparación para el ministerio futuro.

2. Al menos 8 reflexiones de una página cada una. Pueden ser reflexiones sobre eventos específicos o de la experiencia general en un período de tiempo.

3. Una reflexión amplia sobre un evento significativo en el marco del ejercicio de la práctica reflexiva o sobre su experiencia en general, que incluya lo siguiente:

- Una reflexión en el nivel afectivo sobre los sentimientos y actitudes que sintió durante el evento o la experiencia, explicar acerca de las posibles fuentes de estos sentimientos y actitudes, y reflexionar en el sentido en que estos sentimientos y actitudes fueron de ayuda o de tropiezo en la situación.
- Un análisis del evento o la experiencia a través de los lentes bíblico, histórico, cultural-contextual y personal-ministerial.
- Un análisis de las recomendaciones para el crecimiento personal o ministerial, considerando el evento o la experiencia.

Esta reflexión debe tener un total de 600-1000 palabras.

4. Una tabla con las fechas y horas para justificar la experiencia y las reflexiones sobre la experiencia.

Los estudiantes tendrán una flexibilidad considerable con respecto al enfoque de su práctica reflexiva: aunque la reflexión sobre el ministerio cristiano constituye un elemento significativo, los estudiantes también deben incluir una reflexión teológica sobre otras experiencias de la vida, como las relaciones con su cónyuge, sus padres o con sus compañeros de estudio al compartir su alojamiento en el ABTS; la rutina del trabajo manual en la escuela; vivir lejos de sus familias. Estas experiencias son comunes a las personas que nuestros estudiantes/futuros líderes estarán sirviendo después de terminar su tiempo en el ABTS, y si van a ser efectivos en el servicio a esas personas, es esencial que adquieran experiencia en cuanto a ver toda la vida a través de lentes teológicos.

Total para el Año Uno: 9 créditos ECTS

Fase dos: Segundo y tercer año (estudiantes de Lic. Teol. y MD)

Ministerio y reflexión (2 x 3 créditos)

- Durante el verano entre el primer y segundo año, los estudiantes deben anotar detalladamente su experiencia de vida y ministerio, teniendo en cuenta el número de horas empleadas y una breve descripción de cada tipo de actividad realizada. El número total de horas debe ser al menos 70.

- Durante el período del Diagnóstico de septiembre, los estudiantes deberán realizar una reflexión sobre la experiencia en el verano que incluya lo siguiente:
    - En el nivel afectivo, los sentimientos y actitudes que experimentaron a través del evento o la experiencia, un análisis de las posibles fuentes de

estos sentimientos y actitudes, y una reflexión sobre el sentido en el que estos sentimientos y actitudes sirvieron de ayuda o de tropiezo en la situación.
  - Un análisis del evento o experiencia a través de los lentes bíblico, histórico, cultural-contextual y personal-ministerial.
  - Un análisis de las recomendaciones para el crecimiento personal o ministerial, considerando el evento o la experiencia.
- Esta reflexión debe tener un total de 1500-2000 palabras.

Reflexión teológica avanzada (2 créditos)

Durante el primer y segundo año, habrá un número de sesiones en las que se analizarán asuntos de la sociedad actual teniendo en cuenta los principios teológicos básicos. Se les pedirá a los estudiantes que escriban trabajos reflexivos breves al terminar cada sesión.

Reflexión teológica independiente (4 créditos)

Los estudiantes deberán completar 4 folletos para la reflexión teológica sobre la vida y el ministerio como se les pidió anteriormente para el primer año. Otros folletos con ciertos enfoques también podrán añadirse a este proceso.

Total para los Años Dos y Tres: 12 créditos ECTS

Anexo 7.3

Plan de aprendizaje independiente

1. Declaración del propósito

Una parte crucial de la misión del ABTS consiste en equipar hombres y mujeres fieles para un servicio efectivo. Ayudar a los estudiantes para que se conviertan en aprendices de por vida constituye un componente esencial en el desarrollo del liderazgo. Por consiguiente, durante el segundo y el tercer año, los estudiantes deberán diseñar y completar un contrato de aprendizaje independiente de 1 crédito. El estudiante es libre de seleccionar la naturaleza del aprendizaje que él o ella desea desarrollar, y puede ser cognitivo (por ejemplo, aprender elementos básicos del latín, investigar sobre la vida de al-Ghazali, aprender elementos básicos de estadística), habilidades (por ejemplo, aprender un programa de computación relacionado con el ministerio, como el Microsoft PowerPoint o Microsoft Publisher, aprender cómo diseñar y evaluar cuestionarios, aprender cómo compartir su fe con los Testigos de Jehová) o personal (por ejemplo, aprender cómo ser más disciplinado, aprender cómo controlar mejor su ira). El estudiante debe ser capaz de explicar por qué el aprendizaje en particular es importante para él o ella. El Proyecto de aprendizaje Independiente se presenta cada año durante el diagnóstico de septiembre.

2. Resultados del aprendizaje

Al final de este curso, el estudiante debe haber demostrado un crecimiento en las siguientes áreas:

- *Cognitiva:* comprenderse a sí mismo, reconocer áreas de debilidad, y saber cómo tratar con estas áreas de manera relevante y tangible.
- *Afectiva:* valorar el aprendizaje de por vida y desarrollar un compromiso para continuar la auto-evaluación y el crecimiento.
- *Conductual:* desarrollar e implementar un plan para el aprendizaje auto-dirigido.

3. Tareas de aprendizaje

Al finalizar el diagnóstico de septiembre, los estudiantes deben haber seleccionado su proyecto de aprendizaje y haber establecido el plan de aprendizaje para el año siguiente. Este plan debe incluir los elementos siguientes:

- *Mis necesidades de aprendizaje:* una breve explicación de lo que el estudiante quisiera aprender y por qué él o ella considera que es importante aprenderlo.

- *Mi plan de estudio:* un breve resumen de cómo el estudiante tiene planificado el aprendizaje de lo que él o ella desea aprender, seguido de un plan de estudio detallado, explicando lo que se hará durante cada fase, los recursos que se van a utilizar, cuándo se terminará el trabajo y cuánto tiempo se dedicará al aprendizaje. El total de horas debe estar entre 25-30. El estudiante también deberá hacer una lista de los recursos recomendados por un consejero.

- *Evidencia del aprendizaje:* una breve descripción de cómo el estudiante tiene planificado mostrar la evidencia de que el aprendizaje ha tenido lugar. Puede ser en forma de un reporte escrito, una presentación, un plan de clases, un diario, etc., pero necesita demostrar que ha realizado un esfuerzo significativo y que ha tenido lugar un aprendizaje apropiado.

Al completar el plan de aprendizaje, el estudiante deberá presentar al supervisor la evidencia establecida en el contrato.

Tiempo total en clase: 0 horas
Tiempo total fuera del aula: 25-30 horas
TOTAL: 25-30 horas = 1 crédito ECTS

8

Aprendizaje profundo

El elemento más importante en la educación es el aprendizaje, no la enseñanza. Aunque muchos maestros mencionan este principio, en realidad pocos lo toman en serio según la manera en la que enseñan. Menos aún consideran qué tipo de aprendizaje y cómo el aprendizaje correcto puede incrementarse y desarrollarse. Para la formación ministerial, el verdadero aprendizaje no es lo que se recuerde al final de un curso, sino lo que se recuerde cinco o diez años después de haber terminado el curso, y mucho más lo que moldee el carácter y las acciones del estudiante a lo largo de su vida. En este capítulo se presentará el concepto de "aprendizaje profundo" –el aprendizaje que perdura y que produce un impacto en la vida.

Una comprensión de la naturaleza de la memoria constituye el fundamento para promover el aprendizaje profundo. Con este fin, se le presentará el modelo de memoria diseñado por Atkinson y Shiffrin (1968), el cual ha sido ampliamente utilizado, así como algunas de las investigaciones relacionadas con el mismo. Durante el proceso usted conocerá acerca del descubrimiento central, que consiste en que el factor primario en el aprendizaje profundo depende de que el alumno considere el material como algo importante para la vida. El capítulo concluye con un análisis sobre las implicaciones del aprendizaje profundo para el diseño del currículo, del curso y de las lecciones.

La naturaleza de la memoria

El cerebro es un órgano muy complejo, y una gran cantidad de teorías han tratado de explicar cómo es que recordamos en lo relacionado al conocimiento y las habilidades, y qué factores moldean este proceso. Algunos modelos conocidos aunque bastante complejos, han sido propuestos por Baddeley (2000, 2003) y Tulving (2000). Sin embargo, como una introducción al análisis de la memoria y el aprendizaje profundo, vamos a utilizar en este capítulo un modelo más antiguo y más simple desarrollado por Richard Atkinson y Richard Shiffrin (1968), por ser más fácil de entender y porque ha constituido un modelo básico para otros más complejos que le han seguido.

Atkinson y Shiffrin plantearon que existen tres componentes fundamentales en la memoria humana (ver fig. 8.1): memoria sensorial, memoria a corto plazo o de trabajo y memoria a largo plazo. Por supuesto, la clave para el aprendizaje profundo consiste en entender la mejor manera de guiar a los estudiantes hacia la última fase de la memoria a largo plazo.

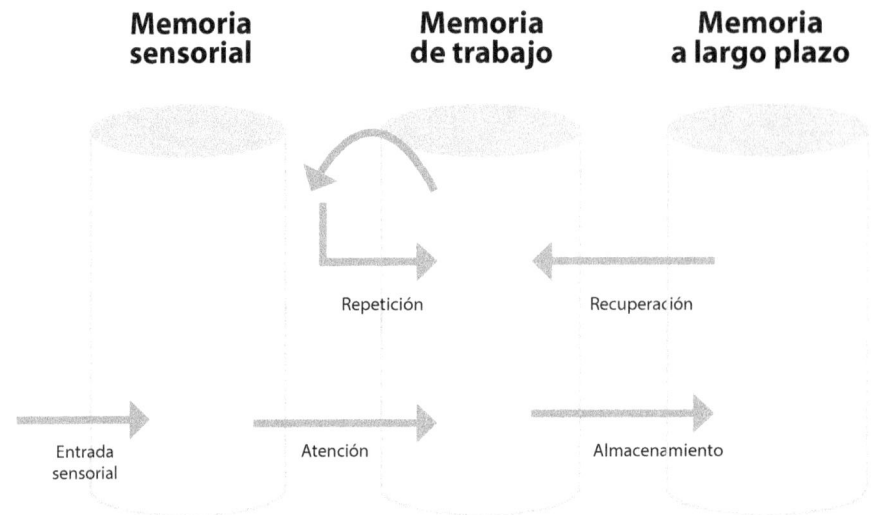

Figura 8.1 Teoría de la memoria, de Atkinson y Shiffrin

Memoria sensorial

Según Atkinson y Shiffrin, la memoria sensorial tiene que ver con lo que llega al cerebro en forma de estímulos directamente de los cinco sentidos. Si usted se pusiera de pie, rápidamente se diera la vuelta y se sentara, una enorme cantidad de información sensorial sería grabada en su cerebro: primeramente lo que vio, y también lo que escuchó y lo que sintió físicamente. Sin embargo, si se le pidiera que escribiera lo que vio, escuchó y sintió, tendría dificultad en recordar más de una proporción de un minuto de la entrada de información sensorial. La memoria sensorial es muy rica y detallada, pero la información se pierde rápidamente a no ser que sea transferida a la memoria de corto plazo.

Cada día, literalmente millones de estímulos sensoriales llegan a sus campos de visión, oído, tacto, olor y gusto: capullos de primavera en los árboles, trenes retumbando bajo tierra, el calor saliendo de los respiraderos, el olor del café en una cafetería local. Aunque no procese todos estos estímulos, realmente muchos de ellos permanecen por más tiempo de lo que usted percibe conscientemente. Aun ahora, si se le pidiera que describa lo que está justo detrás de usted en la habitación donde se encuentra sentado, aunque sería capaz de describir bien algunas cosas, también muchas otras aparecerían como elementos que están presentes, pero poco definidos. Simplemente experimentamos demasiados estímulos sensoriales para procesarlos todos solo en un breve momento, por tanto la memoria lo pierde. En resumen, la mayor parte de la información que toca nuestro cerebro no va más allá de la etapa de memoria sensorial de la vista, sonido, olor, sabor y tacto. En pocos momentos, se pierde para siempre.

Memoria de trabajo

Para que los recuerdos sensoriales continúen y sean procesados en la memoria a corto plazo o de trabajo, una persona debe tener una razón para prestar atención. Diga la siguiente sucesión de números una vez en voz audible, y luego aparte la vista y trate de escribir lo más que recuerde:

6174958150724063146 03

Se ha descubierto que después de una breve exposición, la mayoría de las personas son capaces de recordar solo de cinco a nueve dígitos –lo que ha sido llamado el fenómeno 7 ± 2 (G. Miller 1956). Simplemente existe demasiado material para que las personas les presten atención, y la mayor parte se pierde. Pero aun nuestra memoria a corto plazo está limitada en capacidad y retiene información para no más de treinta segundos a no ser que se ejerciten estrategias para retenerlo por más tiempo. Aunque la mayoría de las personas pudieran recordar varios de los dígitos anteriores durante cinco a diez segundos, pocas podrían recordar aun el primero de ellos al día siguiente. El material entró en la memoria de trabajo, pero no siguió hacia adelante.

La mayoría de las personas prestan una atención limitada a lo que se dice o a lo que se ve. Por lo tanto para que el material se absorba más profundamente, lo cual constituye el próximo paso hacia el aprendizaje profundo, se deben aplicar algunas técnicas de retención. Entre las numerosas técnicas de retención que se han investigado por años, dos de ellas se consideran particularmente significativas: "fragmentación" y "ensayo".

La *fragmentación* tiene que ver con agrupar o "empaquetar" la información en grupos que puedan recordarse como unidades sencillas. Funciona al hacer más manejable una gran cantidad de información.

Diga en voz audible la siguiente lista de palabras, luego aparte la vista y trate de escribir de memoria la mayor cantidad que pueda:

Currículo, programa, Biblia, capacitación, iglesia, misión, teología

Sin dudas, le será más fácil recordar estas palabras que la sucesión de números porque de alguna forma están interrelacionadas –están "empaquetadas" alrededor de un tema central, y más específicamente el tema de la teología educacional misionera que constituye el corazón de este libro.

La implicación más significativa de "fragmentar" consiste en la necesidad que tenemos como instructores y desarrolladores de currículos, de agrupar información alrededor de temas y conceptos centrales que se convierten en "ganchos" para el aprendizaje de los estudiantes. Por ejemplo, en este capítulo muchos conceptos y términos clave han sido introducidos como ganchos para el aprendizaje: "La educación tiene que ver con el aprendizaje, no con la enseñanza", "memoria sensorial" y "memoria de trabajo de corto plazo". Mientras menos de estos "fragmentos" usted incluya en una sesión de aprendizaje, habrá una mayor posibilidad de recordar la idea central del "fragmento". En el capítulo 10, cuando tratemos sobre la planificación de la lección, se le prestará una considerable atención a la formulación de "puntos principales", que consisten en verdades clave alrededor de las que gira el contenido de la lección. Al fragmentar el aprendizaje alrededor de los "puntos principales", existe el potencial para que aunque los estudiantes quizás no recuerden cada detalle de la lección, puedan ser capaces de recordar los conceptos fundamentales y los detalles serán recordados al estar conectados con los puntos principales.

Otra forma de mejorar la memoria a corto plazo tiene que ver con la repetición consciente de la información, lo que los expertos en teoría de la comunicación describen como "redundancia apropiada". Regresemos a la serie de números:

617495815072406314603

Esta vez, diga la serie de números *tres veces* en voz audible y luego aparte la vista y trate de escribir la mayor cantidad de números que pueda. Es probable que la repetición le ayudó a recordar más que en el primer intento. También es posible incluso que mañana pueda recordar los primeros dos o tres dígitos. El ensayo o repetición, ha ayudado en la retención.

Por supuesto, el tiempo disponible para aprender es limitado y necesitamos ser muy selectivos con respecto a lo que escogemos para repetir. La lista de números presentada anteriormente es muy significativa, pero se espera que los conceptos fundamentales que se presenten en su aula sean de una relevancia mucho mayor. La repetición de conceptos e ideas clave resulta esencial para la memoria y el aprendizaje. Sin esta repetición, el aprendizaje profundo no sería posible.

La repetición es mejor cuando incluye múltiples sentidos. Existe mayor probabilidad de que los estudiantes absorban en sus memorias un concepto principal cuando se habla de este y a la vez se muestra en una presentación de power point, que cuando solamente se habla de este.

El efecto primacía-novedad en el aprendizaje

Una cualidad de la memoria de trabajo que también se debe analizar consiste en el efecto primacía-novedad. Dicho de una forma simple, se ha descubierto que recordamos mejor lo que aparece primero, después lo que aparece al final, y en menor escala lo que está en el medio. En otras palabras, la habilidad de una persona para prestar atención y transferir el material hacia la memoria de trabajo es más fuerte al inicio, luego al final y de forma mínima en el centro. Después de los primeros minutos de un período de aprendizaje, la información que sigue excede la capacidad y se pierde (Craig y Tulving 1975).

La figura 8.2 muestra una imagen aproximada de cómo funciona el efecto de primacía-novedad durante un episodio de aprendizaje de cuarenta minutos (Sousa 2006, 89-94). Como usted puede observar, existen dos tiempos principales para el aprendizaje: el mejor período al inicio y uno menos extenso al final de un período de aprendizaje. En el centro hay un período de tiempo en el que no se retiene mucha información.

Existen implicaciones importantes del efecto primacía-novedad para la enseñanza. Primeramente, se debe presentar la información o las habilidades más importantes durante el primer tiempo principal. Los estudiantes podrán recordar mejor la información durante este tiempo –ya sea importante o no. En una clase observada (Sousa 2006, 90), el profesor comenzó escribiendo en la pizarra el término literario "onomatopeya", y pidió a los estudiantes que adivinaran su significado. Muchas de las respuestas incorrectas aparecieron en el examen de seguimiento. En otra clase, el profesor comenzó pasando la lista. En entrevistas después de la clase, ¡lo único que muchos estudiantes recordaron de la clase fue quiénes estaban presentes y quiénes estaban ausentes! ¿Cómo acostumbra usted a comenzar sus clases? La manera en que comience va a ejercer una gran influencia en lo que se aprende.

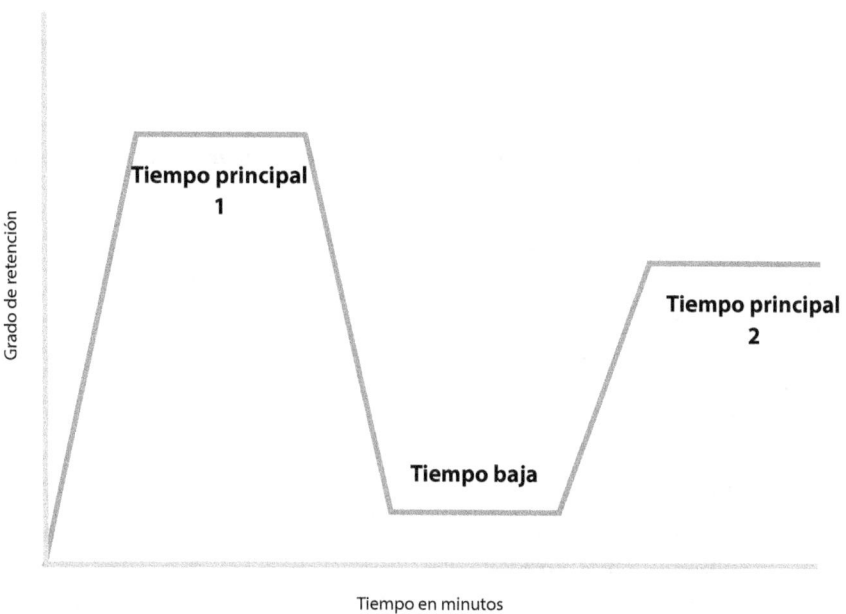

Figura 8.2 Retención durante un episodio de aprendizaje (adaptado de Sousa 2006, 90)

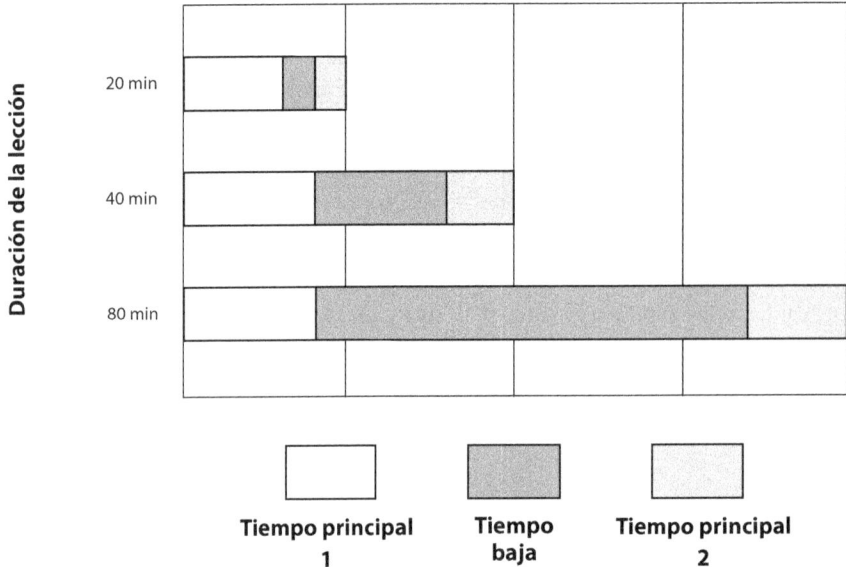

Figura 8.3 Proporción aproximada de los tiempos principales con respecto al tiempo bajo (adaptado de Sousa 2006, 92)

Tabla 8.1 La retención varía con la duración del episodio de enseñanza (adaptado de Sousa 2006, 93)

Duración de la lección	Dos tiempos principales (aproximado)	%	Tiempo bajo (aproximado)	%
20 minutos	18 minutos	90%	2 minutos	10%
40 minutos	25 minutos	60%	15 minutos	40%
80 minutos	30 minutos	35%	50 minutos	65%

La proporción del tiempo principal con respecto al tiempo bajo cambia con la duración del episodio de enseñanza (fig. 8.3, tabla 8.1). En una lección de alta calidad de cuarenta minutos, los dos tiempos principales ocupan un total de unos veinticinco minutos, o 60 por ciento del tiempo de enseñanza. El tiempo bajo es de unos quince minutos, o 40 por ciento del tiempo de la lección. Si doblamos la duración del episodio de aprendizaje a ochenta minutos, aun si la lección es de alta calidad, el tiempo bajo aumenta a cincuenta minutos o más, o 65 por ciento del período total de tiempo. Al aumentar el tiempo de la lección, el promedio del tiempo bajo aumenta más rápido que el de los tiempos principales. La información entra a la memoria de trabajo más rápido de lo que pudiera ser almacenada o analizada, y se acumula. Esta acumulación interfiere con los procesos de clasificación y fragmentación y reduce la habilidad del estudiante para unir el sentido con el significado, por tanto, la retención disminuye.

Este patrón sugiere episodios de aprendizaje más cortos para un mayor aprendizaje. Los profesores que se interesan en una educación para el aprendizaje pueden dividir sus clases en paquetes de veinte a treinta minutos para ayudar a los estudiantes a retener mejor el material importante. Estos paquetes cortos de aprendizaje pueden ser creados al cambiar a una nueva actividad que motive a los estudiantes, como un estudio de caso, un drama o un debate de fórum. Incluso mostrar un video clip corto acompañado de algunas preguntas de reflexión, puede crear la oportunidad para un nuevo episodio de aprendizaje.

Recuerde: lo más importante en la educación no es enseñar, sino aprender. La educación que tiene el propósito de lograr un aprendizaje profundo y significativo debe captar la atención de los estudiantes, pasando de una memoria sensorial fugaz a una memoria de trabajo y después debe dar a los alumnos una razón para procesar el material en un aprendizaje a largo plazo.

Memoria a largo plazo

La memoria a largo plazo es un tipo de memoria relativamente permanente que almacena grandes cantidades de información por un largo período de tiempo. La memoria a largo plazo es compleja. Sin embargo, las investigaciones realizadas sugieren que la memoria a largo plazo comprende dos subestructuras básicas que han sido denominadas "memoria explícita" (recordar quién, qué, dónde, cuándo y por qué) y la "memoria implícita" (recordar cómo).

La memoria *explícita* consiste en la recolección de información como son los factores o eventos específicos. Algunos ejemplos pudieran incluir: narrar a otra persona los eventos ocurridos en una película o describirle la historia de la salvación o el significado del reino de Dios.

La memoria *implícita* es aquella en la que no pensamos, pero que afecta nuestras acciones –habilidades y percepciones que nos capacitan para realizar actividades como jugar tenis, manejar un auto, hablar nuestro propio idioma empleando una gramática correcta, o decir el Padre Nuestro sin pensar en las palabras. La memoria implícita comprende acciones y actitudes habituales, e incluye elementos como son: las habilidades sintéticas y evaluativas del pensamiento, así como las respuestas empáticas y estéticas.

La clave para una enseñanza y una capacitación cristiana efectiva consiste en la meta que se trace para desarrollar un aprendizaje profundo de los recuerdos *explícitos* significativos a largo plazo, los cuales constituyen un recurso continuo para la vida y aún más importante, los recuerdos *implícitos* sustanciales y teológicamente sanos que han llegado para moldear a la persona a quien las decisiones de la vida han formado habitualmente por medio de una práctica reflexiva saludable. La recuperación de estos recuerdos explícitos e implícitos a largo plazo es lo que forma la base de las decisiones y acciones en la vida.

Criterios para un almacenamiento a largo plazo

Pero la gran pregunta es: "¿Cómo?" ¿Cómo podríamos desarrollar la enseñanza de forma que lo más importante no salga de la memoria de trabajo a corto plazo, sino que sea almacenado para recordarlo y utilizarlo en el futuro –o aún mejor, que se convierta en una práctica habitual de la memoria implícita? ¿Sobre qué bases la memoria de trabajo toma esa decisión?

Se ha descubierto (Sousa 2006, 48, 49) que lo necesario para sobrevivir queda fácilmente grabado en la memoria a largo plazo. Por ejemplo, usted no necesita volver a aprender todos los días que caminar frente a un autobús en movimiento o tocar una hornilla caliente puede causarle daño. Las experiencias fuertemente emocionales también tienen una alta probabilidad de ser almacenadas permanentemente (Willingham 2009, 44, 45). Tenemos la tendencia a recordar los mejores y (aún más) los peores eventos que nos han sucedido. Se ha dicho que las peores experiencias constituyen las mejores narraciones, y si a usted se le pidiera que relatara sus peores incidentes en la enseñanza o en los viajes, tendría pocas dificultades para recordarlos. Usted sí tendría grandes dificultades para recordar las experiencias positivas de la vida. Si un profesor puede provocar fuertes emociones en los estudiantes, estos podrán recordarlo mucho mejor. Por tanto, las actividades de aprendizaje por experiencia como son los viajes al campo, estudios de caso y dramas tienen un gran valor. Pero el problema radica en que el estudiante recordará solo lo que esté conectado a la emoción fuerte, no necesariamente los conceptos clave del aprendizaje que se hayan presentado.

Más allá de los elementos emocionales y de supervivencia, la memoria de trabajo realiza solo dos preguntas para determinar si un elemento será guardado o rechazado (Sousa 2006, 48-49): "¿Tiene sentido?" y "¿Tiene significado?" Estas dos preguntas son esenciales para un aprendizaje profundo; ellas constituyen las claves para una educación que no sea meramente impartida, sino que promueva una transformación genuina en la vida.

¿Tiene sentido?

Esta primera pregunta se refiere a si el alumno puede entender lo que se ha dicho y si puede relacionarlo con su experiencia pasada. Cuando el acento extranjero o del dialecto del profesor es fuerte, esto hace que el aprendizaje sea deficiente. De igual manera, el uso de un lenguaje técnico o teológico puede crear una barrera para el aprendizaje. Por tanto, explicar conceptos en términos simples resulta esencial para el aprendizaje. Cuando un estudiante dice: "no entiendo", significa que tiene un problema en hallarle sentido al aprendizaje y no puede procesarlo más allá de su memoria de trabajo. Una parte importante de la comprensión consiste en la habilidad de relacionar el nuevo material con las ideas y conceptos previos. ¿Concuerda con lo que el estudiante conoce acerca de cómo funciona el mundo? Los estudiantes presentan una mayor tendencia a relacionase con el nuevo contenido de aprendizaje cuando este se presenta como una extensión o como una antítesis del conocimiento previo, lo cual les ofrece un sentido de dominio ante nuevos retos.

¿Tiene significado?

Esta segunda pregunta se refiere a si el estudiante encuentra el material relevante y significativo para su vida. ¿Es esta la pregunta básica de "Por qué me debería preocupar en recordar este asunto?" Aunque la pregunta "¿Tiene sentido?" es importante, al final los estudiantes solo se esforzarán por recordar el material si creen que es lo suficientemente importante como para hacerlo.

Fink (2003, 7) describe dos características del aprendizaje significativo: (a) el material resulta en cambios significativos en los estudiantes, cambios que continúan después que se termina el curso, y aun después que se gradúan; (b) lo que aprenden los alumnos tiene un alto potencial para ser de valor en sus vidas después que se termina el curso, al mejorar sus vidas individuales, preparándoles para participar en múltiples comunidades o preparándoles para el mundo del trabajo. Desafortunadamente para la mayoría de los estudiantes, el único nivel de importancia que reciben es "se les va a evaluar en el examen." Por tanto, se esfuerzan en relacionarse con el material durante el tiempo en que este resulta significativo –hasta el final del curso. Al terminar el examen, el material deja de ser importante y lo que se había aprendido pronto se olvida. Pero como educadores cristianos serios con un llamado a ejercer la mayordomía de lo que Dios nos ha dado, esto no puede ser suficiente. Debemos guiar a los estudiantes hacia un aprendizaje más profundo, y este solo tiene lugar si cada estudiante considera que el material es importante para la vida.

¿Por qué usted debe prestar atención a este capítulo sobre el aprendizaje profundo? ¿Por qué debe recordar lo que se está presentando? Si usted no considera que este material sobre el aprendizaje profundo es importante, si no cree que le pueda ayudar a convertirse en un maestro o en un líder ministerial más eficiente, va a terminar de leer este capítulo y dentro de algunos días se le va a olvidar casi todo lo que aquí se ha presentado. Aun si recordara algo del material tratado en este capítulo, solo aquellos elementos que considera significativos y valiosos para su vida y ministerio podrán ser recordados y utilizados dentro de cinco años.

Implicaciones para el aprendizaje en la capacitación para el liderazgo

Entonces, ¿cómo lo llevamos a la práctica? ¿Cómo desarrollamos y presentamos el material de manera que quienes participan en nuestros programas de capacitación para el liderazgo realmente se relacionen con estos en un nivel profundo de aprendizaje que impacte sus vidas? Existen tres áreas básicas que deben ser tomadas en serio:

El currículo: "del contexto al texto"

Lo primero es el currículo. La mayoría de nosotros, independientemente de donde o a quién enseñamos, comenzamos conformando nuestro currículo basados en lo que nos resulta familiar –y este es el currículo teológico clásico con divisiones de Biblia, teología, historia y teología aplicada o pastoral. Esta es una estructura realmente del "texto al contexto" –o sea, comenzando con los textos establecidos y moviéndose (eso esperamos) al contexto del estudiante (aunque en la práctica el último paso no tiene lugar). Esta es una estructura diseñada para los estudiantes jóvenes con una mínima experiencia en la vida. Es una estructura diseñada para una audiencia obligatoria de estudiantes a tiempo completo. Es una estructura profundamente fragmentada que ofrece mucha información pero pocas herramientas para filtrar la vida por medio de lentes bíblicos y teológicos. En resumen, es cuestionable la cantidad de aprendizaje profundo que aporta el currículo tradicional.

En realidad, la edad promedio de los estudiantes en las escuelas teológicas y en los programas de capacitación ha estado aumentando continuamente, de modo que ya no predominan los jóvenes que han salido directamente de la enseñanza media o de la universidad. La mayoría son adultos que traen al aula una experiencia significativa de la vida, así como preguntas importantes sobre la vida. Muchas de estas personas tienen tan poco tiempo disponible que si pudieran escoger, estudiaran solo el material que creen que les ayudará a contestar sus preguntas o que les ofrezca las herramientas para una vida y un servicio efectivo –en resumen, el material que consideran más útil.

Por ejemplo, piense en el caso real de una universidad teológica en el Medio Oriente donde se ofrecieron simultáneamente dos cursos para la comunidad –uno sobre el trasfondo del Nuevo Testamento, y otro sobre los padres cristianos y el desarrollo de los hijos. El primero tuvo una asistencia inicial de seis, y solo llegaron dos hasta el final; el último tuvo una asistencia inicial de catorce y creció a dieciocho hasta el final del curso. Las personas que asistieron tenían poco tiempo y buscaban herramientas para la vida, no solo una información interesante.

Una valoración seria de la naturaleza del aprendizaje profundo necesita actualmente un énfasis mayor en el currículo basado en la estructura "del contexto al texto". Para que se promueva el aprendizaje profundo, el desarrollo del currículo no debe comenzar con la estructura que siempre tuvo en el pasado, sino preguntándonos: "¿Cuáles son los principales intereses y preguntas que tienen nuestros futuros estudiantes?" y "¿Cuáles son las habilidades para la vida y el ministerio que necesitan nuestros futuros estudiantes?" Después se desarrollan los cursos que responden a estas preguntas por medio de textos de las Escrituras, historia, teología y las ciencias sociales.

¿Cómo está estructurado su currículo? ¿Es predominantemente "del texto al contexto", o ha tomado usted en serio las preguntas, necesidades y contextos de los estudiantes al construir un fuerte componente "del contexto al texto"? Si usted ha tomado seriedad en cuanto al aprendizaje profundo, este último debe constituir una prioridad.

Sílabos del curso: ¿Para qué preocuparse?

En segundo lugar, debemos tomar en serio la forma en que organizamos nuestros cursos. En demasiadas ocasiones, los estudiantes toman los cursos porque quieren recibir el diploma –no porque quieren aprender. Con demasiada frecuencia, los estudiantes no están realmente seguros del por qué están estudiando un curso en particular, pero lo hacen simplemente porque forma parte del currículo requerido. Con demasiada frecuencia, los estudiantes consideran lo que están estudiando como una pérdida de tiempo. Pero los instructores tampoco están seguros del por qué están enseñando la materia que imparten. Roland Barth (2001, 4) ha comentado que "la mayor parte de lo que enseñan los profesores no es de interés para ellos; los profesores solo enseñan lo que consideran que alguien quiere que los estudiantes conozcan".

Por ejemplo, una de las mayores tragedias de la educación teológica consiste en la alta proporción de estudiantes que consideran la historia de la iglesia como una de las asignaturas más aburridas e inútiles en el currículo (VerBerkmoes et al. 2001). ¡Qué pérdida! Pero ¿cuántos profesores de historia de la iglesia han reflexionado sobre el por qué a los estudiantes debería interesarles la historia de la iglesia –aparte de que no se concibe un programa de teología sin ella? Existen razones profundas y significativas para enseñar la historia de la iglesia: (a) para que podamos percibir mejor la mano soberana de Dios a través del bien y del mal, y así profundizar nuestra confianza en él; (b) para comprender mejor cómo hemos llegado a ser lo que somos –o sea, una formación de identidad; (c) para que podamos comprender mejor cómo otras personas han llegado a pensar y comportarse de manera diferente a nosotros y así reconocer la diversidad en el pueblo de Dios; (d) para que podamos aprender de las vidas, así como de los errores y éxitos de quienes estuvieron antes que nosotros. Existen otras razones que pudieran segerirse. Pero ¿comprenden los estudiantes estas razones? Y aún más importante, ¿se enseña el material como si estas razones fueran realmente importantes?

Las investigaciones han revelado que los cursos que tienden a resultar en un método superficial de aprendizaje tienen las siguientes características (Rhem 1995):

- Una excesiva cantidad de contenido. El instructor se enfoca en impartir el cuerpo de la información de modo que queda poco tiempo para la reflexión compleja necesaria para un aprendizaje profundo. Los estudiantes aprenden el material requerido para aprobar el curso, pero no se apropian de él lo suficiente.

- Tiempo de clases relativamente alto. El paradigma educacional está orientado hacia el profesor, en lugar de estar orientado hacia el alumno, estando enfocado en lo que el instructor imparte en vez de en el aprendizaje que el estudiante genera personalmente.

- Énfasis en un aprendizaje pasivo en lugar de activo. Los estudiantes invierten la mayor parte del tiempo escuchando y observando en lugar de vincularse activamente con el material.

- Falta de opciones con respecto a las asignaturas y falta de opciones con respecto a los métodos de estudio. Los estudiantes se consideran como faltos de capacitación y por consiguiente, receptores en lugar de agentes activos en el proceso de aprendizaje.

- Un sistema de evaluación que atemoriza y provoca ansiedad. Nuestro compromiso con las calificaciones hace que se debilite la motivación intrínseca en los estudiantes. El aprendizaje profundo se logra mejor por medio de indicaciones multidimensionales que afirmen las áreas de fortaleza y provoquen desafíos en áreas débiles de los estudiantes.

Un compromiso serio hacia el aprendizaje profundo presentará menos contenido, provocará desafíos en los estudiantes para que reflexionen profundamente, capacitará a los estudiantes al proveerles una variedad de opciones apropiadas para el aprendizaje y evitará la ansiedad por medio de prácticas evaluativas orientadas hacia el aprendizaje.

Planificación de lecciones: ¿Para qué preocuparse?

Conocer por qué un curso es importante para el estudiante constituye una buena estrategia –pero no es suficiente. *Cada vez que ejercemos la enseñanza* debemos comprender y comunicar por qué el material es importante y significativo para la vida de los estudiantes.

¿Por qué los alumnos deben estudiar los patrones "nosotros y ustedes" de Efesios 1-3? ¿Por qué deberían estudiar el desarrollo de los credos? ¿Por qué deberían estudiar las caras contemporáneas de la filosofía posmoderna? ¿Por qué deberían luchar con la jerarquía de las necesidades de Maslow? Si usted como profesor no puede responder este tipo de preguntas, puede estar seguro/a de que sus alumnos tampoco serán capaces de hacerlo. Y a no ser que se les dé respuesta a las preguntas de la vida real y a las preocupaciones de la vida real, es probable que el aprendizaje profundo no tenga lugar.

El punto de partida para promover el aprendizaje profundo consiste en conocer los intereses más importantes de los estudiantes. Esta es una de las razones por las cuales la relación estudiante-profesor constituye un elemento esencial en la calidad de la educación. Si un profesor desea que los estudiantes no solo completen el curso, sino que sean transformados por medio del material que se les está presentando, debe conocer bien a los alumnos y debe hacerse repetidamente la pregunta básica: "¿Cómo ayudará este material a mis estudiantes no solo a conocer su fe, sino también a vivir su fe?" Solo cuando los estudiantes consideren que el material es importante para la vida, es que tendrá lugar el aprendizaje profundo.

Conclusión

Las investigaciones sobre la manera en que el cerebro recibe, procesa, almacena y recuerda el material sugieren que gran parte de nuestra metodología educacional actual es inefectiva. Los educadores serios deben apropiarse de patrones que faciliten mejor el aprendizaje profundo –un aprendizaje que perdure, un aprendizaje que impacte las vidas. Ya sea en el currículo como un todo, en el diseño de un curso o en la forma de impartir una lección específica, el aprendizaje profundo solo puede ocurrir si los estudiantes valoran el material como algo significativo para la vida. La búsqueda del significado y el propósito en nuestra enseñanza constituye la clave para un aprendizaje transformador.

Ejercicios

1. Tome un receso de sesenta segundos. Levántese, frote su cuerpo, deje que su sangre circule y si es posible, comente con otra persona en su casa/edificio algo sobre este capítulo. Cuando nos sentamos durante más de veinte minutos, nuestra sangre se acumula en los glúteos y en los pies. Al levantarnos y movernos, hacemos que la sangre circule y después de un minuto, habrá alrededor de un 15 por ciento más de sangre en nuestro cerebro (Sousa 2006, 34).

2. Trate de hacer un análisis aproximado de todo su currículo. ¿Qué por ciento de su currículo comprende cursos "del texto al contexto", y qué por ciento corresponde a los cursos "del contexto al texto"? Describa al menos un paso específico que usted personalmente pudiera dar durante el próximo mes para ayudar a su escuela a promover mejor el aprendizaje profundo por medio de un mayor énfasis en la educación "del contexto al texto".

3. Considere un curso que usted haya impartido recientemente o que usted se encuentre impartiendo ahora y trate de construir una declaración de propósito que explique por qué el curso es importante para los estudiantes. ¿Por qué los estudiantes deben prestar interés en este curso? ¿Cómo se pudiera conectar este curso con las necesidades, intereses y preguntas de los estudiantes adultos en su contexto? ¿Cómo va a ayudar este curso a sus estudiantes para que sean más efectivos en la vida cristiana y el ministerio cristiano? Si usted no puede responder adecuadamente esta pregunta, puede garantizar que sus alumnos tampoco podrán responderla, y aunque aprueben el curso, no habrá ocurrido un aprendizaje profundo. Para desarrollar esta declaración de propósito, imagine que tiene un grupo de estudiantes frente a usted que tienen la opción

de tomar o no este curso. Su tarea es convencerles de que el contenido de este curso es absolutamente crucial para su vida y ministerio futuro. ¿Qué les diría para convencerles? Presente las razones que usted haya desarrollado para una persona laica en su iglesia que nunca haya tomado un curso teológico formal. Pregúnteles qué piensan del curso que usted está proponiendo y de las razones que ha ofrecido para estudiarlo. ¿Hasta qué punto le han convencido estas razones? ¿Por qué o por qué no?

4. Piense en una lección que usted haya impartido recientemente y en los estudiantes en el aula. ¿En qué sentido el material habló a los intereses profundos de los estudiantes? ¿Sobre qué base usted llegó a esta conclusión? ¿Cómo puede usted saber si su lección se está conectando con los estudiantes en maneras significativas de modo que promueva un aprendizaje profundo?

SEGUNDA PARTE

Intencionalidad en la instrucción dentro de la clase

La visión institucional para una educación teológica integrada y misionera, a la cual se ha hecho referencia en la primera parte de este libro, resulta esencial para una conceptualización curricular relevante. Sin embargo, la mejor estructura curricular en el mundo no tendrá éxito si la facultad no comprende y acepta su carácter de relevancia integradora y misionera durante sus prácticas en el aula. Para muchos de los profesores, sus únicas experiencias educacionales les han dejado una "caja de herramientas" de métodos de instrucción limitados y bastante tradicionales. La segunda parte de este libro está dedicada a proveer directrices para el fortalecimiento de la práctica en el aula y expandir el posible repertorio de métodos de instrucción que pueden emplearse en la enseñanza. La meta de este material consiste en desarrollar enfoques de instrucción que tomen en serio el mandato misionero de la iglesia y que estén más enfocados en el aprendizaje que en la enseñanza.

La intencionalidad creativa en la instrucción dentro de la clase comienza con la manera en que conformamos un curso. El capítulo 9 guía a los maestros a través de un método de "diseño en reverso" para el desarrollo del curso. El punto de partida consiste en una articulación de cómo el curso pudiera contribuir al desarrollo de líderes que estén equipados para ayudar a que la iglesia cumpla con su mandato misionero. Con este propósito establecido, se desarrollan resultados más específicos y después las tareas de aprendizaje que pudieran medir el crecimiento del estudiante hacia esos resultados, las actividades que se necesitan para proveer a los estudiantes el conocimiento deseado, las actitudes y habilidades, y después los recursos de aprendizaje y los detalles logísticos. Cuando los miembros de la facultad entren a sus clases con una visión a largo plazo en mente, su método inevitablemente cambia de un enfoque en la enseñanza a un enfoque en el aprendizaje significativo.

El modelo predominante para impartir la lección es más parecido a un trabajo de investigación que a lo que se conoce acerca de cómo aprenden las personas. La tendencia en dicho modelo consiste en desarrollar un enfoque "lógico" en lugar de uno "psicológico", pasando por la introducción, puntos uno, dos, tres, y así sucesivamente, con otros subpuntos. Un enfoque orientado en el aprendizaje tiene una forma completamente diferente: de acuerdo a lo que se conoce acerca del aprendizaje profundo, las lecciones efectivas desarrollan conceptos claros, y cada episodio de aprendizaje establece un diálogo entre el texto y el contexto. Las directrices clave para un enfoque orientado en el aprendizaje aparecen en el capítulo 10.

Los capítulos 11 al 13 están dedicados a llenar la "caja de herramientas" del maestro con posibilidades metodológicas. Se ofrece un enfoque particular para el diseño de las preguntas, comenzando con el tipo de preguntas divergentes que desafían a los estudiantes a pensar profundamente en los niveles analítico, sintético y evaluativo. Es difícil que la instrucción en el nivel puramente cognitivo lleve a un aprendizaje abarcador y transformador, se ofrecerán también las directrices para el diseño de preguntas que traigan la dimensión afectiva y conductual del aprendizaje al diálogo en el aula. Contar historias es algo que se valora en todo el mundo, particularmente en el hemisferio Sur y Este. Por lo tanto, no nos sorprende que los estudios de caso constituyan un enfoque poderoso para la instrucción en el aula en la educación teológica. El diseño e implementación de los estudios de caso constituyen el aspecto central del capítulo 13.

La educación teológica se desarrolló primeramente en el Occidente y durante siglos estuvo dominada casi exclusivamente por hombres. Por lo tanto, no es una sorpresa que gran parte de la metodología educacional empleada en la educación teológica se ajuste mejor a los hombres occidentales que a los del hemisferio Sur y Este, o a las mujeres en general. Mientras tanto, el centro global de la educación teológica se está alejando del Occidente, y la proporción de estudiantes femeninas de teología está creciendo en todas las denominaciones y en todas las regiones del mundo (Esterline et al. 2013). El capítulo 14 muestra algunas de las teorías recientes sobre estilos de aprendizaje, así como algunas de las investigaciones sobre género y preferencia cultural en el aprendizaje. Para el cumplimiento del mandato misionero de la educación teológica, los instructores necesitan tomar en serio la diversidad en los patrones de aprendizaje y responder a las diferentes necesidades de aprendizaje de sus estudiantes.

La calificación y evaluación de los estudiantes está generalizada en la educación. En el capítulo 15 se presenta un desafío al papel prominente de las calificaciones –particularmente en la educación teológica. Se propone una variedad de estructuras de evaluación alternativas; estas tienen una mayor tendencia a promover un compromiso intrínseco para el aprendizaje y de esta manera servir mejor a la visión misionera de la educación teológica.

El capítulo final del libro consiste en una palabra de aliento y desafío. Se han desarrollado muchas investigaciones para conocer las características de los maestros prominentes, y este capítulo resume algunos de los contornos clave de esta investigación. Una consecuencia fundamental que trae consigo vivir entre el "ya" y el "todavía no" consiste en la necesidad de una auto-evaluación continua con respecto al ideal (P. Shaw 2006b), y estas características pueden proporcionar lentes útiles al esforzarnos juntos hacia la excelencia en la educación teológica.

9

Diseño del curso para el aprendizaje multidimensional

Para muchos maestros, redactar el sílabo de un curso constituye una tarea engorrosa sin mucho sentido. Sin embargo, los sílabos efectivos proveen una base para la educación centrada en el aprendizaje intencional, con parámetros para una mutua responsabilidad entre el instructor y los estudiantes. En este capítulo le será presentada una noción del "diseño en reverso" de los cursos, y será guiado paso por paso a través del proceso de diseño del curso para un aprendizaje multidimensional:

- Definir el *propósito* del curso.
- Establecer los *resultados* deseados en el *aprendizaje* a largo plazo (aprendizaje profundo) en los niveles cognitivo, afectivo y conductual.
- Crear *tareas de aprendizaje* adecuadas con el objetivo de medir el progreso alcanzado por los estudiantes hacia el cumplimiento de los resultados de aprendizaje.
- Diseñar *actividades de aprendizaje* que proveerán a los estudiantes conocimiento, habilidades y oportunidades para un crecimiento integral y que son necesarias para completar las tareas de aprendizaje.
- Enumerar *recursos de aprendizaje* relevantes a los que los estudiantes puedan acceder para respaldar su aprendizaje.
- Proveer elementos de *mutua responsabilidad*, tales como tiempo establecido para los trabajos asignados, políticas de las clases y compromiso de los profesores.

Diseño en reverso

Al aumentar el número de investigadores educacionales que toman en serio la noción de que la educación se trata de aprender, no de enseñar, y al incrementarse las investigaciones acerca de la naturaleza del aprendizaje y los medios por los cuales este puede ser promovido, emergen nuevos modelos de diseño educacional. Uno de los modelos de diseño de cursos más influyentes es el que Grant Wiggins (1998) describió como "diseño en reverso". En lugar de comenzar con el contenido, el instructor comienza realizando preguntas: "¿Qué espero que los estudiantes aprendan, de modo que continúe ahí y tenga valor varios años después de que se termine el curso?" La respuesta a esta pregunta forma la base de los "resultados de aprendizaje" para el curso. La persona que diseña el curso se mueve hacia atrás en el tiempo, hacia el final del curso y realiza la pregunta: "¿Qué tendrán que hacer los estudiantes para convencerme de que han progresado en su peregrinaje hacia los resultados deseados en el aprendizaje a largo plazo?" Entonces esta se convierte en la base para lo que se describe como "tareas de aprendizaje", por medio de las cuales los estudiantes ofrecen evidencia del nivel de aprendizaje que ha tenido lugar. Y finalmente, el instructor regresa al curso en sí y pregunta: "¿Qué deberían hacer los estudiantes durante el curso para poder progresar en el aprendizaje de modo que dominen estas tareas?" La respuesta a esta pregunta impulsa al instructor a moldear el diseño de instrucción para el aprendizaje y que no sea simplemente un acto de enseñar.

El "diseño en reverso" puede ser un desafío para los instructores que han sido educados en un paradigma tradicional. Sin embargo, el proceso es bastante directo, y en el resto de este capítulo se presentará un proceso de diseño de curso paso por paso. Cada paso tiene su lugar en el proceso, y en su totalidad funciona de manera unida para promover la intencionalidad en la instrucción, un elemento importante para mejorar la motivación del estudiante hacia el aprendizaje. Un ejemplo de cómo pudiera ser el sílabo una vez completado aparece en el anexo 9.1; le puede servir de ayuda referirse a este ejemplo de sílabo al trabajar en cada uno de los pasos.

Paso 1: Declaración de propósito

Cada curso significativo se encuentra dirigido hacia una carencia fundamental –ya sea en la iglesia o en los estudiantes. Aunque nosotros como instructores tenemos la tendencia a enfocarnos en las necesidades cognitivas, las carencias más significativas son más frecuentes en el área afectiva o en la conductual. El punto de partida para cada curso relevante y significativo consiste en pensar por qué este curso es importante. ¿Cómo pudiera ayudar este curso a los futuros líderes en su preparación para su futuro ministerio? ¿Por qué deberían interesarse los estudiantes por este curso de modo que se involucren con nosotros en un aprendizaje significativo? El desafío de una educación teológica de calidad consiste en transformar nuestro diseño de instrucción de una mera transferencia de información hacia una capacitación integral de una generación de practicantes que sean teológicamente reflexivos. Como discutimos en el capítulo anterior sobre el aprendizaje profundo, la aceptación de un aprendizaje a largo plazo por parte de los estudiantes está directamente relacionada con el nivel en el que perciben un significado y un valor en el material que están estudiando. La declaración de propósito explica a los estudiantes la importancia de este curso al prepararles para el contexto de sus futuros ministerios.

Una buena declaración de propósito tiene la siguiente estructura:

- Un breve resumen de la declaración de visión y misión del programa o la institución donde se ofrece el curso.

- Una descripción de algunos de los retos contextuales específicos hacia los que irá dirigido este curso.

- Una descripción de cómo el contenido y la metodología de este curso pudieran ayudar a los estudiantes a estar mejor capacitados para enfrentar estos retos y ayudar a otros a enfrentarlos.

La declaración de propósito debe guiar de forma natural hacia los "resultados de aprendizaje".

Paso 2: Resultados de aprendizaje

Como ocurre con muchos términos educacionales, la expresión "resultados de aprendizaje" ha sido utilizada de diversas maneras. Por muchos años, era casi un sinónimo de "objetivos conductuales" –resultados específicos y medibles de un "paquete" de aprendizaje, ya sea una lección, un curso o un programa de estudio completo. Esta comprensión altamente directiva ha sido muy criticada por frenar la creatividad intelectual, la experimentación y el descubrimiento, promoviendo un clima que inhibe la capacidad de los maestros y estudiantes para recibir y vincularse con la incertidumbre, llevándoles finalmente hacia la trivialización del aprendizaje (Furedi 2012).

El problema al comparar "resultados de aprendizaje" con "objetivos conductuales" radica en que el aprendizaje más importante no es aquel que se demuestra en los exámenes y trabajos que se entregan al finalizar un curso, sino aquel que permanece cinco años o más. Por lo tanto, un enfoque más significativo con respecto a los resultados de aprendizaje trata de responder la pregunta: "¿Qué es lo que espero que aprendan los estudiantes, que permanezca y tenga valor durante varios años después que se termine el curso, e impacte el pensamiento, el carácter y la conducta de los estudiantes?" La meta de su curso consiste en llevar a sus estudiantes por un peregrinaje hacia estos objetivos significativos de aprendizaje. Los resultados de aprendizaje deben estar centrados en un crecimiento integral, por lo tanto, un marco apropiado es el siguiente:

> Al finalizar este curso usted debe haber demostrado un crecimiento en las siguientes áreas:
> - *Cognitiva* [¿Cuál será el conocimiento significativo y las habilidades del pensamiento que este curso le aportará a los estudiantes?]
> - *Afectiva* [¿Qué actitudes, motivaciones y rasgos del carácter desarrollará este curso en los estudiantes?]
> - *Conductual* [¿Qué habilidades personales y/o ministeriales desarrollará este curso en los estudiantes, y/o qué acciones usted espera que sus estudiantes tomen durante el curso o después que este culmine?]

El reconocimiento de la importancia de los resultados de aprendizaje tiene casi un siglo y fue formalizado a través de taxonomías desarrolladas por los equipos de Bloom (1956) y Krathwohl (1964) (tratados en el capítulo 4) después de una reunión informal de examinadores de la universidad en la Convención de la Asociación Americana de Psicología de 1948, en Boston. Durante los años posteriores a la publicación de las taxonomías del aprendizaje originales, un gran número de educadores ha elaborado listas de verbos que constituyen herramientas detalladas para diseñar resultados de aprendizaje. Una selección de verbos relacionados con el aprendizaje se muestra en el anexo 9.3.

Más recientemente, se ha expresado cierta preocupación con respecto a la necesidad de desarrollar habilidades mega-cognitivas, por medio de las cuales los estudiantes no solo aprenden, sino también aprenden *cómo aprender*, y cómo dirigir su aprendizaje al comprender cómo este aprendizaje tiene lugar. Así, se convierte en la base para un aprendizaje de por vida. Suskie (2009, 123 - 24) plantea: "El conocimiento está creciendo a un paso exponencial, por lo tanto existe un creciente reconocimiento de que debemos preparar a los estudiantes para un aprendizaje de por vida, generalmente por ellos mismos, haciendo de la mega-cognición una habilidad cada vez más valorada".

La mega-cognición incluye rasgos cognitivos como: discutir y evaluar sus propias estrategias de solución de problemas; la habilidad para examinar y evaluar críticamente la base de sus propios argumentos; y el desarrollo y evaluación de planes de aprendizaje. De la misma manera, el aprendizaje afectivo de calidad va más allá de las metas de apreciación, desarrollo del carácter y la valoración, hacia una conciencia de cómo sus propios valores, actitudes y opiniones pueden continuar siendo alimentados y desarrollados por toda la vida (Suskie 2009, 123). La educación teológica para un crecimiento de toda la vida supone el desarrollo de habilidades de aprendizaje auto-monitoreadas y auto-evaluativas que deben jugar un papel en los resultados de aprendizaje para nuestros cursos.

Paso 3: Tareas de aprendizaje

Las tareas de aprendizaje son las que deben hacer los estudiantes para demostrar que han crecido en las áreas descritas en la sección anterior sobre los resultados de aprendizaje. Las buenas tareas de aprendizaje no consisten meramente en un trabajo para mantenerles ocupados, sino para promover un aprendizaje genuino. Las tareas de aprendizaje tienen como propósito responder la pregunta: "¿Qué tendrán que hacer los estudiantes para convencerme de que han progresado hacia las metas de aprendizaje?" La excelencia en el diseño de un curso también asegura que cada resultado de aprendizaje de alguna manera sea dirigido por una o más de las tareas de aprendizaje. Este procedimiento ofrece la seguridad al instructor de que el curso, no solo en palabra sino en la práctica, está diseñado para lograr un crecimiento abarcador intencional.

Las buenas tareas de aprendizaje ofrecen a los estudiantes una dirección clara, así como un estimado del tiempo que tomará la tarea. En muchos casos, el destino final del curso es conductual (obediencia), en cuyo caso las tareas de aprendizaje deben contener algo práctico.

Las tareas de aprendizaje de calidad establecen expectativas desafiantes pero realistas. En muchos casos, cuando los estudiantes conocen exactamente lo que deben hacer para alcanzar una alta calificación, se esfuerzan para alcanzar la meta, aunque esto signifique lograr objetivos que nunca pensaron que podrían aspirar. Aunque la afirmación de Jaime Escalante (del filme de 1988, *Stand and Deliver*) de que "los estudiantes alcanzarán el nivel de las expectativas de sus maestros" no siempre funciona en la práctica, y las altas expectativas no garantizan una efectividad, sí juegan un papel fundamental en los logros de los estudiantes. Esto se muestra con mayor claridad en lo que se conoce como "la profecía de auto-cumplimiento", mencionada primeramente por Rosenthal y Jacobson (1992) en su famoso experimento por medio del cual demostraron un vínculo existente entre las expectativas del maestro y el desarrollo del estudiante. En el experimento original, estudiantes de dieciocho aulas fueron sometidos a un examen estándar de inteligencia verbal. Sus maestros fueron convencidos de que este examen les ayudaría a identificar a los estudiantes que estaban a punto de florecer académicamente. Los realizadores del experimento estimaron al 20 por ciento de los estudiantes con mayor potencial para el éxito. Sin embargo, los estudiantes fueron seleccionados al azar y sin tener en cuenta los resultados del examen –un hecho que desconocían los maestros. Una re-administración del mismo examen unos ocho meses más tarde mostró marcadas diferencias en el crecimiento intelectual entre los supuestos ganadores y el resto de los estudiantes.

Una evidencia experimental similar, incluyendo una investigación entre estudiantes de edad madura (Avolio et al. 2009; Etherington 2011), respalda fuertemente la noción de que el logro está muy relacionado a las expectativas y actitudes del maestro. Aquellos que esperan grandes logros generalmente actúan con el propósito de cumplir su "profecía". Por lo tanto, en sus tareas de aprendizaje, usted debería pedir a los estudiantes que demuestren no solo una simple comprensión, sino también habilidades del pensamiento como son:

análisis, evaluación y creatividad. Si usted establece parámetros claros y detallados para una tarea de aprendizaje, así como una descripción clara de lo que se espera para lograrla, junto con una afirmación entusiasta de la habilidad del estudiante para cumplir la tarea, sus estudiantes podrán responder positivamente a las tareas de aprendizaje que se les asignen.

El tiempo disponible para los estudiantes fuera del aula es limitado, y el diseño de calidad de las tareas de aprendizaje considera cuidadosamente si el tiempo que los estudiantes dedican a las asignaciones será suficiente para que ocurra un aprendizaje. Existe una tendencia a orientar trabajos de investigación extensos, sin considerar si los estudiantes realmente aprenderán el doble al realizar un trabajo que requiera veinte horas de tiempo extra-clase, con respecto a un trabajo de diez horas. ¿Aprenderán mucho más los estudiantes al realizar un trabajo de treinta páginas que con uno de cinco páginas (que le tomará al instructor mucho menos tiempo para evaluar)? A veces, los resultados en el aprendizaje cognitivo quizás no requieran un trabajo final o un proyecto de investigación tradicional. Los estudiantes pueden alcanzar un progreso hacia los resultados de aprendizaje tan efectivamente al completar una propuesta de investigación o una anotación bibliográfica (Suskie 2009, 159).

Las tareas afectivas son generalmente evaluadas por medio de un diario o mediante formas de expresión creativa como poesía, música, pintura o danza. Las tareas conductuales están dirigidas hacia los medios de experiencia en el aprendizaje como: apadrinamiento por parte de otros alumnos, investigación en la comunidad, o una actividad de servicio con reflexión.

El diseño de tareas de aprendizaje de calidad constituye uno de los elementos que más tiempo consumen en el diseño de un curso de calidad. El elemento creativo en el diseño de una tarea es solo el primer paso. También debe haber una clara descripción paso por paso de lo que se pide, así como una aclaración de lo que se debe hacer para lograr una excelencia en la tarea, un estimado del tiempo requerido para que el estudiante realice un excelente trabajo y una clara conexión con los resultados relevantes del aprendizaje que han sido definidos previamente.

Un último elemento importante en las tareas de aprendizaje consiste en asegurarse de que la cantidad total de trabajo (lectura, escritura y práctica) que se le pida a los estudiantes esté dentro de los parámetros permitidos por la escuela. Por ejemplo, tanto bajo el Sistema American Carnegie como el Sistema Europeo de Transferencia de Créditos, cada crédito de trabajo debe representar un total de veinticinco a treinta horas de aprendizaje. La práctica normal en el nivel de licenciatura es aproximadamente la mitad de este tiempo en clases y la mitad fuera de clases. Un curso de tres horas crédito tendría por lo tanto un total de unas noventa horas de aprendizaje, de las cuales cuarenta y cinco serían en clases y cuarenta y cinco fuera de clases. El total de todas las tareas de aprendizaje (incluyendo el tiempo asignado a la lectura) entonces sería aproximadamente cuarenta y cinco horas.

La mayoría de las escuelas piden a los estudiantes que realicen cierta cantidad de lectura como parte de las tareas de aprendizaje. Es importante que las escuelas desarrollen una comprensión realista de la velocidad de lectura de los estudiantes. En general, los anglo-parlantes nativos en el nivel de licenciatura deben ser capaces de leer de quince a veinticinco páginas por hora, dependiendo de la naturaleza del texto. Los textos teológicos complejos pueden tomar más tiempo que los libros más prácticos. Si los estudiantes están leyendo en inglés como su segunda lengua, tendrán velocidades de lectura menores. Si la facultad ofrece expectativas de lectura irrealistas, es probable que los estudiantes no completen la lectura o se sientan resentidos debido al trabajo orientado por el instructor.

El monitoreo institucional de las horas para las tareas de aprendizaje es importante para asegurar que la cantidad de trabajo se ajuste a los créditos otorgados. También puede atenuar algunas de las tensiones que se producen cuando un instructor coloca una fuerte carga en los estudiantes de modo que afecta grandemente los trabajos orientados por otros miembros de la facultad.

Paso 4: Actividades de aprendizaje

Las actividades de aprendizaje son aquellas que el instructor (o la persona "facilitadora del aprendizaje") desarrollan con el propósito de capacitar a los estudiantes para que aprendan y crezcan. Las actividades de aprendizaje incluyen el contenido y la metodología por medio de los cuales el instructor planifica facilitar el aprendizaje multidimensional al estudiante. Parafraseando a Grant Wiggins (1998), las actividades de aprendizaje son diseñadas para responder la pregunta: "¿Qué deberían hacer los estudiantes durante el curso para poder desarrollar bien las tareas de aprendizaje?"

El contenido y la metodología siempre deben responder al propósito curricular y a los resultados de aprendizaje, y no dirigir al currículo del curso. Los siguientes elementos constituyen principios básicos de excelencia en el diseño de actividades de aprendizaje:

- Debe enfocarse en el aprendizaje multidimensional en vez de en la enseñanza.
- Aunque siempre existirá la necesidad de vincular a los estudiantes con el nuevo contenido, la mera presentación del material raramente produce un cambio en la formación.
- El aprendizaje es directamente proporcional a la trascendencia contextual y a la manera en que el estudiante se involucra en el proceso de aprendizaje.
- Una diversidad de las actividades de aprendizaje que incluya elementos de la presentación del contenido y de lectura, discusión y metodologías creativas de enseñanza tiende más a resultar en un aprendizaje formador efectivo (cognitivo, afectivo y conductual).

Resulta inevitable que en la primera presentación del material del curso un instructor necesitará invertir muchas horas para dominar el contenido y asegurarse de proveer a los estudiantes el conocimiento y la comprensión apropiados. Sin embargo, un enfoque en el aprendizaje exige más que dominar el contenido. El aprendizaje efectivo emerge cuando las metodologías para la instrucción son diseñadas para ayudar a los estudiantes a vincularse con el material en un nivel profundo. Los maestros relevantes no solo leen y crecen en su campo, sino que también revisan detalladamente la metodología del curso cada vez que la enseñan. Por lo tanto, la metodología para la instrucción debe consumir tanta atención de nuestra parte como el contenido que presentamos. En los capítulos siguientes se presentará una variedad de metodologías educacionales que pueden ayudarle en el camino hacia la excelencia en la facilitación del aprendizaje.

Paso 5: Recursos de aprendizaje

Los recursos de aprendizaje respaldan las actividades y tareas de aprendizaje. Tradicionalmente, esta parte ha comprendido una lista de textos disponibles en la biblioteca, casi siempre en reserva. Sin embargo, los instructores cada vez más complementan los textos con recursos en línea, incluyendo vínculos para bases de datos importantes. También pudiera ser útil incluir recursos humanos, personas dentro o fuera de la escuela a quienes los estudiantes pudieran consultar en el proceso del cumplimiento de las tareas de aprendizaje. Mientras mayor variedad contengan los recursos de aprendizaje, mayor será el potencial para capacitar a los estudiantes en el proceso de aprendizaje de por vida.

Paso 6: Responsabilidad mutua

El último elemento en el desarrollo de un curso de calidad consiste en el establecimiento de la responsabilidad mutua entre el estudiante y el instructor. Esta debe ser en dos direcciones:

- Con respecto a los estudiantes, políticas del aula que aclaran las expectativas del instructor en relación con la vinculación profesional. Estas expectativas pueden incluir la preparación para las sesiones de clase y participación activa en las sesiones, respeto hacia los demás estudiantes dentro y fuera de clases, llegar en tiempo a la clase, ajustarse a la fecha de entrega de los trabajos, integridad académica y reacción apropiada hacia el instructor en relación a su manera de actuar.

- Con respecto al instructor, compromiso con los estudiantes. En un nivel básico, incluye la provisión de información de contacto (dirección de email, teléfono de la oficina, etc.) y detalles de disponibilidad fuera del aula (horario de oficina). Sin embargo, resulta muy importante para los estudiantes si un instructor está dispuesto a comprometerse en asuntos como el tiempo en la tarea (utilizar el tiempo de la clase de manera efectiva), propiciar la retroalimentación, una actitud positiva hacia los estudiantes y un respeto a la diversidad.

Conclusión

El diseño de un curso de calidad requiere tiempo y esfuerzo pero trae consigo grandes recompensas. Cuando trabajamos en reverso desde el propósito y los resultados de aprendizaje a largo plazo, por medio de tareas que midan el progreso de la peregrinación en el aprendizaje, y solo después de esto desarrollamos las actividades que pudieran servir para aprender, podremos ganar una perspectiva con respecto a lo que es genuinamente crucial y lo que es de un valor secundario. Los maestros que se comprometen con este proceso, inevitablemente desarrollan una pasión contagiosa por su material, y los estudiantes podrán ver su experiencia educacional como algo valioso y transformador en lugar de ser simplemente el medio para obtener un diploma.

Tres preguntas básicas sobre el diseño en reverso de los cursos

1. "¿Qué espero que aprendan los alumnos de modo que permanezca como algo útil siete años después de terminar el curso?" La respuesta a esta pregunta sienta las bases de los resultados de aprendizaje del curso.

2. "¿Qué tendrán que hacer los estudiantes para convencerme de que han progresado en su peregrinaje hacia los resultados deseados en el aprendizaje a largo plazo?" Esta se convierte en la base para lo que se describe como las "tareas de aprendizaje", por medio de las cuales los estudiantes ofrecen evidencia del nivel en el que ha tenido lugar el aprendizaje.

3. "¿Qué deben hacer los estudiantes durante el curso para poder progresar lo suficiente como para dominar las tareas de aprendizaje?" La respuesta a esta pregunta impulsa al instructor a dar forma al diseño de la instrucción con el propósito de aprender y no simplemente de enseñar.

Pasos para el diseño del sílabo

Considere un curso que usted vaya a impartir en un futuro cercano.

1. *Declaración de propósito.* En los ejercicios que aparecen en la conclusión del capítulo anterior sobre el aprendizaje profundo, se le pidió que desarrollara una declaración de propósito que fuera entendible y significativa para los estudiantes. Revise lo que usted hizo en aquel ejercicio y reelabore la declaración de propósito partiendo de la siguiente estructura: (a) "El… [programa / universidad / escuela] existe para…"; (b) "Sin embargo… [mencione los retos contextuales]: (c) "El presente curso busca servir a este propósito por medio de…" Quizás usted desee considerar el enfoque desarrollado en la muestra de sílabo 1 (Anexo 9.1).

2. *Resultados de aprendizaje.* Mirando hacia el futuro, de cinco a diez años después de terminar este curso, (a) *cognitivamente:* ¿Qué elementos resultan esenciales para que los alumnos conozcan? ¿Qué habilidades del pensamiento usted quisiera que los estudiantes desarrollen a través de este curso? (b) *afectivamente:* ¿Cómo usted quisiera que los alumnos cambien en actitud, motivaciones o emociones, al estudiar ese curso? Sobre la base de estas reflexiones, establezca resultados de aprendizaje empleando la siguiente estructura: "Al finalizar ese curso usted debe haber demostrado un crecimiento en las siguientes áreas: cognitiva…; afectiva…; conductual…" Al formular sus resultados de aprendizaje, quizás le sea útil consultar el modelo presentado en la muestra de sílabo 1 (anexo 9.1) y la lista de verbos en el anexo 9.3.

3. *Tareas de aprendizaje.* Sugiera tareas que faciliten los resultados de aprendizaje y al mismo tiempo midan el grado de cumplimiento de los mismos. ¡Sea creativo! Considere elementos como: un diario guiado, un sermón o una lección bíblica, una declaración de fe, capilla, poesía, drama, pintura, una pieza de música, una relación de apadrinamiento, viajes con reflexión, grupos de oración con trabajo de reflexión, estudios de caso escritos y discutidos por los estudiantes, presentaciones de grupo en clases y entrevistas con reflexión; incluso un trabajo de investigación pudiera incluir componentes afectivos y conductuales. Ofrezca detalles apropiados sobre las tareas de aprendizaje, asegurándose de que los siguientes elementos se cumplan satisfactoriamente:

- Suficientes detalles para evitar la ambigüedad;
- Una explicación de lo que deben hacer para lograr excelencia en la tarea;
- Un tiempo realista estimado para lograr un buen nivel de trabajo;

- Que la cantidad total de trabajo orientado a los estudiantes (incluyendo todas las lecturas, trabajos escritos y prácticos) esté dentro de los parámetros indicados por la escuela para el curso;
- Que cada tarea incluya una explicación del resultado de aprendizaje al que se refiere;
- Que cada resultado de aprendizaje esté relacionado de alguna manera con una o más de las tareas de aprendizaje.

4. *Actividades de aprendizaje, recursos de aprendizaje y responsabilidad mutua.* Para los sílabos en los que usted ha estado trabajando, (a) Delimite el contenido principal que usted desea tratar en cada sesión del curso; (b) Haga una lista de las posibles metodologías que usted quisiera emplear en sus sesiones de clases como un medio para mejorar el proceso de aprendizaje; (c) Realice una lista de los recursos de aprendizaje incluyendo textos, recursos en línea así como recursos humanos disponibles en su contexto; (d) Escriba una serie de compromisos que usted espera de sus estudiantes, así como los compromisos que usted estará dispuesto a cumplir con sus estudiantes. Puede resultar útil revisar y adaptar las políticas ofrecidas en la muestra de sílabo que aparece en el anexo 9.1.

Ejercicios

1. Lea las dos muestras de sílabos en los anexos 9.1 y 9.2 y responda las siguientes preguntas:
   - ¿Con cuál de los dos sílabos se siente más cómodo? ¿Por qué?
   - ¿Qué es lo que más le gusta del sílabo alternativo (anexo 9.1)? ¿Por qué? ¿Qué es lo que menos le gusta? ¿Por qué?
   - El sílabo tradicional (anexo 9.2) comienza con el contenido y luego orienta las tareas, mientras que el sílabo alternativo se mueve desde la descripción del curso hacia las metas, y luego hasta las tareas de

aprendizaje. Ofrezca dos o tres razones por las que el último enfoque pudiera considerarse más sano educacionalmente.

- ¿En qué maneras el sílabo alternativo trata de adoptar el ABCD del aprendizaje, (a) con respecto a las metas para el curso; (b) por medio de las tareas de aprendizaje; (c) por medio de la metodología para la instrucción?

- Describa uno o dos aspectos negativos del currículo oculto que se encuentren implícitos en el enfoque tradicional que utiliza el enfoque alternativo de forma positiva e intencional.

- El enfoque tradicional se encuentra bastante libre de riesgos para el instructor. ¿Cuáles son las posibles dificultades que usted observa en el enfoque alternativo? Describa algunos pasos específicos que se pudieran dar para vencer estas dificultades.

- Del sílabo alternativo, nombre al menos un aspecto que usted no esté utilizando pero que piensa poder incorporar en su enseñanza.

2. Kennedy, Hyland y Ryan (2007) distinguen entre "objetivos de aprendizaje" y "resultados de aprendizaje" –los primeros son más generales, los últimos más específicos. En este capítulo no se ha realizado esta distinción, debido al énfasis en el aprendizaje profundo y en el diseño en reverso. En su lugar, en este capítulo lo que Kennedy, Hyland y Ryan llaman "resultados de aprendizaje" se encuentra implícito en las "tareas de aprendizaje". ¿Cuáles son las fortalezas y debilidades que usted observa al hacer una distinción entre "objetivos" y "resultados" en la implementación del diseño del curso?

3. Fink (2003, 24-25) describe algunos problemas comunes que enfrentan los maestros: (1) lograr que los alumnos se preparen antes de la clase –lo que trae consigo que no estén preparados para trabajar con problemas y preguntas desafiantes; (2) aburrimiento en los estudiantes, ya sea con las lecciones del maestro o con todo el curso; (3) pobre retención del conocimiento, particularmente al pasar a otros cursos. ¿De qué maneras un enfoque de diseño en reverso para el desarrollo de un curso pudiera servir para enfrentar algunos o todos estos retos?

Anexo 9.1

Muestra de sílabo 1
TS 201 Introducción a la teología sistemática

Primavera del 2007
Facilitador de aprendizaje: David Kouri
4 horas crédito (60 horas en clases + 60 horas fuera de clases = 120 horas)

Descripción del curso

"Un estudio de las principales doctrinas cristianas, siguiendo el método de teología sistemática e incluyendo un estudio de las declaraciones doctrinales y del credo, así como sus implicaciones para la vida y ministerio".

Propósito

El propósito principal de sus estudios teológicos es fortalecer su conocimiento, actitudes y habilidades para que pueda ayudar a la iglesia en su tarea misionera de que se reconozca a Cristo como el Señor por toda la tierra. La iglesia no puede ser efectiva en el cumplimiento de su mandato misionero sin una clara comprensión de quién es Dios y cómo Dios desarrolla su propósito en el mundo. Por esta razón, la efectividad de cualquier persona en el servicio cristiano está basada en una relación cada vez más profunda con Dios. El conocimiento de Dios –su carácter y las maneras en que actúa, resulta esencial para conocerle y servirle. El propósito de este curso consiste en guiarle hacia una comprensión más profunda de Dios en el camino hacia un conocimiento más profundo de quién es él y vivir la vida cristiana en una relación personal con él. Al crecer en su conocimiento de Dios, usted podrá ayudar al pueblo cristiano a crecer en su conocimiento acerca de quién es Dios. También resulta importante que usted sepa que no está solo en su peregrinaje de fe en Dios, pues somos parte de la reflexión sobre la experiencia de pensadores cristianos durante estos dos milenios. Por lo tanto, el curso le guiará hacia una comprensión de la teología en una perspectiva histórica.

Resultados de aprendizaje

Al final de este curso, usted debe haber demostrado un crecimiento en las siguientes áreas:

- *Afectiva:* una relación personal más profunda con Dios por medio de la reflexión sobre los grandes temas teológicos mostrados en las Escrituras y discutidos a través de la historia.
- *Cognitiva:* una mayor comprensión de algunos de los grandes temas teológicos discutidos a través de la historia de la iglesia, y su trascendencia para la espiritualidad personal, la vida de la iglesia y la misión para la sociedad circundante.
- *Conductual:* dar pasos prácticos para poder reflexionar teológicamente sobre asuntos personales y ministeriales y/o asuntos confrontados en el mundo secular, y por consiguiente actuar como un practicante teológicamente reflexivo.

Tareas de aprendizaje

1. Su primera tarea de aprendizaje consiste en *leer el conjunto de tareas que se ofrecen a continuación* (1 hora). Se le entregará un "contrato" en el cual usted afirma que ha leído detalladamente las tareas de aprendizaje y se compromete a realizarlas.

Teniendo en cuenta que el propósito de las tareas de aprendizaje consiste en que usted ofrezca evidencia de que ha progresado con respecto a los resultados de aprendizaje, le aliento con respecto a su creatividad y apropiación del conocimiento, que *sugiera tareas alternativas* que concuerden mejor con su estilo de aprendizaje. Sin embargo, las tareas sugeridas por usted deben incluir un esfuerzo comparable fuera de clases y debe ajustarse a los resultados de aprendizaje. Si usted está interesado en diseñar una o varias tareas de aprendizaje alternativo, puede hablar conmigo y le ayudaré en el proceso.

2. Usted deberá llevar un *diario personal* de reflexiones. Para cada una de las lecturas (14 x 2 = 28 horas) y sesiones de clase (14 x ½ hora = 7 horas) los diarios deben incluir al menos lo siguiente:

- Un breve resumen de algunos de los asuntos clave surgidos de la lectura o de la sesión de clases.
- Fuertes sentimientos –positivos o negativos, que surgieron producto del material, con una breve declaración acerca de la posible fuente de estos sentimientos.
- Respuesta a la pregunta: "Si esto es cierto, ¿entonces qué?" –las implicaciones prácticas de los asuntos clave en la vida y el ministerio.

Los diarios también deben incluir elementos como: oraciones, estructuras de sermones e himnos, en respuesta a las lecturas y conferencias.

Se le pedirá que forme grupos comprometidos de 3 o 4, y media hora del tiempo de clase cada dos semanas estará dedicado para que estos grupos se reúnan y comenten sobre sus diarios y para que oren los unos por los otros. (8 x ½ hora = 4 horas)

El propósito de esta tarea de aprendizaje consiste en incrementar su conocimiento personal de Dios por medio de la reflexión sobre los grandes temas teológicos observados en las Escrituras y discutidos a través de la historia.

(Total de 39 horas = 50% de la evaluación del curso)

3. Se le pedirá que trabaje en grupos de 3 para presentar asuntos clave acerca de una de las grandes doctrinas de la iglesia. Para cada grupo se realizará un fórum, el cual voy a moderar, y cada miembro representará a uno de los grandes pensadores de la historia de la iglesia, ofreciendo una presentación sobre el contexto en el cual esa persona vivió, por qué el tema fue importante para él o ella y mencionará brevemente las ideas de esa persona acerca de la doctrina. (Por ejemplo, un trío puede presentar un fórum sobre la eclesiología, en el que los participantes representen a Ignacio de Antioquía, Agustín y Calvino.) Durante estas presentaciones, cada participante debe actuar representando a su personaje. Además, el estudiante debe entregar a cada miembro del aula al menos dos páginas de información sobre la vida y teología de la persona –en forma de ensayo, nota o en forma de tabla. Al terminar las presentaciones, le le dará oportunidad al resto de los alumnos para que pregunten a los participantes, y estos podrán interactuar entre ellos. (Total de 10 horas de preparación = 20% de la evaluación del curso)

El propósito de esta tarea de aprendizaje consiste en evaluar cómo usted ha comprendido algunos de los temas teológicos discutidos a través de la historia de la iglesia, dentro de sus contextos históricos.

4. Usted debe completar **una** de las siguientes tareas de aprendizaje:

Puede ser esta:

(a) Sin mencionar nombres y lugares específicos, describa detalladamente una situación que usted haya observado en el ministerio o en el mundo secular, y ofrezca: (I) una reflexión teológica sobre la situación; y (II) pasos específicos que se pudieran dar en respuesta a esta situación considerando la reflexión teológica.

O esta:

(b) Prepare *y* presente en el contexto de la *iglesia local*, **uno** de los siguientes elementos:

- Un *sermón* que trate sobre una de las grandes doctrinas de la iglesia, ayudando a quienes le escuchan a entender las implicaciones prácticas de la doctrina para sus vidas diarias y retándoles a tomar la acción apropiada como respuesta. Por favor, ¡no presente otro tratado académico tedioso!

O esta:

- Una *lección sobre un tema actual* para un grupo de adolescentes o de jóvenes, tratando una de las grandes doctrinas de la iglesia, involucrando activamente a los estudiantes, alentándoles a comprender a profundidad las implicaciones prácticas de la doctrina para sus vidas diarias, y retándoles a tomar la acción apropiada como respuesta. Tenga en cuenta que las personas jóvenes se aburren fácilmente. ¡Esta lección debe ser viva!

O esta:

- Un *artículo* para una revista popular tratando sobre una de las grandes doctrinas de la iglesia, ayudando a quienes le escuchan a entender las implicaciones prácticas de la doctrina para sus vidas diarias y retándoles a tomar la acción apropiada como respuesta. Teniendo en cuenta que aparecerá en una revista popular, el estilo de redacción y el enfoque deben ser sencillos, agradables y no deben ser técnicos. Pueden obtener ejemplos de este estilo de redacción si me lo solicitan por email.

En cada caso usted debe ser capaz de demostrar la habilidad para relacionar algunos aspectos de las grandes doctrinas de la iglesia con los asuntos prácticos de la vida diaria. (Total de 10 horas de preparación = 20% de la evaluación del curso)

El propósito de esta tarea de aprendizaje consiste en evaluar su comprensión acerca de la relevancia de temas teológicos claves para la espiritualidad personal, la vida de la iglesia y la misión para la sociedad circundante, así como su habilidad para dar pasos prácticos para ser capaz de reflexionar teológicamente sobre asuntos personales y ministeriales y/o asuntos confrontados en el mundo secular.

5. Se espera de usted que se prepare para las clases y participe en las discusiones, debates y reflexiones sobre los estudios de caso, según sean orientadas. 10%

6. Al concluir el curso, usted tendrá una entrevista privada conmigo para discutir lo que ha aprendido, y para considerar las implicaciones para la formación espiritual personal y el cambio conductual.

Actividades de aprendizaje

Semanas 1 – 3: La doctrina de Dios
Lecturas asignadas: …

Semanas 4 – 5: Antropología teológica
Lecturas asignadas: …

Semanas 6 – 8: Cristología
Lecturas asignadas: …

Semanas 9 – 10: Historia de la salvación
Lecturas asignadas: …

Semana 11: Neumatología
Lecturas asignadas: …

Semana 12: Revelación divina
Lecturas asignadas: …

Semanas 13 – 14: Eclesiología
Lecturas asignadas: …

Semana 15: Escatología
Lecturas asignadas: …

Los profesores entregarán notas a los estudiantes una semana antes de cada sesión de clase. Los estudiantes deben haber leído este material antes de la clase. Según lo requieran, las sesiones de clases estarán compuestas por una selección de los siguientes elementos:

- Oportunidades para la oración –tanto improvisadas como con liturgias publicadas— públicas, en grupos pequeños y privadas.
- Cantar himnos.
- Testimonios personales, en los cuales los estudiantes podrán vincular las grandes doctrinas con sus propias experiencias espirituales.
- Discusión en grupos pequeños acerca de asuntos fundamentales por medio de preguntas analíticas, sintéticas y evaluativas.
- Reflexión sobre estudios de caso considerando asuntos teológicos.
- Dramatizaciones y reflexiones teológicas.

- Debates.
- Clips de video y reflexión teológica.

Recursos de aprendizaje

Grudem, Wayne A. *Systematic Theology: An introduction to Biblical Doctrine.* Grand Rapids: Zondervan, 1994.

McGrath, Alister E. *Historical Theology: An Introduction to the History of Christian Thought.* Oxford: Wiley-Blackwell, 1998.

Migliore, Daniel L. *Faith Seeking Understanding: An Introduction to Christian* Theology. *Grand Rapids: Eerdmans, 1991.*

Compromisos mutuos

Lo que espero de usted como futuro líder en el servicio a Cristo:

1. Espero que sea diligente al prepararse cuidadosamente para cada sesión.

2. Espero que entregue los trabajos en tiempo, o si no le es posible, que solicite una extensión con un tiempo prudencial antes de la fecha límite.

3. Espero que tenga una participación activa y constructiva en todas las actividades y discusiones del curso.

4. Espero que muestre respeto hacia los demás estudiantes, siendo sensible a las diferencias individuales como: nacionales, culturales, de género, entre otras, y escuchando cortésmente cuando otras personas hablen en clase.

5. Espero que aporte una retroalimentación precisa y constructiva sobre el contenido y la metodología del curso, la cual me ayude al impartirlo tanto en el presente como en el futuro.

Mis compromisos con usted son:

1. Me prepararé cuidadosamente para cada sesión de clase.

2. Propiciaré la reciprocidad y la cooperación entre ustedes como un grupo de futuros líderes.

3. Pondré énfasis en el tiempo con respecto a las tareas, haciendo el mejor uso del tiempo disponible para promover la calidad en el aprendizaje.

4. Promoveré un aprendizaje activo, respetando los diversos talentos y estilos de aprendizaje.

5. Ofreceré oportunidades adecuadas fuera de las sesiones de clase para que puedan hablar conmigo acerca del material del curso.

6. Haré lo mejor que pueda para ofrecerles una pronta respuesta a sus trabajos.

Información de contacto
- Estaré disponible en mi oficina los martes y jueves en las tardes de 2:00 – 5:00 pm. (14:00 - 17:00 h)
- Email: dkouri@abcdseminary.org

Anexo 9.2

Muestra de sílabo 2
TS 201 Introducción a la teología sistemática

Primavera del 2007
Instructor: David Kouri
4 horas crédito

Semanas 1 – 3: La doctrina de Dios
Lecturas asignadas: …

Semanas 4 – 5: Antropología teológica
Lecturas asignadas: …

Semanas 6 – 8: Cristología
Lecturas asignadas: …

Semanas 9 – 10: Historia de la salvación
Lecturas asignadas: …

Semana 11: Neumatología
Lecturas asignadas: …

Semana 12: Revelación divina
Lecturas asignadas: …

Semanas 13 – 14: Eclesiología
Lecturas asignadas: …

Semana 15: Escatología
Lecturas asignadas: …

Requisitos del curso

1. Asistencia, lecturas y participación en clases. 10%

2. Pequeñas asignaciones orientadas en clase. 20%

3. Examen a mitad del curso. 25%

4. Un trabajo investigativo de 3000 a 4000 palabras según acuerdo con el instructor. 20%

5. Examen final. 25%

Metodología

Las clases se desarrollan a través de conferencias por parte del profesor, con recesos periódicos para responder preguntas de los estudiantes.

Anexo 9.3

Verbos a tener en cuenta para redactar los objetivos

(Adaptado y expandido de Martin 2006)

Cognitivos

Conocimiento	Comprensión	Aplicación	Análisis	Síntesis	Evaluación
Citar	Asociar	Añadir	Analizar	Agrupar	Analizar críticamente
Combinar	Calcular	Aplicar	Clasificar	Categorizar	Calificar
Conocer	Comprender	Calcular	Combinar	Combinar	Categorizar
Contar	Convertir	Cambiar	Comparar	Compilar	Comparar
Declarar	Debatir	Clasificar	Delinear	Componer	Comprobar
Definir	Declarar	Completar	Desarrollar	Conducir	Concluir
Describir	Deducir	Demostrar	Detectar	Contrastar	Contrastar
Descubrir	Defender	Descubrir	Diferenciar	Crear	Controlar
Dibujar	Definir	Dividir	Discriminar	Diseñar	Criticar
Enumerar	Discernir	Examinar	Diseñar	Elaborar	Determinar
Enumerar	Distinguir	Ilustrar	Distinguir	Especificar	Evaluar
Esbozar	Ejemplificar	Interpolar	Dividir	Explicar	Interpretar
Escribir	Entender	Manipular	Esbozar	Generar	Justificar
Etiquetar	Escoger	Modificar	Examinar	Integrar	Juzgar
Identificar	Estimar	Mostrar	Inferir	Modificar	Medir
Leer	Explicar	Operar	Ordenar	Ordenar	Respaldar
Memorizar	Extender	Preparar	Reflexionar	Organizar	Seleccionar
Nombrar	Generalizar	Producir	Relacionar	Planificar	Valorar
Recitar	Identificar	Representar en gráficos	Representar en diagramas	Prescribir	
Reconocer	Inferir	Resolver	Seleccionar	Proponer	
Recordar	Parafrasear	Sustraer	Señalar	Reconstruir	
Registrar	Predecir	Traducir	Separar	Relacionar	
Repetir	Rescribir	Utilizar	Subdividir	Reordenar	
Reproducir	Resumir		Utilizar	Reorganizar	
Seleccionar				Rescribir	
Señalar				Resumir	
Trazar				Revisar	
				Transformar	

Afectivos

Aceptar	Decidir	Maravillarse
Admirar	Desear	Mostrar tolerancia hacia
Agradecer	Determinarse a	Obedecer
Amar	Disfrutar	Practicar
Apreciar	Entusiasmarse	Preferir
Aprobar	Estar dispuesto a	Rechazar
Asumir	Identificarse con	Regocijarse
Comprometerse	Interesarse en	Respaldar
Continuar	Juzgar	Sensibilizarse con
Convencerse	Llevar a cabo	Simpatizar con
Creer	Lograr	Valorar

Conductuales

Actuar	Duplicar	Orar
Adjuntar	Editar	Organizar
Administrar	Ejecutar	Planificar
Admitir	Elevar	Plantar
Agradecer	Eliminar	Posicionar
Ahorrar	Elogiar	Practicar
Alabar	Empacar	Preguntar
Alinearse	Encabezar	Preparar
Animar	Encontrar	Presentar
Anotar	Enseñar	Presionar
Aplicar	Entrevistar	Procesar
Arreglar	Enviar	Producir
Asegurar	Esbozar	Programar
Ayudar	Escribir	Programar
Balancear	Escuchar	Propagar
Buscar	Evitar	Proveer
Calibrar	Experimentar	Recolectar
Calificar	Facilitar	Recortar
Caminar	Guiar	Recuperar
Cantar	Guiar	Reducir
Clasificar	Hablar con	Regular
Codificar	Hacer	Rellenar

Compartir	Hacer	Renovar
Compilar	Implementar	Reparar
Componer	Importar	Repartir
Comprar	Incluir	Reponer
Comunicar	Inspeccionar	Reproducir
Conducir	Instruir	Resaltar
Confesar	Invitar	Resolver problemas
Conservar	Ir	Reunir
Construir	Lavar	Reunir
Controlar	Levantar	Reunirse con
Cosechar	Limpiar	Seleccionar
Crear	Llamar por teléfono	Separar
Cuidar	Llevar un registro	Servir
Dar	Localizar	Simplificar
Definir	Medir	Simular
Demostrar	Mejorar	Terminar
Desmantelar	Mezclar	Trabajar en red
Dibujar	Mostrar	Transferir
Dictar	Obedecer	Tratar
Dirigir	Observar	Utilizar
Diseñar	Operar	Visitar

10

Planificación de la lección para el aprendizaje multidimensional

> Existe una suposición general de que la enseñanza debe resultar en el aprendizaje y que el aprendizaje es la consecuencia de la enseñanza. El problema en cuanto a esta suposición es que el estudiante tiende a ser considerado culpable cuando no aprende. En raras ocasiones se piensa que los maestros quizás no enseñan lo que piensan que están enseñando. (Smith 1986, 80)

Una de las mayores tragedias en gran parte de la educación teológica consiste en la preeminencia del profesor en las lecciones impartidas: generalmente es el profesor quien piensa, casi siempre quien habla, y por lo general es el único miembro del aula que aprende una parte considerable de la lección. Una variedad de factores contribuyen a la educación centrada en el maestro, por ejemplo: la seguridad percibida tanto para alumnos como para profesores (Palmer 1998, 50-60), la tendencia de que los maestros enseñen según han sido enseñados, y el sentir que tienen los maestros de que su papel consiste en pasar a los estudiantes el conocimiento que han adquirido a través de los años de investigación académica.

Desafortunadamente, pocas personas realmente aprenden de esta manera. Mientras más pasivo sea el aprendizaje, menos contenido se aprende, y la probabilidad de aplicar la lección de una manera significativa es casi nula. Si su meta como educador teológico no consiste simplemente en transmitir la información, sino facilitar la madurez cristiana entre quienes estamos enseñando, debe ocurrir un cambio fundamental de perspectiva. Las lecciones deben centrarse en los estudiantes y en el aprendizaje.

El acto de enseñar es muy personal, y una enseñanza de calidad emerge de la integridad del maestro como persona (Cranton 2006, 112-15; Palmer 1998, 1-33). Por tanto, la excelencia en facilitar el aprendizaje va a diferir de maestro a maestro y de aula a aula. En este capítulo se presentarán una serie de pasos para el diseño de la lección; estos pasos no constituyen una "ley" sino enfoques que han demostrado ampliamente un mejoramiento en el aprendizaje. La meta consiste en proveerle nuevas "herramientas" para su "caja de herramientas" de la enseñanza mientras usted busca promover una educación teológica transformadora.

Paso 1: El propósito. ¿Por qué usted está enseñando este material?

El punto de partida para cualquier lección consiste en realizar esta simple pregunta: "¿Por qué estoy enseñando este material?" En el capítulo 8, al tratar sobre el aprendizaje profundo, vimos que un material que perdure a largo plazo está directamente relacionado con la manera en que los estudiantes le encuentren significado a lo que se les está enseñando. Por esta razón es importante comenzar considerando preguntas tales como:

- ¿Por qué los estudiantes deben interesarse lo suficiente en esta lección como para involucrarse conmigo en un aprendizaje significativo?
- ¿Cómo pudiera ayudar esta lección a los futuros líderes en su preparación para su futuro ministerio?

Si usted no puede responder estas preguntas, seguro que sus estudiantes tampoco serán capaces de hacerlo. Reconozco que hay ocasiones en las que el propósito de una lección consiste en establecer el fundamento para las siguientes. Sin embargo, si habitualmente usted no es capaz de ofrecer respuestas significativas a preguntas como estas, sus estudiantes considerarán su enseñanza como irrelevante y perderán la motivación para involucrarse con el contenido. Un buen punto de partida sería imaginarse a un grupo de futuros estudiantes que no están bajo la obligación de asistir a su lección. ¿Cómo les convencería usted de que esta lección es fundamental para su crecimiento en la vida y el servicio cristiano?

También es importante tener en mente la visión y misión de su escuela. Cuando los profesores en todos los programas educacionales son capaces de relacionar sus lecciones con la visión y misión de la escuela, esto puede convertirse en un punto de enfoque unificador e integrador incluso en el currículo más fragmentado. Aunque quizás no siempre sea posible relacionar el propósito de su lección con la declaración de la visión y misión de su programa, mientras más usted sea capaz de relacionar su enseñanza con la meta de una formación estratégica del liderazgo, mayor posibilidad tendrá esa enseñanza de ser transformadora y guiada por un propósito definido. Si usted nunca ha sido capaz de relacionar el propósito de su lección con la declaración de visión y misión, existe un problema básico, y puede ser que su enseñanza se esté dirigiendo principalmente hacia la información en lugar de dirigirse hacia la transformación.

Paso 2: Objetivos de aprendizaje

Una vez que usted entiende claramente por qué desea enseñar una lección, el siguiente paso consiste en establecer sus objetivos de aprendizaje. ¿En qué maneras usted quiere que sus estudiantes sean diferentes en los aspectos cognitivo, afectivo y conductual, como resultado de esta lección?

Muchos pedagogos definen la expresión "objetivos de la lección", como "objetivos conductuales": acciones específicas y tangibles que se lograrán al finalizar la lección y que puedan ser medibles. Tales objetivos se expresan generalmente así: "Al final de la lección, los estudiantes serán capaces de…" Los objetivos conductuales deben demostrar las siguientes características (Benson 1993, 168):

- *Suficiente claridad para que se puedan entender.* Esto pudiera parecer evidente, pero con mucha frecuencia, dirigimos nuestra enseñanza a un nivel diferente del que tienen los alumnos. Como analizamos en el capítulo 8 con respecto al aprendizaje profundo, los estudiantes no pueden aprender lo que no han entendido. Hacer que el material tenga sentido constituye una de las bases del aprendizaje profundo.

- *Suficientemente específicos para que se puedan lograr.* Generalmente nos sentimos tentados a dar demasiada información. Como se ha mencionado en varias ocasiones en este libro, "menos es mejor". La mayoría de las personas solo pueden absorber un solo elemento de la verdad a la vez: un buen propósito pudiera consistir solo en un objetivo.

- *Personal, dirigido a las individualidades.* Los estudiantes no se apropiarán de un propósito que no se relacione directamente con las situaciones de su vida, por tanto no se podrá cumplir. Es aquí donde radica la importancia de nuestra sensibilidad hacia las situaciones de la vida de los estudiantes. Un buen propósito se va a relacionar con los contextos de los estudiantes.

- *Prácticos.* Un propósito de "¿qué voy a hacer?" obtendrá mejores resultados que uno de "¿qué voy a pensar?" Aunque este último tipo de propósitos también es importante.

La fortaleza de los objetivos conductuales consiste en que mantienen a los maestros comprometidos con un enfoque en el aprendizaje. La tarea de la educación no está completa si los estudiantes no ofrecen evidencias tangibles de que han aprendido. Sin embargo, se debe tener cuidado de no ver a los objetivos conductuales como una medida completa del aprendizaje. Un énfasis demasiado marcado en estos objetivos puede restar importancia al aprendizaje. También, existe una tendencia entre quienes enfatizan el uso de los objetivos conductuales, de descuidar el campo afectivo del aprendizaje debido a la dificultad para medirlos, a pesar del papel crucial que el afecto desempeña en la transformación integral.

Paso 3: ¿Cuáles son los puntos más significativos en su lección?

En el capítulo 8, que estuvo relacionado con el tema del aprendizaje profundo, se trató sobre el valor del material "fragmentado" alrededor de ideas centrales, y el uso de la redundancia apropiada (repetición) de esas ideas centrales. Un punto central ayuda a unificar su lección y ofrece al estudiante una base para relacionar las diferentes ideas. El punto principal trata de responder la pregunta: "Si los estudiantes olvidaran todo lo aprendido en la clase excepto un elemento a través del cual recuerden la esencia de toda la clase, ¿cuál sería esa verdad central?"

El corazón de toda lección es el punto principal, y es aquí donde falla la mayoría de los maestros. Ellos deben estudiar mucho para poder presentar el contenido de una manera interesante y los estudiantes deben disfrutar la lección. Pero una hora después, si los estudiantes no son capaces de decir de qué trataba la lección, quiere decir que el punto principal no estuvo claro.

Un buen "punto principal" tiene cinco características fundamentales:

- *El punto principal de la lección* –no algunos asuntos periféricos.
- *Corto y fácil de recordar.* El punto principal debe ser lo suficientemente breve como para mantenerse claro en la mente del maestro, de modo que él o ella pueda repetirlo frecuentemente a través de la lección. Una buena "regla" consiste en redactarlo en diez palabras o menos.
- *Redactado en forma de una oración declarativa.* El título o encabezamiento del tema **no** es el punto principal. El punto principal debe ser una declaración de la verdad que permanezca con los estudiantes.
- *En tono positivo.* Los seres humanos se resisten a las correcciones, aun cuando son solicitadas. Un viejo refrán dice: "Cuando usted insiste, ellos se resisten", por tanto los puntos principales de calidad se expresan en una forma positiva o neutral que invite a la retención del estudiante. Palabras como "debe" o "tiene", generalmente construyen una barrera psicológica que causa que las personas que escuchan pronto olviden ese punto.
- *Enfocado en una idea.* Si tratamos de enseñar diez puntos en una lección, nuestros estudiantes generalmente recordarán solo uno.

Sin tener en cuenta cuán importante y motivador sea el material, las mentes de los estudiantes en raras ocasiones permanecen enfocadas en una tarea durante toda la lección. Por tal razón es mejor como regla general, enfocarse en no más de un punto principal en cada hora de clase. Esta idea central es reintroducida y repetida frecuentemente y en formas diferentes durante la lección. De esta manera, aunque el estudiante olvide muchos de los detalles, el concepto central permanece intacto y es más probable que entre en la memoria a largo plazo.

Considere los siguientes ejemplos:

> - Las iglesias saludables se caracterizan por ser balanceadas.
> - La obra de Jesús continúa en la vida de la iglesia por medio del Espíritu Santo.

- El trabajo en equipo ofrece poder al ministerio cristiano.
- Las iglesias saludables aceptan a toda persona a quien Dios acepta.
- La obra de evangelismo y el crecimiento de la iglesia necesitan franqueza y cooperación.
- El liderazgo cristiano requiere auto-sacrificio, pero está libre de manipulación humana.
- La fuente de poder en el ministerio cristiano es la cruz.
- El liderazgo efectivo es un peregrinaje compartido de influencia espiritual.
- El liderazgo efectivo emerge a través de la selección intencional y la capacitación.
- La posmodernidad desafía los supuestos de la verdad y la objetividad.

En cada caso, el punto principal satisface cada uno de los cinco criterios mencionados anteriormente: es el punto principal de la lección, corto y fácil de recordar, redactado en forma de una oración declarativa, en tono positivo y enfocado en una idea.

Es de resaltar que la mayoría de los proverbios y dichos que tanto recordamos ("Demasiados cocineros arruinan el caldo", "Más vale prevenir que tener que lamentar", "Dos errores no hacen un acierto", "Cuando las cosas se ponen difíciles, solo los fuertes avanzan", etc.) también cumplen con estos cinco criterios. La forma en que estos proverbios están redactados simplifica su retención.

Paso 4: No aborde la lección lógicamente, sino psicológicamente

El aprendizaje consiste en un diálogo entre el contenido y la metodología. La vinculación del estudiante con el contenido preparado por el instructor emerge a través del uso de una metodología efectiva, por tanto la educación de calidad le brinda tanta importancia a la preparación del contenido como a la metodología. Muchos profesores de educación superior dedican la mayor parte de su atención al contenido que desean presentar, sin darse cuenta de que solo el hecho de impartir ese contenido no garantiza un aprendizaje. Aunque generalmente sea necesario que los instructores se enfoquen en el contenido durante la primera presentación del material, los profesores destacados revisan y mejoran su metodología cada vez que imparten un curso o una lección.

El enfoque en el contenido lleva a muchos instructores a diseñar lecciones como si estuvieran escribiendo trabajos investigativos, por medio de una presentación lógica paso por paso. Aunque sea ventajoso en un trabajo escrito, en sentido general resulta menos efectivo en el mundo oral en el aula. La facilitación de un aprendizaje efectivo llega por medio de un enfoque psicológico en lugar de un enfoque lógico, para la planificación de la lección.

Un enfoque clásico para ordenar psicológicamente la lección fue sugerido hace más de cuarenta años por Lawrence Richards (1970): *gancho, texto, observar, tomar*. Aunque fue originalmente diseñado para la educación en la iglesia, los principios son igualmente relevantes para la educación teológica transformadora. Realmente, enfoques como este han sido utilizados en la educación superior secular (ej. Sousa 2006, 275-76; Vella 2008, 32-47).

Richards sugiere que la enseñanza de lecciones efectivas requiere de un proceso en cuatro fases, que pueden ser resumidas de la siguiente manera:

- El segmento del *gancho* ayuda a los estudiantes a enfocarse en el tema de la lección de una manera interesante y pertinente.
- En la sección del *libro*, el tema principal es explicado e investigado.
- Después, las implicaciones generales del tema para el contexto contemporáneo son ampliamente exploradas en el segmento dedicado a *observar*.
- Finalmente, el tema de la lección es dirigido de forma privada en la sección para *tomar*. El maestro creativo no simplemente presenta una lección creativa, sino que guía a los estudiantes a planificar formas en las cuales pudieran llevar a la práctica los elementos de la lección.

El proceso compuesto por *gancho, libro, observar* y *tomar* puede ser representado en un diagrama, como lo muestra la figura 10.1. En el resto de este capítulo vamos a reflexionar sobre cada una de estas fases, analizando la base lógica detrás de su importancia y los procesos mediante los cuales estas pueden ser implementadas.

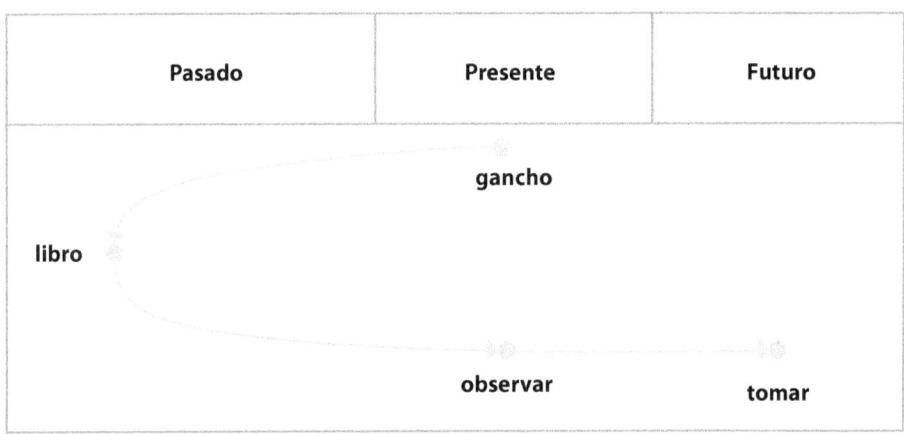

Figura 10.1 El movimiento de gancho, libro, observar y tomar (adaptado de Richards y Bredfeldt 1998, 160)

Gancho: "comenzando con un estallido"

¿Cómo se sintió usted al comenzar a leer este capítulo? ¿En cuál de los siguientes parámetros se ubicaría?

Los primeros minutos de cualquier sesión de clase constituyen un tiempo muy inestable. Como un maestro comprometido, usted entra al aula preparado y entusiasta. Usted conoce su material y cree que es valioso. Usted está listo para enseñar. Pero esto no significa que sus estudiantes estén listos para aprender. Muchos de ellos no están pensando en su lección. Tienen sus propios intereses y preocupaciones. Algunos están alegres, mientras que otros están tristes. Algunos presentan ansiedad y preocupaciones –la enfermedad de un ser amado, una discusión en casa, dificultades financieras. En realidad, muy pocos estudiantes llegan al aula totalmente preparados para aprender. Sus mentes son dominadas por el campo afectivo –sentimientos y actitudes que generalmente no están bien enfocadas en el aprendizaje. El "gancho" busca dirigir los sentimientos y actitudes de nuestros estudiantes y desviar su atención de aquello que ocupa sus mentes, hacia una nueva fase de crecimiento potencial a través de la lección que se está impartiendo.

Existen tres cualidades básicas de un buen gancho:

- *Atrae la atención.* La mejor manera de atraer la atención es involucrar a los alumnos física o verbalmente. Desde el momento en que los estudiantes estén haciendo algo, estarán "enganchados" en la clase. Desde el momento en que los estudiantes hayan expresado sus opiniones en respuesta a una pregunta o un asunto controversial, estarán "enganchados" en la clase. La participación constituye la clave para atraer la atención.

- *Establece una meta.* Ofrece a los estudiantes una respuesta a la pregunta básica: "¿Por qué debería escuchar esto?" Desde la perspectiva de los estudiantes, esta es una pregunta justa: "Si debo prestar atención, esta lección necesita tratar un tema importante para mí. ¿Por qué debería yo prestar atención a algo que consiste solo en una reseña irrelevante de datos polvorientos? Cuando sus estudiantes no tienen razón alguna para prestar atención –o sea, no ven una razón por la que pueda ser importante para ellos – a usted le será difícil mantenerlos atentos. Pero si usted establece una meta que *ellos* deseen alcanzar, van a acercársele.

- *Lleva de forma natural hacia la lección* estando directamente relacionado con el punto principal. Un comienzo atractivo es contraproducente si no se relaciona directamente con el material que le sigue.

Una buena manera de comenzar puede ser utilizando técnicas que ofrecen actualización (un artículo acerca de una noticia reciente), realidad (estudios de caso, objetos físicos interesantes que estén vinculados con la lección), drama (una dramatización o un video clip), o imágenes (fotos, presentación de diapositivas), y luego relacionar la esencia del punto principal de la lección a la vida de los estudiantes. Estas y otras metodologías creativas serán examinadas en los próximos capítulos.

Muchos maestros descubren que una declaración fuerte puede constituir una apertura efectiva (Brookfield 2006, 127, 28) que provoca a los estudiantes y les reta, produciendo fuertes respuestas emocionales en los estudiantes. A esto le sigue un debate en grupos pequeños en el cual los estudiantes lidian con el razonamiento y las circunstancias que pudiera producir esa declaración. Al ser forzados a tomar en serio opiniones con las cuales no están de acuerdo, el debate se lleva a un nivel emocional.

Edwards (1988, 55-56) comenta que "la disposición de un grupo para aprender está determinada generalmente dentro de los primeros minutos de una sesión de clase. Cuando se establece un 'ambiente psicológico', este generalmente persiste durante todo el período. Felizmente, ese ambiente puede ser positivo o negativo". Algunos obstáculos comunes contra los que Edwards nos advierte son:

- Consumir mucho tiempo con asuntos administrativos (pasar la lista, hacer anuncios).

- Ofrecer "tiempo muerto" en el que no se realiza ninguna actividad (recolectando materiales, esperando que lleguen los demás).

- Ahogar el interés de los alumnos con una introducción gastada ("Por favor, abran sus Biblias en…").

En el capítulo 8, al tratar el tema del aprendizaje profundo, analizamos acerca del efecto primacía-novedad. Lo que usted haga en su primera actividad, su primera idea, o su primera frase, puede aportar el aprendizaje más importante que los estudiantes van a retener. Los maestros efectivos planifican detalladamente cómo van a abrir la clase de manera que involucren a los estudiantes. Cualquier método que sea utilizado, el principio es el mismo: la necesidad de involucrar a los estudiantes activamente desde el inicio de la lección.

Analice los siguientes ejemplos de aperturas para las clases:

> 1. "Bueno, creo que debemos empezar ahora. Me gustaría comenzar leyéndoles Filipenses 2:1-11".
>
> 2. "Creo que ya todos están aquí. Vamos a pasar la lista antes de comenzar la lección".
>
> 3. El profesor escribe en la pizarra: "El Sermón del Monte: ¿Ideal inalcanzable o instrucciones alcanzables para la vida cristiana?" El grupo se divide en dos y el profesor conduce un debate sobre este tema.
>
> 4. El profesor abre la clase leyendo un pequeño extracto del periódico semanal que habla acerca del aumento del nivel de divorcios en el país, y luego pide a los estudiantes que digan cómo se sienten al respecto.
>
> 5. El profesor comienza leyendo un estudio de caso, y el grupo se divide en pequeños equipos de tres o cuatro para debatirlo.

La opción 1 asume que los estudiantes están listos desde el inicio de la clase, y hace poco énfasis en atraer el interés y la atención. La opción 2 comienza con asuntos administrativos, malgastando el momento de apertura de la clase. En contraste, las opciones 3 a la 5 involucran y dirigen al grupo. Aunque los tres últimos "ganchos" constituyen fuertes aperturas, aun presentan retos asociados: el debate sobre el artículo del periódico probablemente será dominado por algunas voces; el estudio de caso quizás vincule a todos los estudiantes, pero puede consumir mucho tiempo y no ser apropiado para sesiones de clases cortas. Los buenos "ganchos" necesitan creatividad y sabiduría.

Libro/observar: "texto y contexto"

Aunque Richards realiza una distinción entre las fases "libro" y "observar", en la práctica el ideal consiste en que la parte central de la lección sea un diálogo entre el texto ("libro") y el contexto ("observar"), en el cual el tema principal es investigado, explicado, reflexionado y analizado.

La conferencia no constituye el único método para desarrollar la fase libro/observar; de hecho, otros métodos son generalmente más efectivos. En capítulos posteriores de este libro se analizarán algunos de estos métodos más significativos. Cualquier método que se utilice, el propósito se mantiene constante: por medio de estrategias de instrucción intencional, tiene lugar una comprensión profunda del punto principal de la lección y su importancia para el desarrollo de mujeres y hombres efectivos para el ministerio.

Una orientación para el aprendizaje no quedará satisfecha con el simple desarrollo de la fase libro/observar. Se necesita enfocar el aprendizaje de modo que los estudiantes demuestren tanto su comprensión de los textos como su habilidad para relacionar los textos con sus contextos. Es en esta fase donde resplandece la habilidad "artística" genuina del profesor. Como lo describe Willingham (2009, 161-62):

> Enseñar es como ser un guía durante un viaje. Un maestro trata de guiar los pensamientos del estudiante hacia un camino en particular, o quizás explorar una senda más amplia en un nuevo terreno. Puede ser un campo novedoso aun para el maestro, y sus viajes ocurren uno al lado del otro. El maestro siempre alienta al estudiante a continuar, para que no se desanime cuando enfrente obstáculos, y pueda utilizar la experiencia de viajes anteriores para suavizar el camino, y agradecer la belleza y el asombro que el escenario pueda merecer. Como un autor debe convencer al lector para que no abandone la lectura del libro, de la misma manera el maestro persuade al estudiante para que no deje de continuar el viaje. La enseñanza es un acto de persuasión.

En general, una buena lección debe:

- Relacionar cada asunto con el/los propósito(s) principal(es) de la lección.
- Moverse rítmicamente entre la teoría y la práctica.
- Guiar a los estudiantes desde un conocimiento basado en los hechos hacia una comprensión profunda para llegar a la aplicación a la vida.
- Incorporar preguntas afectivas (sentimientos).
- Mantener a los estudiantes involucrados y vinculados todo el tiempo, por medio del uso de una variada metodología.

Tomar: "hacia una transformación y no simplemente información"

En 1976 la primera reunión de la Asociación Ecuménica de Teólogos del Tercer Mundo tuvo lugar en Dar es Salaam, Tanzania. Concluyeron sus reuniones con la siguiente declaración:

> Las teologías de Europa y Norteamérica dominan hoy en nuestras iglesias y representan una forma de dominación cultural. Debemos entender que estas surgieron en situaciones relacionadas con esos países, por lo tanto no deben ser adoptadas acríticamente sin que cuestionemos su relevancia en el contexto de nuestros países. Realmente debemos, para ser fieles al evangelio y a nuestros pueblos, reflejar las realidades de nuestras propias situaciones e interpretar la palabra de Dios en relación con estas realidades. *Rechazamos por ser irrelevante, un tipo de teología académica que esté divorciada de la acción. Estamos preparados para un rompimiento radical en epistemología, lo cual hace del compromiso el primer acto de la teología y se sumerge en una reflexión crítica sobre la praxis de la realidad del tercer mundo.* (Torres y Fabella 1978, 269; cursivas añadidas por mí)

Una comprensión misionero-eclesial de la educación teológica implica una necesidad de aceptar que el mandato de la Gran Comisión enseña sobre la obediencia. Para muchos educadores teológicos este es un nuevo concepto, y la evidencia de un aprendizaje transformador genuino consiste en la información en acción –la habilidad de actuar de acuerdo al aprendizaje que ha tenido lugar y que el crecimiento cognitivo impacte en el afecto y la conducta. Para que nuestra educación no sea meramente informativa sino transformadora, constituye un imperativo que nuestra enseñanza no solo relacione el texto con el contexto, sino que guíe también hacia una respuesta activa. Aunque no todos los temas y materias se prestan para realizar una aplicación en acción, si la respuesta en forma de praxis nunca tiene lugar, no se puede decir que la educación que nuestro programa está ofreciendo es formadora y misionera.

Un antiguo proverbio árabe dice que "un viaje de cincuenta millas comienza con un paso", y la aplicación efectiva no busca tanto un gran cambio general, sino acciones específicas que representen pasos en el camino hacia la madurez cristiana. Una forma común consiste en el desarrollo de respuestas inteligentes –específicas, medibles, alcanzables, relevantes, tangibles – que demuestren las siguientes características:

- Las aplicaciones *específicas* ofrecen nombres, lugares, detalles.
- Las aplicaciones *medibles* ofrecen números y tiempo, de modo que después de un período fijado podamos medir si el mensaje ha sido aplicado o no de manera significativa.
- Las aplicaciones *alcanzables* pueden ser cumplidas.
- Las aplicaciones *relevantes* están directamente relacionadas con el mensaje.
- Las aplicaciones *tangibles* constituyen actos visibles. En otras palabras, sería posible (al menos en teoría) observar a la persona realizando la aplicación.

A modo de ejemplo, imagine que usted ha acabado de impartir en un grupo un estudio bíblico sobre Mateo 5:13-16 y le ha pedido a los estudiantes que escriban cómo van a aplicar el mensaje a sus vidas. Estas son sus respuestas:

- "Quiero ser luz y sal en el mundo".
- "Quiero ser un ejemplo como cristiano para las personas que me rodean".
- "Quiero dar testimonio de mi fe".
- "Quiero visitar a mi amigo Ahmad durante la próxima semana y hablarle de Jesús".
- "Quiero ayudar a Jorge y a Dikran para que se reconcilien, por lo cual pienso llamarles por teléfono antes del próximo domingo".

Cada una de estas respuestas constituye una aplicación aceptable al pasaje. Sin embargo, las dos últimas son las que pueden llevar a la acción con más efectividad que las anteriores porque son específicas, medibles, alcanzables, relevantes y tangibles.

Con respecto a la planificación de una lección, los estudiantes deben ser guiados a través del proceso hacia la aplicación del mensaje en una manera específica, medible, alcanzable, relevante y tangible. Aunque no sea tomada como la "ley de Media y de Persa", un medio por el cual los estudiantes pudieran ser guiados hacia una acción significativa pudiera ser el siguiente proceso en cuatro pasos:

1. Al acercarse al final de la lección, realice las siguientes preguntas conductuales a los alumnos: "Nombre dos o tres formas en las cuales no se practica el punto principal. ¿Cuáles son algunas de las principales barreras que impiden la práctica del punto principal?" La razón para la enseñanza consiste en que haya algún aspecto del punto principal que no se viva; si los estudiantes ya están viviendo el punto principal, no tiene sentido que se enseñe la lección. Una pregunta como esta ofrece a los estudiantes la oportunidad de tener una reflexión general sobre las posibles implicaciones para la vida que presenta el punto principal desde una perspectiva negativa, llevando a los estudiantes a expresarse abiertamente con respecto a sus dudas y temores.

Por ejemplo:

- Mencione dos o tres de los factores principales que hacen difícil que las iglesias sean totalmente abiertas.
- Mencione dos o tres de los factores principales que crean barreras para un trabajo en equipo genuino en su iglesia local y en otras iglesias que usted conozca.
- ¿Por qué resulta difícil que desarrollemos una vida y un ministerio conforme a la cruz? Mencione dos o tres de los factores principales tratados en la lección que hacen que temamos a los patrones de una vida centrada en la cruz.

2. Después de haber analizado por qué es difícil practicar el punto principal, resulta importante analizar las posibilidades positivas. Por lo tanto, una segunda pregunta conductual sería: "Mencione dos o tres formas específicas y prácticas en las cuales usted haya visto que se ha practicado el punto principal en su propia vida o en la vida de alguien que usted conozca". Las vivencias prácticas de la verdad enseñada son facilitadas de forma más efectiva cuando las personas tienen ejemplos o modelos específicos a seguir. Este tipo de preguntas ofrecen tal modelo:

Por ejemplo:

- ¿Ha visto usted alguna iglesia capaz de crear un ambiente de aceptación abierto y genuino para todas las personas? Nombre dos o tres de los factores principales que permitieron a esta iglesia crear ese ambiente.

- ¿Ha visto usted alguna iglesia en la que el trabajo de calidad en equipo haya sido practicado ampliamente, causando poder y efectividad en sus ministerios? Nombre dos o tres de los factores principales que permitieron a esta iglesia desarrollar este tipo de ministerio en equipo.

- ¿Ha visto usted a un líder cristiano que haya demostrado algo del poder de un ministerio centrado en la cruz? Describa cómo funcionó esto en la práctica. Nombre dos o tres de los factores que permitieron que esta persona desarrollara este enfoque en el ministerio.

Generalmente resulta valioso que estas preguntas sean debatidas en grupos de tres a cinco estudiantes.

3. Por medio de las dos preguntas anteriores, los estudiantes han compartido en términos generales acerca de las barreras que obstaculizan vivir el punto principal y las posibilidades para cambiar su conducta actual. Esta próxima pregunta les reta a una reflexión y a una respuesta personal: "Escriba un área específica de su vida en la cual usted desea poder vivir el punto principal de manera más efectiva. Considerando cómo usted u otras personas han visto la manera en que se ha vivido ese punto principal en el pasado, ofrezca un ejemplo de cómo usted cree que puede ser vivido en el futuro".

Por ejemplo:

- Considerando el material que cubrimos en la lección y el debate acerca de las iglesias de nuestra región, ofrezca al menos una acción específica y tangible que usted pudiera desarrollar durante las próximas dos semanas, para promover en su iglesia local un ambiente de aceptación abierto y genuino para todas las personas.

- Considerando nuestro debate de hoy, ofrezca al menos una acción específica y tangible que usted pudiera desarrollar durante el próximo mes para promover el ministerio en equipo en su iglesia local.

- Considerando los principios analizados en la clase hoy, ofrezca al menos un paso específico y tangible que usted pudiera desarrollar durante la próxima semana para vivir una vida dedicada a un ministerio centrado en la cruz.

Debido a la naturaleza personal de la pregunta, generalmente resulta mejor pedir a los estudiantes que desarrollen sus respuestas en privado de forma escrita en un "formulario de respuestas personales", que puede realizarse con el pacto personal que se muestra a continuación.

4. Ya los estudiantes han desarrollado formas *específicas, relevantes y tangibles* en las que pudieron aplicar el mensaje. Para que la aplicación sea *medible y alcanzable*, resulta útil pedirles que completen el estudio llenando un formulario de pacto, comenzando de esta manera: "Durante la próxima semana, al menos una vez voy a actuar de acuerdo al punto

principal haciendo…" o "Con la fuerza y la ayuda de Dios, durante la próxima semana no voy a…" Esta respuesta es privada entre los estudiantes y Dios, pero es posible que el profesor pregunte la semana siguiente si algunos estudiantes pudieron aplicar el mensaje en la práctica. Donde haya un buen nivel de confianza entre los estudiantes, es posible y útil que un alumno firme el pacto y luego un amigo lo revalide con su firma. El testimonio del pacto ofrece un nivel adicional de seriedad y compromiso al proceso.

Un proceso alternativo que muchos instructores consideran útil consiste en concluir bloques de aprendizaje (quizás una vez cada tres o cuatro horas de aprendizaje) con una actividad centrada o un diario. La serie de preguntas que se muestra a continuación puede utilizarse para concluir casi cualquier tipo de actividad de aprendizaje, ofreciendo a los estudiantes la oportunidad de reflexionar en su aprendizaje cognitivo, su vinculación afectiva y su respuesta conductual al material cubierto en clases:

- Realice una lista breve de los puntos principales tratados en la sesión de hoy.
- Para usted personalmente, ¿qué fue lo más importante que escuchó o leyó en la sesión de hoy? ¿Por qué fue importante para usted?
- ¿Encontró algo en la clase o en las lecturas de esta semana que le haya retado? ¿Por qué? ¿Hubo algo que le hizo sentir incómodo o con lo que no estuvo de acuerdo? ¿Por qué?
- ¿Ha visto los principios analizados en la sesión de hoy manifestarse en su vida o en su iglesia? Describa brevemente lo ocurrido.
- Considerando la sesión de hoy, describa al menos una acción específica, medible y alcanzable que usted pudiera realizar durante los próximos días como respuesta a lo analizado.
- Considerando la sesión de hoy, describa al menos una forma en la cual su vida y ministerio futuro pudieran ser impactados por lo que se analizó.

Conclusión

La mayoría de los instructores en la educación teológica han dedicado años a la investigación, y han llegado a valorar el pensamiento lógico. Un cambio hacia el orden psicológico de ningún modo trata de denigrar el valor de las ideas cuidadosamente estructuradas. Sin embargo, una apreciación de la naturaleza abarcadora del aprendizaje, y en particular la importancia de construir el afecto positivo, fortalecerá grandemente la planificación de nuestra lección. Además, un cambio hacia el orden psicológico, con su conclusión en la aplicación significativa está mejor posicionado que un enfoque tradicional, para llevar a los estudiantes a un aprendizaje que sea transformador y no meramente informador.

Pasos para el diseño de la lección

Considere una lección que usted vaya a impartir en el futuro cercano.

1. *Declaración del propósito.* ¿Por qué piensa usted enseñar esta lección? ¿En qué sentido el material tiene que ver con los verdaderos intereses de los estudiantes? ¿Cómo va a ayudar esta lección a cumplir la visión y misión (propósito) de su programa o escuela? Escriba una declaración de propósito clara para la lección.

2. *Punto principal.* ¿Cuáles son los puntos principales de la lección? Utilizando como modelo la muestra de los puntos principales que se ofrece en este capítulo, formule una declaración sencilla que muestre la esencia de lo que usted desea comunicar en su lección. Revise su(s) declaración(es) considerando las cinco características de un punto principal de calidad: o sea, (a) el punto principal de la lección; (b) corto y fácil de recordar –diez palabras o menos; (c) redactado en forma de una oración declarativa; (d) en un tono positivo; (e) enfocado en una idea. Recuerde que la enseñanza de calidad trata de presentar solo un punto principal para cada período de enseñanza de cuarenta y cinco a sesenta minutos.

3. *Gancho.* ¿Cómo pudiera comenzar la lección "con un estallido", estando seguro de que el efecto primacía-novedad provocará que los estudiantes retengan lo que sea importante para la lección en general? Sugiera una forma de involucrar activamente a sus estudiantes desde el inicio de la lección. Recuerde los tres elementos de un gancho efectivo: provoca atención; establece una meta; lleva a los estudiantes de forma natural hacia la lección.

4. *Libro y observar.* Enumere los asuntos principales representados en el contenido, explicando brevemente cómo cada uno de ellos se relaciona con el punto principal. Ofrezca algunas sugerencias iniciales acerca de cómo usted pudiera vincular a los estudiantes en un aprendizaje activo y no simplemente impartir el material en forma de conferencia. (En próximos capítulos se presentará una variedad de métodos de enseñanza creativos que pudieran ayudar a dar vida a la fase libro/observar en la lección.)

5. *Tomar.* Utilizando el proceso de cuatro pasos descrito en este capítulo, o algún otro enfoque, desarrolle una fase "tomar" que resulte apropiada para su lección. Recuerde que para que resulte fuerte, esta fase "tomar" será específica, medible, alcanzable, relevante y tangible.

6. *Tiempo.* Distribuya períodos de tiempo apropiados para cada fase de la lección, asegurándose de que se le haya asignado un tiempo adecuado a la reflexión y la aplicación en la parte final. Aunque el tiempo sugerido nunca

debe controlar nuestra enseñanza, si no tiene en cuenta este tiempo, el maestro puede terminar impartiendo información en lugar de desarrollar un aprendizaje transformador genuino que facilite el pensamiento, la formación de actitudes y la acción. Al considerar el uso del tiempo, recuerde cambiar las actividades regularmente, para mantener un máximo de veinte a treinta minutos para cada episodio del aprendizaje, maximizando así el aprendizaje del primer momento de la clase.

7. *Recursos.* Para cada fase de la lección, realice una lista de todos los recursos que usted necesite. Si estos recursos incluyen tecnología, es importante que usted llegue y pruebe la tecnología al menos diez minutos antes de comenzar la lección.

Ejercicios

1. Considerando la última clase que usted enseñó. ¿Qué le fue bien y por qué? ¿Qué elementos estuvieron pobres y por qué? ¿Qué aprendizaje tuvo lugar y cómo usted sabe que dicho aprendizaje tuvo lugar?

2. Palmer (1998, 1-33) no observa el punto de partida de una enseñanza de calidad en el contenido o en la metodología, sino en la persona del maestro. ¿En qué sentido usted concuerda con Palmer? ¿Por qué? ¿Cómo se describiría usted como maestro/a? ¿Cómo se muestran su carácter y personalidad en su enseñanza en el aula? ¿En qué maneras su personalidad constituye una ventaja para su enseñanza? ¿En qué maneras constituye un estorbo?

11

Confrontando los métodos de instrucción tradicionales con los no tradicionales

El don de enseñar no es el don de hablar. (Duane Elmer)

El éxito o el fracaso de nuestra educación dependen fundamentalmente de lo que sucede en el aula. Al final, la implementación del mejor currículo integrado y abarcador recae sobre la dinámica maestro-estudiante. Desafortunadamente, muy pocos de nuestros profesores tienen poco más que una comprensión elemental acerca de cómo aprenden las personas, por lo tanto vuelven al método con el que aprendieron: conferencias y asignaciones. Pero existen otros mejores.

En este capítulo se presentará una variedad de estrategias de instrucción que pueden emplearse en el proceso de estimular y facilitar el aprendizaje. Los métodos tradicionales (como la conferencia y el debate en clase) serán evaluados de acuerdo a la investigación educacional, y se ofrecerán sugerencias para fortalecer los métodos tradicionales, haciéndolos más sensibles al aprendizaje. También se presentará una variedad de estrategias no tradicionales, como fórums, debates, entrevistas y el uso de imágenes y literatura. Los dos capítulos siguientes presentarán un análisis más detallado acerca del diseño de preguntas para un aprendizaje profundo, así como la técnica particularmente poderosa del estudio de caso, la cual se convierte fácilmente en una simulación o dramatización.

A través de todo este proceso es importante recordar que cualesquiera que sean los métodos que se utilicen, estos simplemente son siervos del proceso de aprendizaje, y ninguna técnica constituye la "bala de plata" que resolverá todos los retos educacionales. En este sentido, las palabras de Fink (2003, 138) son muy pertinentes:

Existe una diferencia fundamental entre una estrategia de instrucción y una técnica de enseñanza. La estrategia de instrucción es mucho más importante. Los maestros aún necesitan ser efectivos y competentes con las técnicas que utilicen. Pero es la forma particular en que se combinen y se apliquen secuencialmente esas técnicas y actividades de aprendizaje, lo que determina si un curso produce sinergia entre sus partes componentes. Es la estrategia la que crea la energía necesaria para un aprendizaje significativo, no las técnicas en sí. Por lo tanto, mi consejo para los maestros que deseen un curso realmente poderoso es: No piensen en la técnica, sino en la estrategia.

La investigación educacional durante los últimos treinta a cuarenta años ha establecido como un hecho que el proceso habitual –preparar e impartir clases a estudiantes pasivos a quienes luego se les pide que devuelvan la información en exámenes y ensayos, ya no constituye un método apropiado para promover el aprendizaje. Quizás nunca lo fue. Meyers y Jones (1993, 14, 15) ofrecen los siguientes descubrimientos que resultan incómodos:

- Mientras que los profesores están impartiendo la clase, los estudiantes no atienden a lo que se les está diciendo el 40 por ciento del tiempo.

- En los primeros diez minutos de la clase, los estudiantes absorben el 70 por ciento de lo que se les dice; en los últimos diez minutos, solo el 20 por ciento. La mayor parte del 70 por ciento se pierde durante una hora de clase, y no se retiene prácticamente nada de lo que se dijo en los últimos diez minutos.

- Los estudiantes pierden su interés inicial, y los niveles de atención continúan descendiendo según procede la clase.

- Cuatro meses después de tomar un curso introductorio de psicología, los estudiantes conocían solo 8 por ciento más sobre los temas estudiados, que un grupo de control que nunca había tomado el curso.

- Las investigaciones han mostrado que los estudiantes retienen luego de seis semanas, quizás un 5 por ciento de lo que aprendieron por medio de estrategias tradicionales de enseñanza (conferencia, preguntas y respuestas), y luego de dos años, resulta intrascendente.

Existen dos claves para una metodología educacional efectiva: vinculación y aplicación. Vinculación significa que el estudiante es guiado hacia el material y vinculado con este de manera que llega a "poseerlo" para sí. La aplicación significa que, una vez que el estudiante "posee" el contenido en principio, se le ayuda a aplicarlo en formas específicas y tangibles. Hace más de sesenta años, Edgar Dale (1946) reconoció la relación entre la vinculación activa, retención de la memoria, y el aprendizaje, y desarrolló su ahora famoso "cono de la experiencia" (figura 11.1).

Durante el resto de este capítulo, analizaremos una variedad de estrategias de instrucción considerando el diagrama de Dale y trabajando desde las formas de metodología educacional más activas hacia las menos activas. La estrategia poderosa de instrucción conocida como estudio de caso recibirá una atención detallada en el capítulo 13.

Conferencia

> Dictar conferencias no constituye un acto natural, no es un acto para el cual la providencia diseñó a los seres humanos. Es perfectamente correcto de vez en cuando hablar mientras los demás permanecen en silencio, pero hacerlo con regularidad, durante una hora, en la que una persona habla monótonamente mientras que los demás permanecen sentados en silencio, no creo que fue para eso que el Creador diseñó a los seres humanos. (Barth, 2001, 34-35)

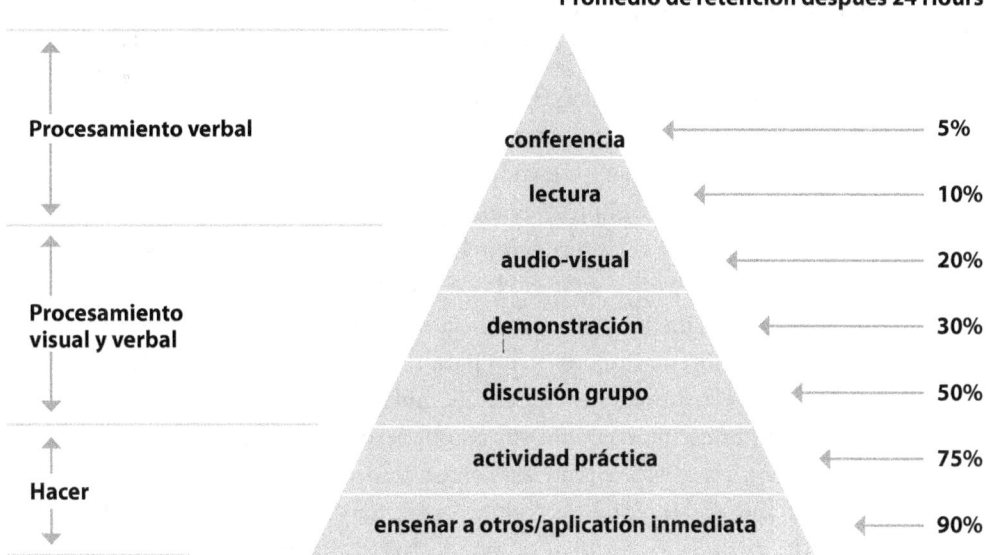

Figura 11.1 Cono de experiencia, de Edgar Dale

Aunque los profesores de las disciplinas de la educación superior expresan el deseo de promover un nivel superior y un aprendizaje profundo, alrededor del 80 por ciento de los profesores universitarios continúan escogiendo la conferencia como su principal metodología para la instrucción, a pesar de existir una larga historia de investigaciones (Fink 2003, 3) que sugieren que la conferencia tiene una limitada efectividad para ayudar a los estudiantes a:

- Retener información después que se termina el curso.
- Desarrollar la habilidad para transferir el conocimiento a situaciones originales.
- Desarrollar habilidades del pensamiento o para resolver problemas.
- Lograr resultados afectivos, tales como la motivación para un aprendizaje adicional o un cambio en actitud.

Existen muchos mitos que contribuyen a la popularidad continua de la conferencia como una metodología de instrucción dominante. Elmer (1993, 142- 43) sugiere lo siguiente:

- *El mito de la omnisciencia.* Los profesores son quienes han realizado una extensa preparación para la clase, por lo tanto creen que son los únicos que tienen algo importante que decir y los demás sólo deben escuchar. Como analizamos en el capítulo 5 acerca del currículo oculto, en tales situaciones el profesor iguala la educación con la instrucción en vez de hacerlo con el aprendizaje de calidad, lo cual es un problema en cualquier contexto de educación superior, pero una gran preocupación en la educación teológica.

- *El mito de la ignorancia.* Con frecuencia se asume que si el profesor es la persona capacitada, experimentada y equipada, ¿por qué debemos perder tiempo dejando a los estudiantes "compartir su ignorancia"? Aunque generalmente el profesor es la persona experta en cuanto a los elementos teóricos del material, muchos estudiantes vienen a clases con un conocimiento y una experiencia de los cuales tanto el profesor como los demás estudiantes pueden beneficiarse. Considerando nuestra meta de formar hombres y mujeres fieles para un liderazgo misionero, lo cual implica vivir activamente el contenido, mucho se puede ganar al dejar que los estudiantes escuchen cómo sus compañeros han aplicado el mensaje en sus propias vidas. Esto se convierte en un imperativo en los contextos donde los estudiantes están entre los treinta, cuarenta y cincuenta años. En tales contextos, aunque los estudiantes pueden tener algún nivel de ignorancia en cuanto a la teoría, a veces son más expertos que su instructor en la práctica.

- *El mito del cambio* asume que las personas cambian por lo que se les dice. El principio "acción-actitud" presentado en el capítulo 4 acerca del aprendizaje multidimensional sugiere que sucede lo contrario, que las acciones cambian las actitudes mucho más de lo que las actitudes cambian las acciones, apuntando hacia la necesidad de más enfoques activos para el aprendizaje.

- *El mito del desinterés* se refiere a la falta de motivación en los estudiantes para interactuar. De acuerdo a este mito, los estudiantes son más felices permaneciendo sentados pasivamente y no desean participar en métodos de aprendizaje activos. Generalmente, este mito es sostenido por quienes nunca han utilizado los métodos activos de enseñanza o no los han utilizado bien. Quienes han aprendido la habilidad de involucrar a los estudiantes reconocen que estos están dispuestos a participar en el aprendizaje que tiene sentido e importancia (ver el capítulo 8 acerca del aprendizaje profundo).

Aunque la conferencia ha pasado por tiempos difíciles y existen campos significativos para desafiar su uso como una metodología de instrucción dominante, aún permanece un lugar para la conferencia en la instrucción centrada en el aprendizaje de calidad. Sin embargo, los instructores efectivos utilizan la conferencia con moderación y son cuidadosos al asegurarse de que se comprenda su propósito.

La conferencia típica tiende a presentar un sumario sistemático y conciso del conocimiento que se va a cubrir en el día, un enfoque que Chang et al. (1983, 21) describen como "conclusión orientada", por la cual el comienzo, el centro y el final son presentados a los estudiantes como un paquete finalizado. McKeachie (1999, 75) sugiere que este enfoque está mal direccionado: que la tarea del profesor no consiste en ser un "extractor de enciclopedias, sino enseñar a los estudiantes a aprender y a pensar".

El mayor peligro de la conferencia consiste en la tendencia del instructor a enfocarse en la enseñanza en lugar del aprendizaje, y presentar información en orden lógico y no en orden psicológico. Cuando la conferencia requiere poca respuesta de los estudiantes, se promueven la dependencia y la pasividad. Los estudiantes pueden tomar notas, pero ocurre poco aprendizaje profundo.

La conferencia resulta más efectiva si se utiliza como introducción al contenido general de un campo, seguida de una discusión en grupos pequeños o en todo el grupo acerca de las implicaciones del material. En este sentido, los instructores excelentes saben que "menos es mejor" –o sea, menos material bien enseñado, con tiempo para la reflexión, discusión y análisis, lleva a un aprendizaje más perdurable que la presentación de grandes cantidades de material con poca oportunidad para la reflexión y la discusión (O´Brien, Millis y Cohen 2008, 12).

Para que tenga lugar un aprendizaje de calidad por medio de la conferencia, los instructores deben recordar algunos de los principios básicos de retención de la memoria y del aprendizaje profundo:

- Considerando su valor cuestionable a largo plazo, solo utilice la conferencia si no tiene otra opción. Siempre considere otras estrategias de instrucción como alternativas (Juengst 1998, 90, 91).

- Aclare en su propia mente por qué el material presentado pudiera ser valioso y significativo para los estudiantes. No dude en comunicar ese valor con entusiasmo y pasión. El entusiasmo es contagioso.

- Establezca un punto principal claro que se repita de forma regular a través de la presentación. Otras ideas serán conectadas a este concepto básico. Como medio hacia una mejor comprensión, ofrezca a los estudiantes una guía clara que les ayude a seguir el curso de las ideas para que puedan realizar un "andamiaje" de lo que aprenden.

- Generalmente vale la pena ofrecer a los estudiantes materiales de lectura relevantes (preguntas relevantes, estudios de caso, resúmenes de textos, bibliografías anotadas) antes de la presentación (Farrah 2004). Esto produce un sentido de anticipación en los alumnos y facilita la conexión entre lo conocido y lo desconocido en el camino hacia el aprendizaje significativo. De la misma manera, distribuir una guía del contenido al comienzo de la clase puede ofrecer un marco organizado, permitiendo que se pueda seguir el flujo de la presentación.

- Tenga en cuenta el fenómeno de la primacía-novedad (vea el capítulo 8 acerca del aprendizaje profundo), y asegúrese de que la primera frase y el primer párrafo de la clase sean impactantes, relevantes y dignos de ser recordados.

- Dar oportunidad a la retroalimentación y la respuesta de los estudiantes después de los primeros diez a quince minutos, permitirá un mínimo de pérdida de retención en los tiempos bajos.

- Divida su lección en "segmentos" de diez a quince minutos, con intermedios de grupos pequeños, debate con todo el grupo, silencio reflexivo, videos cortos, u otros medios que creen el espacio para comenzar un nuevo episodio de aprendizaje (Brookfield 2006, 105).

- Asegúrese de que los estudiantes encuentren sentido a lo que se les está presentando. Defina términos, aclare los conceptos y solicite la retroalimentación de los estudiantes con regularidad. Sea sensible a lo que los estudiantes realmente están escuchando y aprendiendo.

- Modele la conducta deseada hacia el aprendizaje, realizando al inicio de la clase preguntas clave que usted espera que sean respondidas, presentando deliberadamente una variedad de perspectivas como alternativas que desafíen a los estudiantes hacia el pensamiento sintético, incorporando períodos en los que se evalúen los supuestos implícitos, y concluyendo con una serie de preguntas que han permanecido sin responder en la clase (Brookfield 2006, 109-13).

- Conozca tan bien su material que pueda producir una "familiaridad relajada" (Habermas 1995, 217) que reduzca el temor de los estudiantes hacia el material.

- Un tono conversacional con buen contacto visual y gestos apropiados, es mejor para mantener la atención de los estudiantes que un método académico y pedante. Hable con autoridad balanceada con calor humano.

- Utilice ejemplos e ilustraciones vívidos, así como recursos visuales, pero siempre asegúrese de que permanezcan como siervos y no amos del proceso de aprendizaje.

- Mantenga el componente de la conferencia tan corto como pueda. Deje a los estudiantes con deseos de recibir más, y no aburridos y deseosos de que usted termine.

Discusión en todo el grupo

En aulas más tradicionales, los profesores sensibles al aprendizaje hacen una pausa con regularidad en el material de la conferencia, dando oportunidad para discutir en el grupo acerca de lo que ha sido presentado. Considerando tales factores como la necesidad del orden psicológico y el efecto de primacía- novedad, la discusión en clase puede proveer a los estudiantes la oportunidad de detenerse, pensar, responder y vincularse con el material.

Tristemente, en la práctica, las discusiones de calidad en el grupo son muy escasas. La preparación del instructor está dedicada principalmente a la disposición del contenido, pues se enfoca en la enseñanza. Se presta poca atención a la manera en que los estudiantes pudieran ser guiados para vincularse con y reflexionar sobre ese contenido –un enfoque en la enseñanza. Para que la discusión en todo el grupo sea efectiva, los instructores deben dedicar tiempo no solo al contenido, sino también a las preguntas que serán utilizadas para facilitar la reflexión. (El próximo capítulo está dedicado al diseño de las preguntas para un aprendizaje profundo).

Las buenas preguntas son fundamentales para la discusión de calidad con todo el grupo. Pero de igual importancia resulta la necesidad de ser sensible a las dinámicas en el aula. En particular, la discusión en clase toma en consideración los siguientes aspectos:

Los buenos facilitadores desarrollan medios por los cuales se escuchan las voces tanto de los miembros del grupo más abiertos y expresivos, como de los más silenciosos. En general, los hombres tienden a contribuir más que las mujeres, y las personas blancas occidentales tienden a contribuir más que las africanas o las asiáticas. Una forma efectiva para darle voz a los estudiantes más silenciosos es cambiar la geografía del aula de un estilo de auditorio a un formato de taller en grupos de tres a cinco estudiantes, ubicando a los miembros más participativos en el mismo grupo, y a los más silenciosos en otros grupos (vea la figura 11.2). Las preguntas reflexivas son entonces discutidas en los grupos

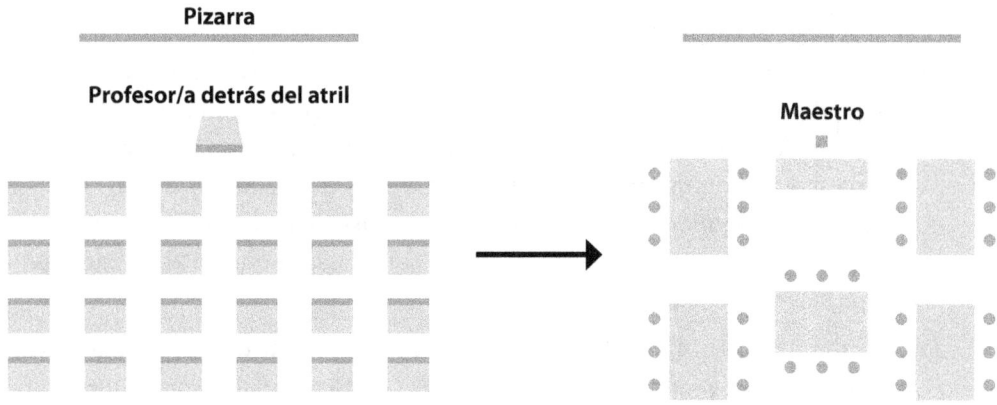

Figura 11.2 De un estilo auditorio a una estructura de aula-taller

pequeños, y a cada grupo le corresponde la misma oportunidad para participar. Por ejemplo, en lugar de ofrecer un fórum abierto para hablar (en cuyo caso los estudiantes más participativos van a dominar), cada grupo puede ofrecer solo una o dos respuestas clave. Este enfoque también ayuda a los estudiantes a desarrollar y a centrarse en sus ideas más claramente. Aun cuando no sea posible realizar un cambio en la geografía del aula, algo similar puede lograrse por medio de un método de "discusión con los vecinos".

- El patrón tradicional de interacción en el aula requiere que el instructor hable en cada momento. El secreto para facilitar una buena discusión consiste en retirarse del centro y actuar como guía en vez de controlador. Los instructores de calidad proveen un liderazgo apropiado para la discusión al balancear la expresión abierta y honesta de sus propias opiniones con la necesidad de mantener sus perspectivas en privado. Existen momentos en que los estudiantes salen del tema y necesitan ayuda por parte del instructor para ver las conexiones principales. Sin embargo, cuando los facilitadores son muy rápidos para ofrecer la respuesta "correcta", los estudiantes rápidamente se retractan de expresar sus opiniones por temor de que no coincidan con el punto de vista "aprobado" o "aceptable".

- La comunicación no verbal de calidad desempeña un papel muy importante al dirigir discusiones saludables en clase. Salir del podio y crear un espacio abierto entre el maestro y los estudiantes motiva a los más tímidos a hablar. El contacto visual comunica valor y relación. También resulta importante ofrecer tiempo para que los estudiantes reflexionen antes de hablar, y exigir un medio de aceptación y respeto en el cual los estudiantes no conversen con la persona sentada a su lado mientras uno de sus compañeros está hablando (Weimer 2013a).

- El punto de partida para el aprendizaje transformador es la "disonancia cognitiva", un dilema desorientador que requiere que los estudiantes desarrollen un auto-examen crítico (Cranton 2006, 20). Los instructores necesitan encontrar un balance entre retar a los estudiantes hacia un aprendizaje significativo y ser sensibles a la ansiedad que los estudiantes experimentan cuando son confrontados con una idea diferente del paradigma que han establecido previamente.

- La discusión de calidad toma tiempo. Por ejemplo, si usted tiene un grupo de veinticuatro y lo divide en seis equipos de cuatro estudiantes, para que cada estudiante hable dos minutos en su grupo, y luego que cada equipo comparta durante dos minutos con todo el grupo, tomará un total de veinte minutos. Aunque muchos instructores verán esto como una pérdida de tiempo, desde la perspectiva del estudiante la participación activa posee un mayor potencial para desarrollar un aprendizaje profundo que veinte minutos de conferencia. Un balance efectivo entre la conferencia y la discusión requiere una cuidadosa selección de la sustancia más importante y el diseño detallado de las preguntas a realizar, para asegurar una vinculación profunda de los estudiantes.

- Las personas procesan la información de formas diferentes. Algunas desarrollan sus ideas hablando, mientras que otras necesitan organizar sus ideas antes de hablar. Por lo tanto, a veces es útil ofrecer un período de silencio antes de entrar en una discusión en clase, para dar oportunidad a este último grupo de preparar sus ideas iniciales. Uno de los mayores errores cometidos por los instructores es romper el silencio respondiendo sus propias preguntas. Los estudiantes rápidamente llegan a esperar que esto suceda, y lo que comenzó como un silencio para pensar terminará en la no participación de los estudiantes. Si hay un silencio extendido, puede ser que no se entendió la pregunta. La participación de los estudiantes puede promoverse formulando la pregunta con otras palabras o pidiendo a un alumno que explique cómo entendió la pregunta.

- Es posible desarrollar habilidades críticas en los estudiantes mediante el juego del "abogado del diablo", presentando puntos de vista opuestos y retando a los estudiantes a ofrecer razones que respalden sus puntos de vista, o pidiendo a otros estudiantes que presenten un ejemplo opuesto: "¿Quién puede pensar en un punto de vista diferente o un argumento en contra?" (Fisher 2008, 126).

- Los instructores de calidad promueven perplejidad en los estudiantes (Issler y Habermas 1994, 60). En general, lo que impide que los alumnos realicen preguntas es un currículo oculto que no sea apropiado para que los estudiantes muestren ignorancia en la clase –ya sea por algunas de las reacciones del profesor o por la actitud de otros estudiantes. En la mayoría de las aulas, solo se permiten preguntas relacionadas con el tema del que se está hablando –aunque cambiar la dirección del pensamiento traiga consigo un desarrollo importante del asunto que se está tratando. Motivar y afirmar las preguntas de los alumnos abre la puerta para comprender sus procesos de aprendizaje.

- Cuando las personas recuerdan experiencias de aprendizaje significativas, con frecuencia describen situaciones de discusión donde tuvo lugar lo inesperado (Brookfield 2004). Los instructores efectivos acogen estos "momentos de aprendizaje". A veces, estas experiencias de aprendizaje inesperadas emergen cuando un miembro del grupo menciona un asunto que no constituye parte de la agenda del profesor, pero que conecta a un número sustancial de los miembros de dicho grupo. Cuando los profesores evitan o desechan estas preguntas inesperadas, la discusión en el aula puede convertirse fácilmente en una experiencia frígida y sin vida, desconectada del contexto de la vida y ministerio de los estudiantes.

Discusión en grupos pequeños

Después de la conferencia y la discusión en todo el grupo, quizás el método de enseñanza que más comúnmente se utiliza es formar pequeños grupos para la discusión. El principio más importante en las discusiones efectivas en grupos pequeños consiste en la calidad de las preguntas formuladas, un tema que será tratado en el próximo capítulo. Aparte del arte del diseño de preguntas y los principios de la discusión en todo el grupo analizados anteriormente, existen varios principios importantes que son específicamente relevantes en el desarrollo de la discusión en grupos pequeños:

- Mantenga los grupos de discusión pequeños, de dos a cuatro personas. En grupos más pequeños, cada persona tiene la oportunidad de expresar una opinión y es mucho más difícil permanecer en silencio y sin sentirse involucrado. En grupos de más de cinco personas, algunos tienden a monopolizar la discusión y es posible que los demás permanezcan como observadores sin participación. Recuerde que las dos claves para una metodología efectiva son la vinculación y la aplicación. Los estudiantes pueden sentirse más involucrados en grupos más pequeños que en grupos más grandes.

- El tamaño del grupo debe variar de acuerdo a los objetivos de aprendizaje (Meyers y Jones 1993, 66). Si la meta consiste en un gran intercambio que lleva a una discusión más amplia en el grupo, una manera de asegurar un diálogo animado sería que los estudiantes trabajen por parejas o en pequeños grupos. Sin embargo, para las tareas de solución de problemas, sería mejor formar grupos más grandes de cuatro a seis. En los grupos mayores de seis, resulta más fácil para los estudiantes pasivos permanecer en silencio y los grupos pierden sus ventajas generales.

- Reconozca que la discusión toma tiempo. Si divide el aula en grupos pequeños, establezca un tiempo límite y recuérdeles cuánto tiempo les queda, para asegurar que todos tengan la oportunidad de participar. Así, se le da permiso al grupo para pedir a quien esté monopolizando la conversación que termine, para que los demás tengan la oportunidad de hablar. Como profesor/facilitador usted debe moverse entre los grupos, para asegurarse de que hayan entendido las preguntas y que estén progresando en ellas a un paso apropiado. Su presencia va a comunicar interés y preocupación, y motivará en gran manera a los estudiantes para permanecer en la tares y vincularse con el material.

- Si el material que se está cubriendo resulta extenso, una adaptación útil sería crear un método de "rompecabezas" para la discusión (Barkley, Cross y Major 2005, 156-62). A cada grupo pequeño se le asigna una serie de preguntas discretas y específicas, y en el momento de hacer el reporte, se presenta su "pieza del rompecabezas" como parte de un todo. Aunque el desarrollo del "rompecabezas" en grupos pequeños puede ser una forma muy motivadora y satisfactoria para hacer que los estudiantes profundicen en un tema, necesita una preparación previa sustancial. La unión de las piezas también requiere un manejo cuidadoso, de otro modo, los estudiantes pueden prestar atención solo a su propia pieza y pierden la enseñanza del cuadro completo.

- La manera en que funcionan los grupos depende de la claridad de los objetivos que se les haya dado a los participantes ("¿Por qué estamos haciendo este ejercicio?"), los parámetros de la actividad ("¿Qué debemos hacer exactamente?") y el procedimiento para la interacción ("¿Cómo debemos comportarnos?"). Las dinámicas en grupos pequeños mejoran mucho cuando existe una clara comunicación de los objetivos, parámetros y el procedimiento (Meyers y Jones 1993, 69).

- La conclusión es importante. Resulta valioso tener un tiempo para reportar, pero se necesitan de cinco a diez minutos después de terminar el trabajo en grupos, y la estructura de la clase debe ser bien planificada. Generalmente es mejor no tener respuestas extensas de cada grupo, pues la actividad puede tornarse aburrida y contraproducente. Un procedimiento efectivo consiste en pedir a cada grupo que contribuya con su idea más importante, y una vez que cada grupo ha tenido una oportunidad, solo entonces solicitar respuestas adicionales. Reportes cortos y directos pueden aportar una dinámica casi eléctrica al proceso de retroalimentación. El reporte sirve para varios propósitos. En el nivel cognitivo, refuerza en cada grupo el contenido que han desarrollado. También capacita a los diferentes grupos para beneficiarse de las ideas de cada uno. Sin embargo, y quizás lo más importante, en el nivel afectivo, un tiempo de reporte comunica a los estudiantes que el instructor valora su arduo trabajo y sus ideas, y considera importante que los demás escuchen estas ideas. Por lo tanto, los estudiantes pueden sentirse más motivados a participar activamente en futuras discusiones en grupos pequeños.

Lluvia de ideas

La lluvia de ideas puede ser una forma efectiva de comenzar la discusión. A los estudiantes, generalmente en grupos pequeños, se les presenta un problema y se les pide que hallen tantas soluciones como les sea posible. El énfasis aquí es en la cantidad, no en la calidad. A veces la cantidad produce calidad. Es más fácil modificar una idea creativa que desarrollar una poco creativa. Los participantes no emitirán un juicio hasta que se ofrezcan todas las sugerencias, o hasta que se haya agotado la mitad del tiempo dedicado a la sesión de lluvia de ideas. Luego de un corto receso, el grupo selecciona las mejores contribuciones entre todas las sugerencias (o quizás combinen varias ideas), pulen las respuestas y comparten sus conclusiones con el resto del aula. Cada grupo pequeño presenta su solución en una discusión con toda el aula. Si se les indica alguna acción a desarrollar, los estudiantes pueden decidir cuál idea desean pulir y actuar sobre esa base. Generalmente, una lluvia de ideas efectiva no va a exceder cinco minutos en total.

La lluvia de ideas también puede ser un método valioso para un trabajo con todo el grupo al presentar una nueva idea o materia. El profesor presenta un asunto básico en forma de pregunta y pide a los estudiantes que sugieran las respuestas. Estas se escriben en la pizarra y (si resulta apropiado) se organizan por categorías. El profesor entonces presenta el material ya desarrollado sobre el tema en cuestión. Generalmente, los estudiantes han incorporado parte del material en su sesión de lluvia de ideas, por lo que se han vinculado en forma de "aprendizaje de descubrimiento". La presentación formal subsecuente sirve para reforzar el contenido.

La clave para una lluvia de ideas de calidad consiste en el diseño de una pregunta que sea tangible y significativa para los estudiantes y para la cual no haya una solución sencilla. Considere los siguientes ejemplos:

- Las iglesias en muchas partes del mundo tienden a seguir un modelo de liderazgo dictatorial que se encuentra en contraste dramático con el patrón cuerpo-vida mostrado en las Escrituras. En los grupos pequeños, realice una lista de (a) las principales razones para esta práctica extendida y (b) especifique los pasos que los futuros líderes pudieran dar después de graduarse del seminario para enfrentar esta divergencia entre teoría y práctica.
- [Como parte de un estudio sobre 1-2 Corintios.] Realice una lista de todas las características de la iglesia de los corintios –tanto buenas como malas. ¿Cuáles de estas características usted cree que son también comunes en la iglesia de su contexto actual?
- Nuestras iglesias locales quisieran construir una mejor comunicación con… (otras iglesias, organizaciones eclesiásticas, cuerpos de gobierno). ¿Cómo podemos hacerlo?

Debate

Ocasionalmente, el tema de una lección tiende a ocasionar en sí un debate. Existen muchas formas de organizar un debate, desde una estructura informal de dos minutos hasta un debate preparado formalmente. Una manera relativamente efectiva de abrir una sesión de clase puede ser presentando un planteamiento que cause el debate, se divide el grupo en dos y se le pide a uno que afirme el planteamiento y al otro que lo niegue. Aunque esta forma de debate improvisado con todo el grupo será dominado inevitablemente por los miembros más participativos del aula, puede ser un medio efectivo para llevar a los estudiantes hacia un tema o asunto relevante. Una adaptación del debate con toda el aula es la lluvia de ideas en grupos pequeños que se ha propuesto, seguida de una participación de cada grupo hablando a favor o en contra del planteamiento.

Los debates más formales generalmente incluyen dos equipos de tres miembros a quienes se les entrega la propuesta del planteamiento una semana antes para que trabajen juntos preparando sus casos. En debates clásicos la parte afirmativa es la responsable de probar que la resolución es correcta; la parte negativa debe probar que no lo es. Por supuesto, la parte negativa también puede presentar una propuesta alternativa.

Los participantes del debate ofrecen su presentación en el siguiente orden:

- Primera presentación afirmativa
- Primera presentación negativa
- Segunda presentación afirmativa
- Segunda presentación negativa
- Tercera presentación negativa
- Tercera presentación afirmativa

Teniendo en cuenta que el peso de la prueba recae sobre el equipo afirmativo, este tiene la ventaja de tener la primera y la última presentación. Los ganadores del debate son determinados por la habilidad de los participantes al presentar sus posiciones. En un debate en el aula generalmente es bueno abrir la oportunidad para comentarios y preguntas a continuación de la última refutación, bajo la dirección del moderador del debate.

Un medio muy efectivo de promover habilidades para desarrollar perspectivas consiste en utilizar un método de "debate crítico" (Barkley, Cross y Major 2005, 126-31), en el cual los estudiantes toman la parte del asunto que sea contraria a su forma de pensar. Al luchar con puntos de vista alternativos, los estudiantes son retados a profundizar en los supuestos y compromisos básicos asociados con el tema y reconocer la posibilidad para una gama de perspectivas relacionadas con asuntos complejos.

La clave para los debates efectivos consiste en el planteamiento que se ofrezca como solución. Las buenas soluciones son claras, bastante precisas y (lo más importante) balanceadas entre la parte positiva y la negativa. Muchos debates fallan porque se puede defender solo una parte y/o la solución es demasiado vaga como para que se puedan desarrollar los argumentos. Considere los siguientes ejemplos:

- "El hinduismo es más un esfuerzo humano mal conducido que algo básicamente maligno."
- "Pablo cometió un error al no llevar a Marcos con él en su segundo viaje misionero."
- "La legislación civil en la ley mosaica es irrelevante para la iglesia actual."

Los debates tienen un gran potencial para desarrollar las capacidades de pensamiento crítico de los estudiantes y destacar la complejidad de asuntos sensibles.

Fórum o panel de discusión

En los fórums o paneles, se les pide a dos o tres expertos que preparen breves presentaciones, que son seguidas de preguntas y respuestas que surjan en la discusión. Los fórums son particularmente valiosos cuando:

- El tema es difícil y los estudiantes no pueden participar en una discusión sustancial sin un trasfondo significativo de conocimiento.
- Las personas con capacitación o experiencia especial aportan ideas que normalmente no están disponibles para el resto de los alumnos. Dependiendo del tema, quizás no siempre sea necesario que quienes participan en un fórum de discusión sean cristianos.

El procedimiento para desarrollar un fórum de discusión es de la siguiente manera:

- Los panelistas son escogidos de antemano y no solo se les entrega el tema, sino también los elementos particulares relacionados con el tema, de los cuales se les pide que aporten su experiencia. Es importante que cada panelista esté personalmente convencido de la posición que él o ella debe tomar en el fórum. Mientras más claras sean las guías que se les entreguen a los panelistas, mayor probabilidad habrá para que el fórum tenga éxito.
- Los panelistas se sientan frente al auditorio, al lado de un moderador.
- El moderador presenta el tema y a los panelistas.
- Cada miembro del fórum debe preparar una exposición de tres a diez minutos y se le ofrece un tiempo ininterrumpido para que la presente.
- Le siguen las preguntas del auditorio y la discusión entre los panelistas. El moderador necesita guiar la discusión con habilidad, para asegurar que haya justicia y evitar enfrentamientos. En general, es preferible que las preguntas del auditorio sean entregadas por escrito, no oralmente. Al requerir que se entreguen por escrito, las preguntas tendrán mayor claridad y precisión y se reduce el riesgo de un ataque verbal de los miembros del auditorio. Un patrón notorio en los fórums de discusiones es que algunos miembros del auditorio sientan el derecho y la necesidad de "ser otro experto" y presenten una conferencia redundante, en lugar de ver la fase de las preguntas simplemente como una oportunidad para desarrollar un intercambio con los conferencistas visitantes. La entrega por escrito puede evitar el riesgo de esta eventualidad.
- El moderador agradece a cada uno de los participantes y cierra la reunión.

Considere los siguientes ejemplos:

- Panelistas para un fórum sobre las mujeres en el ministerio: una mujer en el ministerio a tiempo completo (preferiblemente ordenada); un sacerdote o pastor que se opone a la ordenación de las mujeres; un sociólogo cristiano o una mujer experta en el mundo de los negocios.

- Panelistas para un fórum sobre globalización: una persona de negocios; un científico de computación; un teólogo con gran conocimiento sobre lo que la Biblia tiene que decir acerca de los temas clave.
- Panelistas para un fórum sobre "¿Qué es la iglesia?": un líder de una denominación más tradicionalmente estructurada; un plantador de iglesias vinculado en un contexto de ministerio creativo; un misionólogo o un teólogo que sea experto en eclesiología.

Quizás usted desee elaborar los temas de su fórum de forma más específica que los mostrados aquí. Preséntelos para que los conferencistas no traten simplemente con sus propios intereses, sino con las preguntas que los estudiantes están formulando.

Fórum corto o panel flotante

En realidad, es extremadamente difícil preparar fórums profesionales para el contexto de una clase. Los conferencistas de alta calidad que enriquecen un fórum son generalmente personas ocupadas, y resulta complicado, aun imposible encontrar un tiempo que sea mutuamente apropiado para el grupo y todos los posibles panelistas.

Sin embargo, el proceso del fórum puede adaptarse a un nivel más simple en el contexto de un aula normal. A veces usted tiene un tema en el que casi todos en el aula tienen algo para contribuir –por ejemplo, el matrimonio, el amor, el trabajo, tratar con las personas. Con temas como estos, es posible estimular el pensamiento y la discusión por medio del panel "flotante" de un estudiante. Tres o cuatro personas cuyos nombres son escogidos al azar (pudiera ser de un sombrero) se convierten en "expertos" durante unos minutos. Estos "expertos" tienen varios minutos para pensar acerca del asunto y luego se convierten en panelistas durante un fórum corto, similar al descrito anteriormente.

Entrevistas

Las entrevistas pueden ser una herramienta muy útil para aprender de alguien que posee ideas importantes para compartir con el grupo. Existen varias razones por las cuales una entrevista puede ser más efectiva que una conferencia ofrecida por el experto visitante. Para comenzar, el visitante generalmente no conoce las necesidades y los intereses de los estudiantes, y el instructor o estudiante entrevistado puede ser un puente entre el visitante y las necesidades de aprendizaje del grupo. Muchos profesionales de alta calidad no poseen buenas habilidades para hablar en público, y las entrevistas pueden ayudar a un experto visitante a conectarse mucho mejor con los estudiantes. El movimiento de moderador a visitante también reduce la tendencia al desinterés entre los miembros del grupo.

Aunque una persona puede hacerse cargo de toda la entrevista, es preferible estructurarla y formular preguntas siempre que sea posible, para que todo el grupo pueda participar. Pida a cada estudiante que elabore una pregunta para que la persona invitada la responda. Igual que con el fórum, es preferible que las preguntas de los estudiantes sean entregadas por escrito en lugar de hacerlas de forma oral. De esta manera, podrá existir mayor claridad y precisión, reduciendo el riesgo de un ataque verbal al conferencista, y limita la posibilidad de que un solo estudiante domine la discusión con preguntas extensas y pobremente construidas. Las preguntas escritas por los estudiantes también presionan al conferencista a hablar con profundidad acerca del tema y tratar con especificidades y no con generalidades.

Por medio del uso sabio de la entrevista, el moderador, como la persona que conoce al grupo mejor que el visitante, puede ofrecer dirección al visitante en cuanto al contenido y al estilo.

A continuación le presentamos algunas sugerencias para el desarrollo efectivo de una entrevista en clase:

- Tener una meta o un enfoque al preparar y presentar las preguntas. Pregúntese: "¿Cuál es el propósito de esta entrevista? ¿Qué quiero lograr?" Los visitantes no van a redundar en un asunto si saben precisamente qué se espera de ellos y el tipo de conocimiento que desean recibir los estudiantes.

- Establezca una buena relación con la persona visitante que está siendo entrevistada. Investigue con respecto a su trasfondo antes de la entrevista. Recuerde que en la mayoría de los casos el visitante se siente incómodo en un medio poco familiar. La entrevista podrá tener más éxito si el visitante se siente relajado en el contexto. Puede resultar beneficioso tomar unos minutos para presentarle los estudiantes.

- Antes de la entrevista, haga una lista que incluya de cuatro a seis preguntas básicas que puedan guiar la fase inicial. Generalmente es mejor proveer las preguntas básicas a los visitantes con anterioridad, asegurando que las entiendan y ofreciéndoles la oportunidad para preparar las respuestas iniciales. Las mejores preguntas comienzan con las palabras "quién", "cuándo", "dónde", "qué", "por qué" o "cómo", porque estas requieren una respuesta detallada. Evite las preguntas cuyas respuestas sean sí/no, pues resultará en el desinterés de quienes escuchan.

- Según progresa la entrevista, formule preguntas de seguimiento que sondeen con mayor profundidad el tema de la discusión. Por ejemplo: si se menciona una "dificultad", encontrar la naturaleza o causas de la dificultad. Recuerde siempre la meta o el propósito de la entrevista, y no dude interrumpir gentilmente cuando el visitante se aleja demasiado del tema. Sin embargo, no comente el curso de las ideas del visitante con palabras como "ajá", "así", "naturalmente" y "por supuesto". Aunque usted piense que está afirmando, tienden a distraer tanto al conferencista como a quienes escuchan.

- Formule el tipo de preguntas que normalmente se preguntarían en ese caso. No sea demasiado técnico o detallado. Sobre todo, no se entregue a la tentación de formular preguntas acerca de sus intereses, o las que demuestren su propio conocimiento.

- Tener que hacer dos cosas al mismo tiempo hace de la entrevista un arte que requiere mucha práctica. Usted no solo debe prestar total atención a lo que el visitante dice, sino también tener lista la próxima pregunta. Por tanto, debe escuchar y pensar mientras el visitante está hablando.

Aula a la inversa

Con el acceso creciente a las nuevas tecnologías han surgido una gran variedad de métodos educacionales creativos. Uno de los conceptos más fructíferos es el de "aula a la inversa", popularizado inicialmente por Salman Khan, fundador de la academia Khan. En el aula a la inversa, lo que tradicionalmente tiene lugar en el aula (conferencia) ahora se realiza por medio del video fuera de la clase, y el tiempo de la clase se dedica a las tareas que tradicionalmente se realizaban fuera del aula, como investigación, reflexión y redacción.

Existen muchas ventajas del aula a la inversa (Hill 2013; Kachka 2012):

- Teniendo en cuenta que las conferencias pueden ser editadas, pulidas y re-grabadas, generalmente tienen una calidad superior que las que se imparten en el aula.

- Los estudiantes pueden pausar, repetir y observar las videoconferencias según lo necesiten.

- En el pasado, los profesores diligentes hubieran dedicado muchas horas fuera del aula trabajando individualmente con los estudiantes para tutorarles con materiales complejos. En el aula a la inversa, hay más tiempo disponible en la clase para dedicarlo a este proceso de apadrinamiento.

- Hay más tiempo disponible en el aula para explorar colectivamente la relación entre teoría y práctica, y vincularse en una reflexión sintética y evaluativa.

- Simplemente cambiar la conferencia a un video no va a garantizar que mejore el aprendizaje. Una buena planificación y preparación constituye el éxito de un aula a la inversa. Para maximizar los beneficios de este método, considere las siguientes sugerencias (Kachka 2012):

- Pida a los estudiantes que entreguen antes de la sesión de clase una lista de preguntas que surjan después de haber visto el video. Este proceso asegura que los estudiantes realmente vean y se relacionen con el material de la conferencia, y provee una dirección clara para la sesión de clase. Las personas con experiencia en la práctica del aula a la inversa pueden guardar un expediente que contenga las preguntas clave relacionadas con un material específico.

- Es preferible que el instructor entienda los asuntos clave planteados por los estudiantes y que provea las oportunidades apropiadas que conecten el material teórico presentado en la conferencia con ejercicios prácticos. El instructor debe evitar a toda costa enseñar lo que sus estudiantes ya conocen.

- Aunque resulta apropiado que se utilice parte del tiempo de la clase para aclarar elementos de la conferencia que no se entendieron bien, es preferible que la mayor parte del tiempo se dedique a retar a los estudiantes a dialogar en niveles del pensamiento analítico, sintético y evaluativo.

El lenguaje de las imágenes y la literatura

Las imágenes son poderosas. Para los educadores del siglo veintiuno, la tecnología ha abierto la posibilidad de acceder a una amplia variedad de video clips, fotografías, pinturas y dibujos. Por medio de su poder evocador y sugerente, las imágenes pueden ser un medio valioso para definir un problema y dramatizarlo ante un grupo. De la misma manera, la buena literatura puede provocar emociones e ideas que no surgen en una simple discusión. Las imágenes constituyen una forma particularmente efectiva de conectar las dimensiones afectivas y cognitivas del aprendizaje.

Existen muchas formas de utilizar las imágenes y la literatura. Estas son algunas posibilidades:

- *Discusión de simbolismo*. El grupo estudia una imagen o un poema en silencio durante dos o tres minutos. Luego los miembros comparten lo que creen que simboliza.

- *Comparando interpretaciones.* Se comparan dos o tres pinturas diferentes relacionadas con la misma historia. Se les pide a los alumnos que expliquen cuál de las pinturas consideran que captura mejor la historia y por qué. El resultado será una comprensión mucho más profunda de la historia.

- *Discusión de un tema.* Se muestran varias imágenes o se entregan uno o dos textos controversiales por escrito, y el grupo los estudiará durante dos o tres minutos. Cada miembro debe seleccionar la figura o el texto que mejor expresa su propio punto de vista sobre el tema, para compartir con el grupo las razones por las cuales lo seleccionó y para responder las preguntas de sus compañeros acerca de su selección.

Confrontando los métodos de instrucción tradicionales con los no tradicionales   205

- *Descubrir reacciones internas.* Se muestran fotografías de personas en primer plano. El grupo estudia las fotos durante un período de tiempo en silencio, y luego discuten acerca de los sentimientos internos que fueron revelados a través del rostro de cada persona en las fotos. Quizás puedan ser desarrolladas otras preguntas, como "¿Cuáles pudieran ser algunas posibles causas para los sentimientos reflejados en esta fotografía?"

Considere los ejemplos que se muestran en las figuras 11.3 y 11.4

Algunos comentarios adicionales relacionados con el uso de imágenes y literatura:

Esta pintura de Titian es una de las representaciones más famosas del dia de Pentecostés. ¿En qué sentido es usa representación fiel? ¿En qué sentido no es fiel? Si usted tuviera el talento artístico, ¿cómo representaría el Pentecostés?

Figura 11.3 Comparando interpretaciones: una pintura interpretando una historia

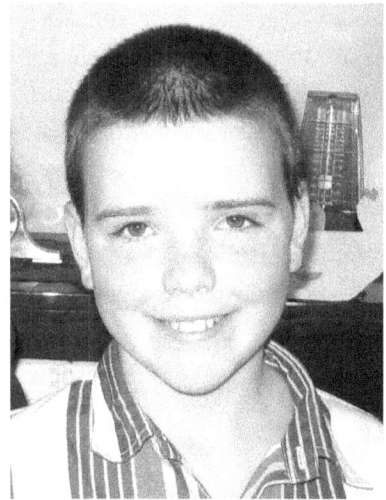 

12 años 11 meses　　　　　　　　**14 años 8 meses**

La adolescencia es un tiempo donde ocurren cambios dramáticos. ¿Cuáles son los cambios más importantes que tienen lugar en la adolescencia –física, mental, social, emocional y espiritualmente?

Figura 11.4 Observando el cambio: estudio de fotografías

- Si usted tiene acceso a proyectores digitales (LCD), se le recomienda tomar un curso básico en el uso de PowerPoint y otros programas de computación que le sean de utilidad. Sin embargo, asegúrese de que las imágenes sean siervas del proceso de aprendizaje, y que no consuman demasiado tiempo en su preparación.

- Familiarícese con búsquedas online. Google Images y YouTube son recursos bien conocidos para obtener imágenes que pueden ser utilizadas en clase. Sin embargo, el uso efectivo requiere de práctica.

- Se encuentran disponibles sitios web y bases de datos especializadas para la instrucción bíblica. Un sitio en particular que puede ser utilizado es Biblical Art (www.biblical-art.com), que provee vínculos por tema y pasaje, para acceder a representaciones artísticas de gran parte de las narraciones bíblicas. Los vínculos incluyen obras de arte clásico, arte popular contemporáneo e imágenes de Biblias ilustradas. Uno de los grandes retos en la enseñanza del material bíblico consiste en motivar a los alumnos para que desarrollen una lectura detallada del texto. Si se presenta una imagen y se les pregunta a los estudiantes qué aspectos son fieles al texto y cuáles no, se produce una respuesta casi inmediata con una vinculación entusiasta con el texto bíblico. Sin embargo, se debe tomar precauciones: debido al poder de la imagen,

existe la posibilidad de que esta permanezca más vívidamente en la memoria de los estudiantes que el mismo texto.
- Tenga cuidado con las leyes de derecho de autor. Estas varían en los diferentes países y no siempre son consistentes. En muchas partes del mundo una imagen disponible online puede ser utilizada en una diapositiva de PowerPoint, pero debe tener mucho cuidado de que tenga permiso de "public domain" (dominio público) para cualquier material que vaya a imprimir y a distribuir. En muchos países, las penalidades por infringir el derecho de autor son severas.

Conclusión

He llegado a creer que un gran maestro es un gran artista y que existen pocos, como también existen pocos grandes artistas. La enseñanza podría ser la mayor de las artes, pues el medio es el alma y el espíritu humano. (John Steinbeck)

Las nuevas generaciones de estudiantes crecen rodeadas por múltiples imágenes y sonidos. La enseñanza efectiva para el siglo veintiuno debe ir más allá de una metodología que fue originalmente desarrollada en un mundo antes de que se inventara la imprenta, cuando los libros eran escasos y el medio fundamental para impartir el conocimiento era la transmisión oral. En este capítulo han sido presentadas varias formas de mejorar los métodos tradicionales de instrucción, como la conferencia y la discusión, y con técnicas de instrucción más creativas, como son: lluvia de ideas, debate, fórum, entrevistas y el uso de la imagen y la literatura.

Estos son solo ejemplos de las metodologías educacionales creativas disponibles para el instructor que se encuentre enfocado en el aprendizaje. Le recomendamos que observe y aprenda de los maestros relevantes, y que comparta ideas abiertamente con otros instructores en su programa de estudio.

En los siguientes capítulos serán examinados con profundidad dos métodos particularmente útiles: el diseño de preguntas para un aprendizaje profundo y el método participativo del estudio de caso, y con este, las simulaciones y dramatizaciones.

La tarea de la educación teológica clama por maestros que sean grandes artistas. La creatividad en la educación es siempre un riesgo, pero en la manera en que nos adentremos en el espíritu creativo en nosotros mismos y en nuestros estudiantes, reflejamos el carácter de nuestro Dios creativo y abrimos el potencial para un aprendizaje abarcador y transformador.

Ejercicios

1. Escriba una lista con los métodos utilizados en algunas de las experiencias de aprendizaje más interesantes y memorables que usted haya tenido. Sugiera algunos factores clave que ayudaron a hacerlos tan memorables.

2. Mencione al menos una forma específica en la cual usted pudo incorporar uno o más de los principios de la conferencia efectiva en una lección que esté planificando para presentarla próximamente.

3. Sugiera al menos un elemento de discusión de calidad en el aula, mencionada en este capítulo, que usted pueda incorporar a su enseñanza.

4. En lecciones de un curso que usted piense impartir próximamente, trate de desarrollar cada uno de los siguientes elementos: (a) una pregunta relevante para una lluvia de ideas; (b) un tema relevante para un fórum, y posibles participantes en dicho fórum; (c) un tema para un debate que pudiera ser discutido desde el punto de vista afirmativo o negativo; (d) una serie de preguntas para una entrevista; (e) un diálogo entre una imagen y el material que usted desea presentar.

5. Los fundamentos para una buena enseñanza se encuentran en la integridad del maestro. Mencione al menos dos sugerencias acerca de cómo usted pudiera desarrollar métodos de instrucción más creativos, respetando al mismo tiempo su propia integridad como persona.

12

Diseño de preguntas para el aprendizaje profundo

> Un profesor es una persona que profesa algo, especialmente alguien que declara abiertamente sus sentimientos, creencias religiosas, temas, entre otros. Por lo tanto, un profesor-educador es alguien que guía hacia la verdad, en una forma que alienta al diálogo con la autoridad interna que emerge del estudiante. (Parks, 2000, 167)

A través de este libro se le ha exhortado a ver la capacitación ministerial como un esfuerzo integrador y abarcador. En el capítulo 4 se presentaron los campos del aprendizaje cognitivo, afectivo y conductual, y en otros capítulos se le alentó a incorporar un balance entre estos elementos en cada faceta del programa de educación teológica. Sin embargo en la práctica, muchos instructores luchan por saber cómo promover mejor este tipo de aprendizaje abarcador en el aula. A continuación se les presentará una herramienta fundamental en su "caja de herramientas" que puede ayudar a sus alumnos en su peregrinaje de formación para el liderazgo –formular preguntas de calidad.

Las investigaciones durante los últimos cuarenta años han demostrado que el pensamiento, las emociones y conductas están intrínsecamente vinculadas (Goleman 1995, 18-25; LeDoux 2000), y cualquier intento por separar estos aspectos diferentes de la personalidad humana es inapropiado y deshumanizante (Damasio 2005). Por lo tanto, debe quedar claro desde el principio que las barreras entre los campos cognitivo, afectivo y conductual son en cierto modo artificiales, así como los supuestos niveles dentro de estos campos del aprendizaje. Este último constituye un fenómeno complejo y multifacético en el cual cada elemento afecta a los demás. Sin embargo, utilizar las estructuras presentadas en el capítulo 4, puede resultar en una disciplina y una guía útil al buscar en el aula cómo respetar a los estudiantes como personas completas.

Preguntas cognitivas

Como analizamos anteriormente, el patrón en las aulas más tradicionales ha estado enfocado casi exclusivamente en el campo cognitivo. Muchas son las razones que pueden ofrecerse para respaldar este énfasis. Algunas de las voces más escépticas sugieren la ineptitud social de muchos académicos, y la naturaleza anti-social de la investigación en los libros que se hace necesaria en la educación superior (Drane 2008, 132). Una mayor cantidad de evaluaciones medibles pudieran enfocarse en disminuir el diseño y evaluación del aprendizaje cognitivo, en comparación con los que se utilizan para el aprendizaje afectivo y conductual. Sin embargo, aun en el campo cognitivo, un deseo por controlar el diseño y la evaluación puede llevar a los instructores a enfocarse en niveles más inferiores del pensamiento (conocimiento y comprensión), prestando una mínima atención al orden superior del aprendizaje asociado con el razonamiento analítico, sintético, evaluativo y creativo. Por lo tanto no debería sorprendernos que la mayoría de las preguntas en el aula sean dirigidas hacia el nivel básico del conocimiento como parte del proceso de aprendizaje (Cotton 2010; Fredericks 2010) y existe poca intención de extender el pensamiento en los estudiantes.

Nuestra fijación en el orden inferior del aprendizaje cognitivo no provee la clase de habilidades del pensamiento para el aprendizaje profundo e integrador que resultan necesarias para un ministerio efectivo en un mundo complejo. Aunque los fundamentos básicos del conocimiento y la comprensión tienen un valor esencial, es solo cuando alcanzamos el nivel de análisis, síntesis y evaluación, que podemos decir que el aprendizaje de calidad ha tenido lugar. El diseño de preguntas divergentes en los niveles analítico, sintético y evaluativo, puede desempeñar un papel importante al estimular esta clase de pensamiento de orden superior.

Antes de comenzar a examinar las preguntas para el diseño, no tiene sentido que existan barreras artificiales entre los niveles de análisis, síntesis y evaluación, de la misma manera que existen entre los campos cognitivo, afectivo y conductual. Recuerde que nuestra meta no consiste en el desarrollo de preguntas analíticas, sintéticas o evaluativas diferenciadas, sino en el desarrollo de preguntas divergentes substanciales que desafíen a los estudiantes para que piensen. El proceso de examinar la naturaleza de preguntas analíticas, sintéticas y evaluativas constituye simplemente una guía en el camino.

Sin duda alguna, usted también va a descubrir que el diseño cuidadoso de las preguntas toma tiempo. Es muy normal impartir un conocimiento convergente y realizar preguntas de comprensión mientras se está enseñando, pero no son muchos los profesores que pueden desarrollar una buena pregunta divergente en medio de una sesión de clase. Los profesores de calidad dedican tanto tiempo (o más) para preparar la lección metodológicamente como para preparar el contenido de la lección, reconociendo que el buen contenido con una pobre metodología no va a llevar a un aprendizaje de calidad. El diseño efectivo de las preguntas debe verse como parte de esta fase de preparación de la lección.

Aunque generalmente reservamos las preguntas analíticas, sintéticas y evaluativas para los trabajos de investigación, le sugiero que estas pueden y deberían ser inherentes en todo lo que enseñamos. Las preguntas divergentes complejas no son difíciles de diseñar, pero necesitan una preparación cuidadosa. Para comenzar, le ofrecemos a continuación una forma simple de desarrollar preguntas cognitivas más complejas.

Preguntas de análisis

Un método clave para desarrollar preguntas analíticas es comparar dos ideas, pasajes, entre otros, que tengan aspectos similares. Analice por ejemplo, Filipenses 2:6-11. Estas son algunas posibles preguntas analíticas:

- En una o dos oraciones, explique la relación entre el ejemplo de Cristo en 2:6-11 y la enseñanza de Pablo sobre la unidad de los cristianos en 2:1-4.
- ¿De qué maneras las etapas del descenso de Cristo en 2:6-8 se reflejan en las etapas de su glorificación en 2:9-11?
- Compare Filipenses 2:6-11 con Marcos 10:42-45. Basándose en estos pasajes, mencione al menos dos formas en las cuales el modelo de humildad de Cristo debería expresarse en la vida de los creyentes.

Considere también las siguientes:

- Escriba una lista con las características del ideal para la vida de la iglesia que aparece en Hechos 2:42-47. Analice cada una por separado y mencione una o dos maneras en las cuales su iglesia local refleja o no este ideal.
- Mencione al menos un punto en común entre la "comunicación" y cada uno de los siguientes términos: (a) "común"; (b) "comunión"; (c) "comunidad".
- Dibuje una tabla que muestre puntos similares y diferentes entre el llamado de Abram (Gen. 12:1-9), Pablo (Hechos 9:1-18) y los discípulos (Mt. 28:16-20; Hechos 1:8) con respecto a: (a) la acción de Dios; (b) el contenido del llamado; y (c) la reacción de quienes fueron llamados.
- Mencione al menos un punto de similitud y dos diferencias fundamentales entre 1Pedro 2:9-12 y el concepto islámico de *umma*.
- Mencione al menos cuatro puntos de similitud entre los factores que condujeron a las Cruzadas y los factores que contribuyeron a las guerras religiosas del siglo dieciséis.
- Mencione al menos dos puntos de similitud y al menos dos diferencias fundamentales entre la interpretación cristiana y musulmana acerca de la soberanía de Dios.

En cada caso, la forma comparativa de la pregunta requiere que el estudiante analice las partes y llegue a desarrollar principios compartidos. Estos principios pueden convertirse en la base para la aplicación al contexto de la vida contemporánea del estudiante.

Observe en particular las diferentes formas que se utilizan para retar a los estudiantes a leer y analizar los textos bíblicos. La primera pregunta relacionada con el pasaje de Filipenses llevó a los estudiantes a buscar el contexto literario. La segunda pidió a los estudiantes que investigaran la estructura interna del texto. En muchas aulas el profesor responde a los estudiantes estas preguntas, particularmente donde predominan las conferencias, perdiendo la oportunidad para capacitar a los estudiantes en la lectura cuidadosa e individual de los textos. La tercera pregunta sobre Filipenses refleja una forma general que va más allá del texto hacia un análisis de temas bíblicos más amplios por medio de una comparación apropiada de textos comparables. Sin embargo, aun este tipo de preguntas generalmente traerán como resultado que los estudiantes entren en una lectura más detallada de lo que normalmente harían. Una Biblia que contenga buenos materiales de referencia puede hacer más sencillo el diseño de este tipo de preguntas.

En el segundo grupo de preguntas, las tres primeras pueden ser respondidas fácilmente por los estudiantes sin la necesidad de un conocimiento previo sustancial, pero las últimas tres requieren un conocimiento y una comprensión preliminares profundos.

Con cierta frecuencia, en los trabajos investigativos pedimos a los alumnos que respondan a preguntas analíticas profundas como los últimos tres ejemplos, sin haberles preparado y capacitado en las clases. Mi experiencia es que un nivel muy alto de reflexión analítico tiene lugar cuando, por medio de preguntas analíticas complejas como estas, dedicamos tiempo para desarrollar debates iniciales en pequeños grupos (de tres a cinco estudiantes) y luego les pedimos que terminen su reflexión por escrito fuera del aula. Los estudiantes ya han dado los primeros pasos y generalmente se muestran entusiasmados para profundizar en la biblioteca las ideas que comenzaron a investigar oralmente con sus colegas en la clase.

Otros tipos de preguntas analíticas

Las formas que he sugerido no son las únicas, pues existen muchas otras variedades de preguntas analíticas. Cunningham (2005, 314) sugiere las siguientes:

- *Preguntas hipotéticas*: se utilizan para guiar hacia la consideración de asuntos y consecuencias fuera de lo que es real o de lo que se espera:
  - a- ¿Y si la resurrección no fuera verdad?
  - b- ¿Y si Dios no dio los Diez Mandamientos?
  - c- ¿Y si no existieran los templos?
  - d- ¿Y si Jesús hubiera aparecido en el Edén para detener a Adán antes de comer de la fruta (después que Eva la había probado)? (Heaton, 2013)
  - e- ¿Y si Moisés se hubiera unido a su hermano Aarón para construir el becerro de oro?
- *Preguntas en reverso*: se utilizan para investigar las implicaciones de un evento considerando cuáles hubieran sido las consecuencias si los detalles del evento hubieran sido invertidos o cambiados:
  - a- ¿Y si Adán hubiera probado la fruta prohibida y después se la ofreciera a Eva? (¿Y si invertimos… y…?)

      b- ¿Y si Jesús hubiera ascendido al cielo antes de la crucifixión? (¿Y si… hubiera sucedido primero?

      c- ¿Y si Pedro hubiera mantenido su mirada en Jesús y no en las olas? (¿Y si… hizo… en lugar de…?)

- *Preguntas de análisis en red*: se utilizan para considerar la red de consecuencias de un evento en particular a corto y a largo plazo. Cuando se realizan preguntas de análisis en red, los instructores deben presionar a los estudiantes para que piensen más: "¿Y qué más?... ¿Y qué más?"

      a- ¿Cuál fue la extensión de los efectos de la decisión del rey Josías al mandar a leer la ley de Dios?

      b- ¿Cuántos efectos usted puede imaginar a partir del apedreamiento de Esteban?

Las buenas preguntas toman tiempo para ser diseñadas. Necesitan suficiente claridad y dirección para que los estudiantes se sientan seguros al responderlas. Los números pueden hacer que las preguntas sean menos amenazantes: "Mencione al menos tres aspectos de…", "Nombre al menos cuatro puntos similares", "Describa al menos una cosa específica que usted pudiera hacer". Aunque puede haber un gran número de posibles respuestas, los estudiantes se sienten más seguros de poder lograr un número de posibilidades correctas. Las respuestas surgen de la clase como un todo, Por lo tanto, una gran variedad de posibles respuestas emergen de forma natural.

Muchos instructores realizan las preguntas muy vagas y generales. Analice los siguientes ejemplos:

- "Compare la actitud de Agustín y la de Calvino hacia la iglesia". Los estudiantes se preguntarán: "¿Dónde comienzo? ¿Sobre qué aspecto de la iglesia me están preguntando? ¿De qué manera se me pide que compare?" Una mejor manera de formular la pregunta sería incluyendo números y una mayor precisión; por ejemplo: "Mencione al menos dos semejanzas y dos diferencias entre la interpretación de Agustín y la de Calvino con respecto a la relación entre la iglesia y el estado".

- "Explique la importancia que tiene para la enseñanza cristiana la teoría de Piaget acerca del desarrollo cognitivo". Nuevamente, la pregunta es muy abarcadora. Sería mejor: "Enumere al menos tres maneras significativas en las que la teoría de Piaget acerca del desarrollo cognitivo pudiera impactar la enseñanza al grupo de adolescentes en una iglesia". Al pedir "al menos tres" se hace la pregunta asequible sin limitarla. "Enseñanza cristiana" ha sido aclarada con "la enseñanza al grupo de adolescentes en una iglesia".

- "Investigar las actitudes de los creyentes hacia sus iglesias locales". No se entiende con claridad lo que se está preguntando. La pregunta necesita una aclaración y una dirección sustanciales. Por ejemplo: "En tres iglesias diferentes, pídale a un líder laico (líder del grupo de jóvenes, maestro de escuela dominical, líder de un grupo de hogar, etc.) y a una persona de la congregación, que mencionen las dos cosas que más les gustan y lo que menos les gusta de su iglesia local. Haga una lista con estos elementos y mencione al menos dos observaciones sustanciales con respecto a las actitudes reflejadas en estas respuestas". Observe el alcance de la pregunta arreglada y su estructura paso por paso. En general, mientras más vaga sea la pregunta, más vagas serán las respuestas.

Preguntas sintéticas

El enfoque clave en el desarrollo de preguntas sintéticas consiste en comparar dos ideas, pasajes, etc., que sean diferentes, contradictorios, aparentemente sin relación o que deben ser reconciliados. Una forma beneficiosa es: "Este escritor o pasaje dice…, pero aquel escritor o pasaje dice… ¿Cuál de estos es mejor/Cómo ambos pueden ser ciertos? ¿Por qué?" Estas son algunas posibles preguntas sintéticas para Filipenses 2:6-11:

- Tenemos la tendencia de tomar la vida de la iglesia primitiva como un ideal. Sin embargo, en Hechos 6:1-4 (y en los demás pasajes) parece que los apóstoles consideran "servir a las mesas" por debajo de su dignidad. ¿Cree usted que al desarrollar su ejemplo de liderazgo cristiano en la iglesia primitiva, los apóstoles no comprendieron el ejemplo de humildad de Cristo? Mencione dos o tres razones que respalden su respuesta.
- ¿Cómo usted reconcilia la necesidad de un liderazgo activo y que tome la iniciativa, lo cual es necesario para que la iglesia siga adelante, con el modelo de humildad en el liderazgo que Cristo nos mostró?

Considere también las siguientes:

- La frase: "La sangre de los mártires constituye la semilla de la iglesia", fue real para la iglesia primitiva, pero no para la iglesia en Japón, donde fue destruida por la persecución en lugar de ser construida. ¿Cómo se pudiera aplicar en este caso? Mencione dos o tres factores que pudieran hacer que la persecución contribuyera positivamente a la vida de la iglesia. ¿Qué factores pueden obrar de forma opuesta?
- ¿Cuáles son algunas de las fortalezas y debilidades de las interpretaciones de Agustín y Lutero en cuanto a la relación entre la iglesia y el estado? Construyendo sobre las ideas de estos dos grandes teólogos, desarrolle su propia interpretación con base teológica para la relación entre la iglesia y el estado.

En cada caso, se les pide a los estudiantes que consideren los pro y los contra de las diferentes perspectivas para llegar a una posición sintética personal. Al hacer esto, existe una expectativa de que los estudiantes comprendan y se apropien del cuadro más amplio. Una comparación entre dos cosas buenas conlleva a una pregunta sintética fuerte: al querer afirmar ambas y no ser posible, los estudiantes son forzados a reflexionar en los asuntos básicos al respecto y formular una posición personal.

Puede resultar muy beneficioso incorporar lecturas cortas al diseño de las preguntas sintéticas (Weimer 2013b). Por ejemplo:

- Asigne una lectura corta en la que un experto esté en desacuerdo con la sabiduría convencional. Por ejemplo, puede pedir a los estudiantes que lean un corto resumen de un escritor contemporáneo que defienda la prioridad cronológica de Mateo (comparada con Marcos o "?"), y pida a los estudiantes que defiendan o que muestren su desacuerdo con la posición del experto.

- Comparta citas contrastantes y pida a los estudiantes que respondan –estando de acuerdo, en desacuerdo, o encontrando alguna posición media. Por ejemplo: compare una cita de una persona que defienda un enfoque de "solo guerra" con una cita de una persona que presenta una perspectiva "pacifista". Existen numerosas publicaciones que presentan múltiples puntos de vista cristianos sobre temas como el de la guerra, el milenio, el significado de la espiritualidad cristiana, el divorcio y el nuevo matrimonio, la salvación y la divina providencia.

Preguntas de evaluación

El enfoque clave para desarrollar preguntas evaluativas consiste en realizar algunas o todas las siguientes preguntas: "¿Podemos creer esto? ¿Es aceptable? ¿Es realista? Con toda seriedad, ¿puede ser aplicado hoy? Si lo hiciéramos, ¿qué problemas y/o beneficios pudieran resultar?" Algunas posibles preguntas evaluativas para Filipenses 2:6-11 pudieran ser:

- ¿Sería realista pedir a alguien que se humille según lo descrito en Filipenses 2? ¿Otras personas no se aprovecharían de esto? Explique.

- ¿Cuáles son los principales factores que nos impiden seguir el ejemplo de la humildad de Cristo? ¿No cree usted que estas razones son buenas y saludables? ¿No existe el peligro de convertirse en un "trapo" que todos pisan si no nos mostramos firmes? Comente al respecto.

- Si todos pusieran a los demás en primer lugar, ¿quién sería el líder? ¿Existen límites para la humildad? Mencione algunas razones.

Considere también las siguientes:

- Analice la interpretación que hace Hudson Taylor sobre la contextualización. ¿Hasta qué punto cree usted que hizo lo correcto? Para tomar su posición, se opuso a su liderazgo y continuó su propio camino; ¿no fue una actitud incorrecta? ¿El hecho de que los chinos lo golpeaban con regularidad, no indicaba que había problemas con su enfoque de contextualización? Comente al respecto.

- Muchas personas aman entrañablemente su identificación con su país de origen. Sin embargo, Pablo (Fil. 3:20) y Pedro (1Pedro 1:17; 2:11) se describen como extranjeros y peregrinos en este mundo. ¿Pablo y Pedro se equivocaron al interpretar nuestra relación con nuestros países? ¿Qué significa para nosotros el estatus de extranjeros y peregrinos?

- Los eventos evangelísticos (cultos evangelísticos, eventos de avivamiento espiritual, conciertos evangelísticos, etc.) son muy populares en las iglesias evangélicas. ¿De qué maneras el hecho de que la comunicación no es un evento de una sola vez, constituye un reto ante la relevancia y efectividad de estos eventos?

La sana educación tiene como propósito guiar a los estudiantes de donde están hacia una posición más madura. Aunque muchos estudiantes pueden verbalizar el deseo de cambiar, una aceptación genuina de una nueva perspectiva a veces es opacada por las dudas y las preguntas. Las preguntas evaluativas buscan poner en palabras las dudas de los estudiantes, de modo que esas dudas o retos puedan ser tratados con honestidad, considerando las barreras que impiden un aprendizaje genuino. Un maestro habilidoso se podrá dar cuenta de los intereses de los alumnos para articular preguntas evaluativas relevantes.

Otros tipos de preguntas divergentes

Aunque la forma de las preguntas analíticas, sintéticas y evaluativas mostradas anteriormente constituye una herramienta útil para formular preguntas divergentes, estos modelos no son los únicos. Existen muchas otras formas de preguntas divergentes que también pueden contribuir a los buenos debates en el aula. Shulman (2006) sugiere las siguientes:

- *Preguntas deductivas* que desarrollan conclusiones específicas a partir de principios generales:
  a- Basándose en nuestro debate acerca de la soberanía de Dios, ¿cuáles son algunas de las implicaciones para los cristianos del Medio Oriente al enfrentar la discriminación y la persecución?
  b- Con respecto al fundamento personalizado de la misión contextualizada, ¿cuáles serían las implicaciones para la capacitación de los cristianos del sur de la India que desean servir en el contexto hindú del norte de la India?

- Las *preguntas inductivas* que funcionan en dirección opuesta, desarrollando generalizaciones y principios a partir de ejemplos específicos:

- a- Mencione dos o tres posibles implicaciones que se aprecien en la historia de la iglesia Católica Romana, Luterana y Presbiteriana, a partir de los patrones de institucionalización que hemos analizado.
- b- Mencione tres o cuatro de los patrones y temas más notables que usted haya observado en nuestro debate acerca de la práctica en los inicios de la misión en África.

• Las *preguntas aductivas* que buscan la evidencia para un argumento o posición:
- a- ¿Cuál evidencia a partir de una investigación apoya la noción del currículo oculto en la educación del seminario?
- b- ¿Qué prueba existe para la relación entre la hegemonía ideológica y la censura?

• Las *preguntas de refutación* que buscan la evidencia en contra de un argumento o posición:
- a- ¿Cuáles son algunos de los principales argumentos bíblicos y teológicos en contra de la interpretación arriana de la cristología?
- b- ¿Cuál evidencia a partir de una investigación existe para cuestionar la interpretación clásica de que "la sangre de los mártires es la semilla de la iglesia"?

• Las *preguntas en perspectiva* que retan a los estudiantes a salir de su propio mundo religioso, racial, socio-económico o de género, y ver un asunto desde el punto de vista de otra persona:
- a- Considerando el valor asiático de la paradoja (yin/yang), ¿cómo observaría una persona cristiana de China el clásico debate calvinista-arminiano?
- b- ¿Por qué muchos cristianos árabes pudieran mostrarse particularmente negativos con respecto a la teología de las dispensaciones?

• Las *preguntas de la personalidad en el contexto* que se utilizan para retar a los estudiantes a desarrollar una lectura detallada y relacionar el texto con el contexto. En estas preguntas, una persona del pasado es traída al presente, y los estudiantes deben sugerir qué pudiera suceder.
- a- Si Pablo viniera a Beirut hoy, ¿cómo piensa usted que él desarrollaría este ministerio? ¿En qué se basa usted para tal declaración? ¿En qué sentido la narración de Hechos y/o las enseñanzas de Pablo en sus cartas moldean su respuesta?
- b- Si Agustín fuera el obispo de la iglesia del siglo veintiuno en Colombo (en lugar del siglo quinto en Hipona), mencione una o dos maneras posibles en las que hubiera desarrollado un enfoque diferente en su *Ciudad de Dios*. Argumente su respuesta.

c- Si Dietrich Bonhoeffer se reuniera con los líderes de la iglesia Presbiteriana del siglo veintiuno en Egipto, mencione dos o tres consejos importantes que hubiera dado con respecto a la naturaleza de la iglesia en un medio de discriminación y persecución. Argumente su respuesta.

Un medio excelente para impulsar a los estudiantes a desarrollar con profundidad las lecturas para la clase sería pedirles que dirijan una pregunta al autor. Estas preguntas no solo prueban si realmente han completado las lecturas, sino también los lleva a desarrollar una postura evaluativa hacia las lecturas, desafiando el material y ahondando en el contenido de los mismos hacia un nivel más profundo:

- Si Chris Wright visitara nuestra escuela, ¿Qué pregunta le haría con respecto a las lecturas orientadas para hoy sobre *La misión de Dios*?
- Si se le pidiera que entreviste a Agustín en relación con sus *Confesiones*, ¿cuáles serían las dos o tres preguntas más importantes que usted cree que ayudarían mejor a los demás estudiantes de su aula a entender lo que Agustín estaba tratando de lograr en este texto?
- Si Paulo Freire visitara su escuela, ¿qué pregunta le haría con respecto a la importancia de su *Pedagogía del oprimido* para el contexto local en el que usted se desarrolla?

De las preguntas cerradas a las abiertas

Uno de los mayores retos en el diseño de las preguntas consiste en proveer lo que Palmer (1983, 69-75) ha descrito como limitado pero en un espacio abierto; o sea, las preguntas deben tener suficiente sustancia y dirección para guiar las respuestas, pero también necesitan ser lo suficientemente abiertas para que los estudiantes puedan investigar los asuntos relacionados con las mismas. Al diseñar las preguntas, es importante conocer y evitar tres categorías específicas de preguntas que pueden acabar con el debate (adaptado de Goodman 2011):

Preguntas para responder sí o no

Las preguntas que pueden responderse con un simple "sí" o "no" matan el debate. Considerando que el maestro desea recibir una respuesta clara, muchas personas consideran este tipo de pregunta como una pérdida de tiempo o una degradación de su inteligencia. Si el maestro tiene una información específica o una perspectiva que él o ella desea ofrecer, vamos a oírla y continuar con un debate más profundo. Es aquí donde radica la importancia de una cuidadosa preparación de las preguntas con anterioridad. Los maestros precavidos van a reestructurar las preguntas con respuestas de sí o no, de modo que vayan de una forma convergente a una divergente.

Preguntas de guía

Una pregunta de guía asume la respuesta dentro de la pregunta. En otras palabras, el maestro ya tiene una respuesta en mente y trata de forzar a los estudiantes a mostrar aprobación con esa respuesta. Las preguntas de guía comienzan con frases como: "¿Ustedes no creen que…?" o "¿No es cierto que…?" Estas son algunas preguntas de guía:

- ¿Ustedes no creen que un encuentro personal con Cristo sea necesario para que una persona se convierta en cristiana?
- ¿No es cierto que todas las iglesias efectivas tienen un fuerte ministerio de grupos pequeños?
- ¿No es cierto que el mayor reto que enfrenta la iglesia hoy consiste en el secularismo postmoderno?

El objetivo subconsciente de muchas de estas preguntas consiste en adoctrinar los estudiantes de acuerdo a la perspectiva del maestro por medio de un nivel de presión emocional. Las preguntas de guía son generalmente rechazadas por los estudiantes, pues le dan valor solo a la voz del maestro y dejan poca oportunidad para expresar desacuerdo y para el diálogo.

Preguntas limitadas

Las preguntas limitadas buscan una respuesta definida. En lugar de prestar atención a los asuntos importantes que se están tratando, con mucha frecuencia los estudiantes dedican sus energías creativas tratando de descubrir las respuestas específicas encerradas en los archivos del cerebro del maestro. Algunos ejemplos de preguntas limitadas son las siguientes:

- Mencione tres maneras en que la mujer samaritana trató de desviar la atención de Jesús con respecto a su pasado (Juan 4:1-30).
- En Mateo 19, ¿cuál fue la razón que Jesús dio por la cual los fariseos tendrían grandes dificultades para llegar al cielo?

La razón por la que estas preguntas son limitadas es que piden a los estudiantes que provean una respuesta específica. La primera pregunta pide tres elementos. Todo el grupo trata de pensar cuáles son los tres que el profesor quiere. Ellos pudieran encontrar cuatro, pero igualmente pudieran encontrar dos o cinco. La persona que piensa en tres elementos puede estar tan acertada como la que piensa en dos; la única diferencia puede ser la forma en la que categorizan la información y las respuestas. La segunda pregunta limita porque pide una única razón por la que los fariseos tendrán grandes dificultades para llegar al cielo.

Los maestros cuidadosos se preguntarán: "¿Tengo alguna respuesta específica en mente?" Si es así, no hay necesidad de perder tiempo con una pregunta. Sería mejor ofrecer a los estudiantes la información y continuar llevándoles hacia niveles más altos en el pensamiento. Donde el problema con la pregunta sea simplemente un asunto de diseño, es posible convertir las preguntas cerradas en preguntas abiertas al incorporar una de las siguientes al inicio: "¿Hasta qué punto…?"; "Mencione al menos tres maneras en las que…"; "¿Por qué piensa usted que…?" De forma alternativa, las preguntas cerradas pueden hacerse de manera abierta al añadirles uno de los siguientes finales: "Argumente su respuesta"; "Explique el porqué de su respuesta"; "Describa cómo y por qué otras personas pudieran tener una respuesta diferente de la suya".

Preguntas afectivas

Aunque diseñar preguntas cognitivas divergentes como las que se presentaron anteriormente toma tiempo y preparación, estas son muy familiares y no son tan amenazantes. La influencia dominante que tuvo el racionalismo de la Ilustración sobre la educación –aun en la educación teológica– nos hace sentir cómodos con preguntas que van dirigidas a la mente, pero menos cómodos con preguntas que exploren las emociones, actitudes, valores y motivaciones más profundas. Sin embargo, investigaciones recientes han demostrado no solo que las emociones y la cognición están entrelazadas (Caine and Caine 1990), sino también que las partes del cerebro donde tiene lugar el pensamiento, no se unen de manera efectiva a no ser que tenga lugar un afecto positivo (Sousa 2006, 84). En resumen, corremos un riesgo al ignorar la dimensión afectiva del aprendizaje.

También existe un imperativo teológico. Como se mencionó en el capítulo 4, el corazón desempeña un papel central a través de la Biblia en el proceso del conocimiento, como se muestra en el gran mandamiento: "Amarás al Señor tu Dios con todo tu corazón" (Mt. 22.37) y en las características de la actitud de los cristianos maduros espiritualmente: amor, alegría, paz, paciencia, amabilidad, bondad, fidelidad, humildad y dominio propio (Gal. 5:22-23).

En el capítulo 4 observamos que el centro del aprendizaje afectivo es la cualidad de la relación maestro-estudiante (Brookfield 1986, 62-64; Cranton 2006, 112-15). Sin embargo, los componentes afectivos del aprendizaje también pueden desarrollarse a través de preguntas cuidadosamente diseñadas. Analice los siguientes ejemplos:

- "¿Qué fue lo más emocionante/importante que usted leyó/escuchó en las lecturas/conferencias de esta semana? Explique por qué lo encontró tan importante". Como vimos en el capítulo 8 con respecto al aprendizaje profundo, lo que valoran los estudiantes es generalmente lo que van a recordar y a aplicar. He encontrado extremadamente útil hacer esta pregunta como rutina al final de una clase o como parte de un resumen semanal –a veces oralmente y otras veces por escrito. Por medio de esta pregunta podemos conocer algo de lo que el gran Maestro está haciendo en sus vidas.
- "¿En qué maneras la conferencia/lectura impactó su relación con Dios? ¿Con otras personas?" Parte de nuestra meta en la educación teológica debe consistir en una creciente relación con Dios. El simple hecho de hacer la

pregunta le comunica a los estudiantes nuestro deseo de que el material que están estudiando fortalezca esa relación. Realizar la pregunta también nos compromete a nosotros como instructores en cuanto al hecho de que nuestra educación debe ser genuinamente "teo-logos" (una palabra de, o acerca de Dios).

- "¿Encontró usted algo que lo retara? ¿Encontró algo que le hiciera sentir incómodo? ¿Por qué?" Realizar este tipo de preguntas nos capacita para trabajar junto a nuestros estudiantes en su afán de comprender, aplicar y crecer.

- "¿Cómo se sintió usted con respecto a un planteamiento/idea/teoría en particular…? ¿Por qué?" Ted Ward (2001, 123) nos recuerda que "las personas reales tienen sentimientos reales, no solo un sistema de información no corporal llamado cerebro". El aprendizaje de nuevas perspectivas y el desarrollo de nuevas habilidades para pensar y actuar constituyen actividades que promueven fuertes sentimientos, y preguntar a los estudiantes acerca de sus sentimientos es un ejercicio de aprendizaje válido que nos capacita para comprender sus actitudes y su posible apertura al cambio. Muchos estudiantes tienen dificultades para articular sus sentimientos, y generalmente es útil brindarles una lista de posibles sentimientos –tanto positivos como negativos – los cuales pueden funcionar como un trampolín desde donde los estudiantes pueden debatir sus propias respuestas afectivas.

- "Describa cómo… podría cambiar su actitud hacia…" Una pregunta como esta desafía a los estudiantes a ver el aprendizaje como algo más que la adquisición de conocimiento y provee un puente para una posible respuesta en acción.

- "¿Cuáles actitudes o sentimientos usted ve en este pasaje? ¿Alguna vez ha enfrentado/disfrutado/experimentado en su propia vida actitudes o sentimientos similares? ¿Cómo se relaciona la dimensión afectiva del texto con sus propias experiencias afectivas?" Podemos olvidar fácilmente que todos los textos son escritos por seres humanos que escriben en estados afectivos específicos, sin tener en cuenta la aparente "objetividad" que persiga el autor. La lucha con estas actitudes y emociones nos puede llevar a una comprensión más profunda del texto, del escritor y de nosotros mismos. En la educación teológica, esto puede ser un elemento de particular importancia (aunque frecuentemente descuidado) para estudiar los textos bíblicos.

Las preguntas afectivas como estas transforman el contexto del aprendizaje desde una manera unidireccional en que el instructor lo imparte como el experto, hacia otra forma en la que los estudiantes y el instructor se unen en un peregrinaje mutuo para descubrir lo que Dios está haciendo en la vida.

Preguntas conductuales

Muy a menudo, en nuestro deseo de que los estudiantes dominen el desafiante mundo del conocimiento teológico, olvidamos que la Gran Comisión de Jesús no fue para hacer discípulos "enseñándoles todo…" (un mensaje orientado de manera cognitiva), sino "enseñándoles a *obedecer* todo…" (un mensaje orientado hacia la obediencia). En mis años de estudios y enseñanza teológica, con frecuencia he sentido simpatía con la niña que, al regresar a casa después de la escuela dominical le dice a sus padres que estaba decepcionada con la clase: "Nos dijeron que fuéramos al mundo a hacer discípulos de todas las naciones… pero nos quedamos sentados".

La obediencia solo puede obrar genuinamente en la práctica, y el aprendizaje conductual resulta realmente efectivo cuando vinculamos a los estudiantes en la práctica de su fe a través de alguna forma de discipulado o enseñanza activa. Sin embargo, aun en el aula el aprendizaje conductual puede ser alentado mediante las preguntas. Analice los siguientes modelos de preguntas que tocan elementos del campo conductual, y los ejemplos de preguntas que les siguen:

- ¿Ha visto usted… obrando en su vida/iglesia/comunidad? Explique.
- ¿Cuáles fueron algunas de las preguntas que usted se hizo mientras esto sucedía?
- ¿Qué hubiera hecho usted? ¿Por qué piensa usted que es la mejor opción?
- ¿Cómo pondría usted… en la práctica en su propio contexto?
- Imagine en qué manera su familia/iglesia/comunidad sería diferente si… no hubiera sucedido.
- Imagine en qué manera su familia/iglesia/comunidad sería diferente si todos en esta aula/en su iglesia/en su comunidad… [practicaran el punto principal].
- Nombre algo específico que usted pudiera hacer al menos una vez durante la próxima semana/mes en respuesta a…

Ejemplos de preguntas conductuales

- ¿Alguna vez ha sufrido usted un tratamiento dictatorial por parte de un líder cristiano? (Por favor, no especifique nombres). Describa sus sentimientos. ¿Cuáles son las razones positivas por las cuales este líder pudo haber manifestado una actitud dictatorial? ¿Cómo el líder se hubiera relacionado con usted de manera más creativa y redentora? ¿Qué ideas pudiera obtener del texto *Understanding Leadership* (Entendiendo el liderazgo), de Marshall (1991, 42-73) con respecto a esta experiencia?

- Imagine cómo la iglesia en su región pudiera ser diferente si cada líder aceptara el liderazgo en equipo tanto en la iglesia local como en el nivel de cooperación regional. Mencione dos o tres de los beneficios que pudieran surgir.
- ¿Cuál es la diferencia entre transmisión y comunicación? Mencione un ejemplo de su experiencia en el ministerio en el cual haya tenido lugar la transmisión, pero no necesariamente la comunicación.
- Un elemento central en el ministerio efectivo consiste en el desarrollo de la paciencia y la perseverancia. Describa una situación donde le haya resultado difícil ser paciente y perseverante. Si una situación similar surgiera nuevamente, describa al menos una forma en la que usted pudiera desarrollar la paciencia y la perseverancia de manera más efectiva.
- Mencione uno o dos conceptos erróneos comunes en las Cruzadas que usted también observa en las iglesias evangélicas del Medio Oriente hoy. Mencione al menos una lección a partir de los errores de las Cruzadas, que usted considera que su iglesia local necesita aprender. Describa algo que usted pudiera hacer esta semana para ayudar a su iglesia a fortalecer esta área.
- Imagine cómo el mundo sería diferente si las Cruzadas nunca hubieran sucedido. ¿En qué sentido la iglesia occidental sería más fuerte o más débil? ¿En qué sentido el testimonio a los musulmanes sería diferente?
- "Si la revelación de Dios es considerablemente afectiva, entonces quienes comunicamos ese mensaje debemos utilizar estilos de comunicación considerablemente afectivos". Describa al menos una manera práctica en la cual esta verdad pudiera impactar: (a) el evangelismo; (b) la enseñanza en la iglesia local; (c) la predicación.

Al pedir a los alumnos que relacionen sus propias experiencias con la sustancia del contenido del curso, promovemos un diálogo continuo entre la teoría y la práctica. Las preguntas que se basan en la experiencia no necesitan ser restringidas a los cursos con base en las habilidades. En la enseñanza de la historia, existe un lugar para comparar los eventos del pasado con la experiencia del presente, y un llamado para actuar en el futuro. La enseñanza de la teología debe moverse de teología a doxología, y luego como respuesta, a vivir una vida de adoración al Todopoderoso. El punto culminante de una exégesis sana no es simplemente deducir los principios eternos del texto, sino relacionar esos principios con la vida de los estudiantes; así fue en la enseñanza de Jesús y de Pablo, y nosotros deberíamos seguir su modelo.

Uno de los "momentos de aprendizaje" que se pierde con mayor frecuencia es la forma en que concluimos nuestras lecciones. Muy a menudo, dedicamos una hora o más construyendo nuestra sesión alrededor de un punto central –la enseñanza de Jesús sobre el amor, la división en las guerras de religión, el llamado de Pablo a vivir en el Espíritu, el modelo de liderazgo como siervo, la necesidad de escuchar antes de hablar. Tristemente, nuestros estudiantes raramente actúan de acuerdo a estos principios porque no han tenido la oportunidad de enfrentarlos y reflexionar sobre el por qué y el cómo del punto principal. Si somos serios en nuestro empeño de ver a los estudiantes "practicar lo que hablan", un proceso a través de los cuatro pasos sugeridos en la sesión "tomar" en el capítulo 10 comunica el imperativo de la aplicación y también guía a los estudiantes en cuanto al modo de llevarlo a cabo. Las preguntas conductuales apropiadas pueden desempeñar una parte importante en este proceso.

Resulta aún más efectivo dedicar tiempo en lecciones posteriores para preguntar a los estudiantes si le han dado seguimiento a sus compromisos. Mi experiencia es que cuando pregunto, generalmente recibo de un 10 a un 20 por ciento de respuestas, pero aun así el impacto es enorme: para los estudiantes que lo han aplicado, el mensaje de la clase ha pasado a la experiencia; y los demás estudiantes tienen ahora un modelo a seguir en sus compañeros, no solo las exhortaciones del profesor.

Conclusión

En casi todas las escuelas teológicas tratamos de hacer demasiado. Como hemos observado en varias ocasiones en este libro, la investigación educacional continúa descubriendo que "menos es más": a largo plazo, cuando se presenta una menor cantidad, pero con una mayor profundidad, los estudiantes recuerdan, valoran y aplican más que cuando se les pide que escuchen, lean y digieran grandes cantidades de material. Realizar preguntas de calidad que lleven a una reflexión cognitiva más profunda, conectarse con las emociones, actitudes y motivaciones de los estudiantes y guiarles a la aplicación en la práctica requiere de mucho tiempo. Pero el nivel de aprendizaje abarcador que puede tener lugar tiene muchas más probabilidades de llevarles hacia el tipo de transformación que todos los educadores teológicos responsables anhelan ver en la vida de los futuros líderes cristianos.

Ejercicios

1. Seleccione una lección que usted piense impartir en el futuro cercano, y teniendo en cuenta los principios y patrones presentados en este capítulo:
   - Escriba una pregunta cognitiva apropiada que requiera análisis.
   - Escriba una pregunta cognitiva apropiada que requiera síntesis.
   - Escriba una pregunta cognitiva apropiada que requiera evaluación.
   - Sugiera dos o tres preguntas afectivas.
   - Formule dos o tres preguntas conductuales que ayuden a los estudiantes a relacionar el contenido con su propio contexto.

2. Teniendo en cuenta las sugerencias para las preguntas conductuales ofrecidas en este capítulo y el proceso en cuatro pasos para el componente "tomar" de la lección, presentado en el capítulo 10, escriba una serie de preguntas conductuales que pudieran ser utilizadas para llevar a los estudiantes hacia la aplicación práctica del material presentado en la clase.

13

Estudios de caso en la educación teológica.

Tanto amó Dios a las historias que creó al hombre. (Rabbi Nachman)

Debemos darnos cuenta de que el sentido fundamental de nuestras vidas no se encuentra en la comprensión de las estructuras humanas, sino en nuestras historias humanas. (Paul Hiebert 2008, 31)

En el capítulo 11 fue presentado el "cono de la experiencia", de Edgar Dale. Según Dale, los métodos de enseñanza que proveen el mayor potencial para un aprendizaje activo consisten en experiencias personales directas y con propósito. Aunque parezca bueno en teoría, en la práctica, las experiencias personales generalmente no pueden ser planificadas de antemano –particularmente en contextos formales en el aula. Sin embargo, podemos hacer algo igualmente bueno, que consiste en *simular* la realidad por medio de juegos, dramatizaciones y estudios de caso. El poder de los métodos de enseñanza que simulan la realidad consiste en que incluyen las dos claves para la metodología efectiva: hacer que los alumnos se sientan involucrados y que apliquen su conocimiento en situaciones prácticas. Al lograrlo, los estudiantes se insertan en un aprendizaje activo.

De todas estas formas de aprendizaje activo, los estudios de caso son quizás las más fáciles de diseñar y de utilizar. Por otra parte, como que los dramas son en gran parte estudios de caso dramatizados, el desarrollo de habilidades para escribir estudios de caso puede facilitar la creación de dramatizaciones, y a partir de estas, juegos de simulación y dramas extensos. En este capítulo se le guiará hacia la formación y el diseño de estudios de caso.

Jesús utilizó historias como fundamento para su enseñanza. Aunque reconocemos que este era un método natural en una sociedad ampliamente oral, también fue el producto de la práctica de Jesús de ver a sus "estudiantes" como personas completas. Para Jesús, establecer una conexión entre el texto y el contexto constituía un imperativo, y las historias eran una metodología ideal para conducir a sus discípulos hacia ese objetivo. Aunque Pablo no utilizó la historia tanto como Jesús, vemos en sus cartas un profundo compromiso con una fe encarnada que es consistente con un enfoque de narración de historias para la educación teológica.

El método de enseñanza de Jesús y de Pablo tiene sus raíces en convicciones teológicas clave –nuestra creación conforme a la imagen de Dios como personas completas, el gran mensaje reconciliador de las escrituras en el cual la relación ocupa un lugar central, y el milagro de la encarnación de Cristo, así como su invitación para que su pueblo transmita el mensaje de la redención de manera relevante para cada época y cada contexto en el cual se encuentre. El uso de las historias constituye uno de los medios más efectivos y apropiados para hacer relevante el eterno mensaje de la misión de Dios al mundo.

Corcoran (2007) sugiere que si la experiencia humana es por naturaleza narrativa o en forma de historia, enseñar solo doctrina y teología no va a proveer crecimiento en la fe y en la vida de la misma manera en que puede lograrlo la narrativa. Si tomamos la escritura como nuestro punto de referencia, la historia constituye una metodología mejor que la teología y la doctrina para comunicar la forma en que Dios se relaciona con los creyentes. Durante mucho tiempo hemos restringido el valor de nuestra comprensión de los textos, a las obras de los académicos. En el proceso de desarrollo de un enfoque misionero integrado para la educación teológica, constituye un imperativo que aceptemos las realidades contextuales como "textos culturales" (Vanhoozer 2007) en diálogo con los textos tradicionales. Los estudios de caso pueden ser un elemento significativo en este proceso de práctica reflexiva.

El poder de los estudios de caso

Lea cuidadosamente los siguientes estudios de caso y las preguntas que les acompañan:

Lucía

Lucía es una cristiana que cumple con todas sus tareas. Es una fiel esposa y madre. Mantiene su casa limpia y bella, prepara comidas saludables y deliciosas, y atiende bien a sus hijos: les ayuda con sus tareas, les lee, les lleva al parque, y así sucesivamente.

Lucía es activa en la iglesia, tanto en la asistencia como en el servicio. Visita a los enfermos en su vecindario, ora por ellos y comparte el evangelio cada vez que puede. Ella lee su Biblia y ora diariamente por una larga lista de personas. La gente tiene buena opinión de Lucía y le muestran su gratitud.

Pero Lucía no es realmente feliz. Ella también sospecha que Dios no se siente feliz con ella. No tiene grandes problemas en su vida —solo asuntos como pereza en la oración, irritabilidad con los hijos por su comportamiento infantil, e incomodidad con las personas que dejan de asistir a la iglesia, dejándole a los demás todo el trabajo, o con quienes se visten o comportan inapropiadamente. Lucía no soñaría con crear un alboroto por estas cosas, pero mantiene un resentimiento interno, y las personas, aunque la respetan, a veces sienten que ella no se siente feliz con ellos, pues no logran ser lo suficientemente buenos según sus expectativas.

- ¿Cuáles cree usted que sean algunos de los factores principales que influyen en las decisiones en la vida de Lucía?

- ¿Cree usted que Lucía está "viviendo por gracia"? Argumente su respuesta.

El pastor Pablo

Pablo es pastor de una iglesia en un país políticamente inestable. Poco después que comenzó en el liderazgo de la iglesia, estalló la guerra civil y un gran número de milicias surgieron en el país, cada una declarando ser puramente defensora de los derechos de un grupo particular en la nación. Entre ellos, han surgido tres milicias "cristianas" bastante poderosas, basadas principalmente en poderes occidentales que están preocupados por la influencia de "estados terroristas" como Irán y Corea del Norte, quienes han estado respaldando a las milicias islámicas y comunistas en el país. Los líderes de las milicias cristianas han estado reclutando activamente a los jóvenes de la comunidad cristiana, incluyendo a los miembros de la iglesia de Pablo.

- ¿Cuáles son algunos de los factores principales que pudieran determinar las respuestas de Pablo ante esta situación?

- ¿Cuáles consideraciones teológicas determinan una respuesta a esta situación? Quizás usted quiera considerar algunos de los materiales que hemos analizado en clase sobre la historia de la salvación, el reino de Dios, la iglesia como una comunidad misionera, el amor redentor, así como la verdad y la justicia.

- Teniendo en cuenta las consideraciones teológicas y pastorales, ¿Cómo cree usted que Pablo debería responder?:

    (a) Si algunos de los jóvenes deciden unirse a una de las milicias cristianas.

    (b) Si una de las milicias islámicas o comunistas entra en el distrito de la iglesia de Pablo y comienza a amenazar a los miembros y/o a la propiedad de la iglesia.

    (c) Si las milicias cristianas comienzan a pelear unas contra otras, y los jóvenes de la iglesia se han unido a milicias rivales.

Sara y Lidia

Hace aproximadamente un año, Lidia comenzó a enseñar en la clase de niños de la escuela dominical. Esto sucedió porque Sara, la maestra activa y talentosa que tenía a su cargo la clase anteriormente, no estuvo más disponible: simplemente no apareció más. Lidia había comenzado a impartir las clases para cubrir la necesidad. Sara continúa asistiendo de vez en cuando según se le antoja —cada seis semanas— sin avisar que va a asistir. Durante estas "visitas", Sara quiere que Lidia deje lo que había planificado y siga el programa que ella tiene en mente. Aunque Lidia sabe que Sara es una maestra mucho más talentosa que ella, también es cierto que Lidia se ha esforzado para mejorar sus habilidades como maestra, y sus lecciones son cada vez mucho mejor planificadas y organizadas que las que imparte Sara —las cuales son impartidas sin ninguna preparación. Como si fuera poco, Sara está casada con uno de los ancianos de la iglesia, y él siempre les habla a todos del gran trabajo que Sara hace en la escuela dominical. En cada evento de la iglesia, Sara es agradecida y elogiada públicamente por el pastor y los ancianos por "todo el trabajo realizado con los niños de la escuela dominical", mientras que el nombre de Lidia nunca es mencionado.

- ¿Cuáles serán algunos de los sentimientos de Lidia en este contexto?

- Si usted fuera amigo/a de Lidia y de Sara, describa dos o tres acciones constructivas que pudiera realizar para lograr que las contribuciones de ambas puedan ser de beneficio para los niños de la escuela dominical.

- Si usted fuera el pastor de esta iglesia, ¿cómo tratara con esta situación de manera positiva y redentora, particularmente con respecto al esposo de Sara, quien es un anciano valioso y comprometido en la iglesia?

¿Cuál de estos tres casos captó más su atención? ¿Por qué piensa que este caso en particular resultó de su interés? ¿Qué sentimientos provocó esa historia en usted? ¿Por qué? Generalmente, el grado en que un estudio de caso capte su atención está directamente relacionado con el nivel de conexión que tiene con su propia experiencia en la vida. Un estudio de caso puede ayudar más en un crecimiento transformador si está relacionado con un tema o experiencia que en el pasado ha provocado fuertes emociones y/o ha requerido tomar decisiones drásticas.

Los estudios de caso son poderosos y efectivos como parte de la metodología educacional:

- El aprendizaje más efectivo va de lo conocido a lo desconocido, por lo cual al estudiante se le presentan nuevos conceptos y habilidades tomando como punto de partida las experiencias previas. Los estudios de caso ofrecen puntos de conexión por medio de los cuales los estudiantes pueden recordar y comprender mejor los detalles del nuevo contenido. De esta forma (regresando a la taxonomía de Bloom), aumenta el conocimiento y la comprensión de los componentes del campo cognitivo.

- Los buenos estudios de caso retan a los estudiantes a pensar acerca de asuntos contextuales por medio de lentes de principios que se encuentran en los textos. Este trabajo comparativo generalmente comprende el pensamiento analítico, sintético y/o evaluativo.

- Los estudios de caso ayudan a construir habilidades de solución de problemas, particularmente aquellas que son valiosas al ser aplicadas, pero se utilizan con poca frecuencia. Por tanto, se ofrece la oportunidad para la práctica de habilidades esenciales para la vida y el ministerio que de otro modo no estarían disponibles.

- Los estudios de caso realistas ayudan a poner la realidad en un material teórico, promoviendo la práctica reflexiva y la acción deliberada (Merseth 1991).

- Específicamente en el campo de la educación teológica, los estudios de caso son ideales para los seminarios integradores o para los trabajos integradores en los cuales los estudiantes son capacitados para llevar una variedad de perspectivas bíblicas, teológicas, históricas y pastorales a una situación práctica.

- Los estudios de caso pueden promover el trabajo en equipo. Cuando un equipo se reúne para resolver un caso, necesita escuchar diferentes opiniones, métodos y perspectivas. El desarrollo de respuestas efectivas para el caso llegará hasta el punto en que el grupo trabaje cooperativamente hacia la meta deseada. El currículo oculto del trabajo en equipo que generalmente acompaña el método del estudio de caso promueve el tipo de cooperación en equipo que constituye un elemento esencial del ministerio cristiano efectivo.

- Lo más importante es que los estudios de caso ayudan a los estudiantes a evaluarse, pero desde una distancia prudente, aislando así los asuntos clave de las personalidades.

Caracterización, marco y argumento

Los estudios de caso son historias, y como sucede con otras historias, mientras más cerca reflejen la experiencia del lector, más fascinantes serán, más emociones van a provocar y mayores probabilidades tendrán de recibir una respuesta activa. Por tanto, la clave para un estudio de caso efectivo es que refleje una situación de la vida real conocida por los estudiantes.

Para muchos maestros que comienzan a utilizar el método de estudios de caso, existe una tendencia a presentar historias dramáticas o extremistas. Sin embargo, por lo general estas no son muy efectivas, debido a que las historias no se relacionan con las experiencias en la vida de los estudiantes, por lo cual estos son incapaces de sentirse relacionados con la narración. Las historias poderosas son simples y rutinarias, como los diferentes eventos que ocurren repetidamente en la vida. Es más probable que los elementos de estas historias de "rutina" sean comunes con la experiencia de los estudiantes, por tanto, estos entrarán más íntimamente en la narración y se vincularán de forma más apasionada y realista con los asuntos que se estén tratando.

Como sucede con cualquier historia, los estudios de caso incluyen tres elementos importantes: caracterización, marco y argumento.

Caracterización

El primer elemento importante es la *caracterización*. El éxito de una historia depende en gran parte de su habilidad para incluir personas reales e interesantes con las que los lectores puedan identificarse. Dicho de un modo más sencillo, los personajes pueden ser uni-, bi- o tridimensionales. Los personajes unidimensionales son ampliamente decorativos. Ellos entran en la etapa de acción de forma breve y desempeñan un papel poco directo en el argumento general. Por tanto, son cruciales en el sentido de que proveen estado de ánimo y realismo, principalmente en historias más extensas.

Considere por ejemplo, la bien conocida historia de David y Betsabé en 2 Samuel 11-12, en la cual existen numerosos personajes unidimensionales, incluyendo "la guardia real" (11:1), "el ejército de Israel" (11:1), "alguien" (11:3), "mensajeros" (11:4), "los siervos" (11:9, 13), "los hombres de la ciudad" (11:17), "algunos de los hombres" (11:17), "el mensajero" (11:19), entre otros. En cada caso, no sabemos prácticamente nada acerca de los personajes, pero sin ellos la historia no estaría "viva". Los personajes unidimensionales aportan profundidad y amplitud a una historia.

En el estudio de caso sobre Lucía, algunos de los personajes unidimensionales son sus hijos y las "personas" de la iglesia y del vecindario. En la historia de Pablo, los personajes unidimensionales incluyen "la iglesia", "las milicias" y "los jóvenes". En la historia de Lidia, vemos a los niños de la escuela dominical, "uno de los ancianos" y el pastor. En cada caso, conocemos poco o nada con respecto a estos personajes, pero la historia no podría funcionar sin su existencia.

Los personajes bidimensionales tienen más sustancia, pero son generalmente (aunque no siempre) pintados con una característica predominante de su personalidad. Los personajes bidimensionales interactúan con los personajes principales y le dan una mayor sustancia a la historia, pero su papel es más de apoyo que central. Nuevamente en la historia de David y Betsabé, vemos una variedad de personajes bidimensionales como Urías, Betsabé, Joab y posiblemente Natán (aunque Natán pudiera considerarse como tridimensional). En cada caso, aprendemos varias características clave con respecto a la personalidad, pero en general el panorama tiene una característica dominante: bueno, malo, fuerte, débil. Es difícil para nosotros como lectores relacionarnos profundamente con la personalidad. La única personalidad bidimensional que resalta en las tres muestras de estudios de caso es Sara. Aunque sabemos que Sara es talentosa, la representación permanece ampliamente negativa. No nos "sentimos" con Sara como pudiéramos "sentirnos" con Lidia.

Los personajes más importantes en cualquier historia son tridimensionales. Estos son los personajes centrales en la historia, alrededor de quienes se mueve el argumento. Las historias efectivas ofrecen suficiente información sobre estos personajes para que parezcan reales a los lectores. La meta es que los lectores se identifiquen personalmente con ellos, o al menos los asocien con las personas con las cuales están íntimamente relacionados. Es por medio de este proceso de identificación que la persona que narra la historia trata de vincular a los lectores, comunicar el mensaje de la historia y obtener una respuesta. En las historias efectivas, los personajes tridimensionales muestran una variedad de características, estados de ánimo y acciones, todo lo cual contribuye a ofrecer un sentido de realidad. En la historia de David y Betsabé, el personaje tridimensional es David.

Aunque la historia de David y Betsabé desempeña un papel significativo en toda la explicación de la línea davídica, en un nivel más local la persona que narra la historia claramente desea que el lector se identifique con el pecado de David y su posterior arrepentimiento. Así como sucedió con David, sucede con el lector: el pecado oculto es destructivo, pero por medio del arrepentimiento podemos experimentar el perdón de Dios.

En las tres historias presentadas anteriormente, Lucía, Pablo y Lidia son personajes tridimensionales. Presentan una variedad de características personales, y los respectivos conflictos giran alrededor de ellos. El punto hasta el cual el lector se conecta con la historia está directamente relacionado con el punto hasta el cual él o ella se identifican con el personaje tridimensional de la historia.

Marco

El segundo elemento importante en las buenas historias es el *marco*. El marco de la historia puede ser geográfico, temporal, social o histórico. Aunque el lector generalmente presta poca atención al marco, es este el que provee el contexto básico dentro del cual se desarrollan el argumento y los personajes. El marco cumple muchas funciones: generar la atmósfera, determinar el conflicto, revelar rasgos del carácter de los personajes que deben tratar con problemas o amenazas causadas por el marco, y evocar asociaciones con la situación presente de los lectores.

La historia de David y Betsabé se establece en un período de guerra con los amonitas (un elemento central de la historia), con un movimiento rítmico entre el palacio y el frente de guerra. Con respecto a las tres historias presentadas anteriormente en este capítulo, el marco histórico es el presente. Los marcos geográficos de las historias de Lucía y Lidia pudieran ser casi en cualquier lugar, aunque los elementos de las historias son particularmente fuertes en sociedades basadas en la vergüenza. El marco en la historia de Pablo es más específico e implica un contexto multi-religioso y conflictivo como el del Líbano, Nigeria o Sudán. El modo en que las historias atraen a los lectores está directamente determinado por el modo en que el marco esté cerca del propio marco de su vida.

La clave para ofrecer realismo en la caracterización y el marco de una historia consiste en presentar una cantidad moderada de detalles aparentemente innecesarios.

Por ejemplo, en la historia de Lidia y Sara, los siguientes detalles parecen irrelevantes:

- ¿Por qué llamarlas Lidia y Sara? ¿Por qué no Katia y Yanicia? ¿O por qué no Tim y Chris?
- Lidia comenzó a impartir clases hace aproximadamente un año. ¿Por qué no seis meses? ¿Por qué no tres meses?
- Sara asiste de vez en cuando, cada seis semanas. ¿Por qué no una vez al mes? ¿Por qué no cada dos semanas?

- Sara está casada con uno de los ancianos. ¿Por qué no presentarla como la hija de uno de los ancianos? ¿Por qué no la esposa del pastor? ¿Y si no tuviera ninguna relación con el liderazgo de la iglesia?

En cada caso, la razón para determinar las opciones es realmente arbitraria, y otras opciones pudieran haber sido igualmente aceptables. Lo que resultaba importante era proveer algunos detalles, porque el detalle crea una imagen de una persona real en la mente del lector –muy a menudo una persona que le resulte familiar al lector, y a veces ellos mismos. Mientras más clara y más familiar sea la imagen creada, más probabilidad tendrá la historia para conectarse con los lectores e impactar en su aprendizaje.

Aunque el detalle es esencial al proveerle realismo a la historia, es importante (particularmente con los estudios de caso) que los lectores no sean enterrados bajo una avalancha de información. La duración debe ajustarse al tiempo disponible, y la complejidad de los casos debe coincidir con el nivel de aprendizaje que han alcanzado los estudiantes. Los casos para estudiantes de primer nivel deben hacer que los hechos y asuntos más importantes sean obvios. Mientras los estudiantes crecen en relación con su conocimiento y la forma en que manejan los ejercicios de estudios de caso, pueden ir trabajando con materiales más complejos. Los detalles deben acentuar el realismo, pero no deben distraer de los asuntos principales que se están analizando. Observe por ejemplo, que en la historia de Lucía no se ofrecen datos específicos de su esposo o de sus hijos, ni tampoco del contexto de su iglesia. La información fue excluida intencionalmente para que no desviara a los lectores hacia otros asuntos tangenciales, como el tema de su relación matrimonial, las dificultades de sus hijos en la escuela o el conflicto en la iglesia.

Argumento

El último elemento importante de una buena historia es el *argumento*. Este se refiere a la secuencia de eventos, generalmente siguiendo un orden de causa-efecto, los cuales llevan a un *clímax,* vinculan al lector con el mundo de la historia, y son finalmente *resueltos* y llevados a una conclusión. El elemento básico del argumento es el *conflicto*. Aunque el conflicto puede ser interpersonal, es más importante el intrapersonal –una tensión en los personajes tridimensionales debido a las opciones que se les presentan. En historias más extensas, habrá una serie de momentos decisivos en los que se debe tomar una determinación, los que elevan el interés y el suspenso hacia la decisión como parte del clímax, siguiendo aproximadamente el patrón representado en la figura 13.1.

Por ejemplo, en la historia de David y Betsabé, se muestran las siguientes opciones:

- ¿Debió David guiar a su pueblo en la guerra o quedarse atrás (11:1)?
- ¿Debió David mandar a llamar a Betsabé o no (11:2-4)?
- ¿Debió Betsabé presentarse ante David en respuesta a su llamado (11:4)?
- ¿Qué debió hacer David cuando supo del embarazo de Betsabé (11:5)?

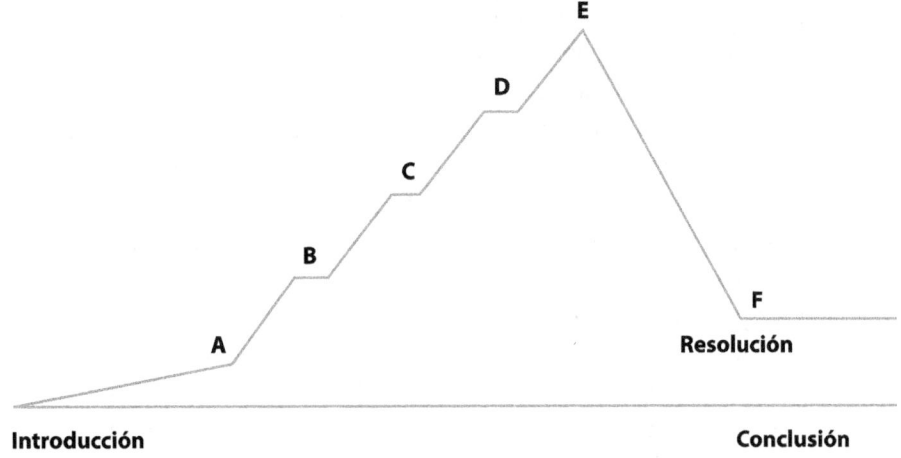

Figura 13.1 La secuencia de eventos en el argumento de una historia.

- ¿Debió Urías acostarse con su esposa (11:8-9)?
- ¿Qué debió hacer David cuando Urías reusó acostarse con su esposa (11:10-11)?
- ¿Debió Joab obeder la orden de David (11:14-15)?

Todas estas son etapas que llevan hacia el principal conflicto intrapersonal que se encuentra en 12:1-12, donde Natán confronta a David con su pecado, y David debe tomar una decisión: arrepentirse, negar, o incluso mandar a matar a Natán. Afortunadamente David escoge el arrepentimiento y así la historia alcanza una resolución satisfactoria (12:13-25).

Cuando el conflicto intrapersonal refleja una situación en la que el lector experimenta la toma de una decisión, este es inmediatamente llevado a identificarse con la historia y a especular de acuerdo a sus propias decisiones para la situación. Provocar estas respuestas en el lector es lo que le da poder a los estudios de caso bien escritos.

Si regresamos a la historia de Lidia y Sara, vemos una serie de decisiones que crean un conflicto intrapersonal en Lidia:

- ¿Debió Lidia haber respondido a la falta de fiabilidad de Sara comenzando a enseñar en la escuela dominical?
- ¿Debió Lidia haber permanecido en silencio con respecto al hecho de que Sara continuara asistiendo a la escuela dominical?
- En estas "visitas", ¿Debió Lidia haber permitido que Sara tomara el control de la clase?
- ¿Con quién Lidia pudo haber hablado acerca del comportamiento de Sara?

Su propia conexión con esta historia estará relacionada con el punto hasta el cual usted haya experimentado un conflicto intrapersonal similar debido a decisiones semejantes a las que Lidia tuvo que enfrentar.

Es en el momento de crisis y resolución que los estudios de caso difieren de las historias regulares. En gran parte de las historias clásicas, el escritor le ofrece la resolución al lector. En un estudio de caso, el lector debe ofrecer la resolución. Realmente, el interés y la participación que provocan los buenos estudios de caso se deben en gran parte a las diferentes formas en las que pudiera lograrse la resolución, basándose en la amplia variedad de experiencias y perspectivas que las personas aportan a estas historias.

En el caso de la historia de Lidia y Sara, termina con Lidia en una posición en la que debe tomar una decisión importante. ¿Debería dejar de dar clases? En este caso, ¿qué impacto tendría en los alumnos? ¿Qué impacto tendría en su relación con otros miembros de la iglesia? ¿Lidia debería decírselo a alguien? Si es así, ¿a quién?

Los estudios de caso con desenlaces obvios por lo general no son valiosos, pues ofrecen poca motivación a los estudiantes para que enfrenten la tensión entre el ideal y la realidad. Los estudios de caso con múltiples posibilidades para el desenlace son mucho más poderosos, pues requieren que los estudiantes profundicen en los asuntos que se están tratando.

Escribiendo un estudio de caso

Esta es su oportunidad para diseñar un estudio de caso. Debo advertirle que la primera vez que lo escriba, le va a tomar mucho trabajo e imaginación. Quizás usted olvide detalles importantes o incluya información que cause distracción. Aprender a escribir estudios de caso efectivos requiere de mucha práctica. Sin embargo, vale la pena el esfuerzo, porque los estudios de caso se encuentran entre las herramientas más potentes en el conjunto de metodologías efectivas de un maestro, pues vinculan a los estudiantes en un aprendizaje activo, y promueven una buena reflexión teológica en la práctica.

Primeramente, para ganar en práctica en el proceso de escribir un estudio de caso, realice el siguiente ejercicio:

> Para cada una de las siguientes situaciones, nombre un libro del Antiguo Testamento que se refiera a una situación similar. En cada caso, describa el tema central que determina la conexión entre el contexto y el texto. Observe que en la mayoría de estos casos existe más de una posible respuesta; usted puede sugerir una variedad de alternativas.
>
> 1. El gobierno iraní ordenó el cierre de las iglesias persas y amenazó a sus líderes con la prisión e incluso con la muerte.

2. Un hombre de casi cincuenta años comienza a preguntarse si su vida tiene algún sentido. Se siente estancado y todo lo que hace le parece muy vacío.

3. Los miembros de una congregación en el sur de Sudán, quienes fueron forzados a salir de Khartoum después de la separación del norte y el sur de Sudán, le preguntan a su pastor cómo Dios pudo permitir que su pueblo sufriera en las manos del gobierno sudanés. ¿Por qué Dios no hizo algo?

4. El líder del grupo de jóvenes de la iglesia ha estado impartiendo una serie de lecciones acerca de la gracia, y estos jóvenes han comenzado a revelarse en contra del legalismo en su iglesia: las jóvenes usando ropa inapropiada para asistir a los cultos y los jóvenes fumando. Teniendo en cuenta que el evangelio está basado en la gracia, cada persona debe actuar como quiera.

5. Una gran tragedia ha ocurrido en su comunidad: un ómnibus escolar cayó por un precipicio. Varios de los niños murieron y otros fueron heridos de gravedad.

Es probable que usted no encontrara mucha dificultad en establecer vínculos entre estas situaciones contemporáneas y varios textos bíblicos. Ahora trate de invertir la dirección: para las siguientes historias o pasajes del Antiguo Testamento, sugiera una situación comparable que usted haya experimentado.

1. David y Betsabé
2. Jonás
3. La torre de Babel
4. La derrota en Ai
5. Salmo 137: "Junto a los ríos de Babilonia…"

Para conectar el texto con su propio contexto, usted debe describir primero el tema central del texto. En algunos de estos textos, existe una variedad de asuntos y/o niveles dentro de cada asunto. Por ejemplo, aunque la historia de David y Betsabé es aparentemente acerca de la inmoralidad sexual, en un nivel más profundo trata sobre la tendencia que tiene el ser humano a esconder el pecado, y sobre el hecho de que un pecado lleva a otro pecado, y este a su vez, lleva a otro pecado.

Al sugerir ejemplos contemporáneos, usted debe tratar de mostrar situaciones de "rutina" que haya visto y que sean comunes en su iglesia, escuela o comunidad local, preferentemente situaciones en las cuales usted haya estado incluido personalmente. Al pasar al diseño del estudio de caso, el resultado final será más efectivo si la situación de la cual obtuvo la historia es "habitual".

El siguiente paso consiste en desarrollar un estudio de caso basado en una de las situaciones de "rutina" que usted sugirió en el ejercicio anterior. Los estudios de caso efectivos necesitan ser previstos y planificados. En mi opinión, una de las mejores maneras de desarrollar el caso es aplicando los siguientes cinco pasos:

1. *Piense en el asunto controversial principal* que usted desea tratar en su lección de modo general.

2. *Considere una situación real* que usted haya enfrentado, relacionada con este asunto o dilema. El aprendizaje transformador comienza con lo que se ha denominado de formas distintas "disonancia cognitiva" (Festinger 1957; Gawronski y Strack 2012), "desorientación" (Mezirow 1991; Cranton 2006) y "conflicto intrapersonal" (Loder 1982), por lo cual un dilema cataliza el desarrollo de nuevas perspectivas. Los estudios de caso bien diseñados son capaces de descubrir y presentar los dilemas esenciales contenidos en los asuntos más importantes. La clave consiste en presentar información de modo que una respuesta "correcta" no sea obvia. Generalmente es preferible (de ser posible) utilizar dos o tres situaciones y mezclar elementos de cada una. Por ejemplo, cuando describí el argumento de Lidia, tenía en mente tres mujeres de tres países diferentes. Al mezclar las tres, usted no puede ser acusado de "dirigir" la historia hacia una persona individual.

3. *Cambie todos los nombres y lugares,* y quizás todos los incidentes. Si usted tiene un grupo en particular para el que está preparando el estudio de caso, trate de no incluir nombres de los miembros de su grupo, o localidades específicas de donde provienen los estudiantes, pues estos detalles posiblemente van a desviar a los estudiantes de los asuntos esenciales.

4. *Ofrezca suficientes detalles que se consideren "irrelevantes"* para hacer que la situación parezca real, pero no tantos que el asunto quede "inundado" en los detalles. Generalmente es mejor dar nombres a los personajes y, en los casos apropiados, detalles personales como la edad, el estado civil, número de hijos y sus edades, entre otros. Los lectores se interesarán más en la historia si esta parece "real", y los detalles constituyen una clave para crear un sentido de realidad.

5. *Proveer preguntas de discusión apropiadas.* Mientras más complejo sea el caso, más complejas deben ser las preguntas. En algunas clases, un caso bien escrito puede convertirse en el centro alrededor del cual gira toda la lección. Entre las posibles preguntas que pudieran utilizarse o adaptarse se encuentran las siguientes:

- ¿Cuáles son los principales factores que contribuyeron a la crisis descrita en esta historia?
- ¿Cuáles considera usted que son los elementos principales en este estudio de caso?

- Si usted fuera amigo de… ¿cómo le aconsejaría/ayudaría/se relacionaría con él o ella?
- Si usted fuera el pastor de… ¿cómo usted le aconsejaría/ ayudaría/se relacionaría con él o ella?
- ¿Qué elementos en este caso resaltan como asuntos principales?
- ¿Cuáles de estos asuntos le resultan familiares a partir de su propia experiencia?
- ¿Cuáles de estos asuntos usted ha resuelto con éxito?
- ¿Cuáles de estos asuntos han despertado rechazo y por qué?

El número de preguntas utilizadas va a depender del tiempo disponible. Por ejemplo, yo generalmente utilizo un estudio de caso como "gancho" para entrar en el tema de la lección, por lo que no le dedico más de diez a quince minutos. En este caso, generalmente realizo solo tres o cuatro preguntas, les pido a los grupos que discutan las preguntas y luego le doy a cada grupo la oportunidad de compartir solo una o dos respuestas en total. En otras situaciones, el estudio de caso sigue al material teórico y se convierte en un medio para conectar la teoría con la práctica; en este caso resulta apropiada una serie más extendida de preguntas de discusión. En estudios de caso más extensos, resulta valioso incluir algunas preguntas de información, tales como:

- ¿Qué nuevas ideas surgieron a partir de este estudio de caso y su discusión?
- ¿Qué interrogantes tiene usted todavía?
- ¿Cuáles de las nuevas ideas quisiera usted desarrollar?

Los estudios de caso constituyen el corazón del aprendizaje basado en la solución de problemas, que fue analizado en el capítulo 6. Este tipo de aprendizaje invierte el patrón tradicional que va de la teoría a la práctica: los estudiantes son confrontados con un problema de la vida real, son retados a aplicar diferentes elementos de la teoría al problema, y finalmente sugieren soluciones. Este proceso ha sido ampliamente utilizado en el estudio de medicina y leyes, pero raramente en la educación teológica, aunque la naturaleza del ministerio cristiano demanda el tipo de aprendizaje integrado que promueve el aprendizaje basado en la solución de problemas.

Conclusión

Las personas en todo el mundo aman las historias. Particularmente en las sociedades de tradición oral, las historias constituyen una estrategia cultural fundamental en la comunicación de la verdad. Aun en contextos occidentales, se ha observado el poder de las historias de manera efectiva en el creciente uso del aprendizaje basado en la solución de problemas como una estrategia educacional.

Con demasiada facilidad nos preocupamos por el material específico de nuestro curso, de modo que nos olvidamos de las realidades complejas que confrontan nuestros graduados en el ministerio. Los educadores que muestran seriedad al preparar a los líderes para los contextos de la vida real, van a ayudar a los estudiantes a conectar el texto con el contexto en su enseñanza. Los estudios de caso constituyen uno de los medios más efectivos por medio de los cuales se puede lograr esto.

Ejercicios

1. Basándose en su propia experiencia y el material presentado en este capítulo, haga una lista con las principales ventajas del uso de estudios de caso en la educación teológica. Mencione una o dos advertencias para el uso de los estudios de caso.

2. Utilizando los cinco pasos sugeridos para el diseño de estudios de caso, escriba uno basado en algún texto del Antiguo Testamento presentado anteriormente en este capítulo.

3. Considere una lección que usted piensa enseñar en el futuro cercano. Mencione un asunto clave que usted quisiera tratar en la lección. Teniendo en cuenta las etapas del desarrollo descritas en este capítulo, escriba un estudio de caso que resalte este asunto clave.

4. Considerando todo lo que ha sido presentado en este capítulo y la descripción del aprendizaje basado en la solución de problemas analizado en el capítulo 6, ¿cuál cree usted que sea la fortaleza principal de este tipo de aprendizaje? ¿Por qué? ¿Cuáles son algunos de los mayores obstáculos para el uso del aprendizaje basado en la solución de problemas en su propio contexto educacional? Sugiera al menos un paso específico que usted pudiera dar para ayudar a vencer estas barreras y promover un nivel más alto en el aprendizaje que vaya del contexto al texto, en su programa de estudio.

5. Tomando como punto de partida la muestra del Proyecto Integrador del ABTS mostrada en el anexo 6.1, diseñe un proyecto integrador similar o más desarrollado para su propio programa educacional, utilizando una forma adaptada del aprendizaje basado en la solución de problemas, con el fin de promover las habilidades de reflexión teológica en la práctica.

14

Enseñanza, estilos de aprendizaje y contexto cultural

Durante cuarenta años, un cúmulo creciente de investigaciones ha afirmado que las personas aprenden en diferentes maneras básicas. Se ha sugerido una variedad de modelos y taxonomías para describir estos diversos patrones de aprendizaje y preferencias. Aunque ninguno de estos capta completamente la naturaleza compleja del aprendizaje, una discusión acerca de importantes teorías relacionadas con la diferencia en el aprendizaje, puede sensibilizar a los maestros serios ante la necesidad de una mayor variedad en la estrategia de instrucción en respuesta a las diversas necesidades de aprendizaje. En este capítulo se presentarán varios modelos de estilos de aprendizaje, el concepto de Gardner acerca de las "inteligencias múltiples", y un material que ha surgido de los estudios interculturales y de género sobre el aprendizaje.

El modelo de estilos de aprendizaje según Kolb[1]

Uno de los modelos más influyentes en relación con las diferencias entre los estilos de aprendizaje y de enseñanza es la teoría de estilo de aprendizaje de David Kolb (1983). El modelo de Kolb está basado en investigaciones que sugieren que los individuos perciben y procesan la información de maneras diferentes, como se presenta a continuación:

- *Perceptores concretos y abstractos.* Los perceptores concretos absorben información por medio de experiencia directa al hacer, actuar, y por medio de los sentidos y sentimientos. Los perceptores abstractos, sin embargo, reciben la información por medio del análisis, la observación y el pensamiento.

- *Procesadores activos y reflexivos.* Los procesadores activos le dan sentido a la experiencia al utilizar inmediatamente la nueva información. Los procesadores reflexivos le dan sentido a la experiencia al reflexionar y pensar en ella.

---
1. Sección adaptada de Williamson y Watson (2006).

Figura 14.1 Estilos de aprendizaje según Kolb

La teoría del aprendizaje de Kolb puede visualizarse como dos ejes perpendiculares que muestran una continuidad entre la experimentación reflexiva y la observación reflexiva, y entre la experiencia concreta y la conceptualización abstracta (fig. 14.1). Un individuo cuyo estilo de aprendizaje esté localizado cerca de la intersección de los ejes tendrá un método de aprendizaje más balanceado y se adaptará mejor a las situaciones del aprendizaje. Por otra parte, un individuo cuyo estilo se localice lejos de la intersección estará más dominado por un estilo de aprendizaje:

- Los estudiantes *divergentes* prefieren experiencias concretas y observaciones reflexivas durante las experiencias de aprendizaje. Las personas divergentes tienden a depender de sentimientos, imaginación e intuición. Tienen una mente abierta y típicamente desarrollan una comprensión profunda. Sin embargo, presentan debilidades en áreas como la toma de decisiones, habilidades del pensamiento, el uso de teorías y procesos de pensamiento sistemático. Las investigaciones han determinado que las personas divergentes se destacan en situaciones que incluyan un aprendizaje individualizado, asignaciones con finales abiertos y sensibilidad con los sentimientos. Las estrategias de aprendizaje deben incluir la evaluación de información acabada de recibir, la creación de ejemplos, el uso de ilustraciones y la valoración de las implicaciones. Las personas divergentes tienen dificultad con las situaciones de aprendizaje en las que se enfatice el conocimiento teórico previo o los modelos teóricos.
- Los estudiantes *asimiladores* prefieren la conceptualización abstracta y la observación reflexiva. Las personas asimiladoras dependen de la lógica sana, la precisión, el razonamiento inductivo y la habilidad de asimilar una amplia

diversidad de ideas. Tienen la habilidad para crear múltiples perspectivas en el aprendizaje, utilizar un método sistemático, organizar la información y analizar conceptos abstractos. Las debilidades en este estilo de aprendizaje incluyen la tendencia a permanecer poco enfocados en las personas o en los sentimientos, minimizar la vinculación personal y ejercer poca influencia en los demás. Las personas asimiladoras generalmente no se enfocan en la acción, ni son artísticos ni decisivos. Los investigadores han determinado que las personas asimiladoras se destacan en situaciones de aprendizaje que incluyan información organizada, modelos conceptuales, la comprobación de teorías y el análisis de datos. Las estrategias de aprendizaje deben incluir la validación de fuentes, de predicciones o pronósticos y la evaluación de las implicaciones. Las personas asimiladoras son retadas en experiencias de aprendizaje que incluyan la simulación o la aplicación de situaciones de la vida real.

- Los estudiantes *convergentes* prefieren la conceptualización abstracta y la experimentación activa. Son fuertes en las áreas de solución de problemas y la toma de decisiones. Las personas convergentes tienden a ser poco emocionales, enfocadas y pragmáticas. Tienen la habilidad para aplicar ideas de forma práctica, para utilizar métodos sistemáticos y analíticos, para ejercer influencia en los demás y para completar tareas. Las debilidades pueden incluir el hecho de tener intereses estrechos y ser poco emocionales, de mente estrecha y poco imaginativas. Las personas convergentes tienden a enfocarse poco en las personas o en los sentimientos y ser más concretas en las tareas. Los investigadores concuerdan en que las personas convergentes se destacan en oportunidades de aprendizaje que incluyan la creación de nuevas formas de pensamiento y la experimentación de nuevas ideas. Disfrutan establecer metas y tomar decisiones. Las estrategias de aprendizaje deben incluir el establecimiento de metas, la repetición de información importante, la delimitación de la información, así como el pronóstico de los resultados.

- Los estudiantes *adaptables* prefieren la experiencia concreta y la experimentación activa. Las fortalezas de las personas adaptables consisten en estar orientadas hacia la acción y los resultados, buscar nuevas experiencias y estar dispuestos a tomar riesgos. Las personas adaptables tienen la habilidad de desarrollar planes, adaptarse a nuevas situaciones, ejercer influencia y liderar a los demás, y de lograr resultados. Generalmente son intuitivas, artísticas y orientadas hacia las personas. Las debilidades pueden incluir la dependencia de otras personas para recibir información, falta de confianza en su habilidad analítica, no tener en cuenta la teoría y ser percibidas como controladoras. Los investigadores han encontrado que las personas adaptables se destacan en situaciones de aprendizaje que incluyan la oportunidad de establecer objetivos, buscar oportunidades y ejercer influencia en otras personas. Disfrutan utilizar ejemplos concretos para aplicar la información y prefieren la participación activa en lugar de la reflexión individual o en grupo.

Aunque el modelo de Kolb constituye una sobre-simplificación de lo que es en realidad un sistema complejo de aprendizaje (M. Smith 2001; Tennant 1997), la evidencia con respecto a los sistemas de aprendizaje diversos es sustancial. Sin embargo, la enseñanza tradicional continúa favoreciendo la percepción abstracta y el procesamiento reflexivo, particularmente en la educación superior. Si vamos a afirmarnos y a beneficiarnos con los diferentes dones que las personas traen al contexto del aprendizaje, necesitamos proporcionar espacio para la intuición, los sentimientos, los sentidos y la imaginación, unidos a las habilidades tradicionales de análisis, razonamiento y solución de problemas en secuencia. Los maestros necesitan diseñar sus métodos de instrucción para conectar los cuatro estilos de aprendizaje, utilizando diferentes combinaciones de la experiencia, la reflexión, la conceptualización y la experimentación, ampliando los elementos de la experiencia que tienen lugar en el aula, incorporando sonido, música, ayudas visuales, movimiento, experiencia y diálogo. También necesitan emplear una variedad de técnicas de evaluación –aparte del método tradicional de ensayo y examen— apreciando el desarrollo de la capacidad de una "mente completa" y respetando cada uno de los diferentes estilos de aprendizaje.

Otros enfoques para los estilos de aprendizaje

Aunque el modelo de Kolb resulta útil, carece de una explicación detallada de las diferentes maneras en las cuales aprenden las personas, y se han sugerido otros enfoques.

Neil Fleming (2012), por ejemplo, divide a los estudiantes de acuerdo a sus preferencias sensoriales –visual, auditiva, verbal/escrita o kinestésica/táctil. En el modelo de Fleming, el método de aprendizaje preferido por los estudiantes visuales es por medio de las imágenes. Por lo tanto, los estudiantes visuales se benefician de los medios gráficos, como recuadros, diagramas, ilustraciones, fotocopias y videos (Cherry 2012). Los estudiantes auditivos prefieren escuchar, y tienden a estar entre la minoría que se puede beneficiar de las conferencias, aunque valoran la discusión y la interacción verbal. Los estudiantes lectores/escritores prefieren absorber información del texto. Los estudiantes kinestésicos/táctiles necesitan de la experiencia –moverse, tocar, hacer – por lo tanto, aprecian las actividades de laboratorio, viajes de campo, dramatizaciones y otras formas de aprendizaje activo.

Un inventario completamente diferente de estilos de aprendizaje ha sido desarrollado por Felder y Silverman (1988). En este modelo, los estilos de aprendizaje constituyen un balance entre cuatro pares de extremos: activo/reflexivo, sensitivo/intuitivo, visual/verbal y secuencial/global, clasificando a los estudiantes a través de estas continuidades (vea la figura 14.2).

El aprendizaje constituye un fenómeno complejo y multifacético, y ningún modelo es capaz de capturar todas las formas en las que las personas se apropian de la información y la procesan. Cada uno de estos modelos realiza una contribución a nuestra comprensión general del aprendizaje, y debería sensibilizarnos con respecto a la necesidad de emplear estrategias diversas para la instrucción, supliendo así las diversas necesidades de los estudiantes.

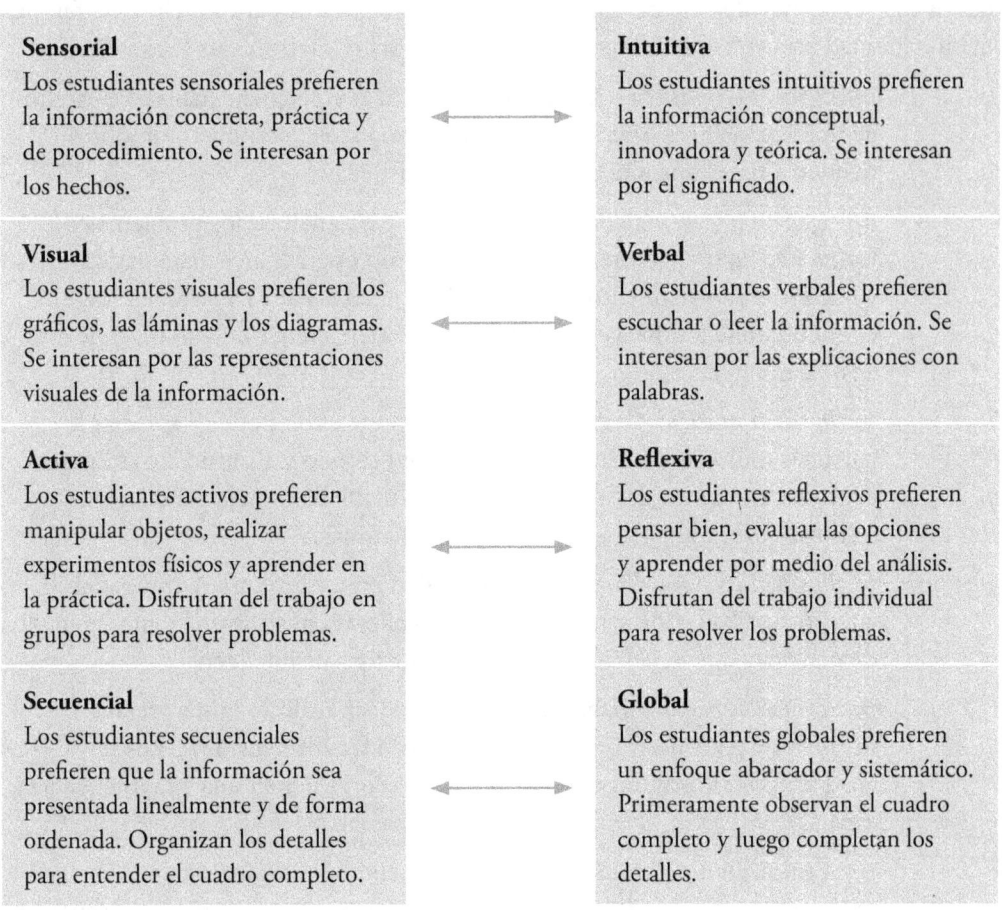

Figura 14.2 Inventario de estilos de aprendizaje según Felder y Siverman

Inteligencias múltiples

Un enfoque totalmente diferente para entender la diversidad en el aprendizaje ha sido el modelo de las "inteligencias múltiples" (IM). En los años 70, Howard Gardner, un profesor de educación en la universidad de Harvard, comenzó a cuestionar el método tradicional utilizado en los exámenes IQ. Gardner trabajó con niños y adultos talentosos, cuyos dones y habilidades no estaban reflejados necesariamente en las nociones tradicionales de la inteligencia. Sus observaciones y reflexiones culminaron en su texto de gran influencia *Frames of Mind [Estructuras de la mente]* (1983), en el cual menciona siete tipos diferentes de inteligencias. Diez años después (Gardner 1993), añadió un octavo tipo. Según Gardner, todos los seres humanos tienen las ocho inteligencias, aunque en mayor o menor grado, por lo que cada uno tiene un perfil de inteligencia diferente. Una comprensión y reconocimiento de los diferentes perfiles puede guiar mejor a los educadores para nutrir las diferentes habilidades latentes en los estudiantes. Estas son las ocho inteligencias según Gardner:

- *Inteligencia lingüística* – habilidad para utilizar el lenguaje hablado y escrito de manera efectiva para expresarse. Los abogados, escritores y oradores tienden a tener una alta inteligencia lingüística.

- *Inteligencia lógica-matemática* – habilidad para analizar los problemas de forma lógica, trabajar de manera efectiva con operaciones matemáticas y utilizar el razonamiento deductivo. Las personas que trabajan en las comunidades científicas y matemáticas tienden a tener un alto nivel de este tipo de inteligencia.

- *Inteligencia musical* – habilidad para interpretar, componer y apreciar los patrones musicales, incluyendo cambios en el tono y el ritmo. Los músicos exitosos, los compositores y las personas vinculadas con la producción musical poseen altos niveles de inteligencia musical.

- *Inteligencia corporal-kinestésica* – habilidad para expresarse a través del cuerpo. Los bailarines profesionales y los atletas constituyen buenos ejemplos de personas que tienen altos niveles de este tipo de inteligencia.

- *Inteligencia espacial* – habilidad para reconocer, utilizar e interpretar imágenes y patrones y reproducir objetos en tres dimensiones. Los arquitectos exitosos, los escultores y diseñadores tienen una alta inteligencia espacial.

- *Inteligencia interpersonal* – habilidad para entender las intenciones, motivaciones y deseos de las personas. Profesiones como terapia, enseñanza y ventas atraen individuos con una alta inteligencia interpersonal.

- *Inteligencia intrapersonal* – habilidad para entenderse a sí mismo, y para interpretar y apreciar sus propios sentimientos y motivaciones. Los terapeutas, actores, cuidadores y escritores son personas que pueden aportar altos niveles de sensibilidad personal a su trabajo.

- *Inteligencia naturalista* – habilidad para reconocer y apreciar nuestra relación con el mundo natural. Los astrónomos, biólogos y zoólogos constituyen ejemplos de profesionales con un alto nivel de inteligencia naturalista.

Aunque la idea de las inteligencias múltiples parece intuitivamente atractiva, una crítica clave consiste en que no se encuentra disponible ninguna herramienta válida para medirlas. Esto ha traído como resultado que las IM sean difíciles de probar. Por tanto, se les acusa de ser muy ambiguas y subjetivas. Sin embargo, el modelo de Gardner ha contribuido sustancialmente a una apreciación más amplia de la diversidad de habilidades, y cuando se utiliza con cautela puede ayudarnos a responder mejor a las diversas habilidades en nuestros estudiantes.

Cultura y aprendizaje

Una gran cantidad de investigaciones ha llegado a establecer lo que los antropólogos culturales han percibido durante varias décadas: que las personas de diferentes culturas piensan básicamente de diferentes formas. Aunque las diferencias no son absolutas, y existe una amplia diversidad y variación individual, se observan diferencias fuertes y estadísticamente significativas entre las formas en que la información es procesada por las personas de diferentes trasfondos culturales, y esto tiene un profundo impacto en las maneras en que el aprendizaje tiene lugar en las diferentes culturas.

Una de las series de estudios más extensas y de mayor influencia en este campo ha sido conducida por Richard Nisbett (2001, 2003) con colegas de la Universidad de Michigan, quienes se enfocaron en las diferencias en el pensamiento y los patrones de aprendizaje entre los asiáticos orientales y los americanos-europeos. El equipo de Nisbett sugirió cuatro áreas en las que los occidentales y los orientales procesan la información de manera diferente:

- *Atención y control.* En general, los asiáticos orientales tienden a enfocarse en el campo completo, considerando los totales y observando co-variaciones. Los occidentales tienden a enfocarse en lo específico, aislando y analizando los elementos como el paso necesario hacia la generalización.

- *Relaciones y similitudes vs. reglas y categorías.* Los estudiantes asiáticos orientales tienden más a agrupar las palabras y las ideas sobre la base de algún tipo de relación, mientras que los estudiantes europeos-americanos tienden a agrupar las palabras y las ideas sobre la base de una categoría compartida. Estos diferentes resultados concuerdan con la naturaleza comunitaria de la sociedad asiática oriental en oposición al carácter analítico-individualista de la mayoría de las sociedades occidentales.

- *Conocimiento basado en la experiencia vs. lógica formal.* Al participar en el razonamiento deductivo, los estudiantes asiáticos orientales generalmente prefieren comenzar con el conocimiento fundamentado en la experiencia, basándose en interpretaciones intuitivas que surgen de la percepción directa, reflejando una comprensión general de la verdad y la realidad como algo relacional y cambiable. En contraste, los estudiantes occidentales tienden a depender de principios lógicos y abstractos, reflejando una comprensión general de la verdad y la realidad como algo consistente y lógico.

- *Dialéctica vs. la ley de la no-contradicción.* Los asiáticos orientales y los europeos-americanos poseen niveles diferentes de compromiso para evitar aparentes contradicciones en el razonamiento deductivo. Por ejemplo, en la lógica occidental, reglas como las siguientes han desempeñado un papel central:
    - La ley de la identidad: A = A. Una cosa es idéntica a sí misma.
    - La ley de la no-contradicción: A ≠ no-A. Ningún planteamiento puede ser verdadero y falso al mismo tiempo.
    - La ley del medio excluido: Todo planteamiento es verdadero o falso.

En contraste, la lógica asiática oriental está basada en la dialéctica china, que incluye principios como los siguientes:

- El principio del cambio: la realidad consiste en un proceso que no es estático, sino dinámico y cambiable. Una cosa no necesita ser idéntica a sí misma debido a la naturaleza variable de la realidad.
- El principio de la contradicción: en parte debido a que el cambio es constante, la contradicción es constante. Lo viejo y lo nuevo, lo bueno y lo malo, existen en el mismo objeto o evento, y ciertamente dependen uno del otro para su existencia.
- El principio de la relación u holismo: debido al cambio y la contradicción constantes, ya sea en la vida humana o en la naturaleza, nada se encuentra aislado e independiente, sino que todo está relacionado. Por tanto, tratar de aislar elementos de un todo puede conducir a un error.

En resumen, el equipo de Nisbett sugirió que los estudiantes occidentales se inclinan hacia el procesamiento lineal, específico, analítico, teórico e individualista-competitivo de la información, mientras que los estudiantes asiáticos orientales prefieren pensar por medio de patrones que sean circulares, interconectados, holísticos, comunales y basados en la experiencia. Aunque el enfoque de Nisbett estuvo centrado en Asia oriental, una investigación intercultural similar en cualquier parte del mundo sugiere que el pensamiento lineal-analítico de la filosofía griega y de la Ilustración, el cual ha moldeado tanto los sistemas educacionales occidentales, es globalmente atípico. Aunque las especificidades difieren, el patrón general del procesamiento de la información a través del mundo no occidental tiende hacia el holismo y el pensamiento en red, en contraste con la especificidad estrecha tan típica del mundo académico occidental (vea, por ejemplo, Bauman y Skitka 2006; Merriam, Caffarella y Baumagartner 2007, 238-39; Schwartz 1992; Triandis 1989).

Género y aprendizaje

El reporte reciente de la "Encuesta Global sobre Educación Teológica" (Esterline et al. 2013) reportó que el número de mujeres vinculadas como estudiantes en la educación teológica está creciendo en todas las denominaciones y en todas las regiones. Sin embargo, la forma y el enfoque de la educación que tiene lugar en la mayoría de los programas de capacitación ministerial permanece dirigido hacia las formas típicas masculinas de apropiarse y procesar la información.

El dominio de los enfoques que favorecen a los estudiantes masculinos no debería sorprendernos. Nuestro modelo tradicional de la educación teológica fue desarrollado en el occidente y en sus primeras generaciones constituía una "tienda cerrada" solamente para estudiantes masculinos. Aún hoy, las instituciones académicas más admiradas en el mundo se encuentran en el occidente y son dominadas por profesores y administradores blancos. Estas instituciones tienen una enorme influencia en la estructura de la acreditación internacional, que domina globalmente las decisiones curriculares de la educación superior. El enfoque raramente se cuestiona. En parte, es debido a que la mayoría de los hombres occidentales no pueden entender cómo las personas podrían aprender de otra manera; más de una vez, mis colegas masculinos en el occidente me han preguntado: "¿Y todas las personas no aprenden de esta manera?"

Las investigaciones en el área de las diferencias de género en el aprendizaje sugieren formas estadísticamente diferentes en las cuales los hombres y las mujeres prefieren aprender. Aunque siempre existen excepciones (y estas son tendencias, no absolutos), se ha descubierto que el cerebro masculino típico tiende a adaptarse a las especificidades en las tareas, y prefiere categorizar y simplificar las tareas tanto como le sea posible: está integrado para comprender y construir sistemas alrededor de un contenido específico (Baron-Cohen 2003). En contraste, existe una tendencia en el cerebro típico femenino de adaptarse a ver múltiples implicaciones y el cuadro completo al realizar tareas (Coleman 2006, 139; Gurian y Henley 2001, 41, 42). Por consiguiente, existe una tendencia entre los hombres de disfrutar argumentos abstractos, problemas filosóficos y debates morales acerca de principios abstractos, y de desarrollar una filosofía o una teología teórica general divorciada de la vida diaria. En general, las mujeres tienen dificultad al entender el valor o el significado de la teoría sin ejemplos específicos y concretos, y tienden a ser mejores en las oportunidades de aprendizaje relacionadas con experiencias prácticas de las cuales se pueda deducir el material teórico (Philbin et al. 1995; Williamson y Watson 2006, 348). Dicho de manera más sencilla, los hombres generalmente prefieren ir de la teoría a la práctica, mientras que las mujeres generalmente prefieren ir de la práctica a la teoría.

Las mujeres también poseen una mayor interconectividad entre las partes verbal, emocional y de razonamiento en el cerebro, por lo que generalmente prefieren aprender en comunidad, conversando acerca de los asuntos y las ideas presentadas (Belenky y Stanton 200, 82; Stonehouse 1993, 117). En contraste, los hombres generalmente prefieren procesar ideas y asuntos sin tener que ejercitar las partes del lenguaje en su cerebro; o, si utilizan el lenguaje hablado en el aprendizaje, este tiende a ser por medio del debate y la discusión acerca de puntos muy específicos.

Estas diferencias han sido desafiadas por algunas personas, particularmente escritoras feministas preocupadas porque una comprensión con una fuerte dicotomía pueda reforzar los estereotipos de géneros. Sin embargo, una sensibilización hacia las diferencias de género puede empoderar a los educadores serios para proveer contextos apropiados de aprendizaje para todos los estudiantes. He observado que cuando a las mujeres se les brinda oportunidad y tiempo para procesar su pensamiento en grupos específicos de su género, generalmente aportan un ambiente de interconectividad que no ocurre en los grupos de hombres. Por otra parte, los grupos de hombres generalmente son mejores para simplificar los procesos en un método de "paso uno, paso dos…" que facilita grandemente la comprensión.

Conclusión

Este capítulo le ha presentado varios intentos para explicar las diversas formas en las que las personas aprenden. Aunque existe un debate sustancial acerca de las especificidades, y ningún modelo incluye adecuadamente todos los elementos del aprendizaje. Sin embargo, los educadores serios reconocerán la necesidad de contextos de aprendizaje y métodos evaluativos diversos para que la dinámica de enseñanza-aprendizaje pueda ser más inclusiva.

Ejercicios

1. ¿Cuáles son las dos o tres fortalezas y debilidades principales que usted observa en las teorías y modelos presentados en este capítulo? Para usted personalmente, ¿cuál es la lección más significativa que pudiera contribuir a su propio desarrollo como instructor?

2. ¿Cuál de los diferentes modelos presentados en este capítulo le llamó más la atención? ¿Por qué? ¿Cómo describiría usted su propio método de aprendizaje?

3. Considere sus patrones normales de instrucción. ¿Qué tipos de estudiantes pudieran ser más beneficiados con sus metodologías de instrucción? ¿Por qué? ¿Qué tipos de estudiantes pudieran sentirse excluidos por sus patrones de instrucción? Sugiera al menos una metodología de instrucción que pueda incluir estos tipos de estudiantes.

4. ¿En qué maneras usted observa que los patrones normales de aprendizaje en su contexto local reflejan más a los occidentales? ¿A los de Asia oriental? ¿Sobre qué bases usted realiza esta valoración? ¿Qué otras características únicas del aprendizaje usted observa en su contexto local? Mencione al menos una implicación específica de sus observaciones para la práctica de la educación teológica en su contexto.

5. Debido a que el sistema de educación en la mayoría de los países ha sido ampliamente moldeado por la educación occidental, inicialmente en la era colonial y reforzado a través de la globalización y la acreditación, ¿en qué sentido usted considera que los patrones de la educación occidental constituyan un problema para la educación teológica? ¿Por qué usted realiza esta valoración?

6. ¿En qué sentido el material sobre las diferencias de género presentado en este capítulo reflejan su experiencia personal? Mencione dos o tres ejemplos para ilustrar su punto de vista. Sugiera al menos una acción específica que usted pudiera desarrollar durante los próximos meses para ofrecer más poder a las voces tanto masculinas como femeninas en sus clases.

15

La calificación y evaluación de los estudiantes

En la educación teológica, lo más fácil de evaluar tiende a ser lo menos importante. (Graham Cheesman)

Uno de los elementos más generalizados y poco cuestionados de la educación es la calificación y evaluación de los estudiantes. No obstante, otorgar un número o una letra al trabajo de un estudiante constituye un fenómeno relativamente reciente en la historia de la educación, ubicándose solo dos siglos atrás (Pierson 1983, 310; Stray 2005, 94-95). Sin embargo hoy se percibe como un modelo, y pocos instructores en la educación superior conocen acerca de los problemas filosóficos y prácticos inherentes en nuestras prácticas de calificación. En este capítulo vamos a investigar el propósito de la evaluación, los inconvenientes asociados con las calificaciones y algunas formas posibles para respetar la visión misionera-eclesial de la educación teológica.

¿Cuál es el propósito de la evaluación?

El punto de partida de cualquier discusión sobre las calificaciones y evaluaciones consiste en determinar el propósito del proceso de evaluación. La respuesta más sencilla consiste en que la meta de la evaluación es el *aprendizaje* –como un medio por el cual los estudiantes pueden evaluar el nivel de conocimiento alcanzado, y como una forma por medio de la cual los maestros pueden evaluar el nivel en el que ellos han hecho posible que ese conocimiento haya sido alcanzado.

Suskie (2009, 4-5) describe el ideal de la evaluación como un ciclo continuo de cuatro fases en el cual:

- El profesor establece resultados del aprendizaje que sean claros y medibles.
- A los estudiantes se les ofrecen oportunidades apropiadas para el aprendizaje por medio de las cuales es posible que logren esos resultados.
- El profesor sistemáticamente reúne, analiza e interpreta evidencias para determinar si el aprendizaje de los estudiantes concuerda con los resultados deseados.

- El profesor utiliza esta información para ayudar a los estudiantes a ajustar y mejorar su aprendizaje en relación con los resultados deseados.

Este proceso puede representarse en forma de diagrama como se muestra en la figura 15.1.

Figura 15.1 Ciclo de evaluación en cuatro pasos (adaptado de Suskie 2009, 4)

Fink (2003, 83, 84) contrasta lo que él llama evaluación "audi-tiva" con procesos educativos de evaluación. La evaluación audi-tiva mira hacia atrás enfocándose en una "auditoría" del aprendizaje de los estudiantes al concluir el curso. La evaluación educativa mira hacia adelante, primeramente al establecer las metas del aprendizaje –preferiblemente metas que sean compartidas con los estudiantes— y luego trabajando con los estudiantes hacia esas metas a través del uso de procesos múltiples, diversos y con retroalimentación frecuente.

Frecuentemente se establece una distinción entre la evaluación "formadora" y la "sumadora". La evaluación formadora se refiere a las fases de la evaluación que tienen lugar durante el curso, por medio de las cuales el profesor puede valorar si los estudiantes se encuentran por el camino deseado, y si es necesario, re-direccionar o "reformar" sus procesos de aprendizaje hacia los resultados deseados. La evaluación sumadora tiene lugar al final del curso y tiene el objetivo de evaluar la suma total del aprendizaje que ha tenido lugar. Aunque constituye una práctica común, la inclusión de la evaluación formadora en la calificación final que se otorga es cuestionable: si se va a otorgar una calificación, debe ser para el nivel final del aprendizaje y no debe incluir errores y problemas incurridos con anterioridad.

Los problemas con las calificaciones en la educación teológica

Aunque alguna forma de evaluación es un elemento esencial para promover el aprendizaje, otorgar calificaciones constituye un ejercicio dudoso. El aprendizaje genuino conlleva participación en los dominios cognitivo, afectivo y conductual, y en cada uno de estos dominios la meta debe ser que el estudiante alcance mayores niveles de aprendizaje. Otorgar una letra o un número es generalmente significativo en los niveles inferiores del aprendizaje cognitivo; la evaluación de un aprendizaje más significativo se realiza mejor en forma de diálogo, por medio de comentarios y reflexiones.

Wlodkowski y Ginsberg (1995, 275) plantean que otorgar calificaciones es "un juicio que depende del contexto, que es asignado y registrado como un símbolo unidimensional para un conglomerado multidimensional de información, actitud, concepción y error del profesor". Cuando aplicamos subjetivamente una simple letra o un número al proceso complejo del aprendizaje multidimensional, promovemos la ilusión de una objetividad que raramente existe y ofrecemos poco sentido que podría ayudar a promover el aprendizaje del estudiante. Estas calificaciones son generalmente recibidas más en el nivel emocional que en el nivel de información debido a que los estudiantes subconscientemente conocen la naturaleza altamente subjetiva de las calificaciones: la calificación es considerada primeramente como una medida del grado hasta el cual el instructor valora al estudiante como una persona. La respuesta emocional es justificada: numerosas investigaciones durante los últimos cuarenta años (Dennis 2007; Kahneman 2011, 83; Landy y Sigall 1974) han documentado el poder del "efecto aureola", en el cual se mostró que los profesores otorgaban calificaciones más altas de lo que realmente merecían, a los alumnos que consideraban más agradables y lo contrario sucedía con los que consideraban menos agradables.

La subjetividad de las calificaciones también resulta evidente a través de errores comunes al calificar, particularmente en la evaluación de trabajos escritos (Suskie 2009, 44):

- El instructor evalúa el trabajo mejor que los demás (errores de "clemencia"), o utiliza la escala de alta, media o baja (errores de "generosidad", "tendencia central" o "severidad").

- El instructor permite que las características externas del estudiante (atracción física, vestuario, facilidad de palabras, género, raza, edad, etc.) influyan en la calificación que se le otorga, ya sea de forma positiva ("efecto aureola", mencionado anteriormente) o de forma negativa ("efecto de contaminación").

- Los instructores otorgan calificaciones más altas a los estudiantes que presentaron trabajos con mejor calidad en el pasado, sin tener en cuenta la calidad del que presentan en el momento, y viceversa ("efecto de la primera impresión").

- Particularmente donde se espera una diversidad de calificaciones por parte de la administración, los instructores pueden evaluar basándose en comparaciones entre los estudiantes y no de acuerdo a los patrones establecidos ("efecto de contraste"). Por ejemplo, un instructor pudiera evaluar como "no aceptable" al peor trabajo recibido, aunque este cumpla con los requisitos mínimos establecidos en el sílabo.

- Particularmente cuando hay que evaluar un gran número de trabajos, resulta común que durante el análisis para otorgar una calificación, se vaya a la deriva durante el proceso de revisión ("calificador a la deriva"): debido a que los instructores se cansan al evaluar el trabajo de los estudiantes, algunos se vuelven irritables y progresivamente se tornan más rigurosos, mientras que otros solo leen por encima y califican con más generosidad.

Las calificaciones se construyen asumiendo que algunos estudiantes deben tener éxito y otros no. Cannell (2006, 314) relata su intento por promover un curso y su evaluación de forma que los estudiantes sean capacitados para desarrollar estrategias de auto-educación y auto-evaluación, herramientas esenciales para un aprendizaje de por vida. Debido a la naturaleza del curso, resultó apropiado que la mayoría de los estudiantes lograran un alto nivel en los resultados de su aprendizaje, por lo que merecieron una A. El decano de su seminario le pidió que detuviera esta práctica ¡porque estaba interfiriendo con el sistema de premios de la institución! Reconozco que la inflación de las calificaciones constituye un desafío creciente en la educación superior, pero las preocupaciones frecuentes expresadas con respecto a la inflación en las calificaciones se escuchan solo porque existen las calificaciones. Un cambio hacia un proceso de evaluación que no enfatiza las calificaciones resulta menos propenso a enfrentar los mismos problemas.

Las calificaciones evalúan más el producto que el aprendizaje. Por ejemplo, una vez enseñé en una pequeña escuela que ofrecía una Maestría en Educación Cristiana. Tuve una estudiante que tomó ocho cursos conmigo, y en el octavo curso el incremento en su aprendizaje era mínimo. Sin embargo conocía el material tan bien que no tuve otra opción que otorgarle una A. En el mismo grupo había otra estudiante para quien ese era su primer curso en el campo de la educación cristiana. Ella comenzó sin un conocimiento previo y aprendió mucho, pero su trabajo final no fue del calibre de la estudiante que tenía más experiencia; Por lo tanto, el producto final de la segunda estudiante recibió una B+. La primera estudiante, a pesar de que había aprendido poco, fue mejor recompensada que la segunda estudiante, quien había demostrado un notable crecimiento y aprendizaje. Si la evaluación se basara en la cantidad de aprendizaje que tiene lugar, yo le hubiera otorgado a la primera estudiante una C y a la segunda, una A-. Pero en la estructura de calificación vigente, sería injusto. Si el propósito de la educación es aprender, entonces enfocar las calificaciones en el producto en lugar de hacerlo en el aprendizaje debe considerarse como un problema.

Uno de los principales argumentos ofrecidos en favor de las calificaciones consiste en su eficacia motivacional. Sin las calificaciones (prosigue el argumento), los estudiantes no se esforzarían para aprender; ellos se esfuerzan para obtener las calificaciones deseadas que vienen como resultado de haber cumplido con los requisitos del aprendizaje. Aunque deba existir un elemento cierto en este argumento, las calificaciones pueden ser una forma muy temporal de motivación. Como analizamos en el capítulo 8, la base para un aprendizaje profundo es el grado en el cual un estudiante valora el aprendizaje; si el único valor es la obtención de una calificación, tan pronto como lo logre habrá poca razón para que retenga lo aprendido, y es poco probable que los resultados deseados en el aprendizaje perduren de manera considerable luego de finalizar el curso. Si las calificaciones constituyen la meta, los estudiantes harán lo que tengan que hacer para lograr la calificación –incluyendo el fraude.

Wlodkowski y Ginsberg sugieren que las calificaciones son más coercitivas que educativas: "Una mayor cantidad de estudiantes se opondrían y confrontarían la enseñanza deficiente, el contenido irrelevante, el acoso sexual, la evaluación injusta, y las prácticas y comentarios prejuiciosos si no fuera por la intimidación por parte de los profesores de bajar las calificaciones" (Wlodkowski y Ginsberg 1995, 276).

El problema con el argumento motivacional es que asume (aunque inconscientemente) que la naturaleza motivacional extrínseca de las calificaciones se convertirá de forma natural en una motivación intrínseca a largo plazo: si coaccionamos a los estudiantes para el aprendizaje, de manera natural ellos llegarán a valorar dicho aprendizaje. Extensas investigaciones durante más de cuarenta años (Deci, Koestner y Ryan 2001) han demostrado que ocurre lo contrario: recompensas externas como el caso de las calificaciones, cuando se emplean para motivar o coaccionar a las personas, debilitan considerablemente la curiosidad, el interés, la auto-motivación y la persistencia. Dicho de manera sencilla, mientras más dependamos de los motivadores extrínsecos, más debilitaremos la motivación intrínseca. En el mundo de la educación en particular, se ha demostrado que un enfoque en las recompensas o en los castigos debilita considerablemente el deseo de los estudiantes de aprender (Dobrow, Smith y Posner 2011; May 2003).

Kohn (1999, 76-92) ha sugerido varios factores clave que contribuyen a la naturaleza destructiva de los motivadores extrínsecos como las calificaciones.

- Todo aquello que sea presentado como pre-requisito para algo más –o sea, como un medio hacia otro fin – llega a verse como menos deseable. "Haz esto y tendrás aquello" automáticamente devalúa al "esto". Prometer una recompensa por una actividad equivale a declarar que la actividad en sí no vale la pena realizarla.

- Las recompensas son generalmente experimentadas como controladoras, y casi todos tenemos la tendencia a rechazar las situaciones en las que nuestra autonomía ha sido degradada.

- Mientras más deseamos aquello que tenemos delante, más tendemos a rechazar todo lo que tengamos que hacer para alcanzarlo.

El proceso de calificación constituye un reto particular en las sociedades colectivistas. Especialmente en escuelas pequeñas (la norma en la educación teológica), una calificación es percibida por las personas en las sociedades colectivistas como una medida del sentido en el que a un instructor le agrada el estudiante. En estas sociedades, el componente relacional de la enseñanza ejerce una influencia particular, y es natural que los instructores deseen otorgar una A a todos los estudiantes como un elemento del fortalecimiento de la relación maestro-estudiante. La mayoría de las sociedades colectivistas también le ofrecen un alto valor al honor personal y comunal. Recibir una A es un honor; recibir una B carece de honor; recibir una C es un gran deshonor; y recibir una F es una vergüenza en extremo. En estos contextos, es casi imposible promover cualquier clase de objetividad en el proceso de dar y recibir las calificaciones, excepto en los casos en que la calificación esté basada en la repetición de hechos. A veces me pregunto si esta realidad puede contribuir al énfasis omnipresente en el aprendizaje por memorización en las sociedades colectivistas.

Las preocupaciones anteriores con respecto a las calificaciones se aplican generalmente a la educación superior. Sin embargo, debido al propósito misionero de la educación teológica, surgen otras preguntas.

Aunque cualquier noción relacionada con las calificaciones se encuentra ausente en las Escrituras, podemos ver un proceso evaluativo evidente en la historia de los fariseos y los recolectores de impuestos (Lucas 18:9-14): el fariseo menciona las diferentes razones por las que él merece una "A", y es condenado; mientras que el recolector de impuestos reconoce sus deficiencias, y es honrado. La implicación para la educación teológica parece ser que la evaluación debe estar basada en la manera en que los estudiantes se dejen enseñar: sin tener en cuenta en qué momento de su peregrinaje se encuentran, si están dispuestos a reconocer sus faltas y responden a la guía de formación, son afirmados. Pero quienes creen ser unos "sabelotodo" son los que están sujetos a juicio. Las calificaciones raras veces evalúan este aspecto, pues se enfocan en el producto. Con frecuencia he encontrado estudiantes que llegan a la escuela con un fuerte trasfondo de conocimiento y su meta principal es el "pedazo de papel" que reciben al graduarse. Estos estudiantes aprenden poco, crecen poco, y debido a nuestro enfoque en el producto, muy a menudo reciben altas calificaciones –incluso honores académicos. También he encontrado estudiantes que llegan con un trasfondo mucho más débil y son como "esponjas", absorbiendo cada oportunidad de aprender, pero debido a su débil trasfondo, no pueden alcanzar las más altas calificaciones. Mientras nuestros sistemas de calificación honran a los primeros, creo que Cristo honraría a estos últimos.

Al igual que la práctica común en Norteamérica, durante varios años el ABTS mantuvo un récord del Promedio de Puntos en las Calificaciones (PPC) de los estudiantes, y quienes lograban un alto PPC recibían varios niveles de honores en su graduación. El problema que observamos, sin embargo, era que muchos de los estudiantes que lograban un alto PPC lo hacían porque se sentían más cómodos con los libros que con las personas, y en algunos casos permanecían en constante conflicto con otros estudiantes. Estábamos honrando a estudiantes con buenas habilidades académicas pero con pobres habilidades sociales, mientras que los estudiantes menos capaces académicamente, pero que eran líderes en el ministerio pacificador y relacional en la escuela y en la iglesia, no recibían ningún reconocimiento –aunque inevitablemente tenían más éxito después de graduarse. Este patrón no es único en la educación teológica: casos similares surgen en muchas otras profesiones –educación, trabajo social, medicina, e incluso leyes e ingeniería. Las buenas calificaciones no hacen buenos maestros, buenos trabajadores sociales o buenos médicos. En las profesiones de las personas, la competencia social y emocional ha desempeñado un papel más importante que la habilidad académica por sí sola (Goleman 2006, 88).

Afortunadamente en el ABTS, ya no honramos a los estudiantes basándonos solamente en la evaluación académica. El alto honor del estudiante que realiza el discurso de graduación, por ejemplo, ahora se basa en una evaluación integral por parte de los estudiantes y de los profesores, en lugar de ser simplemente por su desempeño académico. Sin embargo, nuestra experiencia en el ABTS resalta otras preguntas y asuntos más generales relacionados con las calificaciones en la educación teológica:

- Lo que se recompensa es valorado. Las calificaciones constituyen una forma de recompensa percibida, y en general, solo otorgamos calificaciones por los logros académicos. Aunque el aprendizaje académico de nuestros estudiantes es importante, este constituye solo una de las áreas importantes para la formación de líderes misioneros. Es difícil otorgar calificaciones significativas en el campo cognitivo; pero puede constituir un mayor reto evaluar el crecimiento en el campo de la conducta, y resulta casi imposible conocer lo que sucede en el campo afectivo. Por lo tanto no es una sorpresa que la mayoría de nuestras evaluaciones ocurren en el campo cognitivo. Sin embargo, al ofrecer "valor" por medio de las calificaciones solo en el campo cognitivo, a través del currículo oculto prácticamente devaluamos lo que resulta necesario en el campo del aprendizaje afectivo y conductual.

- Las calificaciones promueven la conformidad. Cano-García y Hughes (2000) descubrieron que los estudiantes que logran las más altas calificaciones académicas son realmente quienes prefieren trabajar individualmente y quienes muestran una disposición a conformarse con las reglas y procedimientos existentes. Debido a que el énfasis de las calificaciones es satisfacer los deseos del instructor, un énfasis en las calificaciones frecuentemente desalienta el tipo de creatividad que resulta tan necesaria para el liderazgo misionero efectivo en el siglo veintiuno.

- Mientras mayor sea el énfasis que una escuela deposite en las calificaciones, menor será la oportunidad para promover el trabajo de aprendizaje en grupos. Donde se enfaticen las calificaciones, los estudiantes se opondrán al trabajo en grupo, preocupándose de que los menos aventajados o menos interesados les hagan bajar sus calificaciones. Los profesores evitarán el trabajo en grupo porque resulta muy difícil ser "justo" con todos los estudiantes en un grupo. En resumen, las calificaciones promueven la competencia individual y desvaloran el aprendizaje cooperativo. Considerando la visión misionera-eclesial de la educación teológica, las lecciones ocultas que aparecen implícitas en este método son desastrosas: a través de este énfasis altamente individual y competitivo, los estudiantes son capacitados con mucha efectividad para ver el ministerio como una actividad individual y competitiva, en lugar de verlo como un medio para servir en equipo, a la imagen de nuestro Dios trino.

Algunas posibles soluciones

A pesar de las constantes críticas por parte de los educacionalitas, otorgar calificaciones todavía constituye un método generalizado en la educación –en todos los países del mundo y en todos los campos de estudio. Por lo tanto, muchos de los encargados principales –agencias acreditadoras, comités de admisión para estudios avanzados, empleadores, líderes denominacionales, e incluso juntas directivas de las escuelas – creen que las "buenas calificaciones" son sinónimo de competencia y conocimiento en un campo determinado (Cannell 2006, 312), aunque esta afirmación es altamente cuestionable. Mientras que un pequeño pero creciente número de escuelas le han dado la espalda a las calificaciones, pasando a la evaluación basada solamente en los reportes de aprendizaje, yo sospecho que pocas instituciones teológicas están preparadas para este nivel de cambio dramático. Por lo tanto, en el resto de este capítulo sugiero algunas formas posibles para funcionar dentro del mundo de las calificaciones mientras se minimiza su impacto negativo y se maximiza el enfoque en la evaluación del aprendizaje.

El primer paso hacia el decrecimiento de los efectos negativos de las calificaciones es minimizar el número de posibles calificaciones. En campos como la educación teológica, el otorgamiento de un número como calificación es extremadamente arbitrario en todas las asignaturas basadas en el conocimiento, como en el caso de los idiomas. Existe generalmente un alto nivel de inconsistencia entre los profesores, Por lo tanto, los estudiantes a menudo sienten un nivel de injusticia en el sistema. El sistema de letras con más y menos constituye un ligero avance. Un sistema sencillo de A, B, C es más propenso a ofrecer calificaciones más significativas.

El uso de rúbricas en lugar de calificaciones constituye una de las formas más sencillas de cambiar el enfoque de la evaluación hacia el aprendizaje. El término "rúbrica" se refiere a un conjunto de patrones. En la educación, los patrones deben estar directamente relacionados con los resultados deseados en el aprendizaje y que se dan a conocer antes de que los estudiantes comiencen una tarea o un grupo de tareas de aprendizaje. Existen dos posibles formas de enfocar las rúbricas educacionales: narrativa o elementos específicos. El anexo 15.1 presenta rúbricas narrativas típicas que describen el significado general de

A, B y C para el trabajo escrito en un curso. El anexo 15.2 provee rúbricas para evaluar el trabajo oral teniendo en cuenta elementos específicos. El anexo 15.3 ofrece rúbricas detalladas para el proyecto integrador que aparece en el anexo 6.1, en el cual la persona que evalúa simplemente marca los cuadros relevantes, concluyendo con algunos comentarios importantes a modo de resumen. Usted notará que las segundas y terceras rúbricas evitan términos como "excelente", "bien", "regular" y "pobre", empleando en su lugar un tratamiento de "extensivo", "medio" o "ligero" (anexo 15.3) o una terminología diferente para cada parámetro (anexo 15.2). Los estudiantes sobresalientes saben dónde deben enfatizar y dónde no, y se pueden esperar resultados dispersos en las rúbricas evaluativas de un buen trabajo. En los casos donde se emplean términos más evaluativos como "excelente", "bien" entre otros, existe una tendencia en los instructores a calificar los trabajos teniendo en cuenta una valoración general de los mismos, en lugar de tratar con cada elemento de acuerdo a su propio mérito. Las rúbricas detalladas ofrecen a los estudiantes mayor cantidad de información que una simple letra o número, y pueden promover más el aprendizaje.

En muchas escuelas, la única calificación que realmente se exige es la que se otorga al final del curso. En tales circunstancias, es mejor no escribir las calificaciones en los trabajos, sino ofrecer a los estudiantes comentarios útiles y algún tipo de rúbricas como las que se ofrecen en el anexo 15.2. Mi experiencia es que desde el momento en que se escribe una calificación en un trabajo, la vista del estudiante se va para dicha calificación, ignorando la mayor parte de los comentarios. Cuando no se escribe la calificación, el estudiante realmente lee los comentarios, por lo que existe una mayor oportunidad para el aprendizaje. Esto es confirmado por las investigaciones que demuestran que el impacto destructivo de las calificaciones no fue reducido considerablemente al agregar los comentarios; resultados positivos fueron observados solo cuando los comentarios se ofrecieron sin colocar una calificación en el trabajo de los estudiantes (Kohn 1999, 202). Por supuesto, algunos estudiantes estaban tan acostumbrados a definirse de acuerdo a sus calificaciones que puede ser importante (al menos inicialmente) que el instructor tome un tiempo para decir a los estudiantes cuáles serían sus calificaciones si les hubieran sido otorgadas (Kohn 1999, 209). Aun mejor sería preguntar a los estudiantes cómo se evaluarían ellos mismos basándose en los comentarios y en las rúbricas. Si su auto-evaluación no es exacta, entonces se les explica acerca de su proceso de aprendizaje más detalladamente.

Retirar la información que identifique el trabajo de un estudiante (Suskie 2009, 45) y/o hacer que más de un profesor revise el trabajo, puede servir de ayuda para reducir el nivel de subjetividad al calificar. En muchas escuelas los profesores están sobrecargados de trabajo, y debido a que pocos instructores disfrutan evaluar el trabajo de los estudiantes, a veces constituye un reto poder recibir una simple evaluación de los profesores. En estos contextos, una segunda revisión de una muestra representativa de los trabajos –digamos que un 20 por ciento de los trabajos– puede al menos promover algún nivel de consistencia y equidad.

Parte de la meta en la evaluación consiste en capacitar a los estudiantes en el proceso de auto-control. De este modo, puede ser útil que los estudiantes desarrollen contratos de aprendizaje en los cuales ellos mismos definan cuáles tareas serán cumplidas y cuándo van a entregar sus trabajos. El instructor les informa con anterioridad cuál calificación será aplicada en dependencia del enfoque desarrollado en el curso. Este enfoque coloca una gran responsabilidad en los estudiantes y el proceso es claro desde el principio.

Entre las características más importantes de los líderes sobresalientes se encuentra su habilidad para auto-evaluarse y desarrollar nuevas estrategias basadas en su auto-evaluación. Por consiguiente, un método valioso puede ser incorporar la auto-evaluación del estudiante en el proceso: los estudiantes (quizás utilizando rúbricas como punto de partida) ofrecen una descripción de las fortalezas y debilidades de su trabajo y entonces la calificación se desarrolla en forma de diálogo. Un nivel de evaluación por parte de sus compañeros puede reforzar este proceso. En sociedades más relacionales, este método de evaluación personal y de sus compañeros debe ser muy cuidadosamente diseñado y explicado para que pueda tener éxito; los estudiantes tienden a dar respuestas que complazcan al instructor y a sus compañeros, y pierden la oportunidad de crecer en sus habilidades auto-evaluativas.

A través de este libro nos hemos enfocado en el aprendizaje multidimensional – cognitivo, afectivo y conductual. Este enfoque abarcador debe impactar de alguna manera en nuestros procesos de evaluación –pero no siempre resulta sencillo. ¿Quién es capaz de determinar el nivel de crecimiento que un estudiante está experimentando en el fruto del Espíritu? ¿Cómo podemos evaluar la espiritualidad de una persona? Los patrones de crecimiento interior de una persona son sutiles y generalmente son perceptibles solo después de un período de tiempo. Sin embargo, ignorar la dimensión afectiva y conductual es negar una parte de nuestro propósito misionero-eclesial. Por consiguiente, una parte de nuestro proceso evaluativo debe incluir revisiones periódicas al progreso general de los estudiantes.

En el ABTS hemos enumerado algunos de los elementos clave que esperamos ver en los estudiantes al avanzar hacia su graduación:

- Un espíritu fácil de enseñar –no solo en cursos académicos, sino también en la formación personal y ministerial. Un espíritu fácil de enseñar constituye un asunto especial aun en áreas donde el ABTS no ofrece límites ni dirección.

- Reducir niveles de "mantenimiento" iniciados por el ABTS. Aunque algunos estudiantes puedan necesitar un "mantenimiento" considerable al inicio de su tiempo entre nosotros, posiblemente con advertencias formales y acciones disciplinarias, si esta situación continúa durante el segundo y el tercer año, debemos cuestionar su efectividad a largo plazo como líderes.

- Una influencia positiva creciente en otros estudiantes. En particular, debemos ser capaces de ver que los estudiantes de segundo y tercer año ejercen una influencia positiva en los de primer año. Creemos que una creciente relación con Dios debe ser reflejada al influir positivamente en otros estudiantes.

- Las disciplinas de crecimiento auto-iniciadas, en las cuales los estudiantes reconocen áreas de debilidad y toman pasos positivos para tratar con esas debilidades.

Para evaluar el crecimiento de los estudiantes en estas áreas, tenemos reuniones de la facultad en las que compartimos asuntos importantes en relación con los estudiantes. Con respecto a los alumnos que preocupan notablemente a los miembros de la facultad, el decano de los estudiantes y el decano académico conjuntamente desarrollan una serie de expectativas documentadas para el resto del año. Unas cinco semanas antes de finalizar el año académico, aquellos estudiantes cuyas expectativas documentadas no fueron cumplidas adecuadamente, son sujetos a una disciplina apropiada o se les notifica para que culminen sus programas de estudio.

Aunque existen deficiencias en este método, realmente va más allá de una mera evaluación del aprendizaje académico, abarcando elementos más generales e integradores. Si usted considera implementar este método de evaluación en su escuela, debe investigar con respecto a los métodos abarcadores que sean relevantes a su contexto y que puedan asegurar que su escuela esté nutriendo a los futuros líderes que tienen una aptitud creciente en todas las áreas de su vida.

Conclusión

El propósito de la evaluación consiste en aprender. Una evaluación de calidad busca los medios para minimizar el impacto negativo de las calificaciones y maximizar el enfoque en comentarios importantes y en rúbricas descriptivas. Específicamente en la educación teológica, debemos hacer todo lo posible para honrar el crecimiento integral, así como en un espíritu fácil de ser enseñado, y ser cautelosos ante el énfasis excesivo en la habilidad puramente académica. La manera en que califiquemos y evaluemos va a comunicar poderosamente nuestros verdaderos valores educacionales por medio del currículo oculto. En esto y en todo lo que hagamos, debemos enfocarnos en el desarrollo de personas integrales que sean efectivas al ayudar a las iglesias a cumplir su tarea misionera.

Ejercicios

1. ¿Por qué usted otorga calificaciones en su escuela? ¿Qué forma tiene su sistema de calificación? ¿En qué sentido usted considera las calificaciones útiles o inútiles?

2. ¿En qué sentido otorgar calificaciones pudiera producir consecuencias espirituales negativas que causen problemas en los seminarios teológicos? Nuestra visión a largo plazo consiste en desarrollar hombres y mujeres que constituyan agentes para fortalecer la iglesia para la misión de Dios en nuestra región. Considerando esta visión, ¿en qué sentido usted cree que las calificaciones son útiles y/o inútiles? ¿Por qué?

3. ¿Cuáles son algunas de las barreras principales para cambiar el sistema de calificación? ¿Puede sugerir algunas formas para vencer esas barreras?

4. ¿Cómo decide usted la manera de otorgar una calificación en sus clases? ¿Qué evalúa usted y cómo realiza esas evaluaciones?

5. Considere una tarea de aprendizaje que usted vaya a ofrecer a los estudiantes próximamente. Trate de diseñar rúbricas de evaluación siguiendo los ejemplos mostrados en los anexos 15.1, 15.2 y 15.3.

6. Utilizando el método aplicado en el ABTS como punto de partida, trate de desarrollar (a) una serie de elementos descriptivos para el crecimiento integral de los estudiantes; (b) un proceso para evaluar y dar seguimiento a los estudiantes que presentan no solo aptitudes académicas, sino también un crecimiento afectivo y conductual.

Anexo 15.1

Descripción de las calificaciones para la Licenciatura en Teología en el ABTS

En general, los estudiantes en el nivel de licenciatura deben ser capaces de:

- Mostrar una visión y un propósito creciente en relación a su llamado al ministerio y tener una comprensión más clara de cómo deben implementar su visión.
- Utilizar una variedad de habilidades y experiencias recientemente desarrolladas dentro del contexto ministerial.
- Demostrar crecimiento en los valores y práctica de una adoración auténtica y efectiva; un ministerio misionero; un liderazgo a la manera de Cristo; mentalidad del reino; discernimiento y práctica reflexiva; ministerio encarnado; desarrollo personal y espiritual.
- Demostrar conocimiento y comprensión en el campo de estudio que edifique su educación general y que esté apoyado por libros de texto avanzados y conocimiento actualizado, así como la práctica dentro del campo de estudio.
- Aplicar su conocimiento y comprensión de una manera profesional con respecto a su trabajo o vocación, incluyendo la habilidad para desarrollar y sostener argumentos, solucionar problemas y transferir habilidades y conocimientos de diferentes contextos a su contexto actual.
- Coleccionar e interpretar datos relevantes que enriquezcan sus juicios y que incluyan la reflexión sobre asuntos teológicos, sociales y éticos relevantes.
- Comunicar información, ideas, problemas y soluciones para auditorios especializados [como el contexto de los eventos de capacitación] y no especializados [como la congregación de una iglesia local].
- Utilizar las habilidades de aprendizaje adquiridas para continuar estudios posteriores con un alto grado de autonomía y en un nivel superior.

Calificación	Descripción
A	De manera general, el estudiante ha demostrado un nivel de trabajo excelente, reflejando una comprensión amplia y profunda del tema. Existe una clara evidencia de la habilidad para analizar una variedad de perspectivas razonable y lógicamente. El estudiante ha utilizado recursos disponibles (textos, artículos periodísticos, etc.) de manera apropiada, con un alto número de referencias y notas al pie de página. Un fuerte intento de integrar otras disciplinas de manera apropiada. Un buen dominio de las implicaciones prácticas con ideas sólidas en la reflexión personal, social y teológica. El estudiante ha mostrado un progreso excelente hacia el logro de los resultados de aprendizaje del curso.
B	El estudiante ha demostrado un buen nivel en todo su trabajo, el cual refleja un dominio general de los asuntos relacionados con el tema tratado. Todos los trabajos fueron presentados con precisión y claridad. El estudiante ha realizado un buen intento al relacionar la teoría con la práctica, con alguna efectividad en la reflexión teológica, social y personal. El uso de recursos disponibles (textos, artículos periodísticos, etc.) es preciso. Generalmente, el trabajo del estudiante es claro y está bien presentado, pero aún necesita mejorar. De manera general, el estudiante ha mostrado un buen progreso hacia el logro de los resultados de aprendizaje del curso.
C	El estudiante ha realizado un intento satisfactorio para vincularse con el tema, pero aún presenta lagunas significativas en su conocimiento y comprensión. El estudiante ha tenido la tendencia a ser descriptivo, con un intento limitado hacia el análisis crítico y la reflexión personal, teológica o social. El uso de recursos o notas al pie de página es inconsistente o inapropiado. De manera general, el estudiante ha mostrado un progreso satisfactorio hacia el logro de los resultados de aprendizaje del curso, pero aún necesita mejorar.
I (Incompleto)	El trabajo del estudiante es insatisfactorio o incompleto, o la asistencia ha sido muy irregular como para merecer una calificación de aprobado. El estudiante muestra pobre vinculación con el material. El trabajo escrito fue presentado con deficiencias y con falta de claridad. Necesita un trabajo compensatorio para lograr una calificación de aprobado.

Anexo 15.2

Rúbricas para evaluar la presentación oral

Nombre del/la estudiante: _____
Curso/proyecto: _____

Contenido

1. Propósito/respuesta clara a la pregunta principal
- Desde respondida y comprendida claramente (6) hasta no respondida (1)

```
6        5        4        3        2        1
|_____|_____|_____|_____|_____|
```

2. Comprensión amplia y profunda del tema
- Presentación bien desarrollada todo el tiempo (6) hasta muy poco (1)

```
6        5        4        3        2        1
|_____|_____|_____|_____|_____|
```

3. Cubre el asunto a tratar
- Desde completamente (6) hasta nunca (1)

```
6        5        4        3        2        1
|_____|_____|_____|_____|_____|
```

4. Lección desarrollada a partir del propósito planteado
- Desde claro y lógico (6) hasta vago e ilógico (1)

```
6        5        4        3        2        1
|_____|_____|_____|_____|_____|
```

5. Relación con la práctica
- Desde muy significativa y útil (6) hasta vaga e inútil (1)

```
6        5        4        3        2        1
|_____|_____|_____|_____|_____|
```

6. Conclusión
- Desarrollada de forma lógica y presentada con claridad (6) hasta una conclusión vaga y sin relación con la práctica (1)

```
6        5        4        3        2        1
|————————|————————|————————|————————|————————|
```

7. Demuestra progreso en los resultados del aprendizaje
- Desde ejemplar (6) hasta casi ausente (1)

```
6        5        4        3        2        1
|————————|————————|————————|————————|————————|
```

Método

8. Metodología creativa/atractiva
- Desde variada e interesante (6) hasta conferencia aburrida todo el tiempo (1)

```
6        5        4        3        2        1
|————————|————————|————————|————————|————————|
```

9. Metodología apropiada para la audiencia
- Desde apropiada (6) hasta inapropiada (1)

```
6        5        4        3        2        1
|————————|————————|————————|————————|————————|
```

10. Fidelidad a las restricciones del tiempo
- Desde ajustado al tiempo (6) hasta extremadamente inferior o superior al tiempo (1)

```
6        5        4        3        2        1
|————————|————————|————————|————————|————————|
```

11. Habilidades verbales
- Desde una presentación con fluidez y coherencia (6) hasta incoherente y que cause distracción (1)

```
6        5        4        3        2        1
|————————|————————|————————|————————|————————|
```

12. Impresión general de la lección
- Desde ejemplar (6) hasta necesitar mejorarla (1)

```
6        5        4        3        2        1
|————————|————————|————————|————————|————————|
```

13. (Criterios específicos de la asignación)
- Desde siempre (6) hasta nunca (1)

```
  6         5         4         3         2         1
  |_____|_____|_____|_____|_____|
```

Ejemplar (A) - Competente (B) - En vías de desarrollo (C) - Necesita mejorar (I)

Evaluación total: _____

Comentarios:

Anexo 15.3

Rúbricas para la evaluación de proyectos integradores

Componente	Tratamiento Extensivo	Tratamiento Medio	Tratamiento Ligero	No es evidente
Grupo de referencia				
Descripción				
¿Cuántos líderes? ¿Cuáles son sus principales características?				
¿Cómo se relacionan los líderes entre sí?				
¿Cómo se toman las decisiones?				
¿Cómo se incorporan al liderazgo los nuevos líderes?				
Otra información pertinente acerca del grupo de referencia.				
Grupo en el Líbano				
Reportes de las observaciones				
Reportes de las entrevistas				
Análisis de los patrones del liderazgo en el grupo del Líbano				
Comparación de las fortalezas y debilidades del grupo del Líbano con respecto a los patrones del grupo de referencia.				
Lente Bíblico-Teológico				
Exégesis detallada de textos específicos:				
(a) Contexto literario				
(b) Contexto histórico-cultural				
(c) Género literario y su importancia				
(d) Referencias cruzadas				
(e) Uso de múltiples traducciones				
Temas bíblico-teológicos más amplios				

La calificación y evaluación de los estudiantes 271

Componente	Tratamiento Extensivo	Tratamiento Medio	Tratamiento Ligero	No es evidente
Vinculación con el material del curso de Ideas para el Liderazgo				
Conexiones con el estudio de caso				
Uso apropiado de las referencias				
Lente histórico-teológico				
Situaciones comparables en la historia y su relevancia para el estudio de caso				
Calidad de las conclusiones derivadas de las situaciones históricas				
Comprensión de la importancia del contexto histórico				
Trabajos teológicos				
Relación entre las reflexiones teológicas y el contexto histórico				
Conexiones con el estudio de caso				
Uso apropiado de las referencias				
Lente socio-contextual				
Impacto de la cultura en la situación				
Dinámica psicológica				
Dinámica social				
Relaciones de poder				
Currículo oculto				
Procesos de institucionalización				
Otros elementos de las ciencias sociales				
Uso apropiado de las referencias				
Lente personal-ministerial				
¿Cómo usted considera su papel al ser un agente transformador en esta situación?				
Hacer referencia a los elementos del curso *Recorridos Personales*				
Considerando el material ofrecido en el curso *Recorridos Personales en el Liderazgo*, ¿qué debería ser y hacer usted como líder en este contexto?				
Uso apropiado de las referencias				

Componente	Tratamiento Extensivo	Tratamiento Medio	Tratamiento Ligero	No es evidente
Integración				
¿Cómo se relacionan estos lentes? ¿Qué principios similares usted observa aquí?				
¿Cómo puede usted enriquecer múltiples lentes para tener en cuenta situaciones como estas?				
Recomendaciones				
¿Cómo pudiera convertirse el grupo de referencia en la imagen de Cristo para sus comunidades?				
¿Cómo puede ser enriquecido un genuino impacto en el mundo?				
Basado en las Escrituras y una teología sana				
Específico, alcanzable y medible				
Abarcador –tratar a los miembros del grupo como personas completas				
Completo, que incluya múltiples aspectos de la situación				
Personal, que explique cómo usted pensará, se relacionará y actuará de manera diferente para facilitar un cambio adecuado				
Uso apropiado de las referencias				
Elementos del proceso				
Participación en un taller de 3 horas				
Reporte del progreso en 300-500 palabras (18 noviembre)				
Presentación de 20-30 minutos con los resultados del proyecto				
Participación de cada miembro del grupo				
Proyecto entregado en tiempo y con un formato adecuado				
Detalles de las contribuciones de cada miembro del grupo				
Balance en la vida				

Comentarios:

16

Excelencia en la enseñanza

Un maestro afecta la eternidad: No se imagina hasta dónde llega su influencia. (Henry Adams)

La excelencia consiste en realizar algo común de una manera poco común. (Booker T. Washington)

El propósito de la segunda mitad de este libro ha sido desarrollar habilidades en el arte de la enseñanza, proporcionando herramientas para incrementar la intencionalidad y la participación. Bob Ferris (2006) ha afirmado que "los profesores constituyen el currículo", y este último capítulo le ofrece una palabra de aliento y desafío en su esfuerzo por lograr la excelencia en la enseñanza.

¿Qué cualidades identifican a un buen maestro? Para comenzar su propio camino hacia un crecimiento en la manera de descubrirse a sí mismo, pruebe con este ejercicio reflexivo. Tome un papel, dibuje tres columnas y escriba en cada una respectivamente: "Maestros", "Cualidades de la enseñanza", y "Respuesta".

- En la primera columna: enumere los nombres de los tres maestros que más impactaron positivamente y los tres maestros que más impactaron negativamente en su vida. Al enumerar los malos generalmente se revela tanto como al enumerar los buenos.
- En la segunda columna: escriba las características personales de estos maestros que causaron que su influencia fuera recordada de manera significativa, ya sea positiva o negativamente.
- En la tercera columna: escriba su respuesta personal a la presencia de estos maestros en su vida, incluyendo tanto el aprendizaje como la conducta.

Tome un momento para reflexionar en sus listas. La meta, por supuesto, consiste en emular los buenos comportamientos y eliminar los malos de su enseñanza. No importa cuán talentoso sea –pues algunos maestros tienen el talento natural para enseñar– todos los maestros pueden sacar provecho de una revisión de sus habilidades.

- Sobre la base de lo que usted observó en el cuadro, ¿cuáles cree que sean algunas de las características fundamentales de una enseñanza efectiva?

- ¿Cuáles de estas características observa en usted mismo y en su propia enseñanza? ¿Cuáles de ellas usted desea continuar desarrollando?

A pesar de que existe algún nivel de ambigüedad, las investigaciones indican que hay varias características comunes para caracterizar a los maestros excelentes. Aunque pocos maestros muestran todas estas características, mientras más de ellas sean evidentes en un maestro, mayor posibilidad tendrá para lograr la excelencia en su enseñanza.

Una relación hospitalaria con los estudiantes

Ahora ha quedado bien establecido que la calidad de la relación entre el instructor y los estudiantes constituye una de las principales características de la excelencia en la enseñanza. En una amplia variedad de estudios formales (vea por ejemplo, Cervantes 2007; Cranton 2006, 112-15; Harvie 2004; Murdock y Miller 2003; Pianta 1999; Taylor 2000; Teven 2007; Webb y Blond 1995), se ha descubierto que aunque algunas cualidades como: amor apasionado por el tema, conocimiento del material y estilos de enseñanza creativa resultan comunes entre los maestros excepcionales; más aún lo son la simpatía, la preocupación genuina por el aprendizaje de los estudiantes, y un sentido de cuidado y afecto por las personas a quienes enseñan.

Una de las tristes realidades de la educación consiste en que es una "empresa de temor" (Palmer 1998, 36). Tanto los maestros como los estudiantes entran al aula con una amplia variedad de preocupaciones, y estas generalmente son resueltas al crear una distancia emocional que limita la calidad del aprendizaje. El aula se inunda con relaciones de poder entre el maestro y los estudiantes (Vella 2002, 11), y el ejercicio inapropiado del poder puede servir para exacerbar el temor y la inseguridad que son endémicos en la educación.

La única manera en la que la hostilidad y el temor educacional pueden ser transformados en confianza es por medio de las relaciones –un tipo de hospitalidad en el aula en la cual los maestros reconocen (al menos en privado) sus propios temores y los de sus estudiantes, y buscan reducir la hostilidad natural que existe a través de su franqueza y aceptación de ideas, retos y principalmente las personalidades de sus estudiantes (P. Shaw 2011). En la medida en que los maestros inciten de manera activa a los estudiantes más reservados para que hablen, y deliberadamente eviten utilizar una forma autoritativa al dirigirse a ellos para darles espacio, se crea un ambiente de hospitalidad en el cual la verdadera educación puede tener lugar (Thompson 1995, 131). Solo en un contexto de confianza y aceptación pueden desarrollarse con libertad y honestidad actividades como: exponer y corregir la ignorancia en nosotros mismos y en nuestros estudiantes, experimentar con ideas, así como el criticismo mutuo de pensamiento y acción (Palmer 1983, 74).

Proveer un espacio hospitalario constituye un acto teológico por medio del cual somos capaces de reflejar el carácter de Dios –un Dios que desde el principio creó un espacio ordenado y limitado en el cual la voz de todos es alentada. El acto de separar la luz de las tinieblas (Génesis 1:4-5) y las aguas encima de las aguas debajo (1:6-7) reflejó el valor divino del orden y el espacio. Con la creación de Adán, Dios vio la necesidad de un espacio limitado y ordenado en el jardín, un espacio dentro del cual la primera tarea dada a Adán fue utilizar su voz para dar nombre a los animales (2:19-20), para lo cual necesitaba una compañera, y juntos pudieran desarrollar la tarea de directores-administradores que Dios les había encomendado (2:20-22). Cuando nosotros creamos un espacio ordenado y limitado en el cual los demás puedan expresar sus voces, cumplimos con nuestra identidad como creación a la imagen de Dios.

Un elemento importante de esta relación de hospitalidad consiste en la confianza, por medio de la cual los estudiantes sienten que pueden confiar en el maestro para lograr lo mejor de ellos (Fink 2003, 249). La confianza debe ganarse. La confianza surge de conductas como cumplir lo que se promete, tener bases racionales y comprensibles para la evaluación, y tratar a todos los estudiantes con equidad. Proveer una retroalimentación inmediata y útil, evitar que los estudiantes sean avergonzados, y demandar un respeto mutuo en el aula, constituyen elementos importantes para ganarse la confianza. Otro elemento significativo para construir la confianza es lo que Rodgers y Raider-Roth (2006) describen como estar "presente" para los estudiantes, valorándoles de manera adecuada al escucharles atentamente en palabra, gestos y acción.

La integridad y genuinidad comunica de modo natural el compromiso y el entusiasmo. Siempre constituye una tentación (especialmente para los maestros más jóvenes) ocultarse tras la imagen y el papel de "experto" y "maestro", y para todos nosotros existe la tentación de buscar la forma de agradar a nuestros estudiantes más que verles genuinamente retados a ser líderes efectivos. Puede servir de ayuda a nuestro frágil ego desempeñar el papel de experto académico, en lugar de un hermano o hermana mayor guiando a futuros líderes en su peregrinaje. Sin embargo, solo a través de nuestra transparencia y honestidad, los estudiantes confiarán en nosotros y aprenderán a confiar en sí mismos.

Un paso práctico para reducir el temor y construir relaciones consiste en no poner énfasis en las calificaciones, sino en los métodos de evaluación que se enfoquen en ayudar a los estudiantes a aprender y crecer, y que no se esfuercen simplemente haciendo lo necesario para obtener una calificación (Kohn 1999, 206-10). La educación que reduce el temor por medio de la hospitalidad también responderá a las diferencias en el estilo de aprendizaje (Gardner 1983; Kolb 1983; Le Fever 1995; McCarthy 1996), mostrando cuidado y comprensión de las necesidades de aprendizaje de los estudiantes y promoviendo un aprendizaje cooperativo en el aula (Siew 2006). Lo más importante es que toda la hospitalidad genuina contiene cierta disposición a "soportar" a los huéspedes, por tanto, la educación hospitalaria estará caracterizada por la paciencia, en tanto que maestros y estudiantes avancen con pasos de fe hacia un entendimiento de los propósitos y los caminos de Dios (Newman 2003). Como Daniel Willingham (2009, 50) declara: los maestros exitosos son personas agradables.

Otra faceta de la educación hospitalaria consiste en el empoderamiento de los estudiantes. Los maestros efectivos reconocen que un elemento esencial de la motivación es el sentido de control y auto-determinación. Los estudiantes tienden a comprometerse más con el aprendizaje cuando disciernen que su único potencial es ser reconocidos y usados. Este tipo de empoderamiento requiere que los maestros sostengan supuestos positivos hacia los estudiantes, confiando en ellos para responder a sus expectativas y delegándoles responsabilidades (Knowles, Holton y Swanson 2005, 256). Un buen maestro se regocija, no cuando los estudiantes reproducen lo que se les enseña, sino cuando son capaces de captar el entusiasmo del maestro por el tema tratado y continúan desarrollando ideas acerca de las cuales el maestro nunca ha enseñado (Smail 2005, 176). La gloria del maestro consiste en sentarse a los pies del estudiante y aprender de él o ella (Fernando 2002, 170).

Un prerrequisito esencial para la educación relacional consiste en que el maestro posea una correcta autoestima. Una baja autoestima lleva a las agendas. Cuando mi autoestima como maestro está en juego, voy a tratar de encontrar mi valor en mi estatus con respecto a mis estudiantes. Los maestros con una baja autoestima se distancian de sus estudiantes, desempeñando el papel de maestro con autoridad, o hacen todo lo posible para agradar a los estudiantes, a veces llegando a patrones que los pueden comprometer, dándoles menos trabajo e inflando las calificaciones. Los maestros con una alta autoestima se sienten relajados compartiendo algo de su personalidad genuina (estableciendo las fronteras adecuadas), y se sienten cómodos ante las deficiencias de los demás, corrigiendo con gracia los errores de los demás y reconociendo honestamente sus propios errores (Bosniak 1998). Cuando los maestros no necesitan encontrar su valor personal en los estudiantes, comunican un gozo por el aprendizaje que resulta contagioso.

Para los educadores cristianos, la fuente de autoestima en la enseñanza, como en toda la vida, no debe surgir de su relación con los estudiantes o administradores, sino en su identidad como personas amadas por Dios. En este sentido, el modelo de Jesús es representativo: en toda su vida en la tierra vemos la fuente de su señorío en su relación con el Padre, no en la extensión de su poder e influencia sobre sus seguidores. Es quizás en el bautismo de Jesús donde se muestra con mayor claridad. Cuando Jesús se acerca a Juan, ni siquiera ha comenzado su ministerio público. No tiene seguidores. Tampoco ha realizado ninguna manifestación de su autoridad sobre los poderes. Pocas personas o quizás ninguna, tienen un indicio de su identidad. Sin embargo, es precisamente en este contexto donde la voz del cielo declara: "Este es mi hijo amado, estoy muy complacido con él" (Mt. 3:17). Jesús no necesita de nosotros para ser el Señor, y es porque su estatus no depende de que él pueda servirnos (P. Shaw 2006b). El punto de partida para una educación teológica confiable y efectiva es la calidad de la relación del instructor con Dios.

Competencia

Los maestros de calidad entienden profundamente el contenido que imparten. Poseen un amplio conocimiento del campo en el que enseñan y pueden ofrecer una referencia crítica al trabajo de otras personas. Sin un conocimiento firme de la materia relacionada con el tema, los maestros no serán capaces de analizar el contenido y adaptarlo a su clase y tampoco podrán enfocarse en las ideas más importantes. Un maestro para quien el contenido de la asignatura sea como una niebla, probablemente se enfocará en factores muy específicos o realizará amplias generalizaciones que no resultarán significativas para los estudiantes.

Brookfield (2006, 59-63) plantea que el amplio conocimiento y la experiencia son cualidades altamente valoradas por los estudiantes. Es importante que los instructores demuestren el conocimiento y las habilidades necesarias que desean lograr en los estudiantes, pues estos necesitan tener confianza en que sus profesores conozcan el tema del que están hablando. En profesiones relacionadas con las personas como la educación, medicina, leyes o el ministerio cristiano, los instructores de calidad no solo conocen la teoría de su disciplina, sino que poseen una vasta experiencia en el campo, y constituyen el modelo para una profunda práctica reflexiva. Los estudiantes valoran a los instructores con una extensa experiencia en el campo que enseñan y en la actividad de la enseñanza en sí. Los estudiantes reconocen rápidamente cuando un profesor no solo conoce el tema de principio a fin, sino también cuando tiene una larga historia de escuchar y de tratar con preguntas y aspectos desafiantes relacionados con el material.

Wlodkowski (1999, 28, 29) sugiere seis preguntas que un instructor competente debe ser capaz de responder afirmativamente y con confianza:

- ¿Entiendo lo que voy a enseñar? ¿Puedo llevarlo fácilmente a mis propias palabras, o dependo de las palabras de otros?

- ¿Soy capaz de ilustrar lo que estoy tratando de enseñar por medio de múltiples ejemplos y medios?

- ¿Puedo demostrar la habilidad que quiero que los estudiantes adquieran? Si quiero que mis estudiantes sean buenos exégetas de las Escrituras, necesitan un modelo. Si quiero que mis estudiantes desarrollen en sus iglesias los métodos de instrucción orientados hacia el aprendizaje, ellos necesitan experimentarlos en mis clases en el seminario.

- ¿Conozco los límites y consecuencias de lo que estoy enseñando? Los instructores competentes tienen suficiente familiaridad con el material de modo que no solo se sienten confiados al comunicarlo, sino también al evaluar lo que están comunicando.

- ¿Conozco cómo conectar lo que estoy enseñando con el mundo de los estudiantes? ¿Puedo relacionar el texto con el contexto?

- ¿Sé qué es lo que no conozco? Los instructores competentes entienden sus propias limitaciones y se sienten cómodos al comunicar estas limitaciones a los estudiantes.

La mayoría de los instructores llegan a los seminarios con un alto nivel de calificación en su especialidad, pero el conocimiento de la materia relacionada con el tema, aunque es necesario puede consumir todo lo demás, al punto de descuidar el resto de los elementos de la enseñanza de calidad. Aunque los buenos instructores buscan actualizar continuamente su conocimiento en el campo, también reconocen que tal conocimiento por sí solo no produce una buena enseñanza. De igual importancia son las habilidades de explicar el material complejo de manera lúcida y responder las preguntas de los estudiantes con respeto y claridad (Fink 2003, 249).

Los años de enseñanza no se igualan a los años de experiencia. Con demasiada frecuencia, luego de algunos años de instrucción, los maestros se estancan y veinte años en el aula pueden convertirse fácilmente en un año de experiencia repetido veinte veces, en lugar de representar veinte años de experiencia. Los maestros de calidad siempre están tratando de desarrollarse y crecer.

Un reto para las escuelas más pequeñas puede ser que los cursos sean construidos dentro del currículo para el cual no existe un instructor calificado. En tales circunstancias, pudiera ser preferible cambiar los requerimientos curriculares en lugar de imponer a los estudiantes un instructor con un conocimiento inadecuado en el campo. El currículo siempre debe permanecer siendo el siervo del aprendizaje integrador y misionero, y no un amo que controle nuestras decisiones.

Claridad de la comunicación

Los educadores efectivos enseñan de una forma en que los estudiantes entienden la materia relacionada con el tema. Aquí tenemos nuevamente una verdad que necesita algunos requisitos: la buena enseñanza es mucho más que una clara explicación, y a veces, cuando los maestros explican demasiado bien, los alumnos pueden convertirse en estudiantes pasivos. Sin embargo, sin una suficiente claridad en la comunicación, el maestro contribuye muy poco.

Los maestros deben comunicar claramente tanto la materia relacionada con el tema como el procedimiento. La claridad en la materia relacionada con el tema se refiere a que los conceptos centrales queden claros (los puntos principales), mantenerse en el tema, ser lo suficientemente repetitivo como para que se produzca la retención, seguir una secuencia y ofrecer explicaciones claras. La claridad en el procedimiento se refiere a explicar las metas de la lección y cómo los estudiantes deben lograr esas metas.

Existen seis atributos principales de la enseñanza clara:

- Tiene una introducción que provee a los estudiantes un marco donde colocar el material que se va a cubrir en la clase.

- Muestra cómo las partes se relacionan con el todo, por medios como verbos claves en puntos de transición, o resumir periódicamente el contenido que ha sido cubierto.

- Limita la cantidad de material cubierto. Los maestros novatos frecuentemente tratan de cubrir demasiado contenido. De modo general, el aprendizaje de calidad presenta menos contenido, ofreciendo una mayor oportunidad para la reflexión, promoviendo así el aprendizaje profundo.

- Se enfoca en lo que sea significativo. Los estudiantes tienden a retener mucho mejor el material que consideren significativo, que las presentaciones del material que ellos juzguen como irrelevante.
- Varía el nivel del discurso. Los discursos se refiere al nivel de abstracción en el contenido que está siendo presentado –desde simples hechos y explicación, hasta el análisis y síntesis crítico, hasta criterios evaluativos y posibilidades abstractas, hasta realidades concretas y aplicación práctica. Moverse entre los niveles del discurso ayuda a profundizar en la comprensión, relacionar el aprendizaje con la vida y explorar creativamente nuevas posibilidades con los estudiantes.
- Se interesa más por lo que los estudiantes están aprendiendo que por lo que se les está impartiendo. Los maestros de calidad son sensibles al estado de aprendizaje de los estudiantes, y adaptan el método de instrucción de acuerdo a las circunstancias.

Sin claridad, es imposible desarrollar una enseñanza efectiva; con ella, se establece la base para la instrucción productiva. Quizás la mejor manera de asegurar una enseñanza clara es mantener en un lugar visible un cuadro con los principales contrastes entre la enseñanza clara y la que no resulta clara, como se muestra en la tabla 16.1.

Marcas de una enseñanza clara	*Marcas de una enseñanza no muy clara*
El objetivo de la lección es claro desde el inicio de la sesión	Los estudiantes no están seguros de cuál es el objetivo de la lección
Los estudiantes pueden seguir el curso y la lógica del material	Los estudiantes están confundidos e inseguros de hacia dónde se dirige la lección
Las transiciones desde un tema principal al siguiente están claramente señaladas	Los estudiantes no están seguros en qué momento el instructor ha pasado de un tema al siguiente
Fluidez en la presentación	Lógica dispersa y expresión poco clara en la presentación
Monitoreo cuidadoso del aprendizaje de los estudiantes	No es consciente de las señales que muestran el aprendizaje en los estudiantes
Uso de demostraciones, ejemplos e ilustraciones	Vaguedad y generalidad en la expresión
El lenguaje y el vocabulario son claros; la jerga profesional es explicada o evitada	Uso excesivo de jerga profesional y vocabulario complejo
Redundancia apropiada: ideas y temas clave son repetidos para asegurar la retención	Se intenta cubrir demasiado contenido y muy rápidamente
Organización apropiada	Falta de organización

Figura 16.1 Enseñanza clara y no muy clara

Creatividad

Los estudiantes deben ser enganchados en el aprendizaje intelectualmente, psicológicamente, y cuando sea apropiado, físicamente. Un maestro efectivo tiene un repertorio de métodos sobre los cuales puede trabajar. Los maestros efectivos son capaces de escoger de su repertorio los métodos que sean apropiados para una tarea de aprendizaje y un grupo en particular, que vincule a los estudiantes de forma más efectiva y que pueda facilitar mejor el proceso de aprendizaje.

Los maestros creativos también estimulan y recompensan la creatividad, reconociendo que esta constituye una ventaja cada vez más necesaria para desarrollarse en un mundo que cambia aceleradamente. Por medio del ejemplo de su propia creatividad, estos maestros proveen un medio que alienta y recompensa las expresiones de creatividad en los estudiantes. Las aulas creativas legitiman la experimentación, tratando el fracaso como una oportunidad de aprender y no un acto para ser castigado (Knowles, Holton y Swanson 2005, 259).

Entusiasmo

El entusiasmo y la pasión constituyen elementos significativos de la instrucción en las aulas de calidad. Esto no debería sorprendernos; casi todas las personas prefieren una presentación animada, colorida y dramática, en lugar de una que sea aburrida y sin vida. Jim Wilhoit (1991, 149-151) realiza las siguientes observaciones:

> Los maestros entusiastas son más efectivos porque mantienen la atención de sus alumnos, y estos tienden a proyectar en el material los sentimientos positivos que tienen hacia los maestros carismáticos. Lo que todos los grandes maestros parecen tener en común es el amor por la asignatura que imparten, una satisfacción obvia para hacer que surja ese amor en los estudiantes, y una habilidad para convencerles de que lo que se les está enseñando es realmente serio. La activación de los estudiantes está relacionada con el aprendizaje, y el entusiasmo sirve para activar a los estudiantes… El entusiasmo es mucho más que un rasgo natural. De hecho, los maestros pueden ser capacitados para ser más entusiastas. Vale la pena señalar que nuestro término entusiasmo viene de una palabra griega que significa "inspirado por un dios", lo cual sugiere que un maestro entusiasta es aquel que está inspirado por otra fuerza. Para la mayoría de los maestros esa fuerza es un amor por la asignatura, por la enseñanza en sí, o por los estudiantes. En un sentido muy real, sin embargo, el entusiasmo del maestro cristiano debe venir de Dios el Espíritu Santo. Ser inspirado por Dios (entusiasmo) es particularmente importante para los educadores cristianos porque una parte vital de su responsabilidad hacia sus estudiantes es servirles como modelos de la vida cristiana.

Los maestros dinámicos comunican una emoción con respecto a su asignatura que resulta contagiosa. Cuando los estudiantes observan a un maestro que está apasionado con su asignatura, es natural que se produzca en ellos una curiosidad por conocer qué es lo que ha provocado tal entusiasmo en el maestro. Un alto nivel de energía, responder al estado de ánimo del aula y ser un tanto impredecible, constituyen elementos atractivos para la enseñanza (Fink 2003, 249). La enseñanza efectiva es en cierto sentido la verdad a través de la personalidad, y el compromiso transparente de un maestro capacita a los estudiantes para ver tanto la persona del maestro como el significado del tema que se enseña. Los mejores maestros proyectan su enseñanza desde el corazón, no desde el libro. Los maestros dinámicos son capaces de comunicar el aprendizaje como una experiencia maravillosa de nuevas perspectivas de la vida y el sentido de esta, en lugar de hacerlo como una serie interminable de tareas sin sentido (Fried 2005, 171).

Brookfield (2006, 64) realiza una distinción importante entre la convicción y la pasión carismática. No es suficiente realizar declaraciones fervientes y exageradas para mostrar el poder transformador de una habilidad o idea. La convicción genuina surge cuando un maestro comunica a los estudiantes la importancia crucial del material al explorar cada faceta del tema y cada ruta hacia el aprendizaje.

Una clase bien ordenada

Los maestros efectivos son capaces de mantener a los estudiantes enfocados en las tareas de aprendizaje. Los estudiantes pueden divertirse en muchas formas apropiadas, y algún tipo de socialización resulta adecuado, pero la tarea del aprendizaje debe realizarse con el mejor esfuerzo, energía y concentración posible. Para que esto ocurra, los instructores de calidad evidencian una cuidadosa preparación y presentación sistemática, con un buen balance entre el contenido y el proceso. Los conceptos principales son claramente articulados, y el nuevo aprendizaje significativo resulta evidente en cada lección.

Los estudiantes también tienden a valorar un sentido de propósito y productividad en el tiempo de la clase. Por lo tanto, los maestros efectivos dejan claro por dónde va la clase, guían a los estudiantes por el camino hacia la meta, y enseñan a sus estudiantes cómo comenzar rápidamente y mantenerse enfocados al trabajar en las asignaciones (Brophy 1999).

Elementos simples y medibles pueden resultar significativos. A los estudiantes se les muestra respeto cuando los instructores llegan a tiempo y terminan a tiempo, y cuando leen, comentan el trabajo de los estudiantes y se los devuelven durante un tiempo razonable. Los instructores de calidad dejan claras sus expectativas y ofrecen una variedad de oportunidades para que los estudiantes demuestren su aprendizaje.

Uso apropiado del elogio y la crítica

Los maestros deben criticar el pobre desarrollo y al mismo tiempo afirmar al estudiante como persona. Una cantidad moderada de elogio apropiado resulta efectivo y útil, y alienta al estudiante a perseverar. Sin embargo, un elogio excesivo sin haberlo ganado va a promover desconfianza entre el estudiante y el maestro. Uno de los mayores retos de la enseñanza de calidad consiste en obtener el balance correcto entre apoyar a los estudiantes cuando estos se esfuerzan por aprender, y ofrecer una crítica amorosa que les desafíe a continuar adelante (Brookfield 2006, 274-75).

La fuente del aprendizaje transformador consiste en un desequilibrio que surge cuando se tambalea la zona de comodidad. Esto nunca va a suceder en un aula puramente propicia para el aprendizaje y fácil de llevar. Por otra parte, cuando los estudiantes sienten que son criticados y desvalorados continuamente, van a percibir el aula como algo hostil y van a desarrollar reacciones emocionales negativas que pueden llevar al desaliento o la resistencia pasiva. El balance puede surgir al asegurarse de que los estudiantes se sientan afirmados mientras que su trabajo es criticado y desafiado. Este proceso puede ser particularmente sensible en sociedades basadas en el honor y la vergüenza, donde la distinción entre una persona y un producto no es totalmente comprendida. En mi propio contexto en el Medio Oriente, con frecuencia me encuentro con estudiantes que se sienten ofendidos cuando reciben una B en un trabajo, y puede imaginarse cuando desaprueban: la evaluación es percibida como algo personal en lugar de relacionarla con su trabajo. Los estudiantes en estos contextos deben ser acompañados durante el proceso de evaluación y guiados hacia una comprensión de que un balance entre el elogio y la crítica les ayuda en su crecimiento como futuros líderes.

Muchos instructores consideran útil un método de "sándwich". La evaluación comienza con un reconocimiento de cualquier esfuerzo que el estudiante haya realizado, unido a los detalles de cualidades positivas que resulten evidentes en la contribución del estudiante. Entonces viene la crítica –preferiblemente tan breve, específica y desafiante como sea posible. Finalmente, una palabra de aliento puede ofrecer a los estudiantes un incentivo para aprender de sus errores.

Expectativas altas

Los maestros efectivos esperan que sucedan cosas buenas, y entonces hacen que sucedan. Si los maestros no esperan que ocurra mucho aprendizaje, generalmente no va a suceder. Sin embargo, estas expectativas no deben ser tan irrealistas que los estudiantes no puedan cumplirlas. La meta debe consistir en desarrollar y comunicar expectativas que sean tan positivas como ellos puedan serlo mientras aún permanezcan siendo realistas. Tales expectativas deben representar confianza genuina hacia lo que pueda ser alcanzado; por lo tanto, pueden ser tomadas en serio como metas hacia las que deben trabajar con los estudiantes (Brophy 1999, 31).

Un elemento clave al promover la pasión y la entrega al aprendizaje consiste en encontrar el balance entre las expectativas del maestro y los intereses y habilidades de los estudiantes. Csikszentmihalyi (1997) ha señalado que cuando existe una armonía entre lo que sentimos (nuestras emociones), lo que deseamos (nuestras metas o intenciones) y lo que pensamos (nuestras operaciones mentales o cognitivas), y existen retos que concuerdan con nuestras habilidades, existe un potencial para un "flujo". Cuando las personas experimentan el "flujo", se absorben totalmente en lo que están haciendo: toda su energía personal y psíquica se encuentra en armonía y fluye en una dirección. Cuando los maestros presentan a los estudiantes los retos y las expectativas apropiadas que exigen el máximo esfuerzo de sus habilidades en áreas de verdadero interés y necesidad, existe un alto potencial para promover experiencias de aprendizaje profundamente significativas. Los maestros efectivos no solo tienen altas expectativas para sus estudiantes, sino que también conocen y evitan el "efecto de la expectativa sostenida" (Arends 2007, 46). Este se refiere a la tendencia de los maestros de esperar que los estudiantes retengan y continúen manifestando su comportamiento previo todo el tiempo. Se espera que los estudiantes que han producido un trabajo de alta calidad en el pasado mantengan el alto nivel, y cuando producen un trabajo mediocre reciben una calificación generosa. Del mismo modo, cuando los estudiantes que son crónicos en sus llegadas tarde y en producir trabajos de muy mala calidad deciden cambiar sus patrones de estudio, la mayoría de los maestros van a continuar evaluándoles basados en el comportamiento previo. Los maestros de calidad no se distraen con la experiencia previa, sino que continúan sosteniendo altas expectativas y juzgando las respuestas a sus expectativas de manera justa.

Capacidad para la auto-evaluación y el crecimiento continuo

Una gran cantidad de datos indica que los maestros tienden a mejorar durante sus primeros cinco años en el campo, pero de ahí en adelante se estancan y dependen de su experiencia previa (Willingham 2009, 149). Generalmente, un maestro con veinte años de experiencia muestra solo un poco más de competencia en la instrucción que un maestro con cinco años de experiencia. Parece que los maestros se esfuerzan en sus competencias durante sus primeros años de instrucción en el aula y luego descansan en sus logros.

Sin embargo, los maestros efectivos son estudiantes. Ellos persisten en un continuo análisis y auto estudio, de modo que sus habilidades puedan mejorar con el paso del tiempo. Son personas abiertas y dispuestas a recibir la crítica constructiva de los demás, y pueden evaluar esas críticas honestamente y con justicia. Los instructores de calidad continúan desarrollándose como maestros por medio de la vinculación en seminarios maestro-educación y/o leyendo textos sobre educación.

Conclusión

Ningún maestro se caracteriza por presentar todas las cualidades de la excelencia descritas en este capítulo. Sin embargo, mientras más progresamos en cada una de esas áreas y les permitimos moldear nuestras vidas como maestros, mejor preparados estaremos para facilitar un aprendizaje integrado y con propósito. Dar simples pasos en ese camino puede hacer diferencias hacia una vida transformada en nuestros estudiantes y en nosotros.

Ejercicios

1. ¿Cómo su escuela selecciona a los estudiantes? ¿En qué sentido los elementos de la excelencia mencionados en este capítulo predominan en el proceso de selección? ¿Cómo pudiera usted evaluar si un futuro profesor tiene una actitud que permita ser enseñado, una profunda espiritualidad y buenas habilidades para desarrollar la instrucción? ¿Qué otras características considera usted importantes para su programa de estudio?

2. Escriba las características de la excelencia en la enseñanza, y para cada una otorgue una calificación entre 0 ("soy muy débil en esta área") y 10 ("soy sobresaliente en esta área"). ¿A cuál de estas características le otorgó la calificación más baja? Mencione una forma específica en la cual usted pudiera mejorar sus habilidades en esta área.

Epílogo

Pasos en el camino

Un viaje de cincuenta millas comienza con un paso. (Proverbio árabe)

En este libro he ofrecido tantas ideas y sugerencias, que usted se puede sentir abrumado, inseguro de dónde comenzar. Si es así, ¡usted no está solo! Personalmente, siempre estoy consciente de la medida en que mi enseñanza y liderazgo educacional se alejan del ideal. Pero esto es lo que se espera: como un pueblo caído y redimido, vivimos entre el "ya" y el "todavía no": hemos probado los primeros frutos del poder y la gracia de Dios, y ahora esperamos por su consumación. Por lo tanto, necesitamos llenarnos del poder del Espíritu Santo diariamente mientras proseguimos hacia el ideal.

No espero que los lectores apliquen todas las sugerencias que se ofrecen en este libro; ni siquiera yo mismo las aplico todas. Pero mi esperanza es que usted haya descubierto algunas áreas específicas donde pueda crecer individualmente como maestro, y junto a los demás como facultad.

Para concluir, quisiera pedirle que haga una pausa y considere cada una de las siguientes preguntas:

- Entre las ideas, declaraciones, principios, etc., que usted ha leído en este libro, ¿mencione tres o cuatro que han causado el mayor impacto en la forma en que entiende su vida y ministerio como un educador teológico? ¿Qué puede recordar con mayor claridad? ¿Por qué piensa que ha sido significativo para usted?

- De todo el material cubierto en este libro, escriba al menos tres maneras específicas en las que usted pudiera aplicar en los próximos meses los principios y prácticas que se han presentado. Comparta estas sugerencias con un amigo y pídale que firme su lista como evidencia de su compromiso para dar nuevos pasos como maestro y modelo del liderazgo cristiano.

No es en perfección, sino en una fiel respuesta y firme paso hacia adelante, que honramos a Cristo y promovemos mejor la misión de Dios. Nuestro santo llamado para capacitar y desarrollar líderes que puedan ayudar a la iglesia a confrontar sus retos contextuales es crítico y exigente, pero aun así puede traer un gran gozo y satisfacción. Mi oración es que el material de este libro le haya ayudado a dar nuevos pasos por el camino hacia la excelencia en la educación teológica.

Obras citadas

Abrami, P., L. Levanthal and R. Perry. 1982. "Educational Seduction." *Review of Educational Research* 52: 446-64.

Anderson, L., and D. Krathwohl, eds. 2001. *A Taxonomy for Learning, Teaching and Assesing: A Revision of Bloom´s taxonomy of Educational Objectives*. New York: Longman.

Arends, R. 2007. *Learning to Teach*, 7th ed. Boston: McGraw-Hill.

Argyris, C., and D. Schön. 1974. *Theory in Practice: Increasing Professional Effectiveness*. San Francisco: Jossey-Bass.

Atkinson, R., and R. Shiffrin. 1968. "Human Memory: A Proposed System and its Control Processes." In *The Psychology of Learning and Motivation* (Vol. 2), edited by K. W. Spence and J. T. Spence, 89-195. New York: Academic Press.

Avolio, B., K. Mahtre, S. Norman and P. Lester. 2009. "The Moderating Effect of Gender on Leadership Intervention Impact: An Exploratory Review." *Journal of Leadership and Organizational Studies* 15 (4): 325-41.

Baddeley, A. 2000. "Short-Term and Working Memory." In *The Oxford Handbook of Memory*, edited by E. Tulving and F. Craik, 77-92. New York: Oxford University Press.

———. 2003. "Working Memory: Looking Back and Looking Forward." *Nature Reviews Neuroscience* 4 (10): 829-39.

Bailey, J. 2001. "Technology and Change in Education." Online at http://bbh.usd451.k12.ks.us/staff/faculty/xhgtech/change.html. Accessed 11 May 2003.

Banks, R. 1999. *Reenvisioning Theological Education: Exploring a Missional Alternative to Current Models*. Grand Rapids, MI: Eerdmans.

———. and B. Ledbetter. 2004. *Reviewing Leadership: A Christian Evaluation of Current Approaches*. Grand Rapids, MI: Baker.

Barkley, E., K. Cross and C. Major. 2005. *Collaborative Learning Techniques: A Handbook for College Faculty*. San Francisco: Jossey-Bass.

Barna Group. 2004. "Born Again Christians Just As Likely To Divorce As Are Non-Christians." Posted 8 September 2004 at http://www.barna-update/article/5-barna-update/194-born-ahain-christians-just-as-likely-to-divorce-as-are-non-christians. Accessed 20 February 2012.

Baron-Cohen, S. 2003. *The Essential Difference: Men, Women and the Extreme Male Brain*. New York: Basic.

Barrows, H. 1996. "Problem-Based Learning in Medicine and Beyond: A Brief Overview." In *Bringing Problem-Based Learning to Higher Education: Theory and Practice. New Directions for Teaching and Learning Series, No. 68*, edited by L. Wilkerson and W. Gijselaers, 3-11. San Francisco: Jossey-Bass.

Barth, R. 2001. *Learning by Heart*. San Francisco: Jossey-Bass.

Bauman, C., and L. Skitka. 2006. "Ethnic Group differences in Lay Philosophies of Behaviour in the United States." *Journal of Cross-Cultural Psychology* 37 (4): 438-45.

Belenky, M., and A. Stanton. 2000. "Inequality, Development and Connected Knowing." In *Learning As Transformation: Critical Perspectives on a Theory in Progress*, edited by J. Mezirow, 71-102. San Francisco: Jossey-Bass.

Benson, W. 1993. "Setting and Achieving Objectives for Adult Learning." In *The Christian Educator's Handbook on Adult Education,* edited by K. Gangel and J. Wilhoit, 158-77. Wheaton, IL: Victor.

Bevans, S. 2002. *Models of Contextual Theology.* Maryknoll, NY: Orbis.

Bloom, B., M. Engelhart, E. Furst, W. Hill and D. Krathwohl. 1956 *Taxonomy of Educational Objectives. Handbook I: Cognitive Domain.* London: Longmans.

Bonk, J. 2008. Personal interview with Perry and Karen Shaw, Overseas Ministries Studies Center, New Haven CT, August 2008.

Bosniak, M. 1998. "Relational Teaching for 'Teacher 2000'." *The Educational Digest* 63: 8-11.

Bowles, S., and H. Gintis. 1976. *Schooling in Capitalist America: Educational Reform and the Contradictions of Economic Life.* NY: Basic.

Brookfield, S. 1986. *Understanding and Facilitating Adult Learning: A Comprehensive Analysis of Principles and Effective Practices.* Milton Keynes: Open University.

———. 1987. *Developing Critical Thinkers: Challenging Adults to Explore Alternate Ways of Thinking and Acting.* San Francisco: Jossey-Bass.

———. 2004. "Discussion." Chap. 11 in *Adult Learning Methods: A Guide for Effective Instruction,* 3rd ed., edited by M. Galbraith, 209-26. Malabar, FL: Krieger.

———. 2006. *The Skillful Teacher: On Technique, Trust, and Responsiveness in the Classroom,* 2nd ed. San Francisco: Jossey-Bass.

Brophy, J. 1999. *Teaching.* Brussels: International academy of Education.

Burke, D. 2010. "Time to Leave the Wilderness? The Teaching of Pastoral Theology in South East Asia." In *Tending the Seedbeds: Educational Perspectives on Theological Education in Asia,* edited by A.l Harkness, 263-84. Quenzon City: Asia Theological Association.

Bushnell, H. (1861) 1979. *Christian Nurture.* Grand Rapids: Baker.

Caine, G., and G. Caine. 1994. *Making Connections: Teaching and the Human Brain.* New York: Addison-Wesley.

Caine, R., and G. Caine. 1990. "Understanding a Brain Based Approach to Learning and Teaching." *Educational Leadership* 48 (2): 66-70.

Canell, L. 2005. "Opportunities for 21st Century Theological Education." In *Theological Education as Mission,* edited by P. Penner, 153-70. Prague: IBTS.

———. 2006. *Theological Education Matters: Leadership Education for the Church.* Newburgh, IN: EDCOT.

Cano-Garcia F., and E. Hughes. 2000. "Learning and Thinking Styles: An Analysis of Their Interrelationship and Influence on Academic Achievement." *Educational Psychology* 20 (4): 413-27.

Carr, W. 1997. *Handbook of Pastoral Studies: Learning and Practising Christian Ministry.* London: SPCK.

Cervantes, J. 2007. "Student-Teacher Relationship Important Factor in Learning." Learning Power News January/February 2007. Online at http://learningpower.gseis.ucla.edu/aspirations/articles/story3.html. Accessed 29 September 2009.

Chang, T. M., H. F. Crombag, K. D. J. M. van der Drift and J. F. Moonen. 1983. *Dintance Learning: On the Design of an Open University.* Boston: Kluwer Nijhoff.

Cherry, K. 2012. "VARK Learning Styles: Visual, Aural, Reading, and Kinesthetic Learning." About.com Guide. Online at http://psychology.about.com/od/educationalpsychology/a/vark-learning-styles.htm. Accessed 27 May 2013.

Costello, C. 2001. "Schooled by the Classroom: the (Re) Production of Social Stratification in Professional School Settings." In *The Hidden Curriculum in Higher Education*, edited by E. Margolis, 43-60. New York: Routledge.

Cotton, K. 2010. "Classroom Questioning." *School Improvement Research Series*, close-Up #5. Online at http://educationnorthwest.org/webfm_send/569. Accessed 6 November 2010.

Corcoran, H. 2007. "Biblical Narratives and Life Transformation: An Apology for the Narrative Teaching if Bible Stories." *Christian Education Journal* Series 3, 4 (1): 34-48.

Craik, F., and E. Tulving. 1975. "Depth of Processing and Retention of Words." *Journal of Experimental Psychology: General* 104: 268-94.

Cranton, P. 2006. *Understanding and Promoting Transformative Learning: A Guide for Educators of Adults,* 2nd ed. San Francisco: Jossey-Bass.

Cronshaw, D. 2012. "Reenvisioning Theological Education and Missional Spirituality." *Journal of Adult Theological Education* 9 (1): 9-27.

Csikszentmihalyi, M. 1997. *Finding Flow: The Psychology of Engagement with Everyday Life.* New York: HarperCollins.

Cunningham, S. 2005. "Who Gets to Chew the Cracker? Engaging the Student in Learning in Higher Education." *Christian Education Journal*, Series 3, 2 (2): 302-18.

Dale, E. 1946. *Audio-Visual Methods in Teaching.* New York: Dryden.

Damasio, A. 2005. *Descartes´ Error: Emotion, Reason, and the Human Brain.* New York: Penguin.

Dearborn, T. 1995. "Preparing New Leaders for the Church of the Future: Transforming Theological Education through Multi-Institutional Partnerships." *Transformation,* 12 (4): 7-12.

Deci, E., R. Koestner and R. Ryan. 2001. "Extrinsic Rewards and Intrinsic Motivation in Education: Reconsidered Once Again." *Review of Educational Redearch* 71 (1): 1-27.

De Gruchy, S. 2010. "Theological Education and Missional Practice: A Vital Dialogue." In *Handbook of Theological Education: Theological Perspecdtives – Regional Surveys – Ecumenical Trends,* edited by D. Werner, D. Esterline, N. King and J. Raja, 42-50. Eugene, OR: Wipf and Stock.

Dennis, I. 2007. "Halo Effects in Grading Student Projects." *Journal of Applied Psychology* 92 (4): 1169-76.

Dewey, J. 1938. *Experience and Education.* New York: Macmillan.

Dobrow, S., W. Smith and M. Posner. 2011. "Managing the Granding Paradox: Leveraging the Power of choice in the Classroom." *Academy of Management Learning in Education* 10 (2): 261-76.

Drane, D. 2008. *After Macdonaldization: Mission, Ministry, and Christian Discipleship in an Age of Uncertainty.* Grand Rapids, MI: Baker.

Durkheim, E. (1922) 1956. *Education and Sociology.* Glencoe, IL: Free Press.

———. (1925) 1961. *Moral Education.* New York: Free Press.

Edwards, D. 1988. "Designing Biblical Instruction." In *The Christian Educator´s Handbook on Teaching,* edited by K. Gangel and H. Hendrichs, 45-60. Wheaton, IL: Victor.

Eisner, E. W. 1994. *The Educational Imagination: On Design and Evaluation of School Programs*, 3rd ed. New York: Macmillan.

Éla, J.-M. 1988. *My Faith as an African*. Maryknoll, NY: Orbis.

Elmer, D. 1993. "Inductive Teaching: Strategy for the Adult Educator." In *The Christian Educator's Handbook on Adult Education*, edited by K. Gangel and J. Wilhoit, 135-47. Wheaton, IL: Victor.

ENQA. 2009. *Standards and Guidelines for Quality Assurance in the European Higher Education Area*, 3rd ed. Helsinki: European Association for Quality Assurance in Higher Education.

Escobar, S. 2004. "What Is the Ministry?" The Lexington Seminar. Online at http://www.lexingtonseminar.org/stuff/cintentmgr/files/97a7fb6dc4048b98b5a4634b94c8d193/doc/escobar_ministry.pdf. Accessed 13 August 2012.

Esterline, D., D. Werner, T. Johnson and T. Crossing. 2013. "Global Survey on Theological Education 2011-2013: A Summary of Main Findings." Prepared for the WCC 10th Assembly, Busan, 30 October 2013. Online at http://www.globethics.net/web/gtl/research/global-survey. Accessed 7 October 2013.

Etherington, M. 2011. "The Pygmalion Principle: The Practicum Expectations and Experiences if Mature Aged Student Teachers." *Issues in Educational Research* 21 (3): 259-80.

Farley, E. 1983. *Theologia: The Fragmentation and Unity of Theological Education*. Philadelphia: Fortress Press.

———. 1997. "Why Seminaries Don't Change: A Reflection on Faculty Specialization." *The Christian Century*, February 5-12: 133-43.

Farrah, S. 2004. "Lecture." Chap. 12 in *Adult Learning Methods: A Guide for Effective Instruction*, 3rd ed., edited by M. Galbraith, 227-52. Malabar, FL: Krieger.

Felder, R. M., and L. K. Silverman. 1998. "Learning and Teaching Styles in Engineering Education." *Engineering Education* 78 (7): 674-81.

Fernández, E. 2012. "Engaging Contextual Realities in Theological Education: Systems and Strategies." Paper presented at the ICETE International Consultation for Theological Educators. Nairobi, Kenya, 17 October 2012.

Fernando, A. 2002. *Jesus Driven Ministry*. Wheaton, IL: Crossway.

Ferris, R. 2006. "The Transforming Power of a Learning Orientation." Plenary presentation delivered at the Overseas Council Institute for Excellence in Christian Leadership Development, Osijek, Croatia, 3-7 April 2006.

Festinger, L. 1957. *A Theory of Cognitive Dissonance*. Stanford: Stanford University Press.

———. 1964. *When Prophecy Fails: A Social and Psychological Study*. New York: HarperCollins.

Fink, L. 2003. *Creating Significant Learning Experiences: An Integrated Approach to Designing College Courses*. San Francisco: Jossey-Bass.

Fisher, R. 2008. *Teaching Thinking: Philosophical Enquiry in the Classroom*, 3rd ed. London: Continuum.

Fleming, N. 2012. A Guide to Learning Styles. Online at http://www.vark-learn.com/english/index.asp. Accessed 27 May 2013.

Foucault, M. 1997. *Discipline and Punish: The Birth of the Prison*. New York: Vintage.

Fredericks, D. 2010. "Levels of Questions in Bloom's Taxonomy." TeacherVision. Online at http://www.teachervision.fen.com/reaching-methods/new-teacher/48445.html?page=1&detoured=1. Accessed 6 November 2010.

Freire, P. 1970. *Pedagogy of the Oppressed.* Translated by M. Ramos. London: Penguin.

Fried, R. 2005. *The Game of School.* San Francisco: Jossey-Bass.

Furedi, F. 2012. "The Unhappiness Principle." *Times Higher Education Supplement,* 29 November 2012. Online at http://www.timeshighereducation.co.uk/story.asp?sectioncode=26&storycode=421958&c=2. Accessed 29 November 2012.

Gardner, H. 1983. *Frames of Mind: The Theory of Multiple Intelligences.* New York: Basic Books.

———. 1993. *Multiple Intelligences: The Theory in Practice.* New York: Basic Books.

Gawronski, B., and F. Strack, eds. 2012. *Cognitive Consistency: a Fundamental Principle in Social Cognition.* New YHork: Guilford.

Gibson, D. 2012. "Being Trinity." Teaching Theology: A Blog for Theological Educators by Graham Cheesman. Online at http://teachingtheology.org/2012/08/01/being-trinity/. Accessed 74 August 2012.

Gillespie, T. 1993. "What is 'Theological' about Theological Education?" *Princeton Seminary Bulletin* 14 August 2012.

Goffman, E. 1959. *The presentation of Self in Everyday Life.* New York: Bantam.

Goleman, D. 1995. *Emotional Intelligence: Why It Can Matter More Than IQ.* New York: Bantam.

———. 2006. *Social Intelligence.* New Tork: Bantam.

Goodman, D. 2011. "Posing Good Questions." Workshop materials presented at the Church Based Training Symposium, held in Vienna-Mödling, 16-19 May 2011.

Gorman, J. 2001. "There´s Got to Be More!': transformational Learning." *Christian Education Journal* 5NS (1): 23-51.

Guder, D. 2010. "Theological Formation for Missional Faithfulness after Christendom: A Response to Steve de Gruchy." In *Handbook of Theological Education in World Christianity: Theological Perspectives – Regional Surveys – Ecumenical Trends,* editedby D. Werner, D. Esterline, N. Kang and J. Raja, 51-55. Eugene, OR: Wipf and Stock.

Gurian, B., and P. Henley. 2001. *Boys and Girls learn Differently! A Guide for Teachers and Parents.* San Francisco: Jossey-Bass.

Habermas, R. 1995. "The Developmental Use of Lecturing." In *Nurture That Is Christian: Developmental Perspectives on Christian Education,* edited by J. Wilhoit and J. Dettoni, 215-23. Grand Rapids, MI: Baker.

Haddad, E., and R. Das. 2012. "Assessing Outcomes: Does Seminary Training Make a Difference in the Community?" unpublished paper, Arab Baptist Theological Seminary.

Hardy, S. 2007. *Excellence in Theological Education: Effective Training for Church Leaders.* Peradeniya: Lanka Bible College and Seminary.

———. 2012. "Discipleship By Community: The Powerful Impact of 'The Invisible Curriculum.'" Presentation given at Seminario Teológico Centroamericano, Guatemala Cityu, Guatemala, January 2012.

Harkness, A. 2010. "De-Schooling the Theological Seminary; An Appropriate Paradigm for Effective Pastoral Formation." In *Tending the Seedbeds: Educational Perspectives on Theological Education in Asia,* edited by A. Harkness, 103-28. Quenzon City: Asia Theological Association.

———. 2013. "Seminaryto Pew to Home, Workplace and Community – And Back Again: The Role of Theological Education in Asian church Growth." Unpublished paper.

Harrow, A. 1972. *A Taxonomy of the Psychomotor Domain.* New York: McKay.

Harvie, P. 2004. "Transformative Learning in Undergraduate Education." PhD diss., University of Toronto.

Heaton, R. 2013. Personal correspondence 30 December 2013.

Hewlett, D. 2010. "Theological Education in England Since 1987." In *Handbook of Theological Education in World Christianity: Theological Perspectives – Regional Surveys – Ecumenical Trends,* edited by D. Werner, D. Esterline, N. Kang and J. Raja, 563-68. Eugene, OR: Wipf and Stock.

Hiebert, P. 1994. *Anthropological Reflections on Missiological Issues.* Grand Rapids, MI: Baker.

———. 2008. *Transforming Worldviews: An Anthropological Understanding of How People Change.* Grand Rapids, MI: Baker.

Hill, C. 2013. "The Benefits of Flipping Your Classroom." Faculty Focus: Higher Ed Teaching Strategies from Magna Publications. 26 August 2013. Online at www.facultyfocus.com/articles/instructional-design/the-nenefitsof-flipping-your-classroom/?utm_source=cheetah&utm_medium=email&utm_campaign=2013.08.26. Accessed 27 August 2013.

Hoeckman, R. 1994. "Ecclesiological Fidelity and Ecumenical Theological Education." *Ministerial Formation* 67: 8-14.

Hough, J. 1984. "The Education of Practical Theologians." *Theological Education* 20: 55-84.

——— and B. Wheeler, eds. 1998. *Beyond Clericalism: The Congregation as a Focus for Theological Education.* Cambridge: Scholars Press.

Huemer, M. (n.d.). "Student Evaluations: A Critical Review." Online at http://spot.colorado.edu/~huemer/sef.htm. Accessed 10 January 2010.

Hunter, G. 2004. "Examining the 'Natural Church Development' Project." In *The Pastor´s Guide to Growing a Christlike Church,* edited by G. Hunter III, 105-14. Kansas City, MO: Beacon Hill.

Illich, I. 1970. *Deschooling Society.* New York: Holt, Rinehart & Winston.

Issler, K., and R. Habermas. 1994. *How We Learn: A Christian Teacher´s Guide to Educational Psychology.* Grand Rapids, MI: Baker.

Jackson, P. 1968. *Life in Classrooms.* New York: Holt, Rinehart & Winston.

Jensen, E. 2008. *Super Teaching: Over 1000 Practical Strategies,* 4th ed. Thousand Oaks, CA: Corwin.

Juengst, S. 1998. *Equipping the Saints: Teacher Training in the Church.* Louisville, KY: Westminster John Knox.

Kachka, P. 2012. "Understanding the Flipped Classroom: Part 1." Faculty Focus. Higher Ed Teaching Strategies from Magna Publications. 23 October 2012. Online at www.facultyfocus.com/articles/teaching-with-technology-articles/understanding-the-flipped-classroom-part-1. Accessed 28 October 2012.

Kahneman, D. 2011. *Thinking, Fast and Slow.* New York: Farrar, Straus & Giroux.

Kang, N. 2010. "Envisioning Postcolonial Theological Education: Dilemmas and Possibilities." In *Handbook of Theological Education in World Christianity: Theological Perspectives – Regional Surveys – Ecumenical Trends,* edited by D. Werner, D. Esterline, N. Kang and J. Raja, 30-41. Eugene, OR: Wipf and Stock.

Kelsey, D. 1993. *Between Athens and Berlin: The Theological Debate.* Grand Rapids, MI: Eerdmans.

Kennedy, D., Á. Hyland and N. Ryan. 2007. *Writing and Using Learning Outcomes: A Practical Guide.* Cork: University College. Available at http://theologicaleducation.net/articles/view.htm?id=39.

Kherfi, S. 2011. "Whose Opinion Is It Anyway? Determinants of Participation in Student Evaluation od Teaching." *Journal of Economic Education,* 42 (1): 19-30.

Kirk, J. A. 2005. "Re-Envisioning the Theological Curriculum as if the *Missio Dei* Mattered." *Common Ground Journal,* 3 (1): 23-40.

Knowles, M., El Holton and R. Swanson. 2005. *The Adult Learner: The Definitive Classic in Adult Education and Human Resource Development,* 6th ed. Amsterdam: Elsevier.

Kohl, M. 2010. "Curriculum Development: An Overview." Plenary presentation delivered at the Overseas Council Institute for Excellence in Christian Leadership Development, Taipei, Taiwan, 6-9 April 2010.

Kohn, A. 1999. *Punished By Rewards: The Trouble with Gold Stars, Incentive Plans, A´s, Praise, and Other Bribes.* Boston: Houghton Mifflin.

Kolb, D. 1983. *Experiential Learning: Experience as the Source of Learning and Development.* Upper Saddle River, NJ: Prentice Hall.

Kramlich, D. 2013. Personal correspondence 1 December 2013.

Krathwohl, D., B. Bloom and B. Masia. 1964. *Taxonomy of Educational objectives: The Classification of Educational Goals. Handbook II: Affective Domain.* New York: David McKay.

Landy, D., and H. Sigall. 1974. "Task Evaluation as a Function of the Performers´ Physical Attractiveness." *Journal of Personality and Social Psychology* 29 (3): 299-304.

Lane, J. (n.d.). "Sample Verbs for Learning Objectives." Schreyer Institute for Teaching Excellence, Penn State University. Online at http://www.schreyerinstitute.psu.edu/pdf/SampleVerbs_for_LearningObjectives.pdf. Accessed 27 February 2012.

Lausanne Movement. 2011. "The Cape Town Commitment: A Declaration of Belief and a Call to Action." Online at http://www.lausanne.org/en/documents/ctcommitment.html. Accessed 12 August 2013.

Lawson, M. 1988. "Biblical Foundations for a Philosophy of Teaching." In *The Christian Educator´s Handbook on Teaching,* edited by K. Gangel and H. Hendricks, 61-73. Grand rapids, MI: Baker.

LeDoux, J. 2000. "Emotion Circuits in the Brain." *Annual Review of Neuroscience* 23 (1): 155-84.

LeFever, M. 1995. *Learning Styles: Reaching Everyone God Gave You to Teach.* Colorado Springs: Cook.

Leyda, R. 2009. "Models of Ministry Internship for Colleges and Seminaries." *Christian Education Journal Series* 3, 6 (1): 24-37.

Lindeman, E. 1926. *The Meaning of Adult Education.* New York: New Republic.

Loder, J. 1982. *The transforming Moment: Understanding Convictional Experiences.* San Francisco: Harper & Row.

———. 1998. *The Logic of the Spirit: Human Development in Theological Perspective.* San Francisco: Jossey-Bass.

Madueme, H., and L. Cannell. 2006. "Problem Based Learning and TEDS´ MDiv program." Unpublished paper.

———. 2007. "Problem Based Learning and the Master of Divinity Program." *Theological Education* 43 (1): 47-59.

Marsh, H. and L. Roche. 1997. "Making Students' Evaluations of Teaching Effectiveness Effective." *American Psychologist* 52: 1187-97.

Marshall, T. 1991. *Understanding Leadership: Fresh Perspectives on the Essentials of New Testament Leadership.* Tonbridge: Sovereign World.

Martin, D. 2006. "Verbs to consider When Writing Aims." Unpublished document.

Marzano, R., and J. Kendall, eds. 2006. *The New Taxonomy of Educational Objectives,* 2nd ed. Thousand Oaks, CA: Corwin.

May, S. 2003. "A Look at the Effects of Extrinsic Motivation on the Internalization of Biblical Truth." *Christian Education Journal* 7NS (1): 47-65.

McCarthy, B. 1996. *About Learning.* Barrington, IL: Excel.

McGrath, A. 2002. *The Future of Christianity.* Malden, MA: Blackwell.

McKeachie, W. 1999. *McKeachie's Teaching Tips: Strategies, Research, and Theory for College and University Teachers,* 10th ed. Boston: Houghton Mifflin.

McLaughlin, V. 2003. "Wizard of Odds: Interview with Bishop Vaughn McLaughlin." *Leadership* 24 (2): 24-29.

McNabb, B., and S. Mabry. 1990. *Teaching the Bible Creatively: How to Awaken Your Kids to Scripture.* Grand Rapids, MI: Zondervan.

Merriam, S., R. Caffarella and L. Baumgartner. 2007. *Learning in Adulthood: A Comprehensive Guide.* San Francisco: Jossey-Bass.

Merseth. K. 1991. *A Case for Cases in Teacher Education.* Washington: American Association of Colleges for Teacher Education.

Meyer, J., and M. Shanahan. 2004. "Developing Metalearning Capacity in Students: Actionable Theory and Practical Lessons Learned in First-Year Economics." *Innovations in Education and Teaching International* 41 (4): 443-58.

Meyers, C., and T. Jones. 1993. *Promoting Active Learning: Strategies for the College Classroom.* San Francisco: Jossey-Bass.

Mezirow, J. 1991. *Transformative Dimensions of Adult Learning.* San Francisco: Jossey-Bass.

———. 2000. *Learning as Transformation: Critical Perspectives on a Theory in Progress.* San Francisco: Jossey-Bass.

Miller, D. 1987. *Story and Context: An Introduction to Christian Education.* Nashville: Abingdon.

Miller, G. 1956. "The Magical Number Seven, Plus or Minus two: Some Limits on Our Capacity for Information Processing." *Psychological Review* 63: 81-97.

Moreland, J., and K. Issler. 2006. *The Lost Virtue of Happiness: Discovering the Disciplines of the Good Life.* Colorado Springs: NavPress.

Murdock, T., and A. Miller. 2003. "Teachers as Sources of Middle School Students' Motivational Identity: Variable-Centered and Person-Centered Analytic Approaches." *Elementary School Journal* 103: 383-99.

Murphy, A. 1999. "Enhancing the Motivation for Good Teaching with an Improved System of Evaluation." *Financial Practice and Education* 9: 100-104.

Myers, D. 1978. *The Human Puzzle.* New York: Harper & Row.

Naftulin, D., J. Ware and F. Donnelley. 1973. "The Doctor Fox Lecture: A Paradigm of Educational Seduction." *Journal of Medical Education* 48: 630-35.

Newman, E. 2003. *The Geography of Thought: How Asians and Westerners Think Differently… And Why.* New York: Free Press.

——— and I. Choi, K. Peng and A Norenzayan. 2001. "Culture and Systems of Thought: Holistic Versus Analytic Cognition." *Psychological Review* 108 (2): 291-310.
Novak, J., and B. Gowin. 1984. *Learning How to Learn*. Cambridge: Cambridge University Press.
O'Brien, J., B. Millis and M. Cohen. 2008. *The Course Syllabus: A Learning-Centered Approach*, 2nd ed. San Francisco: Jossey-Bass.
Ott, B. 2011. *Beyond fragmentation: Integrating Mission and Theological Education: A Critical Assessment of Some Recent Developments in Evangelical Theological Education*. Eugene, OR: Wipf & Stock.
Palmer, P. 1983. *To Know as We Are Known: A Spirituality of Education*. San Francisco: Harper & Row.
———. 1998. *The Courage to Teach: Exploring the Inner Landscape of a Teacher's Life*. San Francisco: Jossey-Bass.
Parks, S. 2000. *Big Questions, Worthy Dreams: Mentoring Young Adults in Their Search for Meaning, Purpose, and Faith*. San Francisco: Jossey-Bass.
Penner, P., ed. 2009. *Theological Education as Mission*, 2nd ed. Prague: IBTS.
Philbin, M., E. Meier, S. Huffman and P. Boveire. 1995. "A Survey of Gender and Learning Styles." *Sex Roles* 32 (7-8): 485-94.
Piaget, J. 1970. *Structuralism*. New York: Harper & Row.
———. 1985. *The Equilibration of Cognitive Structures: The central Problem of Intellectual Development*. Chicago: University of Chicago.
Pianta, R. 1999. *Enhancing Relationships between Children and Teachers*. Washington: American Psychological Association.
Pierson, G. 1983. *A Yale Book of Numbers*. New Haven: Yale Office of Institutional Research.
Pilli, T. 2007. "Spiritual Development and Mentoring." *The Theological Educator* 2 (1): 3.
Polanyi, M. 1958. *Personal Knowledge: Towards a Post-Critical Philosophy*. Chicago: University of Chicago Press.
———. 1966. *The Tacit Dimension*. Garden City, NY: Doubleday.
Priest, R. 2000. "Christian Theology, Sin, and Anthropology." In *Anthropology and Theology: God, Icons, and God-Talk,* edited by W. Adams and F. Salomone, 59-75. Lanham, MD: University Press of America.
Rhem, J. 1995. "Deep/Surface Approaches to Learning: An Introduction." *The National Teaching and learning Forum* 5 (1): 1-2.
Rice, L. 1988. "Student Evaluation of Teaching: Problems and Prospects." *Reaching Philosophy* 11: 329-44.
Richards, L. 1970. *Creative Bible Teaching*. Chicago: Moody.
———. 1975. *A Theology of Christian Education*. Grand Rapids, MI: Zondervan.
——— and G. Bredfeldt. 1998. *Creative Bible Teaching*, rev. ed. Chicago: Moody.
Riebe-Estrella, G. 2009. "Engaging Borders: Lifting Up Difference and Unmasking Division." *Theological Education* 45 (1): 19-26.
Rodgers, C., and M. Raider-Roth. 2006. "Presence in Teaching." *Teachers and Teaching: theory and Practice* 12 (3): 265-87.
Rogers, A. 2004. "Looking Again at Non-Formal and Informal Education: Towards a New Paradigm." The Encyclopedia of Informal Education. Online at www.infed.org/biblio/non_formal_paradigm.htm. Accessed 18 October 2012.

Rogers, S., and L. Renard. 1999. "Relationship-Driven Teaching." *Educational Leadership* 57 (1): 34-37.
Rosenthal, R., and L. Jacobson. 1992. *Pygmalion in the Classroom.* New York: Irvington.
Salovey, P., and J. D. Mayer. 1990. "Emotional Intelligence." *Imagination, Cognition, and Personality* 9: 185-211.
Sanders, P. 2009. "Evangelical Theological Education in a Globalised World." Presentation delivered at Centre for Theological Education, Belfast, Northern Ireland, 17 November 2009.
Schön, D. 1991. *The Reflective Practitioner: How Professionals Think in Action.* Aldershot: Ashgate.
Schultz, T. and J. Schultz. 1999. *The Dirt on Learning.* Loveland, CO: Group.
Schwartz, S. 1992. "Universals in the Content and Structure of Values: Theoretical Advances and Empirical Tests in 20 Countries." In *Advances in Experimental Social Psychology,* edited by M. Zanna, 1-65. Orlando, FL: Academic Press.
Schwartz, C. 2000. *Natural Church Development: A Guide to Eight Essential Qualities of healthy Churches,* 4th ed. St Charles: ChurchSmart.
Seymour, S. 1993. *The Predictable Failure of Educational Reform: Can We Change Course before It´s Too Late?* San Francisco: Jossey-Bass.
Shaw, K. 2008. "Affective Barriers and Bridges to the Communication of the Gospel with Special Attention to Religious Affectivity among Arab Beiruti Sunni Muslim Women." DMin diss., Gordon Conwell Theological Seminary.
Shaw, P. 2006a. "Multi-Dimensional Learning in Ministerial Training." *International Congregational Journal* 6 (1): 53-63.
———. 2006b. "Vulnerable Authority: A Theological Approach to Leadership and Teamwork." *Christian Education Journal* Series 3, 3 (1): 119-33.
———. 2010. "'New Treasures with the Old': Addressing culture and Gender Imperialism in Higher Level Theological Education." In *Tending the Seedbeds: Educational Perspectives on Theological Education in Asia,* edited by A. Harkness, 47-74. Quenzon City: Asia Theological Association.
———. 2011. "A Welcome Guest: Ministerial Training as an Act of Hospitality." *Christian Education Journal,* Series 3, 7 (1): 8-26.
———. 2013a. "Integrated Theological Education: A Practical Model." *The Theological Educator* 5 (2). Online at http://thetheologicaleducator.net/2013/01/16/integrated-theological-education-a-practical-model/#more-720. Posted 16 January 2013.
———. 2013b. "Patronage, Exemption, and Institutional Policy." *Evangelical Missions Quarterly* 49 (1): 8-13.
Shulman, Laura. 2006. "Deep Thinking Skills." Online at www.nvcc.edu/home/shulman/learning/deepthinking.htm. Posted 16 July 2006. Accessed 6 September 2013.
Shulman, Lee. 2002. "Making Differences: A Table of Learning. The Carnegie Foundation for the Advancement of Teaching." Online at www.carnegiefoundation.org/elibrary/making-differences-table-learning. Posted 1 January 2002. Accessed 6 September 2013.
Siew, Y-M. 2006. "Fostering Community and a Culture of Learning in Seminary Classes." *Christian Education Journal Series* 3, 3 (1): 79-91.
Simpson, E. 1972. *The Classification of Educational Objectives in the Psychomotor Domain.* Washington: Gryphon.

Smail, T. 2005. *Like Father, Like Son: The Trinity Imaged in Our Humanity.* Grand Rapids, MI: Eerdmans.

Smith, F. 1986. *Insult To Intelligence: The Bureaucratic Invasion of Our Classroom.* Westminster, MD: Arbor House.

Smith, G. 2004. "Faculties that Listen, Schools that Learn: Assessment in Theological Education." Online at http://www.lexingtonseminar.org/stuff/contentmgr/files/92fa8d218574e393eb9a4 0a65fc4fc7f/doc/smith_assessment.pdf. Accessed 20 April 2012.

Smith, M. 2001. "David A Kolb on Experiential Learning." *The Encyclopedia of Informal Education.* Online at http://infed.org/mobi/david-a-kolb-on-experiential-learning. Accessed 27 May 2013.

———. 2011. "Donald Schön: Learning, Reflection and Change." *The Encyclopedia of Informal Education.* Online at http://www.infed.org/thinkers/et-schon.htm. Accessed 18 October 2012.

———. 2012. "Non-Formal Education." *The Encyclopedia of Informal Education.* Online at http://www.infed.org/biblio/b-nonfor.htm. Accessed 18 October 2012.

Sousa, D. 2006. *How the Brain Learns,* 3rd ed. Thousand Oaks, CA: Corwin.

Standish, N. 2005. *Becoming a Blessed Church: Forming a Church of Spiritual Purpose, Presence, and Power.* Herndon, VA: Alban Institute.

Stonehouse, C. 1993. "Learning from Gender Differences." In *The Christian Educator´s Handbook on Adult Education,* edited by K. Gangel and J. Wilhoit, 104-20. Wheaton, IL: Victor.

Stray, C. 2005. "From Oral to Written Examinations: Cambridge, Oxford and Dublin 1700-1914." *History of Universities 20 (2): 76-130.*

Suskie, L. 2009. *Assessing Student Learning: A Common Sense Guide,* 2nd ed. San Francisco: Jossey-Bass.

Taylor, E. 2000. "Analyzing Research on Transformative Learning Theory." In *Learning as Transformation: Critical Perspectives on a Theory in Progress,* edited by J. Mezirow and Associates, 285-328. San Francisco: Jossey-Bass.

Tennant, M. 1997. *Psychology and Adult Learning,* 2nd ed. San Francisco: Jossey-Bass.

Teven, J. 2007. "Teacher Caring and Classroom Behavior: Relationships with Student Affect and Perceptions of Teacher Competence and Trustworthiness." *Communication Quarterly* 55 (4): 433-50.

Thomas à Kempis. 2003. *The imitation of Crist.* Translated by A. Croft and H. Bolton. Mineila, NY: Dover.

Thompson, M. 1995. *Soul Feast: An Invitation to the Christian Spiritual Life.* Louisville, KY: Westminster John Knox.

Torres, S., and V. Fabella, eds. 1978. *The Emergent Gospel: Theology from the Underside of History.* Maryknoll, NY: Orbis.

Triandis, H. 1989. "The Self and Social Behavior in Differing Cultural Contexts." *Psychological Review,* 96: 506-20.

Tufts University. (n.d.). "Verb Worksheet for Preparing Learning Objectives: Behavioral Verbs for Writing Objectives in the Cognitive, Affective and Psychomotor Domains." Online at www.tufts.edu/med/docs/about/offices/oce/Verb%20Worksheet%20for%20Preparing%20 Learning%20Objectives.doc. Accessed 27 February 2012.

Tulving. E. 2000. "Concepts of Memory." In *The Oxford Handbook of Memory*, edited by E. Tulving and F. Craik, 33-43. New York: OUP.

Van Engen, C. 2004. "Centrist View: Church Growth Is Based on an Evangelistically Focused and a Missiologically Applied Theology." In *Evaluating the Church Growth Movement: 5 views*, edited by E. Towns, C. Van Gelder, C. Van Engen, G. Van Rheenen and H. Snyder, 123-47. Grand Rapids, MI: Baker Academic.

Vanhoozer, K. 2007. *Everyday Theology: How to Read Cultural Texts and Interpret Trends*. Grand Rapids, MI: Baker Academic.

Vella, J. 2002. *Learning to Listen, Learning to Teach: The Power of Dialogue in Educating Adults*. San Francisco: Jossey-Bass.

———. 2008. *On Teaching and Learning: Putting the Principles and Practices of Dialogue Education into Action*. San Francisco: Jossey-Bass.

VerBerkmoes, J., J. Bonnell, D. Lenear and K. Vanderwest. 2011. *Research Report: Transformation Theological Education 1.0*. Grand Rapids Theological Seminary, Cornerstone University.

Vygotsky, L. (1934) 1962. *Thought and Language*. Cambridge, MA: MIT Press.

———. 1978. *Mind in Society: The development of Higher Psychological Processes*. Cambridge, MA: Harvard University Press.

Ward, T. 2001. "The Teaching-Learning Process." In *Introducing Christian Education: Foundations for the Twenty-First Century*, edited by M. Anthony, 117-24. Grand Rapids, MI: Baker.

Wazir, R. 2013. "The Contribution of Curriculum Integration to Student Progress." MEdAdmin Sociology of Education paper, Haigazian University, Beirut, Lebanon.

Webb, K., and J. Blond. 1995. "Teacher Knowledge: The Relationship between Caring and Knowing." *Teaching and Teacher Education* 11(6): 611-25.

Weimer, M. 2013a. "Encouraging Student Participation: Why It Pays to Sweat the Small Stuff." Faculty Focus: Higher Ed Teaching Strategies from magna Publications. 18 September 2013. Online at www.facultyfocus.com/articles/teaching-professor-blog/encouraging-student-participation-why-it-pays-to-sweat-the-small-stuff. Accessed 18 September 2013.

———. 2013b. "Structuring Discussions: Online and Face-To-Face." Faculty Focus: Higher Ed Teaching Strategies from Magna Publications. 25 September 2013. Online at http://www.facultyfocus.com/articles/teaching-professor-blog/structuring-discussions-online-and-face-to-face/. Accessed 25 September 2013.

Wiggins, G. 1998. *Educative Assessment: Designing Assessments to Inform and Improve Student Performance*. San Francisco: Jossey-Bass.

Wilhoit, J. 1991. *Christian Education: The Search for Meaning*, 2nd ed. Grand Rapids, MI: Baker.

Williams, W., and S. Ceci. 1997. "'How'm I doing?' Problems with Student Ratings of Instructors and Courses." *Change: The Magazine of Higher Learning* 29: 12-23.

Williamson, M., and R. Watson. 2006. "Learning Styles Research: Understanding How Teaching Should Be Impacted by the Way Learners Learn; Part II: Understanding How Learners Prefer to Receive Information." *Christian Education Journal*, Series 3, 3 (2): 343-61.

Willingham, D. 2009. *Why Don't Students Like School? A Cognitive Scientist Answers Questions about How the Mind Works and What It Means for Your Classroom*. San Francisco: Jossey-Bass.

Wilson, R. 1998. "New research Casts Doubt on Value of Student Evaluations of Professors." *Chronicle of Higher Education* January 16: A12.

Wlodkowski, R. 1999. *Enhancing Adult Motivation to Learn: A Comprehensive Guide for Teaching All Adults.* San Francisco: Jossey-Bass.

——— and M. Ginsberg. 1995. *Diversity and Motivation: Culturally Responsive Teaching.* San Francisco: Jossey-Bass.

Woodyard, J. 1994. "A 21st Century Seminary Faculty Model." In *The M. J. Murdock Charitable Trust Review of Graduate Theological Education in the Pacific Northwest.* Vancouver: M. J. Murdock Charitable Trust.

Wright, N. T. 2008. *Surprised By Hope: Rethinking Heaven, the Resurrection, and the Mission of the Church.* New York: HarperCollins.

Ziolkowski, T. 1990. "The Ph.D. Squid." *American Scholar* 59 (2): 177-95.

ICETE es una comunidad global, patrocinada por nueve redes regionales de instituciones teológicas, dedicada a fomentar la interacción y colaboración internacional entre todos aquellos que intervienen en el fortalecimiento y el desarrollo de la educación teológica evangélica y del liderazgo cristiano alrededor del mundo.

El propósito de ICETE es:
1. Promover el mejoramiento de la educación teológica evangélica alrededor del mundo.
2. Servir como foro para la interacción, asociación y colaboración entre quienes intervienen en la educación teológica evangélica y en el desarrollo de liderazgo evangélico, para su mutua asistencia, estimulación y enriquecimiento.
3. Ofrecer servicios de apoyo y asesoramiento para asociaciones regionales de instituciones evangélicas de educación teológica alrededor del mundo.
4. Facilitar, para las redes regionales, la promoción de sus servicios entre las instituciones evangélicas de educación teológica dentro de sus regiones.

Las asociaciones patrocinadoras incluyen:

África: Association for Christian Theological Education in Africa (ACTEA)

Asia: Asia Theological Association (ATA)

Caribe: Caribbean Evangelical Theological Association (CETA)

Europa: European Evangelical Accrediting Association (EEAA)

Euro-Asia: Euro-Asian Accrediting Association (E-AAA)

América Latina: Asociación Evangélica de Educación Teológica en América Latina (AETAL)

Medio Oriente y Norte de África: Middle East Association for Theological Education (MEATE)

América del Norte: Association for Biblical Higher Education (ABHE)

Pacífic-Sur: South Pacific Association of Evangelical Colleges (SPAEC)

www.icete-edu.org

Langham Partnership es una comunidad mundial que trabaja con el ánimo de cumplir la visión que Dios le encomendó a su fundador, John Stott, consistente en:

facilitar el crecimiento de la iglesia en madurez y en semejanza a Cristo elevando los niveles de predicación y enseñanza bíblica.

Nuestra visión es ver que las iglesias en el mundo mayoritario estén equipadas para la misión y creciendo hacia la madurez en Cristo a través del ministerio de sus pastores y líderes, quienes creen, enseñan y viven por la Palabra de Dios.

Nuestra misión es fortalecer el ministerio de la Palabra de Dios:
- fortaleciendo movimientos nacionales de predicación bíblica;
- favoreciendo la creación y distribución de literatura evangélica; y
- favoreciendo la creación y distribución de literatura evangélica; y
- elevando el nivel de la educación teológica evangélica,

especialmente en países donde las iglesias carecen de recursos.

Nuestro ministerio

Langham Preaching se asocia con líderes nacionales que estimulan movimientos locales de predicación bíblica para pastores y predicadores laicos en el mundo entero. Con el apoyo de un equipo de capacitadores provenientes de diversos países, se desarrolla un programa de seminarios a diversos niveles que proveen capacitación práctica, al cual le sigue un programa que busca formar facilitadores locales. Los grupos locales de predicación (escuelas de expositores) y las redes nacionales y regionales se encargan de dar continuidad a los programas e impulsar su desarrollo ulterior con el fin de construir un movimiento vigoroso comprometido con la exposición bíblica.

Langham Literature provee a los pastores, seminarios y académicos del mundo mayoritario libros evangélicos y recursos electrónicos mediante becas, descuentos y mecanismos de distribución. El programa también auspicia la producción de literatura evangélica para pastores en diversos idiomas a través de talleres para escritores y editores, respaldo a la tarea literaria, traducciones, fortalecimiento de casas editoriales evangélicas e inversiones en proyectos regionales de literatura, tales como el *African Bible Commentary*.

Langham Scholars provee apoyo financiero para estudiantes evangélicos a nivel doctoral provenientes del mundo mayoritario, de tal manera que, una vez que regresen a sus países, puedan capacitar a pastores y otros líderes cristianos brindándoles una sólida formación bíblica y teológica. Éste es un programa que equipa a quienes van a equipar a otros. Langham Scholars trabaja igualmente con seminarios del mundo mayoritario fortaleciendo su educación teológica. Un número creciente de académicos de Langham Scholars estudia en programas doctorales de alta calidad en reconocidos centros del mundo mayoritario. Además de formar la siguiente generación de pastores, los graduados de Langham Scholars ejercen una influencia significativa a través de sus escritos y liderazgos.

Para obtener más información sobre la Langham Partnership y el trabajo que desarrollamos visítenos en **www.langham.org**.

www.ingramcontent.com/pod-product-compliance
Lightning Source LLC
Chambersburg PA
CBHW060508300426
44112CB00017B/2593